JN411747

애덤 스미스와의 대화

국가의 부와 복지

김정훈

DY DAE YOUNG CO. 도서출판 대영문화사

프롤로그

애덤 스미스(Adam Smith)는 서로 다른 국가들의 부(富)와 복지에 관해 비교 연구하면서 국부(國富)의 특성과 원인을 찾고자 했다. 오늘날에는 경제학의 아버지로 불리지만, 그의 역작인 『국부론』을 찬찬히 읽다 보면, 애덤 스미스는 인간의 본성을 매우 깊이 있게 통찰했던 철학자였다고 평할 수 있다. 그의 영원한 제자인 버클로(Buccleuch) 공작과 함께 다녀온 유럽에서의 그랜드 투어(1764~1766년) 이후, 애덤 스미스는 거의 십 년 동안 자신의 연구실에서 생활하면서 집필 작업에만 몰두했고, 가끔은 정신병자처럼 동네를 웅얼거리며 다닐 정도로 연구에 전념했다. 애덤 스미스가 혼신의 힘을 다 바쳐서 1776년에 출간한 방대한 분량의 책이 바로 그 『국부론』이다.

애덤 스미스가 단독으로 저술한 『국부론』의 본래 제목은 『국가들의 부의 특성과 원인에 관한 연구(*An Inquiry into the Nature and Causes of the Wealth of Nations*)』다. 한 국가의 부(富)에 대한 설명이 아니라 여러 국가의 다양한 사례를 비교 분석해 국부를 이루는 각각의 특성과 원인을 탐구하는 차원에서 비교국가론의 성격도 지니고 있다. 책이 출판됐던 당시, 그의 절친이던 데이비드 흄(David Hume)이 걱정했던 것처럼 『국부론』은 좀 난해하고 어려웠다. 그래서인지 전 세계에서 성경 다음으로 많이 언급되는 책이지만, 세상에서 가장 안 읽히는 책이라는 평가도 있다. 그렇다고 『국부론』에서 '보이지 않는 손(invisible hand)'이라는 자유방임적 시장주의 용어만 챙기고 덮어 둔다면, 세상을 관통하는 온갖 지혜를 놓쳐 버릴 수도 있다. 왜냐하면 『국부론』은 서양의 후발 국가였던 영국이 서양은 물론이고 동양의 강대국까지 추월하면서 산업국가로 발전할 수 있었던 원인과 배경, 그리고 미래의 방향성까지도 언급하고 있기 때문이다.

산업사회에서 정보사회로 전환되는 현재 시점에서도 애덤 스미스를 재인식하고 『국부론』의 역사적 흐름을 이해하는 것은 발전적 미래 설계를 위해서 중요하다. 그러나 『국부론』의 내용을 본문 그대로 인용할 경우, 애써 접근했던 우리의 학구적 열의가 두껍고 난해한 책 속에서 자칫 혼미해질 수 있고, 애덤 스미스의 중요한 논조마저 잃어버릴 수 있다. 그래서 좀 더 친밀하게 접근하는 방식으로 마치 소크라테스(Socrates)가 청년들과 대화를 나누듯, 애덤 스미스가 그의 젊은 제자 버클로 공작과 대화를 나누는 방식으로 『국부론』의 주요 내용을 제시하고자 했다. 형식적인 측면에서는 조금 틀을 벗어났지만, 시대를 관통하는 애덤 스미스의 시각으로 몽골제국의 국부론, 베네치아공화국의 국부론, 네덜란드공화국의 국부론을 통(通)시대적 관점에서 흥미롭게 살펴본 것이다. 물론, 애덤 스미스는 18세기 사람(1723.6.5.~1790.7.17.)이고, 당시의 서양인이라는 한계가 있어 현재의 시각에서 재조명한 부분도 있는데, 이는 과거의 애덤 스미스에게 양해를 구할 부분이다.

이 책 『국가의 부와 복지: 애덤 스미스와의 대화』는 크게 두 개의 구성으로 이뤄져 연결되고 있다. 우선 애덤 스미스와 버클로 공작이 만나서 나눴을 가상의 대화 부분에서는 국부론과 관련된 다섯 개의 주제를 다루고 있다. 첫 번째는 인간 본성과 국부론, 두 번째는 빈곤국과 복지국의 차이점, 세 번째는 분업화된 사회의 복지 체계, 네 번째는 시장과 정부의 역할 분담, 그리고 다섯 번째는 세계공화국의 국부론이다. 애덤 스미스와의 5개 주제별 대화에서 본문으로 이어지는 5개 편에서는 시대를 대표하는 국가들의 대표적 국부론을 역사적 흐름 속에서 정리하고 있다. 제1편에서는 세계제국의 국부론, 제2편에서는 서양의 개방화와 국부의 이동, 제3편에서는 17세기 네덜란드공화국의 국부론, 제4편에서는 암스테르담이 이끌었던 황금시대를 다룬다. 그리고 제5편에서는 우리가 준비하게 될 새로운 국부론으로서 세계공화국의 21.5세기 국부론을 제시했다.

만약 애덤 스미스가 우리와 함께 호흡하면서 현재를 살고 있다면, 그는 한반도의 새로운 국부론과 관련해서 어떤 대안과 조언을 할 수 있을까? 새로운 한반도의 국부론을 설계하고, 치열하게 준비하는 과정에서 애덤 스미스를 만나 대화하고, 각국의 국부론 사례를 되짚으면서 그 흐름을 이해하는 노력은 그래서 여전히 현재진행형으로 계속되고 있다. 그리고 이러한 과정에서 구체적인 역사적 흐름과 사례에 근거해 다음과 같은 희망찬 응답도 찾을 수 있었다. 얀 린스호턴(Jan Huyghen van Linschoten)이 과거 암스테르담을 향해 천명했던 것처럼 "한반도가 태평양 시대를 맞이해서 세계의 미래를 이끌 한반도가 될 수 있다"라는 것이다. 가능성과 현실은 다를 수 있지만, 한반도에 사는 사람들 모두가 열망하고 소망한다면 못할 것도 없다. 세계의 국부론이 새롭게 작성되는 태평양시대를 맞이해 남북한이 함께 협력하고 힘을 모아서 한반도의 신(新)국부론을 멋지게 써 나갈 수 있기를 기대해 본다.

2019년 2월

북한산 연구실에서

김정훈

차례

프롤로그 • 3

애덤 스미스의 첫 번째 강의: 인간 본성과 국부론 / 13

제1편 세계제국의 국부론 21

제1장 13세기, 몽골제국의 국부론과 동서양의 융합 23
1. 몽골의 세계화 / 23
2. 세계제국 몽골에 의한 동서양의 융합 / 31
3. 몽골의 소멸과 동서양 분리 / 38

제2장 바닷길을 폐쇄한 동양의 반(反)국부론 45
1. 명(明)의 중농주의 / 45
2. 정화의 대항해 / 51
3. 동양이 바닷길을 폐쇄한 이유 / 57

제3장 바닷길을 개방한 서양의 친(親)국부론 64
1. 공포에서 시작된 대항해 / 64

2. 스페인의 레콘키스타와 신대륙 발견 / 72
3. 스페인제국의 등장과 무적함대 / 78

애덤 스미스의 두 번째 강의: 빈곤국과 복지국의 차이점 / 89

제2편 서양의 개방화와 국부의 이동 99

제4장 14세기 베네치아공화국의 국부론 101
1. 베네치아와 후추 / 101
2. 개방적인 베네치아 상인들의 상업혁명 / 107
3. 베네치아의 은행과 금융업 / 115

제5장 15세기 서양의 개방화와 대항해시대 123
1. 대항해시대와 세계 화폐(두카토)의 탄생 / 123
2. 대항해시대와 베네치아의 고민 / 131
3. 대서양으로 이동하는 베네치아의 금융

자본 / 137

제6장 16세기 인재와 자본의 이동과 암스테르담의 등장 145
1. 안트베르펜의 비극과 인재의 이동 / 145
2. 네덜란드 독립전쟁과 오렌지 가문 / 154
3. 암스테르담의 유대계 상인과 자본 / 162

애덤 스미스의 세 번째 강의: 분업화된 사회의 복지 체계 / 171

제3편
17세기 네덜란드 공화국의 국부론
181

제7장 암스테르담의 주식회사 국부론 183
1. 동양의 후추무역 문제 / 183
2. 주식회사 연합 동인도회사(VOC)의 탄생 / 190
3. 연합 동인도회사(VOC)의 주요 조직과 자본금 / 197

제8장 암스테르담이 펼쳐 놓은 세계해양네트워크 204

1. 동양의 해양네트워크 / 204
2. 나가사키의 개항과 데시마(出島) 건설 / 211
3. 델프트 블루와 도자기 / 218

제9장 세계 각지에 세워진 뉴암스테르담 227
1. 대서양 서쪽의 새로운 암스테르담 / 227
2. 유럽 대륙을 벗어난 암스테르담 / 235
3. 암스테르담에서 런던으로 / 244

애덤 스미스의 네 번째 강의: 시장과 정부의 역할 분담 / 255

제4편 암스테르담이 이끌었던 황금시대 261

제10장 세계의 해양도시 암스테르담 263
1. 암스테르담의 해양도시 건설 / 263
2. 동양에 세워진 수많은 암스테르담 / 268
3. 나가사키의 데시마 / 274

제11장 소수자의 권익도 존중되는 도시

암스테르담 ································· 280
1. 유럽의 소수민족 사례: 유대인 / 280
2. 포르투갈계 유대인의 암스테르담 정착 / 286
3. 소수자의 권익과 유대인 보호 / 290

제12장 빈자를 부자로 만드는 도시 암스테르담 ·· 297
1. 개인의 부유함과 공동체의 번영 / 297
2. 암스테르담의 자유주의 / 303
3. 암스테르담의 공화주의 / 307

애덤 스미스의 다섯 번째 강의: 세계공화국의 국부론 / 315

제5편 세계공화국의 21.5세기 국부론

327

제13장 한반도 물류 체계의 재구성, 인재와 자본의 플랫폼 ····································· 329
1. 세계패권주의와 일대일로의 오류 / 329
2. 세계적 보편주의와 한반도 물류 체계의 재구성 / 335

3. 한반도 연합공기업(VOC)의
플랫폼화 / 341

제14장 한반도 연합공기업 VOC(Voice Of Corea)
의 설립계획 ······································ 347
1. 17세기의 연합 동인도회사(VOC)와
비교되는 3대 포인트 / 347
2. 21세기 한반도 연합공기업(VOC) 설립
계획의 3대 핵심 사항 / 353
3. 한반도 연합공기업(VOC)의
3대 목표 / 359

에필로그 • 367

참고 문헌 • 371

찾아보기 • 383

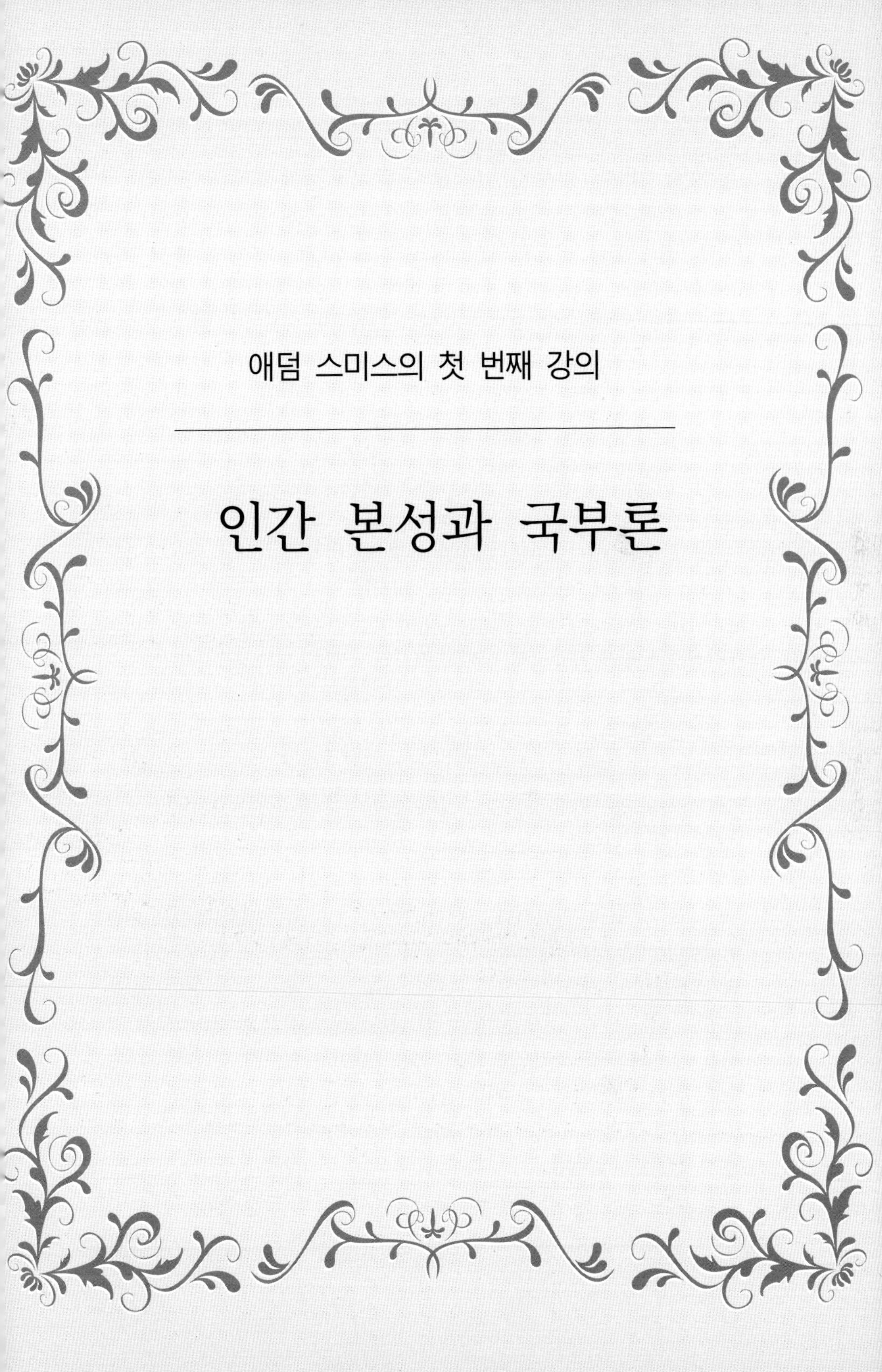

애덤 스미스의 첫 번째 강의

인간 본성과 국부론

애덤 스미스

스코틀랜드 글래스고 대학의 애덤 스미스(Adam Smith, 1723~1790) 교수입니다. 젊은 공작 버클로(Duke of Buccleuch), 당신과 함께 1764년부터 1766년까지 유럽 각 지역을 다니며 함께 공부하게 됐습니다. 현장학습을 겸한 그랜드 투어의 개인교수로서 당신이 최고의 지도자가 될 수 있도록 성심껏 가르치고자 합니다. 타운센드 경이 오랜 기간, 간곡히 부탁하셨는데 줄곧 사양하다가 더는 사양할 수 없었지요. 정말 마지못해서 하게 됐습니다만 일단 시작했으니 평생의 멘토로서 열심히 하도록 하겠습니다.

버클로

아 교수님, 감사합니다. 교수님이 몇 년 전에 발표하신 『도덕감정론(*Theory of Moral Sentiments*)』(1759) 저서는 저도 정말 감명 깊게 잘 읽었습니다. 그래도 대학까지 그만두시고 이렇게 저와 함께 그랜드 투어의 개인교수로 함께 해주셔서 어찌 감사드려야 할지 모르겠습니다.

애덤 스미스

훗날 미국 독립전쟁의 계기가 된 타운센드 법(Townshend Acts)을 만드신 당신의 양아버지 타운센드 경이 제게 직접 찾아와 부탁하면서 물어보셨죠. 현재 다니고 있는 글래스고 대학의 급여는 어느 정도 되느냐고 말입니다. 그래서 연간 300파운드 정도인데 퇴직한 이후에는 별도의 소득은 없다고 했죠. 그랬더니 그랜드 투어의 개인교수 계약 조건을 이렇게 제시하시더군요. (1) 그랜드 투어와 관련된 모든 비용 일체를 제공하며, (2) 각국의 최고 석학들과 만나고 교류할 수 있도록 적극적으로 주선하고, (3) 투어 기간에는 매년 300파운드를 연봉으로 받는 조건으로 한다. 그리고 특별 조건으로 (4) 그랜드 투어가 완전히 끝난 이후에도 죽을 때까지 종신연금으로 매년 300파운드를 지급받는 항목까지 추가됐었죠. 이번 그랜드 투어의 개인교수로 참가하면서 저의 생계 문제는 완전히 해결된 셈입니다.

버클로

참으로 잘 됐네요. 교수님. 계약 조건에 만족해하시는 것 같아 다행입니다. 그럼 교수님, 그랜드 투어가 끝난 다음에는 어떤 일을 하실 예정이신가요?

애덤 스미스

대학에 있으면서 몇 년 전에 『도덕감정론』을 썼습니다만, 연구할 시간이 부족해 더 좋은 책을 쓸 수 없었습니다. 그랜드 투어 기간, 외국의 여러 학자와 교류하면서 그간 고민했던 주제들을 정리한 후에 책으로 발간할까 합니다. 아마도 최소 10년 이상의 시간이 필요할 것으로 보입니다. 책의 제목은 『국부론(*An Inquiry into the Nature and Causes of the Wealth of Nations*)』이 될 것이고, 각 국가의 부유함에 대한 특성과 원인을 연구하는 책이라고 하겠습니다.

버클로

그럼 교수님, 저는 앞으로 그 유명해질 『국부론』의 내용을 교수님에게서 직접 듣는 첫 번째 학생이 되겠네요. 어떤 내용일까 참으로 궁금합니다.

애덤 스미스

아 그래요. 궁금증이 많다는 것은 좋은 학생이 되기 위한 첫 번째 조건이죠. 그럼, 본격적인 국부론에 들어가기에 앞서서 내가 전에 썼던 『도덕감정론』에서 언급했던 '인간 본성'을 중심으로 국가의 부유함과 관련된 내용, 즉 국부론과 관련해서 몇 가지 소개하도록 하겠습니다.

버클로

예, 교수님. 과연, '인간 본성'과 국부론에는 어떤 관계가 있을까요?

애덤 스미스

세상사에도 3심제 재판 과정이 있다고 생각해 볼 수 있습니다. 먼저 제1심에서는 세상 사람들이 어떤 행위나 대상에 대해 그것을 평가하는 단계입니다. 예컨대, 내가 어떤 책을 발간했는데 세상 사람들이 그 책에 대해서 좋다 또는 나쁘다고 평가하는 일종의 '세상 사람들의 판단' 단계입니다. 다음의 제2심에서는 각 개인의 마음속에 있는 공평한 관찰자에 의한 평가입니다. 내가 쓴 책에 대해서 자신의 내면에 있는 자아가 공평한 평가 또는 양심의 소리로 말할 때, 이 책은 내가 생각해도 참 잘 썼다 또는 어쩌다 보니 잘 쓰지 못했다고 평가하는 일종의 '나의 내적 판단' 단계입니다. 끝으로 제3심에서는 하나님의 심판 단계라고 할 수 있습니다. 어쩌면 하늘의 심판을 빌려서라도 또는 역사를 통해서라도 올바른 평가를 받는 '하늘(역사)의 판단' 단계입니다. 이렇게 3심제 재판 과정을 거치면서 현명한 사람(wise man)과 유약한 사람(weak man)은 서로 다른 생각과 반응을 보이게 됩니다.

버클로

그렇죠, 교수님. 아무래도 현명한 사람은 세상의 판단이나 평가에 휘둘리기보다는 자신의 내적 평가와 판단을 중요시할 것으로 생각됩니다. 반대로 유약한 사람들은 세상의 판단이나 평가에 휘둘려서 자기 생각과 판단보다는 세상 사람들의 눈에 더 신경을 쓰는 경향이 강할 것 같습니다. 역시 현명한 사람이 유약한 사람보다는 바람직하겠습니다, 교수님.

애덤 스미스

그런데 그게 사실, 그렇게 간단하지는 않습니다. 대부분 현명한 사람과 유약한 사람이라는 양쪽 측면이 1인의 한 사람 안에 모두 공존하기 때문입니다. 어떤 때는 현명하지만, 또 어떤 때는 유약한 것이 인간이니 말입니다. 특히, 국부(國富)를 위해서는 현명한 쪽보다는 유약한 쪽이 더 중요하게 작용할 수도 있다는 것입니다.

버클로

교수님, 아니 그것은 정말 이해가 잘 안 되는데요. 왜 유약한 쪽이 국부를 위해서 더 중요하게 작용할 수 있다고 생각하시는지요? 상세하게 설명해 주시면 좋겠습니다.

애덤 스미스

음~, 이렇게 생각해 봅시다. 만약에 다른 사람의 시선을 전혀 의식할 필요가 없는 무인도에서 혼자 살고 있다고 가정해 보죠. 멋진 옷이나 좋은 집 그리고 많은 값진 음식이 뭐 그것이 그리 중요하겠습니까? 혼자 사는데 값비싼 핸드백을 사고 번쩍이는 금목걸이를 차고 모래사장을 걷는다고 누구 하나 봐줄 사람이 없는데 왜 그렇게 하겠어요. 그렇지만 여러 사람이 함께 사는 집단생활을 하면 사람들은 자연스럽게 필요 이상의 부유함과 사회적 특별함을 추구하는 경향이 강해질 수 있습니다. 우리의 유약한 측면이 작동하면서 다른 사람의 시선을 중시하고 그들의 평가에 귀를 기울이기 때문이죠.

버클로

듣고 보니 그럴 것 같습니다. 혼자 사는 무인도에서 명품 핸드백이 무슨 소용이 있겠어요. 그렇지만 교수님, 그렇다고 그런 우리의 유약한 측면이 부유함으로 연결되는 것에 대해서는 잘 이해가 안 되는데요. 우리의 유약함(weakness)과 부유함(wealth)이 어떻게 연결되는지를 설명해 주셨으면 합니다.

애덤 스미스

참 좋은 질문이군요, 버클로. 그건 이렇게 생각해 보기 바랍니다. 우리가 부유함(wealth)에 대한 필요 이상의 야심(ambition)을 갖는 것은 그것이 지닌 객관적 기준의 편리함 때문만은 아니라는 거죠. 다른 표현으로 설명하자면, 부유함을 소유해서 얻을 수 있는, 타인으로부터 받게 되는 부러움과 칭찬, 그런 것들이 우리에게 더 큰 영향을 줄 수 있다는 겁니다. 부유함에 대한 필요 이상의 야심은 허영(vanity)이라는 동기에 의해 만들어지는데, 이는 내 마음속의 내부적 평가보다 세상 사람들에게서 더 높은 평가를 받고 싶어 하는 나의 유약함으로부터 비롯된다는 것입니다. 만일, 내가 나의 현명함에 의해서만 판단하고 행동한다면, 필요 이상의 부유함을 소유하고 싶은 허영심은 나에게 영향을 줄 수 없겠죠.

버클로

그러니까 교수님의 말씀은 부유함에 대한 필요 이상의 야심과 욕구라는 것이 결국 나의 유약함에서 비롯되는 것이고, 마찬가지로 국가의 과도한 부유함 추구, 즉 국부론(國富論)도 그 나라의 현명함보다는 유약함에서 비롯된다고 말씀이군요.

애덤 스미스

그렇지요. 버클로. 당신은 정말 훌륭한 제자가 되겠어요. 자, 오늘은 이쯤에서 부유함에 대한 강의를 마무리했으면 합니다. 공식적인 강의를 떠나서 개인적으로는 이런 생각도 해 볼 수 있겠지요. 글쎄, 부유함과 관련해서 보면, 나 역시도 현명함과 유약함이 모두 있는 사람이죠. 마음의 안정된 평온을 얻기 위해서는 최저 수준 이상의 수입은 있어야 할 것이고, 그런 다음에는 건강하고 빚이 없으며 양심에 부끄러운 짓을 하지 않고, 그러면 그것이 최고의 행복이라고 생각됩니다. 혹시 그 이상의 재산을 소유한다고 해서 자신의 행복이 크게 증진될 것이라는 기대는 하지 않습니다. 앞서 설명했던 것처럼 필요 이상의 과도한 부의 추구는 결국 나의 현명함이 아닌 유약함에서 비롯된 허영의 결과물이기 때문이죠. 어찌 됐든, 개인뿐만 아니라 국가 차원에서도 필요 이상의 부를 쟁취하기 위해서 어쩔 수 없이 치열한 경쟁(competition)을 유발하는데, 이는 국가들의 갈등(conflicts) 원인이 되고 국가의 행복보다는 국가의 불행으로 이어질 가능성이 크다고 하겠습니다.

버클로

오늘 첫 번째 강의를 해 주셨는데 제가 미처 알지 못했던 중요한 사실을 깨닫게 됐습니다. 우리가 지닌 남의 시선을 의식하는 나의 유약함(weakness)이 국부(the wealth of nations)를 향한 욕구의 출발점이 될 수 있다는 지적은 참으로 의미심장합니다.

제 1 편

세계제국의 국부론

13세기의 세계제국 몽골은 유라시아 대륙의 양쪽에 있던 동양과 서양을 하나로 융합시킨 최초의 세계국가였다. 지중해와 흑해에서 유라시아 초원을 거쳐 태평양에 이르는 광대한 영토를 지녔고, 각 지역에 높이 쌓여 있던 정치적·경제적 장벽을 부수면서 엄청난 국부를 창출했다. 그러나 14세기 중엽, 몽골제국이 해체되면서 동양과 서양은 다시 분리됐고, 서로 다른 길을 선택했으며, 그 결과 세계 국부의 흐름은 500년 동안 완전히 뒤바뀌었다.

제 1 장

13세기, 몽골제국의 국부론과 동서양의 융합

 몽골의 세계화

팍스 몽골리카(Pax Mongolica), '몽골의 평화'를 의미하는 세계국가, 몽골제국의 시대(1206~1368)는 특별했다. 유라시아 대륙의 양쪽 끝, 동양부터 서양까지 하나의 몽골제국에 통합되면서 동서양의 경계선이 사라지고, 수많은 인종과 민족들이 상호 활발히 교류하면서 엄청난 국부를 창출했다.

칭기즈칸의 탄생

1206년에 개최된 몽골의 최고연합회의 쿠릴타이에서 테무친은 최고지도자 칭기즈칸(成吉思汗)으로 즉위했다. 이것이 세계국가 몽골제국의 시작이었다. 칭기즈칸은 바이칼 호수 인근 초원에서 패권을 다투던 몽골의 여러 부족을 결집해서 순식간에 세계 역사상 가장 넓은 영토를 통치하는 제국이 됐다. 칭기즈칸은 그의 생전에 이미 황허(黃河)강 유역의 북중국에서부터 남러시아에 이르는 세계제국을 건설했다. 수많은 민족을 하나로 통합했던 칭기즈칸은 유목민의 특성을 살려 원거리 무역을 장려했고, 이슬람 상인을 크게 우대했으며, 동양과 서양의 상호무역을 중요시했다. 몽골제국에서는 다양한 각 지역의 전문가가 그들의 실력에 비례해서 우대받았다.

칭기즈칸의 뒤를 이어 1228년 즉위한 제2대 우구데이(오고타이)칸(高潤台汗)은 국가의 통치 기반을 확립하고 의례를 정비했으며, 각 지역에 맞는 세법(稅法)을 정비했다. 특히, 이 시기에는 광대한 몽골제국에서 공통으로 사용할 종이 화폐인 교초(交鈔)를 본격적으로 발행해 상거래를 편리하게 했다. 몽골제국은 금융뿐만 아니라 유라시아 대륙의 동서를 연결하는 교역망을 편리하게 확충해 시장의 규모를 키웠다. 전국에 중요 도로를 건설하고 일정 구간마다 행정편의시설을 설치, 왕래하는 사람들에게 말과 숙박 서비스를 제공하는 유라시아 물류 체계를 만들었다. 몽골의 역참제(驛站制)로 불리는 제국의 물류 네트워크는 인구 이동과 상품 거래를 원활하게 만들어 동양과 서양의 상호 교류를 획기적으로 늘렸다. 이러한 동서양의 통합 과정에서 우구데이칸의 몽골 군대는 동북쪽의 금(金) 제국을 정복, 양쯔(揚子)강 이북을 통합했으며(1234), 서북쪽으로는 조카인 바투(칭기즈칸의 손자)에게 유럽 원정을 단행하도록 했다. 바투의 유럽 원정군은 러시아를 정복했고(1240), 폴란드와 헝가리도 사실상 복속시켰다.

유럽을 침공한 바투의 원정군을 필사적으로 막았던 서양의 기사단은 폴란드의 레그니차(발시타트) 전투(1241)에서 몰살당했고, 유럽은 무방비 상태에서 황색공포에 휩싸였다. 러시아를 완전히 복속시킨 바투의 원정대는 중부 유럽을 지나 남유럽의 지중해(아드리아) 연안까지 도달했지만, 우구데이칸의 사망 소식을 듣고 몽골의 수도(카라코룸)로 회군했다(1244). 치열한 권력 투쟁 속에서 1246년 제3대 칸으로 구유크(구육칸)가 등극했으나 곧 사망하고 내홍을 거치면서 1251년 제4대 몽케칸이 즉위했다. 이런 혼란스러운 과정에서 유럽원정대를 이끌었던 칭기즈칸의 장손인 바투는 몽골제국의 대칸(大汗) 지위를 포기하고 자신이 정복한 러시아에 킵차크한국을 세워 직접 통치했다.

쿠빌라이칸의 전성시대

그런데 몽케칸이 남송을 정복하던 도중 갑자기 병사하면서 또다시 권력 투쟁이 일어났다. 패권을 잡기 위한 격렬한 내전이 벌어졌고, 제국의 후계 구도는 혼미해져 갔다. 당시의 몽골제국 후계자 문제는 매우 복잡하게 얽혀 있어서 누가 후계자가 될 것인지 알 수 없는 상황이었다. 이 와중에 몽골제국과 화의(和議) 차원에서 고려에서 파견된 황태자 왕전(王倎)이 복잡한 몽골제국 후계 문제에 직접 개입하게 됐다. 몽골제국의 패권 다툼에서 쿠빌라이와 아릭 부케(쿠빌라이의 동생)는 한 치의 양보 없이 다퉜는데, 고려국의 황태자 왕전이 쿠빌라이(忽必烈)를 적극적으로 지원하면서 힘의 균형이 쿠빌라이 쪽으로 옮겨졌다. 쿠빌라이가 몽골제국의 대칸에 즉위한 1260년, 고려는 자청해서 몽골과의 전쟁을 중단했으며, 왕전은 무신정권을 몰아내고 고려국의 황권을 회복하면서 원종(元宗)으로 즉위했다.

그러나 1269년 다시금 봉기한 무신 세력인 임연, 임유무 등에 의해 원종은 폐위를 당하는 위기에 직면했다.[1] 위기의 고려 황실은 쿠빌라이칸에게 도움을 요청했고 어렵게 권력을 되찾았으나 이를 계기로 원종은 특별한 조치를 해야 했다. 그것은 고려 황실과 몽골 황실 사이에 일종의 결혼동맹을 맺음으로써 황실의 안정을 지키는 것이었다. 원종은 의형제 쿠빌라이에게 자기 아들과 쿠빌라이의 딸을 결혼시키도록 허락해 달라고 요청했다. 그렇지만 이미 유부남이었던 원종의 아들 황태자(왕심, 王諶)에게 쿠빌라이는 자신의 어린 딸 제국대장공주(齊國大長公主: 쿠틀룩 켈미시)를 시집보내고 싶지 않았다. 그렇지만 쿠빌라이는 자신을 도와 준 친구(왕전)와 그의 아들(왕심)의 끈질긴 요청에 못 이겨 자신의 딸을 고려의 황실로 시집보내 의리를 지켰다. 이로써 고려 황실과 몽골 황실은 혈연으로 맺어졌고, 1274년 왕심은 안정적으로 충렬왕(忠烈王)에 즉위할 수 있었다. 충렬왕과 몽골의 제국대장공주 사이에서 태어난 충선왕(忠宣王)은 쿠빌라이의 외손자로서 몽골제국의 황제 승계권을 가진 고려·몽골의 혼혈 왕이 됐다. 유럽의 관련 사례를 본다면 이는 고려와 몽골의 공동제국이 형성됐음을 의미하며, 공동 황실은 쿠데타를 막고 권력 투쟁에서 서로의 황실을 안전하게 보존하는 데 필요한 관계였다.

---

1) 고려 1170년, 정중부의 난에서 시작된 무신정권은 최씨 무신정권을 거쳐 1270년 임연, 임유무를 끝으로 종식됐고, 고려의 왕권 회복을 위한 몽골과의 결혼동맹이 결정적 역할을 했다. 이와 비교할 때, 일본의 무신(막부)정권은 1192년 가마쿠라(鎌倉)막부에서 시작해 왕권이 회복된 19세기까지 약 700년 동안 계속됐다.

한편, 고려 황실과 혼인 관계를 맺은 쿠빌라이칸은 대륙의 유목민뿐만 아니라 농경민(한족)도 포용할 국호로 원(元)을 사용하기 시작했다. 동아시아 대부분을 지배하면서 왕권이 안정화되자 쿠빌라이칸은 곧바로 남송 정복 사업을 재개했고, 1279년 남송을 완전히 정복했다. 쿠빌라이는 남송 정복 이후에도 베트남(안남)과 미얀마(버마)를 차례로 공략해 평정했으며, 해상국가인 고려의 해군력을 활용해서 제주도에 탐라총관부(일종의 몽골 해군사령부)를 뒀다. 그러나 계속된 악천후를 겪으면서 바다에서는 큰 성과가 나지 않았고, 대륙의 초원에서는 군사적 갈등이 격화되면서 몽골은 해양 정복 사업을 중단했다. 세계제국을 외쳤던 몽골이지만 바다를 건너야 했던 일본열도, 인도네시아, 필리핀 등은 정복 대상에서 제외됐으며 유라시아 대륙만을 제국의 관리 대상으로 통치했다.

한편, 쿠빌라이는 남송을 정복한 직후 대운하를 정비해 북중국과 남중국을 내부적으로 긴밀히 연결했다. 몽골은 초원의 유목민이었지만, 대륙 내부에 있는 운하길을 매우 잘 정비했고 중국 북부에서 중국 남부로 운하를 이용해 이동하고 남부에서 유라시아 연안길을 따라 아라비아에 이를 수 있는 안정적인 해로(海路)를 완성했다. 특히, 쿠빌라이는 한족들이 만든 비단길뿐만 아니라 북쪽의 대륙교통망(초원길)에도 역참제를 적용해 동서양의 인적·물적 교류를 획기적으로 확대했다. 몽골제국은 상세하게 많은 기록을 남기지 않았지만, 몽골제국을 방문했던 탐험가의 저술이 남아서 제국의 현황을 이해할 수 있다. 지중해의 베네치아공화국에서 방문한 서양인 마르코 폴로(Marco Polo, 1254~1324)가 남긴 『동방견문록』은 13세기 쿠빌라이칸이 통치했던 동양의 몽골제국 현황을 상세히 전하고 있다. 제국의 경제 규모가 너무도 커서 당시의 서양인들은 도저히 이해할 수 없었고, 그래서 마르코 폴로의 설명이 허풍이라고 생각했지만, 노련한 상인 출신인 그의 설명에는 중요한 사례들이 많이 소개돼 있었다.

예컨대, 몽골제국(원나라)의 경제 현황 가운데 마르코 폴로가 소개한 조세(세입 부문)만 봐도 대단히 중요한 내용이 소개되고 있다. 쿠빌라이칸의 원나라 정부에서 시행한 세금 징수 방식을 보면, 대부분 세금은 종이 화폐인 지폐로 냈다는 기록이 나온다. 서양인들은 이런 설명을 도저히 이해할 수 없어서 마르코 폴로가 허풍을 떨었다고만 생각했다. 금화, 은괴, 쌀과 같은 현물이 아니라 13세기에 종이 지폐를 사용해 세금을 내는 상황을 서양인들은 도저히 이해할 수 없었기 때문이다. 향후 살펴보겠지만, 약 500년이 지나서야 서양에서는 동양의 지폐제도와 비슷한 사례가 등장한다. 네덜란드의 최고지도자로서 영국 국왕이 된 윌리엄 3세가 허가한 잉글랜드은행(Bank of England: BOE)이 발권한 종이 은행권이 그것이다. 근대적 지폐 발권의 원조로 BOE 지폐가 소개되지만, 이미 동양에서는 쿠빌라이가 황제의 통치권으로 보증한 지폐인 중통초(中統鈔)가 보편적으로 사용된 바 있다.[2] 13세기, 동양의 국부 수준을 오늘날의 기준으로 정확히 평가하기는 어렵지만, 18세기 산업혁명 직전의 영국 정부 규모보다 원나라의 정부 규모가 오히려 더 컸다는 판단은 할 수 있다.[3]

---

2) 몽골제국 초기에는 지방마다 서로 다른 교초(交鈔)를 발행해 신용도가 낮았고 그래서 지폐보다는 금속화폐를 선호했다. 그런데 쿠빌라이 시대에 들어서서는 기존 화폐를 전량 회수하고 중통원보교초라는 중통초(中統鈔)를 법정 화폐로 정했다. 몽골제국의 황제가 지닌 강력한 통치력과 국가 신용을 토대로 법정 지폐를 발권함으로써 13세기 몽골제국의 금융통화 체제를 확립했다. 몽골제국에서는 이로써 큰 단위의 돈은 법정 지폐로 사용하고, 작은 단위는 열 가지 종류의 동전(보조화폐)으로 사용했다.

마르코 폴로의 『동방견문록』

13세기, 동양의 경제활동 중심지가 태평양의 서해(황해)에 인접한 원나라의 수도 대도(大都: 지금의 北京)였다면 서양은 지중해(아드리아) 바닷가의 베네치아공화국이었다. 제4차 십자군전쟁 직전까지 서양의 상업 중심지는 콘스탄티노플이었지만, 이곳을 베네치아공화국이 정복하면서 판도가 뒤바뀐 것이다. 베네치아 상인들은 서양에서 동양으로 향하는 무역로를 확보하면서 동지중해의 해상권을 독점했는데, 소문에는 동로마의 모든 황금은 이미 베네치아 지하창고로 옮겨졌다고 했다. 어쨌든 서양의 부유한 베네치아공화국의 마르코 폴로가 원나라를 방문해서 남겨진 기록물이 바로 『동방견문록』이었다. 그런데 잘살았던 서양의 상인 시각에서도 동양은 깜짝 놀랄 정도로 경이로운 곳이었다. '마르코의 허풍'이라는 비아냥을 들을 정도로 그의 이야기가 과장됐다고 하지만, 마르코 폴로가 쿠빌라이칸을 만나고 원나라에서 생활하면서 소개한 자료에는 오늘날의 시각에서 봐야 비로소 이해할 수 있는 놀라운 경제 이야기도 많다. 베네치아의 상인 시각에서 날카롭게 관찰돼 소개된 13세기 동양의 경제 상황은 다음과 같았다.

마르코 폴로의 견문록에는 원나라의 수도인 대도(지금의 베이징)를 이렇게 소개한 부분이 있다. "성 밖의 인구가 성곽 안쪽 인구보다 훨씬 많은데 상인을 비롯해 용무가 있어서 온 사람들은 대부분 성

3) 13세기, 원나라를 중심으로 형성됐던 동아시아의 경제 수준은 양적 측면은 물론이고 질적 측면에서도 유럽의 경제 수준을 500년 이상 앞서 있었다. 물론 동아시아의 경제는 원나라 이후, 명나라 등의 동아시아 국가 대부분이 바닷길을 막고 상업활동을 억제하면서 금융통화 체제는 붕괴했고, 경제 수준도 후퇴했다.

밖에 숙박하기 때문이다(중략). 이 도시에서 거래하는 상인이나 외국인의 수는 워낙 많아서 매춘부도 2만 명은 될 것으로 보이지만 공치는 일이 없이 모두 장사를 잘하고 있다. 창부의 수마저 이렇게 많으니 이곳의 상거래 관련 인구의 엄청남은 충분히 짐작할 수 있으리라." 당시의 대도(베이징) 인구는 약 100만 명을 넘었던 것으로 평가되는데 비슷한 시기, 서양에서 가장 큰 도시 파리는 인구가 10만 명이었다. 마르코 폴로의 시각에서 보면 동양의 이 도시는 서양의 어떤 도시보다 훨씬 크고 발전돼 있었다.

그는 베네치아의 베테랑 상인답게 진기한 상품과 사치품에 관해 상세히 설명했다. "대도(베이징)처럼 진기하고 값진 상품이 거래되는 도시는 온 세계를 다 찾아봐도 없을 것이다. 우선 값진 상품으로는 온갖 보석과 희귀한 물건들이 인도에서 들어오고, 각 지역에서 나는 사치품들도 모조리 여기에 모이게 된다(중략). 매일 수레 1천 대 분량의 명주실이 대도(베이징)로 실려 들어오는데 이를 짜서 금란(金襴: 공예직물)과 견포(絹布: 비단과 무명)를 생산해 내니 그 비단의 양이 실로 엄청나게 많다." 마르코 폴로는 원나라의 수도인 대도를 중심으로 주변에 2,000여 개 이상의 크고 작은 도시가 있어서 대도가 상거래 중심이 되는 것은 당연하다고 했다. 서양의 중세 상인 시각에서 보면, 동양의 대도는 장사하기 좋고, 사람 많고, 돈 많고, 그래서 경제가 활발히 움직이는 세상의 모든 국부(國富)가 모이는 별천지 같은 곳이었다.[4]

---

4) 마르코 폴로는 원나라의 조폐국에 관해서도 상세히 소개하고 있다. "대칸의 명령에 따라서 원나라의 조폐국에서는 얇은 종이로 지폐를 만들고 여기에 대칸의 옥새를 일일이 찍는다. 이렇게 만들어진 화폐는 모두 순금이나 순은의 화폐와

세계제국 몽골에 의한 동서양의 융합

몽골은 동아시아의 서해(황해)에서 유라시아 대륙의 흑해(黑海)와 중동의 호르무즈해협 그리고 유럽의 지중해에 이르기까지 세계의 대부분을 통치한 세계국가였다. 인류 역사상 최초로 동양과 서양을 하나로 융합한 몽골은 세계사에서 유일한 세계국가로 기록됐다. 동양의 진(秦)제국, 서양의 로마제국, 중동의 페르시아제국을 모두 합친 것보다 더 넓은 영토를 통치하면서 동서양의 상거래를 크게 확장해 막대한 국부를 창출했다.[5)]

똑같은 값어치로 발행된다. 또한, 이곳에는 전문 관리가 있어서 이들 지폐에 서명 날인을 한다. 이 모든 조폐 과정이 끝나면 조폐국 장관이 그에게 맡겨진 옥새에 인주를 묻혀 지폐 위에 최종 날인한다. 인주를 바른 옥새의 흔적을 지폐 위에 남기는 것이다. 이런 과정을 거쳐 비로소 이 특이한 화폐는 법정 화폐가 된다. 만약 이것을 위조하는 자가 있으면 사형에 처한다. 대칸은 온 세계의 화폐를 모두 이것과 교환할 수 있을 만한 정도의 거액까지 이 화폐를 제조하고 있다."(마르크 폴로. 채희순 역. 동방견문록. 동서문화사. 2016. 제3장). 이후에 상세히 살펴보겠지만 18세기, 영국의 중앙은행이 지폐를 발행하는 것과 비교할 때, 약 500년 이상을 앞서서 동아시아에서는 지폐본위제도를 실시했음을 마르코의 『동방견문록』이 증언해 준 것이다. 그렇지만 마르코 시대의 13세기 서양인들은 원나라의 지폐본위제를 이해하지 못했고, 동아시아에서는 금화처럼 종이돈을 만들어 낸다는 마르코의 이야기를 단순히 말도 안 되는 허풍이라고 했다.

5) 1995년 미국의 『워싱턴포스트』는 지난 천 년의 역사 가운데 가장 중요한 인물 1위로 칭기즈칸을 뽑았으며, 1999년 12월 31일, 『타임』은 표지 인물로 칭기즈칸을 게재했다. 이는 새로운 천 년인 2000년 정초를 맞으면서 중요한 의미 부여이기도 했다. 한편, 2013년 9월 중국의 시진핑(習近平)이 일대일로(一帶一路)를 주창하면서 새로운 몽골제국의 세계적 교통망을 재구축하고자 하는 것도 세계국가 몽골에 대한 열망과 관련성이 있다고 볼 수 있다. 몽골제국의 침입으로 황색공포에 빠졌던 서양인과 몽골제국에 의해 수백 년 동안 노예처럼 대우

몽골의 세계적 교통망

서로 대립하고 투쟁했던 민족과 국가들이 몽골의 세계제국 아래에서 하나의 보편적 질서를 갖추면서 큰 변화가 일어났다. 그 첫 번째는 세계적인 교통망의 건설이었다. 특히 유라시아 대륙을 거쳐 우구데이칸과 쿠빌라이칸 시대에 완성된 육로 교통 제도인 역참제(驛站制)는 동양과 서양을 하나로 이어줬다. 마르코 폴로가 그의 『동방견문록』에서 설명했던 것처럼, 몽골제국이 아니었다면 13세기의 유럽인이 동양의 대도(北京)를 여러 번 찾아올 수는 없었다. 몽골제국은 국가, 민족, 종교 등으로 분단돼 있던 경계선을 해체해 각 지역의 상품과 돈이 쉽게 거래될 수 있는 물류 체계를 만들었다. 몽골제국의 광대한 영역에서 사람들이 안전하게 이동하고 상호 왕래하면서 시장은 활성화했고, 자원 거래량이 급증하면서 몽골제국의 국부도 크게 확장됐다.[6)]

받던 한족(漢族)들이지만, 몽골제국의 세계국가를 지향하는 것은 동서양의 공통된 열망이다.

6) 마르코 폴로의 『동방견문록』에는 몽골제국의 역참제도에 대한 상세한 소개를 남겨 뒀는데 이를 요약하면 다음과 같다. "몽골제국 내에서는 도로마다 이정표가 설치돼 있어서 길을 잃을 리가 없었다. 수도를 중심으로 제국의 어느 곳을 향하든 주요 도로의 약 40km 간격으로 역(驛)이 설치돼 있었는데 이곳에서는 사신이나 통행인들이 묵고 갈 게르(몽골식 전통 천막집)가 있어 말과 말안장, 굴레 등 모든 장비가 준비돼 편리하게 제공됐다. 또한, 몽골제국의 명령을 신속하게 전국의 각 지역에 전달될 수 있도록 역참의 주요 노선에는 신속한 파발꾼들이 5km마다 배치돼 있었다. 그리고 각 파발꾼은 방울 소리를 내면서 전속력으로 말을 달려 광대한 제국의 각 지역 소식을 신속히 전할 수 있었다. 이런 놀라운 통신 체제 덕분에 100일 거리의 장거리라도 불과 10일 만에 소식을 전할 수 있었다(중략). 이와 같은 몽골제국의 편리한 교통 체제와 통신 업무를 지원하기 위해 제국에서는 각 역참을 중심으로 이동 수단 지원을 위한 20만 필 이상의 말이 사육됐고, 1만 곳 이상의 호사로운 설비를 갖춘 여관이 배치돼 있었

한편, 앞서 언급된 바와 같이 몽골제국이 유라시아를 통합하는 과정에서 건설한 육상 교통로는 크게 '초원길'과 '비단길'로 나눠 살펴볼 수 있다. 초원길은 유목민 몽골족에게 익숙했던 길이고, 비단길은 농경민이었던 한족에게 익숙했던 길이다. 북부 유라시아 유목민들이 개척한 초원길은 기원전 6~7세기부터 약 천 년 동안 스키타이족과 흉노족을 통해서 동양과 서양의 교량 역할을 했다. 13세기의 몽골제국은 수도인 대도(大都)를 출발해 상도(上都) 및 카라코룸에서 알타이산맥을 넘어 키르기스(Kirgiz) 초원을 가로질러 볼가강 하구의 킵차크한국 수도 사라이(Sarai)에 이르는 노선을 정비했는데, 이것이 가장 대표적인 초원길이었다. 이와 비교되는 비단길은 한족들이 주로 개척한 길로서 농경민들이 생산한 비단을 서양으로 수송하면서 개발된 비단길이었다. 몽골제국의 수도인 대도를 출발, 돈황과 타림분지를 지나 파미르고원을 넘어 우즈베키스탄의 사마르칸드에 도착하는 길이었는데, 이 비단길은 바그다드와 다마스쿠스(시리아)를 거쳐 지중해까지 연결됐다.

몽골인은 바닷길이 생소했지만, 특유의 개방성과 모험심으로 아라비아 상인들이 개척한 바닷길을 어느 시기보다 잘 관리했다. 동양과 서양을 연결하는 바닷길은 남중국의 광저우(廣州) 칸톤(Canton)에서 출발해 인도차이나를 거쳐 말레이반도 남단 해협을 지나 인도의 서해안을 따라 올라가면서 페르시아만의 호르무즈에 도착했다. 이곳에서도 바그다드와 다마스쿠스를 거치면 지중해에 도착할 수 있었는데, 마르코 폴로는 이러한 바닷길과 관련된 매우 중요한 정보를

다. 또한, 각 역참에는 정부관리가 있어서 사신이 도착한 날짜를 일일이 기록하고, 출발한 날짜도 틀림없이 적는 세심한 관리 체제를 보였다."

소개했다. 동양의 후추(향료)무역 현황을 상세히 기록한 것이다. "남중국에서 참파왕국을 떠나 남쪽으로 1,500마일을 항해하면 자바(Java)라는 큰 섬에 도착한다(중략). 자바섬에서는 육두구, 정향, 후추에 속하는 식물 등 모든 값비싼 향료들이 생산되고 있어 아주 부유한 섬이다. 이곳으로 배들이 모여들어 향료를 거래하는데 큰 이윤을 보고 있다." 『동방견문록』에서 서양인들을 가장 크게 자극했던 대목이다. 서양인들은 향료 생산지 자바섬에 가서 블랙 골드(후추)를 얻고자 했으며, 콜럼버스(Christopher Columbus)도 본래 가고자 했던 곳은 다름 아닌 자바섬이었다. 스페인 탐험대, 포르투갈 탐험대 그리고 네덜란드 탐험대들도 모두 향료가 생산되는 곳으로 가고자 했다.

몽골의 다양한 인재 등용

몽골에서는 기독교와 이슬람교 등 다양한 종교가 제국의 정치 질서 하에서 상호 큰 갈등이 없었다. 기독교의 한 갈래인 네스토리우스파는 칭기즈칸의 통치 시기부터 북중국을 비롯한 위구르 등에서 그 영향력을 보였고, 이슬람교 역시 원나라 전역에 영향을 줬다. 특히 몽골제국의 다양한 분야에서 아라비아 상인들의 경제활동은 단연 돋보였는데, 그들은 국제적 상거래 능력과 수학적 기량이 뛰어난 인재로 평가됐다. 몽골제국의 특징 가운데 하나는 타고난 인종과 민족적 차이보다는 인재들이 지닌 각각의 능력을 객관적으로 평가해 그에 비례해서 대우하는 것이었다. 인구가 많고 오랫동안 투쟁했던 남송 지역의 한족에 대해서는 예외적으로 차별대우했지만, 전체적으로 몽골은 현실적 실용성과 경제적 합리성을 강조하는 나라였다.

빈번히 지적되지만, 몽골 지배층과 결탁해서 제국의 상거래활동과 은행업, 특히 조세 징수와 재정관리 분야에서 많은 역할을 했던 아라비아 상인의 활동은 매우 주목할 만하다. 그들은 중국과 서남아시아를 잇는 은본위제 국제무역의 기본 틀을 만들었는데 그 가운데 알탈(斡脫)이라는 상인조합의 활동은 대표적이었다. 몽골 황실이 거둬들일 조세권을 담보로 아라비아 상인조합은 황실에 필요한 물자를 선(先) 공급했고, 이후에 몽골 황실을 대신해서 세금을 후(後) 징수했다. 아라비아 상인들은 이런 어용(御用) 활동으로 얻은 막대한 자금을 기반으로 금융업을 발전시켰고, 크게 이윤을 확대해서 대자본을 축적했다. 구체적인 인물로 압둘 라흐만(奧都剌合蠻)과 같은 아라비아 상인은 몽골제국의 재정관리 역할을 하면서 우구데이칸 정부로부터 매년 220만 냥의 조세청구권을 위임받아 사후에 징수했다. 구유크칸과 몽케칸도 행정과 재정 면에서 아라비아 상인 출신을 재무관료로 기용했는데, 쿠빌라이칸이 오랜 기간 정복 전쟁을 하면서도 재정적 어려움이 없었던 배경에는 특출한 아라비아 상인 출신의 재정 담당 인재들이 있었기에 가능했다.

아라비아 상인뿐만 아니라 페르시아 출신의 학자들도 특별 대우를 받았다. 그들은 경제뿐만 아니라 천문과학과 실용기술 분야에서 모두 탁월했는데, 그 지적 우수함은 몽골제국을 통해 동양 전역에 전파됐다. 대표적 예로 쿠빌라이칸 시대였던 1267년, 자말 웃딘은 만년력(萬年曆)을 통해 천문과 역법의 지식을 집대성한 것으로 유명했다. 그의 업적은 곽수경(郭守敬)의 수시력(授時曆)을 탄생시키는 토대가 됐는데, 1년을 365.2425일로 계산해 오늘날의 달력과 거의 같았을 정도였다. 서양인이 사용했던 그레고리력(양력)을 원나라에서는 이미

300년 전에 사용한 것이다. 동양은 이슬람계 과학자들의 도움을 받아 서양보다 앞선 천문지식을 확보했고, 군사적으로도 회회포(回回砲)를 개발해 150근짜리 돌덩이(쇳덩이)를 발포할 수 있게 됐다. 이슬람계 과학자들이 개발한 신무기로 무장한 몽골원정대의 군사력은 더욱 강력해졌고, 1273년 남송전쟁에서 몽골의 제국군대는 회회포를 실전 배치함으로써 남송 군대를 순식간에 붕괴시켰다(1279년). 몽골은 유라시아의 다양한 인재를 각 분야에 적절하게 등용했고, 그들의 실력을 중시한 결과 국부(國富)와 국력(國力)을 모두 증대할 수 있었다.

몽골의 동서양 문화 융합

몽골제국의 다양한 문화적 융합은 종교의 다양성, 과학기술의 발달, 문학과 예술의 발전으로 연결됐다. 먼저 종교적 측면에서 보면, 유라시아 각 지역의 서로 다른 종교적 차이에 대해 몽골은 다양성을 존중했다. 자신들의 종교와 가치관을 강요하지 않았으며, 오히려 종교적 다양성을 지원하고 보존했다. 서양의 기독교 가운데 경교(景教)는 몽골에서 크게 교세를 확장했으며, 중동의 이슬람교 역시 회교(回教)로서 전국 각지에 전파됐다. 특별히 원나라의 황제들은 라마교를 각별하게 숭배했지만, 그렇다고 라마교를 강요하지는 않았다. 그래서 몽골제국에서는 큰 종교적 갈등이나 분쟁이 거의 없었고, 각자 자신들의 종교를 존중하고 상호 이해하려는 노력이 있었을 뿐이다. 심지어 남송에 대한 정치적 탄압은 매우 심했지만, 몽골인들은 유교에 대해서도 관용적이어서 주자학(朱子學)이 발달하기도 했다.

과학기술 측면에서도 몽골의 동서양 융합 성과를 여러 분야에서 찾아볼 수 있다. 대표적으로 동양에서 개발된 나침반(羅針盤)은 아라비아 상인들을 통해서 서양에 빠르게 전파됐고. 서양인들은 나침반을 활용해 대항해에 성공할 수 있었다. 또한, 동양에서 먼저 개발된 화약은 서양의 무기에도 획기적인 변화를 가져와 중세의 봉건 체제를 붕괴시키는 결과를 초래했다. 한편, 동양의 도자기 사용과 그것의 상품적 가치가 날로 높아지면서 도자기를 둘러싼 상품 교역량도 크게 증대했다. 동양의 발전된 인쇄술은 중동을 거쳐서 서양의 인쇄술 발전으로 이어졌다. 몽골제국도 중동의 다양한 상거래 기법과 과학기술 그리고 신무기를 통해 세계 최강의 역량을 갖출 수 있었음은 앞서 살펴본 바와 같다.

한편, 문학과 예술 측면에서도 몽골의 문화적 다양성은 이전의 어떤 국가에서도 볼 수 없는 결과물을 낳았다. 세계국가 몽골에서는 다양한 지역에서 유입된 새로운 음악과 악기들로 넘쳐났고, 서역에서 개발된 직조기술이 도입돼 제국의 각 지역에 보급됐다. 호화로운 궁정 의복에서부터 일반 평민들의 생활 복장에 이르기까지 다양한 풍요로움이 있었는데, 이는 마르코 폴로의 『동방견문록』에서 소개된 각 지역 및 도시의 방문록에서도 잘 나타나고 있다. 문학과 희곡 그리고 소설에서도 전통적인 문어체보다는 구어체(白話)가 많이 사용됐으며, 서민적이고 보편적인 요소가 퍼지면서 실용성이 강조됐다. 중국 소설 가운데 가장 유명한 나관중(羅貫中)의 『삼국지연의(三國志演義)』, 『서유기(西遊記)』, 『수호전(水滸傳)』도 자유분방했던 몽골의 출판계였기에 발간될 수 있었다. 이처럼 몽골의 세계제국에서는 문화와 예술이 크게 만개했는데, 현대의 전문 연예인이나 소설가들처럼 몽골의 예술인도 세계적 인기몰이가 대단해서 많은 부를 모을 수가 있었다.

몽골의 소멸과 동서양 분리

칭기즈칸의 손자였던 쿠빌라이칸은 1260년부터 1294년까지 재위했는데 그 시기는 몽골제국의 전성기였다. 그러나 풍요로웠던 몽골제국도 14세기 중반에 접어들면서 천재지변에 시달렸고 심각한 경제적 어려움에 직면했다. 내우외환의 상황에서 1368년에 한족이 세운 명나라에 몽골제국이 밀려나면서 북쪽의 초원에서 북원(北元)으로 명맥만 유지하게 됐다.

황허의 범람과 인플레이션

사실 이것이 천재지변인지 아니면 인재(人災)인지를 구분하기가 모호했다. 몽골제국의 중심국이었던 원나라가 무너지기 시작한 정확한 시기는 1344년, 황허(黃河)가 크게 범람하면서 천재지변이 발생한 것은 사실이다. 쿠빌라이칸의 전성기로부터 불과 몇십 년밖에 지나지 않은 시기였지만, 원나라의 국력은 이미 급격히 약해지고 있었는데, 여기에 황허까지 범람한 것이다. 내부적으로도 권력 다툼 때문에 갈등이 심해졌고, 라마교의 호화로운 행사로 정부재정이 파탄 나면서 궁여지책으로 교초(交鈔) 지폐를 과도하게 찍어 내어 인플레이션이 심각하게 일어났다. 국가의 법정 화폐였던 원나라의 지폐 교초는 은(銀)을 맡기면 그 액수만큼 언제든지 은으로 교환할 수 있는 태환(兌換) 지폐였다.7) 그런데 원나라의 경제 상황이 어려워지면서 교초는 은의 적정 보관량을 넘어서 대량 발권됐고, 그 결과 태환권의 지위를 잃은 교초는 법정 화폐로서의 신뢰성을 잃게 됐다.

이렇게 원나라의 교초가 시장에서 신뢰를 잃게 되자 순식간에 제국의 화폐경제 체제는 붕괴했고, 신용을 잃은 제국의 교역 수준은 물물교환 수준으로 몰락했다. 설상가상으로 어려운 경제 상황이 다시 회복되기도 전에 황허 주변에 대규모 범람 사건이 터졌다. 경제 위기 상황에서 몽골의 원나라 정부는 중국 남부의 비옥한 지역에서 올라오는 곡식과 농산물(실물경제)에 의존할 수밖에 없었는데, 황허의 범람으로 운하길이 막히면 정부가 파산할 수도 있었다. 내륙의 물류 수송망이 막히면서 원나라가 다급하게 대규모의 운하 보수 공사를 서둘러 해야만 했던 배경적 이유였다. 그렇지만 여기에는 커다란 위험성도 존재했는데, 대규모 인력 동원이 행해진다면 정복왕조인 원나라가 피지배층인 한족들에게 반란의 기회를 줄 수도 있는 상황이었다. 이런 위험성이 경고됐지만, 경제적으로 워낙 다급한 상황이었기 때문에 원나라 정부는 황허 유역 인근의 수십만 농경민(한족)을 공사현장에 장기간 동원할 수밖에 없었다.

---

7) 마르코의 『동방견문록』에는 원나라 전성기의 화폐에 대한 소개로 이런 내용을 적고 있다. "원나라에서는 정기적으로 공고를 해서 개인적으로 지닌 금이나 은을 대칸의 조폐국에 제출하라는 명령을 발표한다. 백성들은 막대한 양의 금, 은을 제출하고 대신 그 값어치에 해당하는 만큼을 정확하게 교초 지폐로 받는다. 지폐가 오래되고 찢어지면 조폐국에 가서 약간의 수수료를 내고 새 지폐와 교환받을 수도 있었다.(중략) 예컨대 개인들은 그릇이나 장식품을 만들기 위해 금이나 은이 필요하면 자신의 지폐를 조폐국에 지급하고 그 값어치만큼의 금이나 은으로 교환받았다."

한족들의 반란 위험성에도 불구하고 대규모 토목사업을 통해 황허를 재정비하면서 운하의 보수공사는 성공적으로 마무리됐다. 그러나 혹시나 했던 걱정스러운 상황이 정말 벌어지기 시작했다. 대규모 노역에 동원된 수십만 명의 빈곤한 한족 농민들이 반원(反元) 독립 세력으로 결집해서 원나라에 대항하는 독립군이 된 것이다. 백련교(白蓮教) 계통의 반란이 하남 지역을 휩쓸었고, 송나라의 복원을 추진한다는 홍건군(紅巾軍)도 등장했다. 이러한 한족들의 반란집단을 하나로 규합한 대표적 인물은 주원장(朱元璋)이었다. 젊은 시절 백련교도였던 주원장은 명교(明教)로 불린 백련교에서 이름을 따서 국가 이름도 명(明)으로 정했고, 난징(南京)에서 황제의 직위에 올랐다. 1368년, 명나라 황제의 이름을 걸고 북벌군을 조직한 주원장은 원나라의 수도 대도(北京)를 공략했으며, 몽골제국의 중심국가 원나라의 황제 순제(順帝: 惠宗)는 북으로 도망쳤다. 우여곡절을 거치면서 순제의 후손들은 막북(漠北) 지방에 나라를 세웠고, 국명을 북원(北元)이라 했다. 북원은 몽골제국의 복원을 꿈꾸며 향후 200년을 더 존속하면서 명을 위협했지만, 베이징(北京)을 다시 회복하지는 못했다. 결국, 1368년은 세계국가 몽골제국이 해체된 시기가 됐고, 그 기록은 바뀌지 않았다.

유목민과 농경민의 갈등

세계제국 몽골은 유목민이 세운 나라였다. 칭기즈칸의 몽골제국에는 유목민의 전통이 그대로 반영됐고, 동서양의 교역을 강조하는 상업국가적 성격도 강했다. 몽골이 세계제국으로 확대되면서 몽골인은 농업에 종사하는 한인을 모두 내쫓고 그 땅에 소나 염소를 방목하자는 주장을 펴기도 했다. 그러나 쿠빌라이칸이 남송을 완전히 정복하고 그곳에 살고 있던 많은 농경민을 제국으로 끌어들인 순간, 몽골은 변화할 수밖에 없었다. 인구 수에서 비교할 수 없을 정도로 많았던 한족이 제국의 일부가 되면서 어느새 원나라는 유목국이 아닌 농업국으로 변했다. 중국식 국가 명칭인 원(元)으로 국명을 바꾸는 순간, 칭기즈칸의 손자였던 쿠빌라이칸은 심각하게 고민했다. 원나라는 유목국가인가 농업국가인가를 놓고 갈등했는데 시간이 지날수록 더욱 극단화됐다. 14세기에 들어서면 급기야 "한인 가운데 장(張), 왕(王), 유(劉), 이(李), 조(趙)의 성을 가진 사람은 모두 죽여야 한다"는 주장이 나올 정도였다.[8)]

유목민의 몽골제국은 토지보다 가축을 중시했고, 정착보다는 이동을 선호했으며, 폐쇄적이기보다는 개방적이었다. 몽골제국의 유목민들은 국부 축적 방법으로 상업과 교역을 중요시했지만, 한족의 농경민들은 토지를 국부의 원천으로 이해했다. 몽골제국의 유목민들이 중상주의적 성격이 강했다면, 한족의 농경민들은 중농주의 성격이 강했다고 볼 수도 있다. 몽골제국이 쿠빌라이칸의 시대에 접어들면

8) 원나라의 순제는 고려에 쫓겨와 있었던 황족으로 복잡한 내부적 투쟁을 거쳐 다시금 원나라 대도로 귀환해 황제에 즉위했다. 그렇지만 황제권은 항시 위협받았고 오히려 농경민 한족 세력과 교류가 많았던 엔테무르(燕帖木兒)가 실권을 장악하고 있었다. 순제는 엔테무르 일족의 전권을 누르기 위해 바얀(伯顔)을 중용했는데 위협을 감지한 엔테무르 쪽에서 쿠데타를 시도했고, 이에 바얀의 역공이 이어지면서 엔테무르 일파는 몰살을 당했다(김희영, 2006의 원나라 편 참조). 엔테무르 일족과 그 무리를 소탕한 바얀은 철저한 몽골파였으며, 한족 세력을 철저히 누르기 위해 한족의 5대 성씨는 모두 죽여야 한다고 주장한 것이다. 만일 바얀의 주장이 실행됐다면 한족 인구의 절반이 줄어들 상황이었다.

서 상업과 농업이 교차했던 시기에 마르코 폴로가 원나라를 방문했기 때문에 『동방견문록』은 매우 흥미로운 내용을 전하고 있다. 13세기 동양의 원나라는 서양의 어느 나라보다도 상업과 농업이 모두 앞서 있었고, 수공업 분야도 크게 발달했다고 마르코 폴로는 평가했다. 그렇지만 그가 보지 못했던 14세기의 원나라는 화폐제도가 붕괴하고, 상업이 급속히 몰락하면서 토지에 기반을 둔 농민 세력이 더 강력해졌다.

14세기의 동양에서 주도권을 쥔 세력은 유목민이 아니고 농경민이었다. 그 세력의 변화 과정에서 유목국가 원(元)나라가 농경국가 명(明)나라로 교체된 것이다. 유목민의 몽골제국은 해체되고 약해졌지만, 본래부터 유목생활을 하던 유라시아 대륙의 북동부는 여전히 유목민의 세력이 강력하게 존재했다. 그런데 중국 내륙의 원→명 교체는 한반도에도 큰 영향을 줬다. 그 대표적인 예가 고려에서 조선으로 전환된 왕조의 교체였다. 중국에서 원이 밀려나고 명이 등장했던 비슷한 시기에 한반도에서는 왕씨 왕조가 이씨 왕조로 변동한 것이다. 상업적 특성이 강했고 개방적이면서 해양문화의 특성이 뚜렷했던 고려국과 달리 조선국은 상업을 천시하고 폐쇄적이며 토지를 기반으로 국부를 관리하는 전형적인 농업국으로 전환됐다. 원→명의 교체는 유목민에서 농경민으로 민족이 바뀌면서 국가의 정책도 바뀐 것이지만, 고려→조선은 민족도 그대로인데 확연히 국가정책이 바뀌었다. 이러한 현상은 한반도가 지닌 다양한 복합적인 특성, 즉 유목민과 농경민 그리고 해양성과 대륙성의 성격이 모두 공존하는 까닭이기 때문이다.

몽골제국의 해체와 동서양 분리

14세기, 동양에서 원나라가 몰락해 북쪽으로 쫓겨났던 1368년은 세계국가 몽골제국이 해체된 시점이라고 할 수 있다. 유라시아의 전 대륙에 걸친 세계국가 몽골제국이 해체되면서 동양과 서양의 교류는 위축됐고, 사람과 상품의 흐름도 어려워졌다. 전 세계의 경제 중심지였던 원나라의 은본위제가 붕괴한 것도 원나라 화폐(교초)에 대한 신뢰가 상실된 것도 거의 비슷한 시기였다. 이는 세계국가 몽골제국의 기축통화 체계가 붕괴한 것을 의미하며, 유라시아 전체를 연결했던 몽골의 세계 경제 시스템이 해체된 것이다. 그 결과, 유라시아의 각 지역 국가들은 자기 지역에서만 통용되는 화폐를 사용할 수밖에 없었고, 대부분 더 나은 발전이 아닌 급속한 후퇴였다. 13세기 유라시아 은본위제에 기반을 둔 세계 경제 시스템이 14세기 물물교환 수준으로 퇴보한 것이다.

세계국가 몽골제국의 금융통화 시스템 붕괴는 유라시아의 세계적 교통망인 역참제(驛站制)의 소멸로 이어졌다. 쿠빌라이칸 시대에 완성된 13세기의 유라시아 물류 체계가 14세기에 사라지면서 동서양의 활발한 교역으로 창출되던 엄청난 국부가 순식간에 사라졌다. 유라시아의 초원은 다시금 황폐해졌고, 역참제가 사라진 유라시아 대륙의 양쪽 끝에 있는 동양과 서양 사이에는 보이지 않는 거대한 장벽이 다시금 쌓아졌다. 몽골이 북쪽으로 쫓겨 가면서 원활히 운영되던 바닷길도 막혔고, 남중국의 광저우(廣州)에서 인도차이나를 거쳐 인도의 서해안을 따라 페르시아만 입구에 도달했던 해로(海路)에는 해적이 들끓었다. 몽골제국이 해체되면서 남서쪽에 있었던 일칸국(중동

지역)도 그 세력이 약화했고, 불안한 정쟁만이 계속 일어나면서 아라비아와 페르시아의 상업활동은 급속히 쇠퇴했다.

그런데 몽골제국이 해체되고 동양과 서양이 분리되면서 서양에도 많은 변화가 일어났다. 13세기까지 동양의 후추무역에서 독점적 교역권을 쥐고 있던 베네치아공화국은 몽골제국의 세계국가 체제에서는 동양의 상품을 안정적으로 가져와 이를 판매하면서 막대한 국부를 축적했다. 그런데 유라시아 대륙에서 몽골제국이 해체되며 동양에서 가져오던 후추를 비롯한 다양한 상품의 수입이 어려워지자 후추 가격이 급등했다. 아라비아 상인이 가져온 후추를 중동을 거쳐 지중해로 가져왔던 후추 공급로가 차단되자 새로운 항로의 개발이 절실해진 것이다. 동양과 서양의 자유로운 교역이 막히면서 상품을 수입하는 서양은 타격을 입었고, 이를 타개하려는 노력은 서양이 먼저 해야 했다. 동양의 상품에서 부(富)를 얻었던 서양인들은 동양인들보다 훨씬 더 적극적으로 동양에 갈 수 있는 새로운 항로를 개척했다.

제 2 장

바닷길을 폐쇄한 동양의 반(反)국부론

 명(明)의 중농주의

명나라를 건국한 주원장(朱元璋)은 가난한 평민에서 황제가 된 입지전적 인물이었다. 14세기 중엽, 황허(黃河)의 범람으로 고통받던 한족 농민들을 이끌면서 반란 세력을 정예화했고, 난징(南京)을 기반으로 중국 황제를 칭하면서 몽골제국과 투쟁했다. 주원장의 명(明)은 농경문화와 유교를 강조했으며 원(元)의 유목문화와 상업활동을 억압했다.

상업국에서 농업국으로

세계국가 몽골제국의 원나라는 유목민의 나라였고 가축을 길러 자신의 것을 팔고 상대방의 것을 사는 교역(상업)활동이 필수적이었다. 유목민이 생산하는 상품은 단순했기 때문에 혼자서 자급자족하는 것은 본래부터 어려웠다. 이와 같은 유목민의 특성이 잘 반영된 몽골제국의 원나라는 도시의 시장 기능 활성화, 수공업 및 각종 서비스업이 발전했다. 상대적으로 원나라의 농촌은 도시보다 낙후했고, 농민이 대다수였던 한족(漢族)은 불만을 품었다. 빈번한 전란과 대홍수로 농지를 잃고 떠도는 한족 빈민들이 많아지면서 원나라에 저항하는 세력은 그 숫자가 계속 늘었다. 주원장은 한족 농민군을 규합해서 몽골족을 북쪽으로 내몰았으며, 농촌을 적극적으로 육성해 농업국가 명(明)을 세웠다. 대규모의 관개공사와 치수관리사업으로 수해를 줄였으며, 경지 면적을 확대해 농업생산력을 높였다.

명나라가 농업에 총력을 기울인 배경에는 대부분 한족이 농민인 까닭도 있었지만, 농지 확장을 해야 국가재정을 늘릴 수 있었기 때문이다. 명나라는 농업국으로 회귀하면서 몽골제국에서 활약했던 아라비아 상인 출신의 재정전문가를 필요로 하지 않았고, 몽골의 상업주의를 배격하면서 자급 자족형 농촌사회를 추구했다.[1)] 한족이 세운 명나라는 몽골족보다 숫자도 많고 역량도 많았지만, 유목민의 침략

1) 몽골제국에서는 아라비아 상인 출신의 재정전문가들이 국가의 재정 업무를 담당했다. 그들은 전문가답게 다양한 방법으로 국가의 세원을 발굴해 세금을 징수했고, 각종 생산물의 교역 과정을 통해서도 재정을 확충했다. 예컨대, 소금과 같은 품목은 국가의 전매품으로 지정해서 정부재정 확충을 위한 중요 세원(稅源)으로 적극적으로 활용했다. 그런데 원나라 말기에 화폐경제가 붕괴하고 시장 기능이 마비되면서 원나라의 정부재정은 고갈됐고, 원나라를 내쫓으면서 외국계 재정전문가들도 명나라에 남아 있을 수 없었다. 원나라에서 명나라로 바뀌면서 중국은 은본위제에 근거한 금융통화 체제를 다시 복원할 능력도 없었고 그럴 생각도 하지 않았다.

을 두려워하면서 폐쇄적으로 소극적인 현상 유지 정책을 취했다. 상업활동을 배척하고 농업을 강조했던 명나라는 농지(토지)와 인력(노동력)을 중요시했지만, 사람의 질적 역량보다는 단순한 양적인 노동력만을 강조해 인구 증가를 위한 정책을 폈을 뿐이다.[2)]

몽골제국의 원나라는 각 개인의 다양성과 개별적 능력 차이를 중요시하고 능력에 따라 대우했지만, 한족의 명나라는 토지에서 일할 수 있는 농부의 양적 숫자만을 중시했다. 심지어 주원장은 자신의 어록에서 "우리 백성은 자신의 분(分)을 알아야 한다. 백성들은 전부(田賦)와 역역(力役)을 다하는 것만이 곧 분을 지키는 것이다"라고 자신의 국가철학을 밝힌 바 있다. 주원장의 이러한 생각은 개인의 다양성과 다원성을 경시하고 개인의 수동적 의무만을 강조한 내용이었다. 백성의 역량을 억압했던 명나라의 정치 체제는 결국 백성들을 빈곤하게 만들었고, 서양보다 풍족하고 강력했던 국력을 갖고 있던 동양을 쇠퇴하게 만들어 결국은 서양에 추월당했다.

시장 기능의 축소와 국부의 감소

농업국인 명나라가 유목민인 몽골을 내쫓고 중국에 들어서면서 동양의 농업생산력은 이전보다 양적으로 향상됐다는 주장이 있다. 그러나 농업을 제외한 국부의 전반적인 총량 측면에서 보면, 동양은 시장 기능이 후퇴하면서 전체 국부의 양이 크게 줄어 위축됐다. 전반적인 사람들의 소비 역량도 축소됐고, 그나마 천재지변으로 농업생

---

2) 동양사학회 편. 개관 동양사. 지식산업사. 1996 참조.

산량까지 감소하면서 끼니를 잇기 어려운 경우가 많았다. 그런데 이런 빈곤화 현상은 중국의 명나라에서만 나타난 현상이 아니었다. 한반도에서도 상업국가인 고려에서 농업국가인 조선으로 바뀌면서 전체적 소비 역량은 오히려 후퇴했다. 고려 말에 심각했던 빈부 격차가 완화됐다는 주장도 있지만, 조선에서는 상공업이 천시되면서 전반적으로 국가 총생산량은 축소됐다.[3)]

15세기 명나라는 호북(湖北)과 호남(湖南)지방까지 곡창지대가 확장됐다고 한다. 지금의 후베이성(湖北省) 주변, 즉 양쯔강 중류 지역까지도 농지 개간이 확장돼 농업 수확량이 증가했다는 것이다. 원나라에서는 양쯔강 하류의 델타지역이 곡창지대로 불렸지만, 명나라에서는 후베이의 중류 지역까지 곡창지대에 포함된 것이다. 명나라의 농업 중심 정책이 농지의 확장으로 성공적이었다는 명나라 정부의 기록은 상업과 수공업 측면에서 국부가 감소했어도 농업생산량은 증가했다는 주장일 수도 있다.

명나라는 각 지역의 농업기술도 새롭게 개발했다고 강조하면서

---

3) 상대적으로 고려는 개방적이었고 국제무역이 활발했으며 농업 이외의 상업활동에도 적극적이었던 국가였다. 『고려사』에는 충렬왕과 그의 부인 제국대장공주(쿠빌라이칸의 친딸)가 사업 수완이 좋아서 매점매석(買占賣惜)으로 많은 이윤을 남겼다는 기록도 남아 있다. 조선의 유학자 시각에서 보면 왕실에서 사재기로 돈을 버는 행위를 도저히 용납할 수 없는 비도덕적 행위로 비판 대상이었을 것이다. 그러나 상업국의 성격이 강했던 고려에서는 태조 왕건(王建)조차 상인의 후예로서 사회 전반에서 국왕의 사업체 운영을 비난하지 않았다. 고려에서는 왕뿐 아니라 신하들 대부분도 자기 사업체를 갖고 있었다. 몽골과 고려를 비롯한 동양의 상업국과 비교할 때, 13세기 서양의 베네치아공화국은 오히려 비슷한 공통점이 많았다. 그들은 아예 정부의 최고수반을 선발할 때, 경력상 얼마나 사업 수완을 잘 발휘했는가를 중요한 선발평가지표로 삼을 정도였다. 상업국을 이끌 지도자가 상업에 문외한이라면 이것은 매우 곤란하기 때문이었다.

지역별로 새로운 품종과 비료의 종류를 다양화해서 쌀의 단위 면적당 생산량을 증대시켰다고 주장한다. 평균적으로 송나라와 원나라 시기(13~14세기)의 생산량보다 증산된 것은 사실이었다. 그렇지만 명나라는 그런 쌀보다 훨씬 부가가치가 높은 도자기와 비단 그리고 차(茶)를 생산하는 동양의 대표국가였다. 양잠업은 양쯔강 델타지역과 쓰촨(四川)에서, 중국의 차는 화난(華南) 지역에서 폭넓게 재배됐다. 몽골의 원나라와 비교할 때, 명나라의 수공업은 퇴보했다고 하지만 여전히 중국의 비단과 차, 그리고 도자기는 세계적 경쟁력을 가진 상품이었다. 비단과 차 그리고 도자기만 외국에 팔아도 명나라의 모든 사람이 풍족하게 먹고도 남을 식량을 구할 수 있을 정도였다. 그렇지만 명나라는 해금(海禁)정책을 펼치면서 외국과의 교역을 극도로 제한했다.

공장수공업의 등장과 은납제

그런데 15세기로 접어들면서 명나라가 그토록 강조했던 쌀농사 이외에서도 큰 변화가 나타나기 시작했다. 견직물과 면직물의 생산방식이 빠르게 발달하면서 가내수공업 수준을 넘어서는 공장수공업 단계에 접어드는 현상이 나타난 것이다. 인구의 급속한 증가로 대량의 수요처가 발생했고, 자연스럽게 명나라 여러 도시에서 전문 수공업 경영자와 다수의 전업 직공이 등장했다. 도자기에 대한 국내외 수요도 급증했기 때문에 관영 도자기공장(官窯)보다 민영 도자기공장(民窯)이 더 많이 생겨났고, 16세기에 접어들어서는 대부분 민간에서 대량생산 방식으로 도자기를 만들었다. 제지업과 인쇄업도 크게 발전했는데, 이는 종이의 수요 급증과 함께 인쇄술 발달에도 큰 자극을 줬다. 이처럼 15세기에서 16세기의 약 200년 동안, 명나라는 면직물, 견직물, 도자기 등에서 새로운 산업적 생산 가능성을 보여줬다.

동양의 명나라는 16세기까지 서양에서는 경쟁 대상을 찾기 어려울 정도로 높은 수준의 공장에서 대량생산 방식이 적용됐다. 서양보다 먼저 동양의 명나라에서 산업혁명이 일어날 수도 있는 상황이었고, 외관상 그것은 단지 시간문제인 것처럼 보였다. 그러나 명나라의 정치와 경제의 한계점은 산업혁명을 일으킬 수 있는 토양에 찬물을 끼얹는 격이었다. 그 첫 번째 문제점은 명나라의 저급한 금융제도에 있었다. 실물 화폐인 은덩이를 사용했던 명나라 경제 상황에서 금융혁명은 불가능했고, 산업혁명을 일으킬 수 있는 지속적인 자본 공급이 불가능했다. 상품은 잘 생산했지만, 금융자본이 너무도 취약해서 대규모의 투자를 일으킬 수 없었다. 두 번째 문제점은 16세기의 명나라는 개인의 창의성과 개인의 혁신적 성과물에 따른 개인에 대한 보상을 인정하지 않았다. 결과물을 개인의 것으로 인정하지 않았고 왕이나 권력자의 것으로 빼앗아 갔던 것이다. 특허권이나 개인적 재산권을 보장하지 않고 권력으로 성과를 가로채는 왕국에서는 결코 제임스 와트(James Watt)와 같은 혁신적 인재들이 등장할 수 없었다.

농업국이었던 명나라는 상업국이었던 원나라의 금융경제 수준을 따라가지 못했고, 심지어는 송나라의 금융경제 수준보다도 낮았다. 앞서 소개된 바와 같이 13세기의 동양은 이미 종이 화폐(지폐)가 법정 화폐로 유통될 정도로 신용거래가 활성화됐지만, 15세기의 명나라는 은괴를 사용해야 할 정도로 신용이 파괴된 상태였다. 제조업 분야에서 명나라는 큰 성과를 이뤘지만, 산업의 구조적 혁신을 가져올 수 있는 금융경제는 제도적으로 매우 낙후돼 있었다. 더욱이 소수의 상업적 자본주들은 국가의 권력층과 결탁해 생산업 분야에서 일반 사람들을 심각하게 수탈했다. 16세기의 동양, 특히 명나라는 농업사회에서 산업사회로 진보할 기회가 있었지만, 사회적 부패와 금융제도의 낙후성 등으로 기회를 잃어버렸다. 상품의 생산력에서는 서양의 선진국인 영국보다 약 200년 이상 앞섰던 동양의 명나라였지만, 금융 분야에서는 13세기의 원나라보다도 200년을 후퇴한 상태였다. 명나라의 제조업 분야는 반짝 수준을 벗어나지 못한 채, 산업화에는 실패할 수밖에 없었다.

 정화의 대항해

명나라는 14세기의 태조(주원장) 이래 폐쇄적 국가전략을 취했으나 매우 예외적으로 적극적인 해양활동을 벌인 적이 있었다. 1405년부터 7차에 걸쳐서 대규모 해양선단이 대항해에 참여했고, 이는 포르투갈 탐험대가 리스본을 떠나 희망봉을 발견했던 1497년의 대항해보다 거의 100년을 앞선 시기였다.

왕위쟁탈전과 정화의 대항해

정화(鄭和)의 대규모 항해 선단의 성격을 이해하기 위해서는 먼저 명나라에서 일어난 왕위쟁탈전을 이해할 필요가 있다. 명나라의 주원장을 이을 후계자를 결정하는 과정에서 이미 왕위쟁탈전의 서막은 시작됐는데 절대권력의 왕조에서 누가 권력을 갖는가는 왕손들의 생명과 직결되는 상황이었고, 그래서 그 과정은 더욱 치열했다. 주원장의 큰아들(주표)이 일찍 죽고 손자인 주윤문(朱允炆)이 건문제(建文帝)로 즉위하자 주원장의 아들들은 위험 세력으로 내몰리면서 하나씩 제거됐다. 건문제와 그의 삼촌들 사이에서 피비린내 나는 내전이 예정된 상황이었다. 특히, 주원장의 넷째아들인 주체(朱棣)는 오랫동안 북방의 몽골군과 전투하면서 키워 낸 강력한 국경수비대를 갖고 있었다. 건문제의 중앙군대는 숫자만 많았지 북방의 국경수비대를 대적할 수 없었다. 1399년, 주체가 이끄는 국경수비대는 정난(靖難)의 변을 일으켜 순식간에 명의 수도였던 난징(南京)을 점령했다. 다급히 피신했던 주체의 조카 건문제는 왕좌를 내던지고 사라졌으며 궁궐도 완전히 불탔다. 조카인 주윤문(건문제)을 몰아내고 새로운 명나라의 왕좌를 차지한 주체가 바로 영락제(永樂帝)였다.

주원장의 넷째아들이었던 주체(영락제)는 능력 면에서 가장 뛰어났다. 그래서 주원장은 첫째아들이 일찍 사망하자 새로운 자신의 후계자로 주체를 지목한 적도 있었다. 그렇지만 실력보다는 유교적 명분과 질서를 중시했던 명나라의 관료들이 극렬히 반대하면서 적통을 잇는 큰 손자 주윤문이 후계자가 됐다. 왕위를 계승한 주윤문은 삼촌이 자신의 왕위를 노리고 있음을 간파했지만, 주체에게 선수를 빼앗겨 비참하게 왕좌에서 쫓겨났다. 이는 한반도에서 일어났던 조선 세종의 아들 세조가 조카인 단종의 왕위를 빼앗은 것과 너무도 비슷한 상황이었다.[4] 명나라와 조선 모두 유교적 명분을 중시했던 관료집단에 의해서 통치됐지만, 현실 정치에서는 명분이 아닌 실력에 의해서 왕권이 재편된 셈이었다.

건문제를 몰아내고 왕위를 쟁취한 영락제는 조선의 세조처럼 계속 비난받았고, 건문제의 주검을 확인하지 못한 상황이어서 더욱 불안했다. 불에 탄 난징의 궁전을 아무리 찾아도 건문제의 시체는 찾을 수가 없었으며 그 행방도 묘연했다. 만일, 언제라도 건문제가 다시 나타나서 권력을 되찾는다면, 영락제는 죽임을 피할 수 없었다. 더욱이 사라진 건문제가 남중국 바다 쪽으로 피신했는데, 그곳에서 잃어버린 왕위를 되찾고자 대규모 군사를 모은다는 소문까지 들렸다. 이런 배경에서 영락제는 자신이 가장 신뢰하는 심복 정화에게 많은 군사를 주어 남중국 방향으로 나아가 바다에서 건문제를 찾도록 했다. 거대한 선박 62척에 3만 명의 군대를 실은 정화의 대함대가 남중국해에서 출발해 인도차이나, 인도 그리고 아프리카 동부에 이르는 대원정을 시작한 것은 국부를 얻기 위함이 아니라 왕위쟁탈전 때문이었다.

정화의 해양원정단

정화의 본명은 마삼화(馬三和)였다. 그의 아버지는 원나라 관리로서 명나라에 결사 항전했으나 비참한 주검을 당했고, 그의 가족도 끔찍한 수모를 당했다. 당시, 마삼화는 자신의 생식기를 거세당한 후, 명의 전리품이 돼 주체 왕자의 몸종으로 일하게 됐다. 왕이 되기 이

4) 명나라에서 발생한 왕위 다툼인 정난의 변은 1399년부터 약 3년간 계속됐는데 도망친 주윤문(건문제)을 주체(영락제)는 끝까지 찾지 못했다. 이와 비교할 때, 조선에서 일어난 계유정난(1453)에서는 1455년, 단종이 주검을 당하고 종결됐다.

전의 어린 주체였지만, 그의 눈에 마삼화는 뛰어난 인물이었고, 실제로 주체가 반란을 일으켜 왕위쟁탈전을 벌였을 때, 마삼화는 주체가 승리할 수 있게 큰 공을 세웠다. 영락제가 된 주체는 환관 마삼화의 이름을 정화(鄭和)로 바꿨고, 그를 환관 가운데 가장 높은 최고의 직위에 올렸다. 정화는 자신의 주군에게 보답하기 위해 어려운 일을 도맡아 처리했으며 사라진 건문제도 끝까지 추적해서 제거하려고 했다.

정화가 이끌었던 해양원정단은 경제적 목적이 아니었고 군사적 목적에서 출발했기 때문에 규모가 매우 컸다. 건문제의 반란군을 만나면 즉시 전쟁 상태로 진입해야 했기에 웬만한 국가는 바로 정복할 수준의 대규모 병력을 동원한 것이다. 1492년, 신대륙을 발견한 콜럼버스의 산타마리아호(약 250톤)보다 약 10배가 큰 정화의 함선(약 2,500톤)을 앞세운 항모단은 1405년, 중국을 떠나 제1차 항해를 시작했다. 몽골제국이 해체된 직후였지만, 동양의 기술과 그 규모를 보여주는 정화의 해양원정단은 놀라운 수준이었다. 동양의 정화 원정대는 동쪽에서 출발해 서쪽으로 항해했으며, 대규모 병력을 이끌고 아프리카 동해안까지 항해했다. 스페인과 포르투갈의 대항해보다 100년 먼저 시작한 정화의 대항해였지만, 국부론과는 거리가 먼 항해였다.

정화는 새로 도착하는 나라마다 명나라의 위세를 과시하면서 대체로 평화적 활동을 했다. 명나라를 종주국으로 인정한 국가에 대해서는 이익이 되는 상품 교역을 허용했고, 거부할 때는 약간의 불이익과 위협을 가하는 정도였다. 명나라의 우수한 도자기와 비단을 선물하면서 각 지역에서 나오는 보석이나 특산물을 받는 방식이어서 상업적 활동은 미미한 수준이었다. 몽골제국에서처럼 아라비아 상인들이 보여 준 은본위제 화폐 거래는 거의 없었고 주로 물물교환식 수준이었다. 정화의 해양원정단은 왕위쟁탈전에서 시작했기 때문에 교역로 개척과 새로운 시장 확보 등과 같은 국부론과는 관계가 적었다. 정화의 해양원정단은 은밀히 건문제를 찾는 데 항해의 목적이 있었기 때문에 공식적인 정보 수집도 할 수 없었다. 동남아시아에 퍼져 있던 화교들 사이에 건문제 잔당이 숨어 있다는 첩보도 있었기 때문에 정화의 원정단은 더욱 조심스럽게 행동해야 했다.

정화 해양원정단의 한계

1417년, 제5차 원정에서 정화의 일부 원정단은 아프리카 대륙의 동부 해안에 도착했으며, 사자와 얼룩말 등 진귀한 동물들을 가져온 적도 있었다. 그렇지만 1424년, 영락제가 죽으면서 정화의 해양원정단 활동은 흐지부지됐다. 영락제의 왕위쟁탈전과 관련된 활동이었고, 영락제가 죽자 원정단의 목적도 사라진 것이다. 이후 6차와 7차에 걸친 원정도 있었으나 새로운 항해라기보다는 정화가 자신의 원정단 활동을 마무리짓는 단계였다. 1433년, 제7차 원정을 끝으로 정화의 오랜 여정도 끝났고, 그가 죽으면서 명나라는 초기의 쇄국으로 회귀했다. 유교적 성격이 강하고 폐쇄적이던 관료들은 명나라의 대외활동, 특히 해양에서의 활동을 극렬히 반대했고, 정화의 항해일지는 아예 공개조차 하지 않았다.

15세기 초, 동양은 서양의 대항해와 비교할 때, 약 100년 먼저 빨리 시작했지만, 명의 쇄국으로 바닷길을 폐쇄했다. 정화의 대항해(1405~1433)는 왕위쟁탈전과 관련된 정치적·군사적 목적에서 시작된 원정이었지만, 수많은 기회와 가능성이 있다는 것을 정화는 분명히 발견했다. 그러나 동양의 명은 유교적 전통사상, 권력 유지를 위한 폐쇄주의, 그리고 중농주의 정책으로 국부론이 아닌 반(反)국부론을 선택한 것이다. 그 결과, 유라시아 대륙의 중심지역이었던 동양은 급속히 위축됐고, 그 힘의 공백을 뚫고 서양의 함선이 동양에 나타나기 시작했다.

정화의 대항해가 사라지면서 곧이어 15세기 말, 서양의 대항해가 시작됐다. 대서양에 접해 있던 포르투갈은 아프리카 서남부 연안을 따라서 남쪽으로 항해하면서 동양으로 가는 바닷길을 찾고자 노력했다. 1488년, 포르투갈 탐험대는 마침내 아프리카 남단의 희망봉을 발견했으며,[5] 이후에도 지속적인 시도를 해서 1497년에 바스쿠 다 가마(Vasco da Gama)의 원정단은 희망봉을 돌아 인도에 도착했다. 포르투갈 원정단은 1499년, 포르투갈로 무사 귀환했고, 이는 서양인에 의한 인도항로가 완성된 순간이었다. 동양인이 동쪽에서 출발해 오갔던 인도항로를 서양인이 서쪽에서 출발해 도달한 것이다. 비슷한 시기에 스페인도 이슬람의 최후 거점인 그라나다를 함락시키고 레콘키스타(Reconquista)를 이뤘다. 국가 통합을 이뤄낸 스페인은 1492년에 콜럼버스의 대서양 횡단을 지원했으며, 마침내 신대륙을 발견하는 쾌거를 이뤘다. 스페인은 아메리카에서는 막대한 양의 은을 가져왔고, 포르투갈은 아시아의 향료무역을 독점하면서 세계의 국부 중심지는 급속히 동양에서 서양으로 옮겨갔다.

---

5) 바르톨로메우 디아스(Bartolomeu Dias)는 포르투갈의 탐험가로서 주앙 2세(João Ⅱ)의 명령을 받아 아프리카 서해안 탐험을 계획했다. 1487년 출발해 1488년 아프리카 남단에 도달했지만, 폭풍으로 표류하다가 희망봉을 발견한 것이다. 희망봉 발견은 1497년 바스쿠 다 가마의 인도항로 개척에 결정적인 도움이 됐고, 이와 관련해서는 제3장에서 상세히 소개하고 있다.

동양이 바닷길을 폐쇄한 이유

동양의 14세기 명나라는 왜 바닷길을 폐쇄했을까? 상업국이었던 원나라에서 농업국으로 바뀐 명나라는 국부의 기초를 농업(토지)에 뒀고, 각 개인의 실력과 능력보다는 중앙집권적 왕권 체제에 의한 안정된 통치 질서를 우선시했다. 바닷길을 폐쇄하고 상인이 돈을 벌지 못하게 하는 것이 왕(정부)의 통제력을 강화하는 방안이라고 명나라는 생각했다.

왕권 강화를 위한 해금정책

몽골제국의 중심, 동양의 원나라는 유라시아 대륙의 동서양을 하나로 융합하려고 노력했지만, 명나라는 한족 중심의 유교적 통치 질서 회복에 목표를 뒀다. 명나라의 유교적 관점에서 보면 몽골의 적극적 상업활동은 비도덕적이고 세속적인 것이었다. 상업이란 남이 생산한 제품에 이윤을 붙여서 파는 행위로 일종의 사기 또는 속임수 같은 것으로 비하했다. 유학자들은 자기 노동을 투입한 농지에서 농산물을 수확해 소비하는 것이 가장 이상적이고 도덕적인 행위로 봤다. 유학자들은 이상적인 유교사회에서는 각 사람 사이에 상하 관계가 엄연히 존재하고 그런 관계에서 사회 질서가 유지된다고 판단했다. 유학자들은 화폐를 매개체로 하는 상거래 행위(상업)는 생산자와 소비자, 판매자와 구매자 사이에 평등한 관계를 낳는다고 봤다. 상업

세력들이란 시장에서 왕의 권력도, 관료의 권위도, 고매한 신분도 인정하지 않고 오직 평등한 거래만을 강조하기에 사회의 통치 질서를 위협하는 존재들이라고 비판한 것이다.

사실, 대부분의 상거래 행위는 동등한 지위에서 신뢰할 수 있는 화폐를 매개체로 상호 필요한 상품(재화)을 매매한다. 이런 상업적 평등한 관계와 비교할 때, 농업행위는 농산물을 직접 생산하기 때문에 시장보다는 정부의 권위적 역할에 종속되는 경향이 강할 수 있다. 대규모 수리관개시설을 건설하는 데 국가적 통치와 이에 대한 농민들의 순응은 절대적 관계성을 형성하기 때문이다. 기계농업이 아닌 이상, 농업에는 많은 노동력이 필요하고, 홍수 조절을 하기 위해서는 강력한 국가 권력 또는 왕의 지도력이 요구되며, 이를 위해서 왕권의 강화는 필수적이었다. 농업 부문에서 개인의 노력과 창의성보다는 집단조직에서의 상하 관계가 더 중요한 이유였다. 시장의 자율성보다는 정부의 강력한 통치력이 더 중요했고, 농업국(명나라)은 상업국(원나라)보다 권위적이고 폐쇄적일 수밖에 없었다.[6)]

몽골제국은 유라시아를 하나로 융합시킨 이후, 세계적 교통망을 갖춘 편리한 역참제를 통해서 각 지역의 정보와 물자 이동을 원활히 순환하도록 만들었다. 특히 원나라는 몽골제국의 중심국가로서 각

6) 상업행위에서 국가의 강력한 통제와 왕권의 강화는 시장의 활력을 줄이고 방해가 되는 측면이 많았다. 상업행위를 활성화하기 위해서는 도적을 없애고, 안전하게 이동할 수 있는 교통 체제가 완비되고, 그래서 상호 필요한 것을 거래할 수 있도록 지원하는 조건이 중요했을 뿐이다. 서로의 필요로 많은 개개인이 스스로 결정해서 상거래를 하면 시장은 활성화되고, 서로의 가치가 증대되면서 전체적인 국부(國富)도 증대됐다. 농업(중농주의)에서와 달리 상업(상업주의)에서는 최소의 정부(야경국가 또는 경찰국가)와 자유방임주의(laissez-faire)가 더 적합한 국부론의 논거였다.

지역의 상업활동을 적극적으로 지원함으로써 유라시아의 각 지역에 새로운 도시와 큰 시장들이 형성됐다. 그러나 원나라와는 정반대로 농업국이었던 명나라는 이민족을 배척하고 한족 국가를 폐쇄적으로 운영했다. 내부적으로는 농업생산물 증산을 모색했지만,[7] 근본적으로 명나라는 모두 잘사는 국부론보다는 강력한 중앙집권적 왕권 체제 하에서 안정된 통치 질서를 만드는 데 주력했다. 유교적 이상주의를 기반으로 왕권 체제를 강화하고 관료제를 공고히 했던 동양의 명나라는 바다를 통한 국제적 교류와 상업활동을 봉쇄했고, 그 결과 해금정책(海禁政策)은 상당한 기간에 걸쳐서 동양의 일반적 특성으로 굳어 버렸다.

강력한 왕권주의와 빈곤한 국민

원→명의 전환 과정에서 주원장은 폐쇄적인 국가정책을 취했고, 명의 완전한 건국 이후에도 바닷길을 막는 쇄국정책(鎖國政策)을 단행했다. 예외적으로 영락제 당시, 정화의 대규모 해외원정단을 큰 바다로 보내면서 잠시 바닷길을 열었던 시기도 있었지만, 개방으로 인한 교역활동 증가는 중앙정부의 힘을 약하게 만든다고 오인했다. 명나라는 영토 안에서 농민 숫자가 늘고 그들의 농업생산량이 증대하는 것은 왕실의 재정이 확충되는 것이라고 봤다. 엄밀한 의미에서 백성보다는 왕실이 부유해지는 방법론에 치우친 시각이었다. 서양에서

7) 정부의 세수를 충당하는 세금 징수에서도 명나라는 농업과 관련한 토지와 인력에 기반을 두고 세금을 거뒀다. 원나라(상업국)가 상품의 거래 과정에 주로 과세했다면, 명나라(농업국)는 토지와 사람에 세금을 부과하면서 대비를 보였다.

도 비슷한 주장이 있었고, 어찌 보면 프랑스의 중농주의 학파와 명나라의 유학자들은 비슷한 논리를 갖고 있었다고도 볼 수 있다.[8] 그러나 오늘날에 와서 그런 주장들이 올바른 국부론이었다고 평가되는 경우는 거의 없다. 명은 국력이 약해져 청나라에 정복당했고, 프랑스는 경제가 파탄 나면서 왕이 단두대에서 처형되는 대혁명을 겪었기 때문이다.

원나라와 명나라를 기술적 측면에서 비교해 봐도 발전이 아닌 후퇴는 명백했다. 이미 13세기의 원나라에서는 나침반이 사용됐고, 화약무기도 크게 발전했으며, 목면도 많이 보급됐다. 아라비아와 페르시아에서 전해 온 수학과 과학의 진보는 동양의 지식 수준을 최고 수준으로 올려놨다. 그렇지만 명나라의 15세기는 농업 중심의 자급자족형 경제를 고수하면서 기술적으로도 퇴보의 길을 걸었다. 동양과는 전혀 다르게 서양은 원나라의 나침반, 화약, 인쇄술을 비롯한 각종 과학기술을 적극적으로 발전시켰고, 해양 운항 능력은 급속히 진전했다. 나침반으로 대항해가 가능해졌고, 강력한 대포로 실전 전투력이 향상되면서 서양은 빠르게 동양을 추격할 수 있게 된 것이다. 몽골제국이 해체된 이후 동양은 200년 이상 후퇴했고, 상대적으로 서양은 200년 이상 진보하면서 18세기 즈음에 동양과 서양은 서로 비슷한 수준에 도달했다.

---

8) 15세기 명나라의 농업 우선주의는 약 300년이 지난 18세기, 프랑스의 케네(François Quesnay)가 주장한 중농주의(重農主義)와 일맥상통하는 부분이 많았다. 케네의 중농주의에 따르면 국부는 오로지 농업의 가치에 의해 발생한다고 봤기 때문이다. 한편, 프랑스의 중농주의는 인간 노동의 가치를 강조했다는 측면에서 1776년, 애덤 스미스(Adam Smith)가 출간한 『국부론』에도 큰 영향을 줬다. 그렇지만 중농주의는 농업 이외의 상업적 활동에 대한 노동 가치에 대해서 부정했고, 산업활동에 대한 이해는 약했다.

사실상, 원나라를 방문했던 마르코 폴로의 『동방견문록』에서 동양의 경제 수준은 서양의 그것에 비교해 500년 이상 앞서 있었다. 그러나 자급자족형 폐쇄주의를 고수했던 명나라는 퇴보했지만, 서양의 국가들은 진보해 동양과 서양의 격차는 줄어들었다. 그런데 서양에서도 특히 영국에서 명예혁명이 일어나고, 근대화된 영국에서 금융혁명과 산업혁명이 발생한 순간, 서양은 동양을 앞지르는 역전의 상황이 연출됐다. 1776년에 발간된 애덤 스미스의 『국부론』에서 설명된 영국의 금융, 무역, 산업의 대부분 상황은 아시아의 어떤 나라보다 높은 수준으로 이미 진입하고 있었음을 구체적으로 예시하고 있다. 그리고 그 결과, 산업국가 영국은 1842년의 아편전쟁을 통해서 명나라의 농업국 수준을 답습하고 있던 청나라를 위압할 수 있었다. 19세기 중엽부터 20세기 중엽까지 약 100년 동안 서양은 동양을 식민지화했고, 이러한 상황은 제2차 세계대전을 겪으면서 상당 부분 해소됐다.

기회를 버린 대가 북로남왜(北虜南倭)

정화의 대항해는 국부와 국력을 동시에 증진할 엄청난 기회였다. 그렇지만 명나라의 보수적 권력 계층은 단지 현상 유지를 최우선시하면서 바닷길은 막았고 쇄국을 택했다. 정화의 오랜 대항해(1405~1433)에도 불구하고 명나라에 큰 변화가 일어나지 않은 이유였다. 기회를 버린 명나라는 유목민들의 공격에 취약했고, 국력도 약해졌지만, 왕과 지배층의 눈을 피해야만 능력 있는 사람들이 살아남을 정도로 공포에 가득 찬 권위주의 사회로 변질돼 있었다. 명나라는 왕권 체제의 강화를 위해 사람들이 부자가 되는 것을 위험하다고 생각할 정도로 반(反)국부론의 태도를 보였다. 이런 명나라의 권력층에 주어진 역사의 응답은 그리 오래 걸리지 않았고 그 결과는 차갑고 냉정했다.

명나라의 왕이 몽골군에게 포획되는 '토목(土木)의 변'(1449)에 이어서 몽골 일족이 명의 수도를 포위하는 '경술(庚戌)의 변'(1550)도 일어났다. 몽골은 자체적인 내분으로 명을 무너뜨리지 못했지만, 상대적으로 명은 중국의 어느 왕조보다 국력이 취약한 왕조 가운데 하나였다. 계속된 북방 유목민의 공격에 명의 국력은 피폐했고, 남쪽의 해안에서는 왜구(倭寇)가 득세해 사람들이 살 수 없는 상황에 이르렀다. 더욱이 1592년, 조선의 임진왜란에서 명은 정명가도(征明假道)를 내세운 왜군의 공격에 불가피하게 참전해 중앙정부의 재정은 고갈됐다. 17세기, 북방에서 내부 갈등을 해소하고 부족을 통일한 여진족(청나라)에 의해 명나라는 순식간에 패망했고, 한족은 여진족의 통치를 받으면서 수백 년 동안 주권을 상실한 민족이 됐다.

그런데 임진왜란의 원인과 결과를 연결해 분석하면, 동양의 해금정책인 명나라와 조선의 국가정책 속에서 엄청난 실책을 재발견할 수 있다. 16세기에 들어서면서 스페인은 신대륙에서 많은 은괴를 가져왔고, 서양의 왕과 귀족은 동양의 값진 상품을 살 수 있는 엄청난 구매력(은화)을 갖게 됐다. 당시 서양 부자들이 가장 사고 싶은 품목은 아름다운 도자기였는데, 동양의 명과 조선만이 생산할 수 있는 세계 최고의 첨단제품이었다. 그런데 명과 조선은 바다를 폐쇄했고, 교역을 거부함으로써 서양과의 공식적 무역을 금지하는 해금정책을 폈다. 결국 밀무역이 행해졌고, 이 과정에서 명의 도자기 상인과 포르투갈의 상인을 은밀히 연결해서 큰 이익을 낸 것은 왜인들이었다. 정명가도를 내세운 왜인들의 목표 지점에 명의 경덕진(景德鎭)이 있었고 명의 도자기가 있었음은 중요한 대목이다. 동양의 도자기를 사려는 서양 상인들의 교역활동을 해금정책으로 막으면서, 서양의 부가 동양으로 흘러들어오는 것을 차단한 동양의 반(反)국부론은 결국 임진왜란으로 이어졌다.[9] 가장 크게 국부를 얻을 기회의 순간을 전쟁의 소용돌이로 만들어 버린 명나라와 조선은 몰락을 자초했다.

9) 명나라는 해상교역을 하지 않았고 조선 등과 매우 제한적인 공공(조공)무역만 했기에 왜국(倭國)은 왜구의 가면을 쓰고 약탈행위로 명의 도자기를 탈취했다. 결국, 도자기를 둘러싼 국제시장의 급격한 수요에 대해 도자기의 대량 공급 능력이 있었던 명이 공급을 줄이면서 무력 침공을 받을 위기를 키웠다. 명나라는 엄청난 부자가 될 기회를 오히려 위기로 만들었던 정책적 실패를 자초한 것이다. 서양의 포르투갈 상인은 적극적으로 조총을 일본에 수출했고, 전투력이 향상된 왜국 내 군벌(大名)은 다른 군벌을 병합하면서 왜의 전국시대를 마무리했다. 그리고 왜국 전역의 패권을 쥔 도요토미 히데요시(豐臣秀吉)는 명의 도자기를 빼앗아 막대한 국부를 얻기 위한 대(對)명 전쟁을 서양의 상인(포르투갈)과 함께 도모했다. 만일, 왜국이 조선을 침공하지 않고 직접 바다에서 명나라의 동부 해안을 공략했다면, 왜군은 명군을 손쉽게 제압할 수도 있었다. 명군의 전력은 매우 취약했고 왜군의 전력은 매우 강했던 시기였기 때문이다. 그렇지만 도요토미는 조선의 군사력을 너무 과소평가했고, 특히 조선의 해군력을 정확히 판단하지 못했던 군사적 실책을 드러냈다.

제 3 장

바닷길을 개방한 서양의 친(親)국부론

 공포에서 시작된 대항해

바닷길을 폐쇄했던 동양의 14세기 반(反)국부론과 달리, 서양은 전혀 다른 상반된 길을 선택했다. 동방에서 몰려오는 강력한 오스만제국을 피해서 서양은 지중해를 벗어나 대서양이라는 더 큰 바다로 향했기 때문이다. 오스만의 침공에서 비롯된 바닷길 개방이지만 폐쇄적 사회였던 서양이 15세기에 개방의 길로 접어드는 계기가 됐다.

몽골의 해체와 오스만제국의 팽창

세계국가 몽골제국이 해체되면서 동양과 서양은 분리됐다. 동양에서는 원나라를 대신해 14세기의 농업국 명나라가 등장했고, 서양에서는 약해진 몽골국을 대신해 오스만(투르크)제국이 세력을 확장했다. 오스만제국은 서양문명의 핵심이던 동로마의 수도 콘스탄티노플의 성곽을 함락시키면서 유럽을 공포의 도가니로 몰아넣었다. 지중해의 동쪽을 대부분 장악한 오스만제국은 아드리아해의 해양공화국 베네치아를 위협했으며, 유럽 대륙에서는 신성로마제국(합스부르크가)의 수도 비엔나를 포위했다. 이제 서양에서 오스만제국에 정복되지 않은 곳은 알프스산맥의 북쪽과 대서양 사이에 접해 있던 서유럽의 몇 나라뿐이었다.

몽골제국에 이어서 유럽을 또다시 공포로 몰아넣었던 오스만제국의 선조들은 유라시아 초원에서 생활하던 유목민 돌궐족이었다.[1] 13세기 말, 몽골족의 침입으로 서쪽으로 쫓겨나 소아시아(아나톨리아) 지역에 정착했던 오스만 부족은 이곳에서 동로마(비잔틴) 세력과 치열하게 싸우면서 생존했다.[2] 14세기 중엽, 몽골이 약해지면서 오스만 일파에게도 기회가 왔고, 몽골의 군사적 공백을 메우면서 오스만

---

1) 중앙아시아의 터키족을 통칭하는 투르크족은 알타이-사얀 산맥의 동남부 미누신스크(Minusinsk) 지역을 본거지로 유라시아 대륙의 동북부 초원지대에서 주로 활동했는데 시기별로 흉노(匈奴), 돌궐(突厥) 등으로 불렸다(대한교과서주식회사가 2000년 발간한 이희수의 『터키사』를 참고).

2) 앞서 제1장에서 언급된 바 있었던 몽골제국의 몽케칸은 자신의 동생인 훌라구(혹은 훌레구)에게 줄 땅을 마련하기 위해 중동 원정을 권유했고, 1258년에 훌라구의 군대는 바그다드를 포위해서 아바스(압바스)왕조를 멸망시켰다. 이슬람왕조를 정복한 훌라구칸은 시리아 지역을 공략했고, 시리아 해안까지 공격해 들어갔다. 하지만 1260년 봄, 몽케칸의 사망과 계속된 내분 때문에 훌라구는 말머리를 돌렸고, 자신의 군대를 부하인 키트부카에게 맡겼다. 키트부카는 다마스쿠스를 점령하고 이집트까지 진출하고자 했으나 맘루크왕조와 격돌해 더는 진격할 수 없었다. 이로써 몽골제국의 중동지역 국가인 일칸국은 시리아, 이라크, 페르시아를 중심으로 운영됐으며, 1335년까지 이어졌다.

제국으로 빠르게 성장했다. 1346년, 오스만제국은 병약해진 비잔틴(동로마)제국과 강제로 협약을 맺고, 다르다넬스 해협을 넘어 유럽의 발칸반도로 진출했다. 이 시점을 전후로 오스만제국은 강력한 예니체리(Yeniceri) 군대를 창설해 국방력을 강화했으며, 중동과 유럽의 전 지역으로 세력을 확장했다. 오스만제국은 1389년, 코소보 전투(Battle of Kosovo)를 벌여 세르비아왕국을 제압했고, 1396년에는 불가리아를 점령했으며, 연이어 헝가리를 공격했다.[3)]

그런데 유럽에서 승승장구하던 오스만제국의 뒤에서 발목을 잡은 것은 또다시 강력한 세력으로 재무장한 중동지역의 몽골군이었다. 제2의 칭기즈칸이라고 불렸던 티무르(帖木兒)와 격돌하면서, 1402년 앙카라에서 오스만제국은 대패했고, 국가의 존폐 위기 상황에 직면했다.[4)] 그런데 붕괴 위험에 빠졌던 오스만제국에 다시금 재기할 기

---

3) 1364년에 창설된 예니체리 군대는 전쟁 포로들이나 비이슬람 교도, 특히 발칸지방의 기독교 소년들로 강제 징집해 구성됐다. 그런데 일단 예니체리 군대에 소속되면, 오스만제국의 전통을 익힌 뒤 이슬람으로 개종했고, 엄격한 신체 훈련과 각종 무기를 다루는 기술을 익히게 됐다. 알라와 황제 이외에는 그 누구에게도 복종하지 않는다는 원칙에 따라서 평상시에는 황제가 머무는 장소의 경비를 맡아 친위대의 역할을 하다가 전쟁이 나면 최정예부대로 참전해 활약했다. 초기에는 결혼이 금지될 정도로 예니체리 군대는 엄격한 규율 하에서 생활했다.

4) 티무르는 칭기즈칸이 쌓아 올렸던 세계제국의 꿈을 이상으로 삼았고, 대외 원정을 지속했다. 1380년부터는 일칸국의 해체 이후, 분열 상태에 있었던 페르시아 지역에 진출했고, 1386년부터 시작된 3년전쟁에서는 아프가니스탄, 아르메니아, 그루지아 등을 정복해 그의 지배 하에 뒀다. 1392년 5년전쟁 이후에는 바그다드에 입성해 이집트의 맘루크왕조와 대치했으며 북쪽의 볼가강 유역까지 진군한 바 있다. 1398년 티무르는 인도 원정을 결심하고, 델리 술탄왕조를 격파한 바 있으며 1399년 시작된 7년전쟁에서는 아제르바이잔을 굴복시키고, 아나톨리아 동부에서 시리아로 들어가서 다마스쿠스를 점령한 이후, 거기서 이라크로 전진해 모술을 정복했다. 1402년 중앙 아나톨리아로 진출한 티무르의 군대는 앙카라전투에서 오스만제국의 군대를 격파해 오스만제국의 확장을 저지시켰다. 지속적인 원정을 통해 몽골제국의 서쪽 절반에 해당하는 곳이 티무르의 지배

회를 준 것은 갑작스러운 티무르의 죽음이었다. 오스만제국은 위기에서 벗어났고, 1421년에 오스만제국을 재통합했으며, 1444년에 흑해 지역으로 공격해 들어온 유럽의 십자군도 일거에 격퇴했다. 그리고 불과 10년도 지나지 않은 1453년, 오스만제국의 메흐메트 2세는 기독교의 성지이며 동로마의 수도였던 콘스탄티노플을 정복하면서 중동과 유럽을 잇는 대제국을 형성했다.

오스만제국의 메흐메트 2세

오스만제국의 제7대 술탄으로 등극한 메흐메트 2세(Mehmet Ⅱ)는 로마제국의 황제 카이사르(caesar)를 자처했으며, 동시에 마호메트의 후계자인 칼리프(caliph)의 칭호도 사용했다. 메흐메트 2세는 수많은 원정으로 국고를 낭비했으나 제국의 영토를 안정적으로 확보하는 데는 크게 공헌했다. 특히, 메흐메트 2세는 바다에서도 오랜 기간 베네치아와 지중해 패권을 놓고 전투를 벌였는데, 마침내 1479년 오스만제국-베네치아공화국 사이에 평화협정이 체결되면서 동지중해 패권을 확보했다. 평화협정의 주된 내용은 아드리아해를 베네치아공화국에 온전히 돌려주는 대신, 동지중해의 주요 거점에서는 베네치아의 군대를 철수시킨다는 조건이었다. 오스만제국은 전쟁배상금을 받고 베네치아 선박의 안전한 지중해 통행과 향료무역의 우월적 지위를 보장하면서 협정이 성사됐다.

하에 들어갔고, 오스만제국도 일시적이지만 티무르에게 명목상 복속당하는 수모를 겪었다. 그러나 1404년에 20만 대군을 이끌고, 명나라를 격파하고 원나라의 옛 영지를 탈환한다는 목표를 갖고 출병했던 티무르가 갑자기 병이 나 1405년 사망하면서 티무르제국도 약화됐다.

베네치아는 상인의 나라로서 실리를 얻는 대신, 동부 지중해의 군사적 패권은 포기할 수밖에 없었다. 메흐메트 2세는 눈엣가시 같던 베네치아와 벌였던 지중해전쟁을 마무리짓고, 재빨리 이탈리아반도에 진출해서 로마를 정복하고 서유럽을 제패하면서 진정한 로마제국의 카이사르가 되고자 했다. 이미 동로마는 정복했으니 서로마를 정복하겠다는 계획이었다. 오스만제국은 이탈리아의 남부 도시들을 정복했고 이탈리아반도 전역을 장악할 상황이었다. 그런데 1481년, 메흐메트 2세가 갑작스럽게 사망하면서 오스만제국의 침공 위협은 주춤해졌다. 다르다넬스 해협을 넘어 동유럽으로 밀고 올라왔던 오스만제국의 확장은 계속됐고, 유라시아 대륙을 통해 서양 상인이 동양으로 가는 데는 어려움이 컸다. 결국, 동양의 향료(후추)를 얻기 위한 '인도로 가는 길'은 오스만제국이라는 거대한 장벽을 피해 대서양의 큰 바다로 나아가 인도로 가는 새로운 항로를 개척해야 했다.[5)]

오스만제국이 유럽에 진입했던 14세기 중엽부터 이미 베네치아의 상인들은 지중해가 아닌 대서양을 통해 동양으로 갈 새로운 항로를 찾고자 했다. 그렇지만 베네치아의 정치 귀족들이 보수화돼 머뭇거리자, 베네치아의 진취적인 뱃사람들과 젊은 상인들은 유럽에서 가장 서쪽에 있는 포르투갈로 근거지를 옮겼고, 대서양과 아프리카 연안에 대한 탐험에 나섰다.[6)] 15세기 초, 베네치아 상인들과 포르투

5) 베네치아공화국뿐만 아니라 제노바의 상인들도 동지중해 무역이 힘들어지면서 포르투갈의 대서양을 향한 대항해계획에 적극적으로 지원했다. 베네치아와 제노바의 많은 항해 기술자들이 포르투갈로 갔으며, 포르투갈의 정치적 지도자들도 새로운 대서양 항로를 개척하는 데 적극적인 지원과 동참을 아끼지 않았다. 제5장에서 소개하게 될 베네치아 출신이면서 포르투갈에서 활약한 모스토(Alvise Ca'da Mosto, 1432~1488)와 같은 항해사는 대표적이다.

6) 포르투갈어로 Madeira는 '나무의 섬(island of wood)'이라는 의미를 지니고 있

갈 탐험가들의 공동 노력은 본격화됐으며, 포르투갈의 항해 왕자로 유명한 엔리케(Dom Henrique o Navegador, 1394~1460)는 이러한 활동을 적극적으로 도왔다. 그는 왕위계승자는 아니지만, 포르투갈의 원거리 항해 활동을 지원하면서 대서양의 마데리아(Maderia)섬과 카나리아군도(Canaries)도 탐사할 수 있었다. 오스만제국이 유럽에 진입했던 시기, 포르투갈의 엔리케 왕자는 서쪽의 대서양에서 아프리카 연안을 탐험하면서 대항해시대의 서막을 열고 있었다.

대항해의 시작, 엔리케 왕자

바다의 왕자 엔리케는 1415년 북아프리카의 이슬람교도와 싸우면서 이 지역에 포르투갈의 근거지를 확보하고자 했다. 그는 아프리카의 서해안으로 많은 탐험대를 보냈는데, 전설의 기독교 왕국을 찾고자 했다는 말도 있었다. 어쨌든, 엔리케의 시도는 새로운 인도항로의 개척으로 이어졌고, 신항로의 개척은 포르투갈 국부론의 핵심으로 작용했다. 엔리케의 탐험대는 1446년, 적도 근처에 있는 아프리카 서안의 감비아강에 도달했고 그 노력의 결실은 조카, 주앙 2세가 수

다. 포르투갈의 관련 기록에 따르면, 엔리케 왕자의 명령으로 이 섬을 찾아서 탐험한 1408년에 그 위치를 파악했다고 한다. 그러나 반세기 전에 작성된 메디치 가문의 1351년 『지도책(*Medicean Atlas*)』에는 리스본에서 남서쪽으로 500마일 떨어져 있는 곳에 마데이라로 보이는 섬이 정확히 그려져 있다. 이로써 베네치아공화국 등의 상인들에게 대서양에 있는 마데이라섬은 이미 알고 있었다고 볼 수 있다. 14세기 중엽의 대서양을 비롯한 바닷길에 대해서 이슬람계 탐험가들은 기독교계 탐험가들보다 앞섰다고 볼 수 있고 그들의 해양지도를 베네치아 무역 상인들이 공유하고 있었던 것으로 판단할 수 있다(Lincoln Paine. *The Sea and Civilization: A Maritime History of the World.* Atlantic Books. 2015를 주로 참조).

확할 수 있었다.[7] 1481년, 포르투갈의 제13대 국왕으로 취임한 주앙 2세(João Ⅱ, 1455~1495)는 삼촌(엔리케)의 앞선 개척을 발판삼아 아프리카 탐험 사업에 총력을 기울였고, 1494년, 스페인과 토르데시야스 조약(Treaty of Tordesillas)을 맺으면서 식민지 분할의 기준선을 정한 이후, 인도항로 개척에 더욱 박차를 가할 수 있었다.[8]

포르투갈은 이미 아프리카 서부(황금해안)와 노예무역에서 상권을 장악했고, 동양으로 갈 신항로의 기반을 닦고 있었다. 그리고 신항로를 향한 첫 번째 행운은 포르투갈 선장 디아스(Bartolomeu Dias)에게 다가왔다. 1487년, 디아스는 남아프리카의 최남단을 돌면서 험난한 강풍에 휩싸였고, 그곳을 '폭풍의 곶'이라고 이름 붙였다. 그런데 주앙 2세는 이름을 '희망봉(Cape of Good Hope)'이라고 바꿔 부르게 했다. 이렇게 희망봉이 발견된 이후, 대규모의 탐험대가 재차

---

7) 기술적 항해라는 측면에서 베네치아에서는 1490년, '원거리 항해'에 대한 방법을 소개한 책자가 인쇄돼 출간됐다. 구텐베르크(Johannes Gutenberg)의 성경책이 처음 활자 인쇄된 지 35년 만에 이뤄진 출간이었다. 항해 방법에 대한 새로운 기술이 소개된 것은 아니지만, 기존에 알려져 있던 많은 다양한 해양기술을 잘 정리해서 상대적으로 값싸게 책자로 출판 보급됐다는 측면에서 의의가 있었다. 많은 사람이 항해기술을 쉽게 습득할 수 있었기 때문에 항해기술의 보편성을 가져오는 데 큰 도움이 된 셈이다. 마치 성경책의 출간 이후, 종교개혁 논의가 본격화될 수 있었던 것처럼 인쇄술의 발달 덕분에 항해 방법에 대한 책자도 쉽게 얻을 수 있었던 서양인들은 원거리 항해를 실행하는 데 필요한 지식을 빠르게 습득할 수 있었다. 『원거리 항해』의 1490년 출간 직후인 1492년에 신대륙의 발견, 1499년의 인도 신항로 개척이 이뤄졌음은 그것이 단순한 행운에서 비롯된 것이 아니며, 지식의 확산에서 비롯된 것이라는 판단을 하게 한다.

8) 토르데시야스 조약은 스페인과 포르투갈 사이에서 1493년의 교황 칙령으로 정해진 조약인데, 유럽 이외 지역에서의 영토분쟁을 해결하기 위한 조약이었다. 대서양의 카보베르데 섬(서경 43도 37분)을 기준으로 서쪽은 스페인, 동쪽은 포르투갈의 영역으로 나눴으나 시기가 지나면서 경계선이 조금씩 바뀌었고, 훗날 스페인과 포르투갈이 합병되면서 조약의 효력은 사라졌다.

조직된 것은 마누엘 1세(Manuel Ⅰ, 1495~1521)의 시기였다. 1497년, 바스쿠 다 가마(Vasco da Gama, 1469~1524)가 이끄는 탐험대는 아프리카 남단(희망봉)을 돌아서 아프리카 동해안을 거쳐서 마침내 인도양에 도착했고, 인도 서부에서 후추와 계피를 싣고 1499년에 귀환했다. 선단의 절반과 선원의 1/3을 잃고 어렵게 돌아온 귀환이었지만 포르투갈 사람들은 환호했고, 그 엄청난 소식은 서양을 들끓게 했다.

16세기부터 포르투갈의 선박은 정기적으로 인도를 향했고, 곧이어 인도의 서부 해안을 장악할 수 있었다. 포르투갈 상인은 1511년에 말레이반도의 향료무역 중심지인 말라카를 점령했고, 이를 거점으로 막대한 국부를 축적했다. 한편, 비슷한 시기에 인도로 파견됐던 포르투갈의 카브랄(Pedro Alvares Cabral)은 풍랑을 만나서 반대 방향인 서쪽으로 항해하게 됐는데, 그 결과 브라질에 표류했고, 이를 계기로 남미의 브라질을 적극적으로 개발해 식민지로 삼게 됐다. 토르데시야스 조약에도 불구하고 포르투갈은 서쪽의 브라질을, 스페인은 동쪽의 필리핀을 상호 인정하는 데 합의했다. 신항로의 발견, 향료 원산지인 말라카의 확보, 그리고 브라질에 대한 식민지 개척사업 등으로 포르투갈은 이전에 볼 수 없었던 엄청난 국부를 축적할 수 있었다.[9)]

---

9) 포르투갈의 최고 전성기를 누렸던 마누엘 1세는 유명한 수도원과 벨렝 탑, 토마르(Tomar)의 그리스도 수도원 등 세계문화유산으로 남겨진 화려한 건축물들을 남겼다. 이국적이고도 화려한 장식은 이후 마누엘 양식으로 불릴 정도였으며, 사람들은 그를 가리켜 '행운의 왕'이라고 불렀다. 15세기 초, 바다의 왕자 엔리케에서 16세기 초, 행운의 왕 마누엘 1세에 이르기까지 약 100년 동안, 포르투갈은 가장 용감하고 과감하게 대항해에 나선 국가로 기록될 수 있다. 16세기의 포르투갈은 대서양과 인도양을 연결하고 동양과 서양의 무역을 독점하면서 엄청난 국부를 축적했는데, 17세기에는 그런 지위와 역할을 네덜란드에 넘겨야 했다.

스페인의 레콘키스타와 신대륙 발견

서양의 이베리아반도에서는 오랜 기간 국토회복운동이 벌어졌고, 포르투갈이 이슬람 세력을 축출하면서 기독교 국가로 복귀했다. 15세기 말, 스페인도 마침내 레콘키스타(Reconquista)를 달성했고, 1492년에 아메리카 신대륙을 발견하는 행운도 얻었지만, 반대로 이슬람과 유대인은 철저히 배척했다.

이베리아반도의 레콘키스타

레콘키스타는 약 800년 동안 이슬람 세력에 의해 점령됐던 이베리아반도를 기독교 세력이 되찾는 과정이었다. 서기 476년 서로마가 멸망한 이후, 이베리아반도에는 힘의 공백 상태에서 크고 작은 게르만 왕국들이 세워졌지만, 매우 혼란스러운 상황이었다. 서기 8세기 초, 이슬람 교도들은 이베리아반도에 대한 정복사업을 본격화했고, 기독교 국가였던 게르만의 서고트 왕국도 그들에 의해 정복당해 사라졌다. 북아프리카의 모로코 지역까지 확장돼 있던 우마이야왕조의 이슬람제국은 순식간에 이베리아반도를 기독교 지역에서 이슬람교 지역으로 바꾼 것이다. 북아프리카의 베르베르인으로 구성된 무어인 전사들은 빠른 속도로 이베리아 전 지역을 정복했다.

피레네산맥을 넘어 남프랑스로 계속 진군했던 이슬람제국의 군대는 서기 732년, 프랑크왕국의 재상 카롤루스 마르텔(Carolus Martel)

의 최후 방어선에 막혀 멈춰 서야 했다. 서양이 기독교에서 이슬람으로 바뀔 수도 있었던 절체절명의 순간에 마르텔은 목숨을 바쳐 이슬람을 막아선 것이다. 이후, 마르텔의 아들 피핀(Pippin der Jüngere)은 프랑크의 새로운 왕으로 등극하면서 카롤링왕조를 열었다. 마르텔의 손자이며 피핀의 아들인 강력한 카롤루스 대제(Carolus Magnus)가 서양에 등장하면서 대부분의 서유럽 지역을 통합해 제국화하는 한편, 타고난 용맹성으로 이슬람에 빼앗긴 이베리아반도의 북부 지역을 재차 공략하기도 했다.

서기 778년, 카롤루스 대제가 이베리아반도를 공격했을 당시, 이슬람제국은 분열의 시기를 겪고 있었다. 이슬람계 우마이야왕조는 다마스쿠스를 중심으로 시리아 지역의 아랍인을 특별히 우대하는 차별 정책을 취했고, 이는 내부에 여러 불만 세력을 낳는 원인이 됐다. 결국, 반란 세력들은 새로운 이슬람제국을 세웠고, 아바스(압바스) 왕조가 새롭게 들어선 것이다. 이런 일련의 사건을 계기로 이슬람제국은 분열의 길을 걷게 됐고, 과거보다 세력이 약해진 상황이었다.[10] 세력이 약해진 이슬람제국을 공략하면서 프랑크의 카롤루스 대제는 이베리아의 북부를 일시적으로 장악하기도 했다. 그렇지만 재차 역공을 받으면서 자신이 아끼던 기사 롤랑(Roland)까지 전장에서 잃고 후퇴해야 했다.[11] 이슬람제국의 분열에도 불구하고 기독교도에 의한 이

10) 간신히 생존한 우마이야왕조의 왕자 라흐만 1세는 이베리아에 후(後)우마이야왕조를 세웠고, 북아프리카 지역에는 파티마왕조가 세워지면서 이슬람제국은 더욱 심각한 분열 상태에 빠져들었다.

11) 프랑크의 용맹한 왕 카롤루스가 아꼈던 기사 롤랑의 죽음은 훗날 「롤랑의 노래」라는 서사시의 소재가 됐다. 서사시는 카롤루스가 이베리아반도 원정에서 돌아오던 중에 피레네 산중에서 적군의 습격으로 기사 롤랑까지 죽음에 이르렀던 서기 778년의 사건에 따르고 있다. 슬프고도 장엄한 아름다움은 프랑스 기사들

베리아반도의 주권 회복 레콘키스타의 성공까지는 이후 700년이 더 필요했다.

스페인의 통합과 유대인 추방

이베리아반도의 가장 서쪽인 포르투갈 지역은 가장 먼저 레콘키스타를 달성했지만(1249년), 그 이외의 지역은 더 많은 시간이 필요했다. 통합된 스페인이 등장하기 직전까지, 유대인들이 가장 많이 거주했던 곳은 이슬람이 점령하고 있었던 이베리아의 남동쪽(스페인 지역)이었다. 지중해 연안의 유대인은 상업과 무역 그리고 수공업뿐만 아니라 의술에서도 뛰어난 능력을 갖춘 집단으로 유대인의 여러 족속 가운데에서도 가장 뛰어난 엘리트집단이었다. 그들은 이슬람의 진보된 문명을 잘 습득했고, 고대의 아테네 철학과 과학 그리고 아라비아의 수학에 이르기까지 능통할 수 있었다. 우마이야왕조에서 아랍어로 번역된 아리스토텔레스(Aristoteles)의 철학 서적과 유클리드(Euclid)의 기하학 서적을 유대인이 라틴어로 번역해 서양에 재전파하는 역할까지 했을 정도였다.

이베리아의 군소 왕국들을 통합해 스페인이라는 강국으로 발전시키는 데 카스티야 왕국의 알폰소 10세(Alfonso X, 1221~1284)가 결정적 역할을 했다. 그는 가톨릭, 유대교, 이슬람을 총망라해서 지적 문명을 발전시키는 데 큰 공헌을 했다. 조선에 세종이 있었다면, 카스티야에는 알폰소 10세가 있었다고 할 수 있다. 그의 치세 동안 카

의 애국과 신앙의 정열, 또한 롤랑이 죽을 때에 천사가 내려왔다고 하는 전설로 구성돼 있어 서구 중세문학의 대표적 작품으로 소개되곤 한다.

스티야 왕국은 법과 사상 그리고 사회제도를 잘 정비할 수 있었고, 이슬람제국의 문명 수준을 넘어설 수 있었다. 따라서 카스티야 왕국을 중심으로 스페인의 레콘키스타가 달성될 수 있었고, 그 출발점은 알폰소 10세였다고 해도 과언은 아니다. 이러한 시기에 보여 준 유대인의 상업적 활동은 지중해의 각 연안에서 거침이 없었다. 유대인들은 서쪽의 코르도바(이베리아), 동쪽의 콘스탄티노플(그리스)을 동서 양축으로 하고, 유럽의 베네치아, 북아프리카의 알렉산드리아를 교두보로 지중해 연안에서의 교역량을 증대시켰다.[12]

그런데 14세기와 달리 15세기의 상황은 급격히 변하기 시작했다. 유라시아에서는 몽골제국이 해체되고 오스만제국이 동유럽을 향하고 있었다. 서유럽의 끝에 있는 이베리아반도에서는 1469년, 카스티야 왕국(이베리아반도의 중앙부)의 이사벨 1세와 아라곤 왕국(바르셀로나, 카탈루냐 지방)의 페르난도 2세가 결혼하면서 기독교 세력이 확장됐다. 강력한 기독교 왕국의 연합 세력이 형성되면서 그들은 이슬람은 물론이고 유대교에 대한 질시와 혐오감을 본격화하기 시작했다. 1492년, 하나의 왕국으로 통합된 스페인(카스티야+아라곤)은 이베리아반도의 남쪽에 있었던 이슬람의 그라나다를 점령함으로써 마침내 스페인의 레콘키스타를 완성했다. 또한, 이와 거의 비슷한 시기에 스페인은 알람브라 칙령(Alhambra Decree)을 발포하면서 로마 가톨릭 이외의 종교집단은 배척했고, 유대교인과 이슬람교인 모두를 추방했다.[13]

12) 지중해의 횡단 축을 코르도바와 콘스탄티노플이라고 한다면, 지중해의 종단 축은 이집트의 알렉산드리아와 아드리아해를 거슬러 올라가서 만나는 유럽의 출입구 베네치아였다. 지중해 연안에서 무역 네트워크를 형성했던 유대 상인들은 유라시아 대륙에서 몽골제국이 세계 교역망을 완성하자, 이에 자연스럽게 연결되면서 동서양의 무역량을 급속히 증가시키고 엄청난 부(富)를 창출했다.

같은 해에 스페인의 이사벨 여왕(Isabel Ⅰ)이 투자했던 콜럼버스 탐험대가 신대륙을 발견하고, 여기에서 엄청난 국부가 창출되면서 스페인은 해가 지지 않을 것 같은 16세기의 스페인제국을 건설할 수 있었다. 그러나 스페인이 쫓아낸 이교도 후손들, 특히 유대계 상인과 자본가들에 의해 17세기에 접어들면서 스페인은 몰락의 길을 걷게 된다.[14)]

콜럼버스와 스페인의 신대륙 발견

1492년 8월 2일, 스페인의 항구(파로스)에서는 세척의 대형 선박이 대탐험을 시작할 준비를 하고 있었다. 콜럼버스(Christopher Columbus, 1451~1506)가 이끄는 대서양 탐험대였다. 베네치아의 상인이며 탐험

---

13) 15세기 말의 전체 스페인 인구 가운데 6~7%가 유대인이었고, 그들은 많은 재산을 소유한 재력가 집안이 대부분이었다. 스페인 국왕은 종교적 이유로 유대인을 추방하면서 그들이 스페인에 소유하고 있던 재산을 환수해 자신의 왕실금고를 채웠고, 잘사는 유대인을 질시했던 가난한 스페인 민중에게 국왕은 정치적으로 지지받았다. 일거양득의 조치로 큰 이익을 본 것 같은 스페인이었지만, 이런 정책은 오래 지나지 않아서 엄청난 부작용을 초래하기 시작했다. 스페인에서 추방된 이교도들 가운데 상당수는 재산가일 뿐만 아니라 스페인의 최고 지식인이었고 사업가였기 때문이다.

14) 위기 상황을 많이 겪었던 유대인들은 결코 재산을 한 바구니에 담지 않는 전통을 지니고 있다. 현금과 보석 그리고 부동산에 나눠 배분하는 황금 비율은 유지한다는 것이다. 과거 중세 시대까지 대부분 유대인은 토지를 살 수 없었기 때문에 그들은 가장 희소하고 부피와 무게는 작은 보석을 선호했다. 이는 이베리아 반도에서 쫓겨난 유대인 후예가 건설했던 암스테르담 그리고 뉴욕에 다이아몬드 보석시장이 발달한 것과 결코 무관하지 않다. 특히 80년 독립전쟁을 통해서 네덜란드는 스페인의 국력을 피폐화시켰는데, 그 핵심적 독립 세력의 중심에 암스테르담의 상인들이 있었음은 스페인에서 당한 유대인 후손들의 보복과 관련성이 깊다.

가였던 마르코 폴로가 남긴 『동방견문록』을 열심히 탐독하면서 인도 항로를 개척하는 꿈을 꿨던 콜럼버스였다. 제노바의 직물공장에서 직공으로 일했던 스페인계 아버지와 스페인계 유대인 어머니 사이에서 태어난 콜럼버스는 젊은 시절부터 다양한 항해 경험을 익힌 바 있었다. 1483년부터 포르투갈의 주앙 2세에게 대서양을 횡단해 동양으로 가는 인도항로 탐사계획을 제출했지만, 포르투갈은 아프리카 서해안을 거쳐서 남쪽으로 향하는 항로 개척에 주력했기 때문에 콜럼버스의 서쪽 항로 탐사에는 응하지 않았다.

콜럼버스에게 대서양 횡단계획을 실천에 옮길 수 있도록 큰 행운을 선사한 인물은 스페인의 여왕이었다. 1492년 1월, 그라나다를 함락시키고 스페인의 레콘키스타를 완성한 직후, 마침내 4월에 이사벨 여왕(Isabel Ⅰ)은 산타페 협약(Santa Fe Capitulations)을 체결하고 콜럼버스를 지원하기 시작했다. 그래서 스페인뿐만 아니라 서양인들에게 1492년은 중요한 의미를 지닌 해다. 기독교도가 이슬람 교도를 물리치고 이베리아를 되찾은 시점이며, 동시에 신대륙을 발견하고 서양이 부자가 되기 시작한 시점이기 때문이다. 움직이지 않던 서양의 역사가 움직이기 시작하면서 그 변화는 엄청난 속도로 서양의 국부 지도를 바꿔 놨다. 1492년 8월 3일, 산타마리아호를 포함한 3척의 배에 승무원을 태우고 출발했던 콜럼버스의 탐험대는 우여곡절 끝에 두 달 정도 지난 10월 12일, 대서양을 횡단해 신대륙에 인접한 서인도제도에 도착했다.

콜럼버스탐험대가 발견한 것은 아메리카 신대륙이었지만, 정작 그 사실도 모른 채 콜럼버스는 55세까지 살다가 세상을 떠났다. 신대륙의 발견 이후, 스페인과 서양의 운명은 급격히 바뀌었고, 대규모

은광을 찾아내면서 스페인의 국왕은 돈방석에 올라앉았다. 그렇지만, 스페인의 신대륙 발견보다 더욱 주목받은 것은 포르투갈의 신항로 개척이었다. 그들은 탐험에서 돌아오자마자 동양의 향신료를 가져와 팔면서 막대한 이익을 냈기 때문이다. 새로운 인도항로를 통해서 포르투갈은 16세기, 동양의 부를 서양으로 직접 날랐고, 그 과정에서 엄청난 부를 축적할 수 있었다. 오스만제국의 동유럽 침공으로 공포에 질려 있었던 서양인들은 스페인의 신대륙 발견, 포르투갈의 신항로 개척으로 새로운 유형의 국부 지도를 만들었고, 16세기의 해양 강대국으로 급부상할 수 있었다.

 스페인제국의 등장과 무적함대

오랜 레콘키스타 기간을 거쳐 통합된 왕국으로 등장한 스페인은 서양의 패권국으로 등장했다. 신대륙의 은광으로 국부를 축적하고 포르투갈까지 합병하면서 전 세계에 걸쳐서 영토가 펼쳐져 있는 해가 지지 않는 제국이 됐다. 작은 왕국과 공작령, 백작령, 주교령, 자치도시로 쪼개져 있던 유럽에서 스페인제국은 절대적 강국이었지만, 군사적 오만함과 경제적 무지함으로 한계를 드러냈다.

합스부르크제국의 카를 5세

스페인제국을 합스부르크제국이라고도 하는 배경에는 복잡한 유럽의 왕실가계도와 결혼 관계에서 그 원인을 찾을 수 있다. 먼저 스페인의 레콘키스타에서 살펴본 바와 같이, 이사벨라(카스티야)와 페르난도(아라곤)가 결혼하면서 스페인은 하나의 통합된 왕국이 된 바 있다. 이렇게 왕자와 왕녀의 결혼은 유럽의 다른 지역에서도 빈번했는데, 왕가의 결혼은 왕국과 왕국, 지역과 지역을 하나로 통합하는 계기를 만들었다. 당시의 유럽은 봉건제였던 까닭에서 비롯됐지만, 오늘날의 상식적 판단으로는 이해하기 힘든 부분이 많다. 중세시대는 왕과 귀족만이 지역의 운명과 소유권을 결정할 수 있었고 일반인들은 어떤 주권적 결정권도 내릴 수 없는 상태였기 때문이다.

제2편에서 살펴보게 될 암스테르담의 역사와 관련해서 네덜란드를 둘러싼 합스부르크와 스페인의 관련성만 살펴보면 다음과 같다. 지정학적으로 유럽은 알프스산맥을 기준으로 북쪽과 남쪽으로 나뉜다. 그 가운데 북쪽의 주요 강들은 대부분 지대가 낮은 서쪽의 네덜란드(Netherlands)로 향한다. 토지가 비옥했던 네덜란드 지역을 통치했던 대표 귀족 가운데 부르고뉴 가문이 있었고, 마리라는 아가씨는 이 지역의 상속권자였다. 그런데 그 마리가 신성로마제국(독일과 오스트리아, 모라비아 등)을 통치하는 합스부르크 가문의 막시밀리안과 결혼하면서 네덜란드와 독일은 하나의 왕가, 즉 합스부르크 왕가의 영토로 통합됐다. 이후, 마리와 막시밀리안 사이에서 아들이 태어났고 그가 바로 펠리페 1세(Felipe Ⅰ)였다. 합스부르크가의 펠리페 1세는 다시 스페인의 왕녀(후안)와 결혼했고, 그의 영토는 네덜란드, 독일, 오스트리아, 모라비아에 더해 스페인으로까지 확장됐다. 이런 과정을 거쳐서 펠리페 1세의 아들인 카를 5세(Karl Ⅴ 또는 Carolus Ⅰ)는 신성로마제국의 황제이며 스페인의 국왕으로서 합스부르크 왕가를 이

끄는 인물이 됐다.[15]

카를 5세는 독일에 가면 신성로마제국의 황제가 됐고, 스페인에 오면 스페인 국왕이 되면서 프랑스와 영국을 제외한 유럽의 대부분 지역을 통치했다.[16] 그는 유럽의 절반과 전 세계의 식민지(아메리카 대륙의 대부분, 필리핀 등)에 이르는 광대한 영역을 소유한 합스부르크 제국의 수장이었다.[17] 이렇게 막강한 권력을 쥐게 된 카를 5세는 유럽의 기독교 세계를 위협하는 이슬람 세력의 중심 오스만제국과 대

---

15) 카를 5세의 명칭은 독일식으로 카를, 프랑스식으로 샤를, 영국식으로 찰스, 네덜란드식으로는 카렐이었다. 카를 5세는 할머니의 고향인 네덜란드에서 태어나 자랐기 때문에 네덜란드에 대한 친밀도가 매우 높았던 인물이기도 했다. 우연의 일치일 수도 있겠으나 카를 5세가 스페인 국왕으로 재임했던 시기에는 네덜란드의 남부, 플랑드르의 농업과 상공업이 크게 발전하면서 호경기를 누렸다.

16) 카를 5세는 외할아버지 페르난도(아라곤)가 죽자, 1516년 스페인 국왕에 등극했지만 곧이어 그의 친할아버지 막시밀리안(합스부르크)이 죽자, 1519년 신성로마제국의 황제 직위에도 올랐다. 이 과정에서 카를 5세의 할머니(부르고뉴의 마리)가 통치했던 네덜란드도 그의 영토에 귀속됐다. 카를 5세는 네덜란드 겐트(Gent, Ghent) 출생으로 신성로마제국의 황제와 스페인의 국왕을 동시에 겸했다.

17) 필리핀에 처음 도달한 스페인 사람은 1521년의 마젤란(Ferdinand Magellan)이었다. 본래는 포르투갈 귀족 출신이었지만 본국에서 쫓겨나 스페인에 정착하게 된 마젤란은 국적을 스페인으로 바꾸고 스페인 탐험대를 이끌며 남서쪽의 아메리카 대륙을 순항했고, 마침내 아메리카 대륙의 남쪽 끝을 지나 대서양과 태평양 사이를 지나갈 수 있었다. 탐험대는 그 해협을 가리켜 마젤란해협(Strait of Magellan)이라고 했고, 대서양과 구분되는 거대하고 고요한 바다를 가리켜 태평양(Pacific Ocean)이라고 했다. 마젤란은 태평양 바다를 횡단하면서 괌(Guam)을 비롯한 여러 군도를 발견했는데 그 가운데 필리핀의 세부(Cebu)섬을 점령하면서 이곳을 스페인의 영토로 삼고자 했다. 마젤란은 세부섬의 원주민 왕을 기독교로 개종시키는 것까지는 성공했지만, 다른 부족의 저항으로 필리핀에서 살해당했다. 마젤란의 탐험대는 그가 죽은 이후에도 항해를 계속했고 마침내 세계일주에 성공했다. 16세기를 거치면서 스페인의 탐사대는 계속 필리핀을 공략했고, 포르투갈 등 여타 세력을 몰아낸 스페인은 필리핀을 자신들의 식민지로 만들었다. 19세기 말인 1898년, 미국과 스페인의 전쟁에서 승리한 미국이 필리핀을 점령했지만, 현재까지도 필리핀에 가톨릭 신자가 많은 것은 오랜 스페인 통치의 배경에서 비롯된 것으로 볼 수 있다.

적해서 싸워야 했다.[18] 그런데 기독교 내부에서도 종교적 갈등이 심상치 않은 조짐을 보였다. 1517년, 마르틴 루터(Martin Luther, 1483~1546)가 로마교황청의 면죄부 판매행위를 비판하면서 종교개혁을 요구한 것이다.[19] 외부적으로 이슬람과 싸우던 카를 5세는 내부적으로 가톨릭(구교)과 프로테스탄트(신교)의 갈등에 직면했고, 중재자의 역할도 맡았지만, 그 갈등은 날로 심각해져 갔다.

---

18) 당시의 카를 5세(1500~1558)가 상대했던 오스만제국의 술탄은 술레이만 1세(Suleiman Ⅰ, 1494~1566)였다. 16세기의 오스만제국은 베네치아공화국을 밀어붙여 아드리아해를 제외한 지중해 대부분을 장악했고, 1526년에는 동유럽의 강호 헝가리를 패퇴시킨 이후 1529년, 오스트리아의 비엔나 성곽을 포위했다. 오스만제국의 공격에 대응하기 위해 1535년, 카를 5세는 북아프리카의 튀니스(Tunis)에서 오스만제국을 상대로 싸워 중요한 승리를 쟁취하기도 했지만, 유럽의 경쟁국인 프랑스가 오스만제국과 손을 잡으면서 굴욕적인 조약을 맺고 물러서기도 했다.

19) 유럽의 중세 질서는 로마 가톨릭의 종교적 질서와 신성로마제국의 황제가 갖고 있었던 세속적 질서의 상호 공존으로 유지됐다. 그런데 1517년, 루터가 내건 종교개혁을 위한 95개 조항은 로마 가톨릭의 문제점을 적나라하게 지적하면서 중세적 종교 가치라는 큰 축을 무너뜨렸다. 이에 당황한 로마 가톨릭교회는 1520년, 레오 10세(Leo Ⅹ) 교황이 나서서 루터에게 그의 95조를 철회하도록 요구했으나 거절당했고 뒤이어 1521년, 보름스회의(Diet of Worms)에서 신성로마제국의 황제, 카를 5세가 직접 루터에게 철회를 요구했으나 이마저도 거절당하는 상황이 벌어졌다. 이로써 루터는 중세 유럽의 기존 질서를 거부하면서 새로운 신교도(프로테스탄트)의 탄생과 중세시대를 종료하고 근대를 열어 나갈 개막식을 준비한 인물이 되기 시작했다. 보름스회의 이후, 중세시대의 구질서 속에서 억압받던 농민들은 1524년, 농민전쟁을 일으켰고 1531년, 루터의 슈말칼덴 동맹(Schmalkaldischer Bund)이 만들어졌다. 유럽에서는 기독교 내부의 구교와 신교 사이의 갈등이 더욱더 첨예화했고, 가톨릭의 구질서를 옹호하는 트리엔트 공의회(Council of Trient, 1545~1563)가 열리면서 종교개혁은 마침내 내전으로 격화했다. 이런 상황에서 스페인 국왕이면서 신성로마제국의 황제인 카를 5세는 1548년, 아우크스부르크 화의를 개최하고 가톨릭(구교)과 개신교(신교)의 공존을 제안하기도 했다. 이런 복잡한 사정 속에서 카를 5세는 거대제국의 통치권을 스스로 내놓고 은퇴를 결정했다.

스페인제국의 펠리페 2세

16세기의 서양인들은 유럽의 절반과 대서양에서 인도양 그리고 태평양에 걸쳐 있는 광대한 영토를 소유한 카를 5세를 부러워했다. 그러나 정작 그런 부러움의 대상이었던 카를 5세는 너무 많은 전쟁과 종교 갈등에 지쳐 있었고, 그 많은 재산과 국부는 정작 자신에게는 아무런 의미 없는 것들이었다. 마침내 1555년, 카를 5세는 스스로 권력의 왕좌에서 물러났고, 자신의 영토를 크게 둘로 나눠 동생과 아들에게 물려줬다. 동생에게는 형식적인 신성로마제국(독일과 동유럽)의 황제관을 물려줬고, 스페인과 네덜란드 그리고 해외 영토는 그의 아들인 펠리페 2세(Felipe Ⅱ 또는 Philip Ⅱ, 1527~1598)에게 물려줬다.

카를 5세와 포르투갈의 왕녀 이사벨 사이에서 태어난 펠리페 2세도 그의 아버지 못지않은 황금 수저를 물고 태어난 셈이다. 더욱이 1580년, 사촌이던 포르투갈 왕에게 왕손이 없자 펠리페 2세는 자기 모친 쪽 혈연 관계를 주장하면서 포르투갈의 왕위에 등극했고, 스페인과 포르투갈은 순식간에 하나의 왕국이 됐다. 이로써 펠리페 2세는 스페인, 네덜란드, 밀라노공국, 나폴리왕국, 아메리카 신대륙의 대부분, 아프리카 대륙의 남서부, 인도의 서해안과 말라카 지역, 보르네오섬과 필리핀을 포함한 전 세계의 광대한 영토를 통치하는 스페인제국의 소유자가 됐다. 아버지로부터 많은 것을 받았지만 어머니로부터 포르투갈 영토까지 승계받으면서 세계 최고의 부자이며 세계 최고의 권력자가 된 것이다. 그러나 펠리페 2세는 엄청난 땅부자일 뿐, 심각한 부채문제로 항상 금융 파산 위기에 시달렸다. 카를 5세로부터 엄청난 재산을 고스란히 물려받았지만, 동시에 선친의 막대한 부채도 상속받았기 때문이다.

펠리페 2세는 1556년부터 1598년까지 재임했는데, 총 4번의 금융 파산 선고를 받았다. 많은 영토를 지녔고 수입도 많았지만, 전쟁으로 인한 지출이 수입보다 더 많아서 재정적으로 항상 쪼들린 상태였다.[20] 스페인에는 국가재정을 효율적으로 관리해 줬던 유능한 인재들이 모두 떠나 버린 상태였기 때문에 더욱 큰 곤란을 겪었다. 레콘키스타 시기에 대부분 쫓겨난 이교도 속에는 유대계 상인과 이슬람계 재정전문가들이 많았는데, 그들이 모두 추방되면서 스페인 정부의 재정관리는 항상 엉망이 됐다. 신대륙에서 유입된 막대한 은의 유입으로 스페인의 물가는 상승했고, 스페인 내부의 생산력은 대부분 붕괴했다. 16세기 중엽까지 벌어졌던 이탈리아 100년 전쟁에서도 스페인(합스부르크)제국은 프랑스를 제압하고 군사적으로 이탈리아를 통치했지만, 재정적으로는 파산 상태를 벗어나지 못했다.[21]

20) 당시의 유럽전쟁에서는 정규군이라고 해도 동아시아와 같은 징병제가 적용되지 않았다. 따라서 직업군인들에게는 급여를 안정적으로 지급하는 것이 중요했고, 이는 전쟁의 승패를 좌우하는 중요한 변수로 작용했다. 프랑스는 스페인처럼 금융이 매우 낙후돼 있어서 장기 전투를 치르는 상호 차이가 없었지만, 17세기 스페인이 네덜란드 독립군과의 전쟁에서 고전을 면치 못했던 원인으로는 중요하게 작용한다. 더욱이 18세기의 프랑스군이 영국군에게 유독 약했던 원인도 그 이면에는 영국의 재정관리 능력이 프랑스의 그것보다 뛰어났기 때문이라는 평가도 있다.

21) 이탈리아전쟁은 오스만제국에게 해상권을 빼앗긴 베네치아가 지중해가 아닌 육지에 영토를 얻기 위해 밀라노와 벌였던 롬바르디아전쟁(1454년)에서 비롯됐다. 거의 백여 년 동안 계속된 이탈리아전쟁에서 이탈리아의 대부분 국토는 극도로 황폐해졌으며 그들의 부유함은 사라졌다. 롬바르디아전쟁에 이어서 프랑스가 이탈리아의 나폴리왕국과 피렌체 등을 차지하기 위해 침공했던 전쟁(1494년) 등에서 이탈리아 도시국가들은 자신들이 고용했던 스위스의 작은 용병부대 정도로는 프랑스의 대규모 정규군대에 대항하기 어렵다는 사실을 깨달았다. 또

무적함대의 성공과 실패

서양 내부의 적 프랑스를 제압한 펠리페 2세는 서양 밖의 적 오스만제국과의 대결을 준비했다. 1571년, 베네치아공화국 해군과 함께 스페인제국이 조직한 신성동맹의 갤리선 함대(약 200여 척)는 오스만제국의 공격을 격파하고 로마를 지켜낼 수 있었다. 레판토 해전(Battle of Lepanto)에서 오스만제국의 팽창을 저지한 펠리페 2세는 서양 최고의 군사력을 지녔다고 자만했다. 그러나 레판토 해전의 주력 함대는 베네치아공화국의 함선이었고, 오스만제국은 레판토 해전 이후에도 재빠르게 함대를 재건해 키프로스섬을 점령했으므로 스페인 함대가 최강이라고 보기는 어려웠다. 지브롤터해협에서부터 북아프리카, 이스탄불에 이르는 지중해 해상권은 대부분 오스만제국에게 넘어갔고, 그 대신에 서유럽과 이탈리아반도가 스페인제국의 영역으로 확정됐기 때문이다.

어쨌든 외부의 적이었던 오스만제국의 이탈리아(로마) 공격을 막아낸 이후, 스페인제국의 펠리페 2세는 내부의 반역자들을 처단하고자 했다. 자신이 지키고 통치하며 가톨릭을 신봉하는 서양에서 감히 신교도와 같은 프로테스탄트 세력이 있다는 것을 도저히 용납할 수 없었다. 합스부르크가의 대부분 왕이나 귀족들도 로마 가톨릭과 함

한, 프랑스 왕가에 의해서 이탈리아가 점령된다면 유럽에서 합스부르크 가문이 밀린다고 판단한 합스부르크 가문의 스페인 왕, 펠리페 2세는 프랑스와 어려운 일전을 벌였다. 1557년, 생캉탱전투에서 프랑스군을 격퇴(1557년)한 펠리페 2세는 카토캉브레지 조약(Peace of Cateau-Cambrésis)을 통해 마침내 이탈리아 대부분에서 합스부르크 가문의 우월성과 함께 스페인의 유럽 패권을 확인받았다.

께 연대하면서 신교도들은 압박했고, 신교도들은 스페인과 신성로마제국에서 멀리 떨어진 대서양 연안의 네덜란드 북부로 도망치면서 세력을 규합했다. 이런 복잡한 갈등구조 속에서 영국의 여왕 메리 1세(Mary Ⅰ: 구교)가 죽고 그 뒤를 이어서 엘리자베스 1세(Elizabeth Ⅰ: 신교)가 등장하는 상황이 벌어졌다. 스페인의 펠리페 2세는 엘리자베스 1세에게 청혼하면서 영국을 합스부르크제국의 일원으로 만들고자 했다. 그런데 영국의 엘리자베스 1세는 신교도로서 스페인의 펠리페 2세와 대립각을 분명히 세우고 스페인 저항 세력의 대표로 나서게 됐다.[22] 1588년, 스페인제국의 펠리페 2세는 3만 명의 육군을 승선시킨 170여 척의 무적함대를 북해로 출항시켰고, 신교도들이 몰려 있는 영국과 네덜란드를 점령해 프로테스탄트를 완전히 척결하고자 했다.

그런데 스페인의 무적함대가 북해로 진입하면서 스페인은 영국과 네덜란드 가운데 어느 쪽을 먼저 공격할 것인가를 두고 잠시 망설였다.[23] 스페인의 무적함대는 네덜란드의 배후 세력을 우선 차단해야

---

22) 최초의 영국 여왕이었던 메리 1세는 독실한 로마 가톨릭 신자로서 아버지 헨리 8세의 종교개혁을 뒤엎고 가톨릭 복귀정책을 실행에 옮겼다. 그녀는 결혼도 구교를 신봉하는 자신의 외갓집, 스페인 왕가(합스부르크)의 자손 펠리페 2세와 결혼했다. 메리 1세는 펠리페 2세보다 열 살 연상이었고, 결국 자손을 낳지 못한 채 죽었다. 구교였던 메리 1세의 뒤를 이어서 신교도의 지원을 받아 영국왕에 등극한 엘리자베스 1세는 스페인의 펠리페 2세(구교)와 날카로운 대립각을 세웠다. 표면상으로는 종교 차이였지만 그 속내는 영국이 스페인에 귀속되는가를 결정짓는 배경에 있었다.

23) 서유럽의 끝에 있던 신교도들의 나라 영국과 네덜란드는 스페인의 무적함대 공격이 가까이 다가올수록 공포의 극단을 경험했다. 스페인의 무적함대는 홉스(Thomas Hobbes)의 어머니가 홉스를 조기 출산하게 할 정도로 공포의 대상이었기 때문이다.

한다고 판단하면서 영국을 먼저 공격하고자 했다. 그러나 결정적인 순간, 하늘의 바람은 스페인의 편을 들지 않았다. 막강한 스페인의 무적함대였지만 바다의 바람은 네덜란드의 민병대와 영국의 함선에 유리했고, 작은 함선들에서 쏘아 올린 불꽃은 육중한 스페인 무적함대에 그대로 꽂혔다. 마치 서기 810년, 베네치아민병대가 프랑크제국의 피핀 황태자를 리알토 갯벌에서 불태웠던 것처럼, 1588년 스페인의 무적함대도 네덜란드 민병대와 영국의 작은 함선들에서 발사한 화공으로 불타오르기 시작했다. 스페인의 무적함대가 침몰하면서 유럽의 패권구조는 급속히 변했고, 합스부르크제국과 그 왕가를 지원했던 독일계 상인(은행가)도 대부분 함께 파산할 수밖에 없었다. 스페인의 퇴각 이후, 10년이 지난 1598년에 스페인의 펠리페 2세가 사망하면서 스페인제국도 해체되기 시작했다.

▌버클로의 오늘 밤 생각▐

나는 오늘 밤, 애덤 스미스 교수님의 말씀을 들으면서 13세기 몽골제국의 국부론과 관련해 이런 생각을 했다. 세계제국 몽골은 동양과 서양의 교류를 빠르게 촉진했고, 그 결과 사람들의 유약한 부분 또는 허영심을 제대로 자극할 수 있었겠다고 생각했다. 동양과 서양의 교류로 각 지역의 사람들은 남의 시선을 더 많이 의식하고 상호 비교하면서 부자가 되고 싶은 욕구를 더 강하게 갖게 된 것이다. 그런데 반대로 몽골이 소멸하고 유교적 논리를 강조한 명나라가 동양에 등장하자 상황은 급반전했다. 바다를 막고 외부 세계와의 교류를 차단하면서 사람들의 관계를 계급화 또는 계층화하면서 남의 시선에 신경을 쓰지 않도록 만든 것이다. 정신적으로도 물질적 가치보다는 형이상학적인 가치를 주입해서 사람들의 허영심을 버리게 한 것이다. 어찌 보면, 청빈(淸貧)이라는 가치를 강요받으면서 현명한 사람이 된 것 같았지만, 자신의 부(wealth)에 대한 욕구는 약해질 수밖에 없었고, 불만은 적지만 사회와 국가는 활력을 잃어 빈곤해질 수밖에 없었다. 그래서 명(明)과 같은 14세기의 동양 국가에서는 상대의 허영심을 자극해 돈을 버는 상인을 나쁘게 생각하면서 직업의 순서도 사농공상(士農工商)으로 상인을 가장 천시했다는 생각이 들었다.

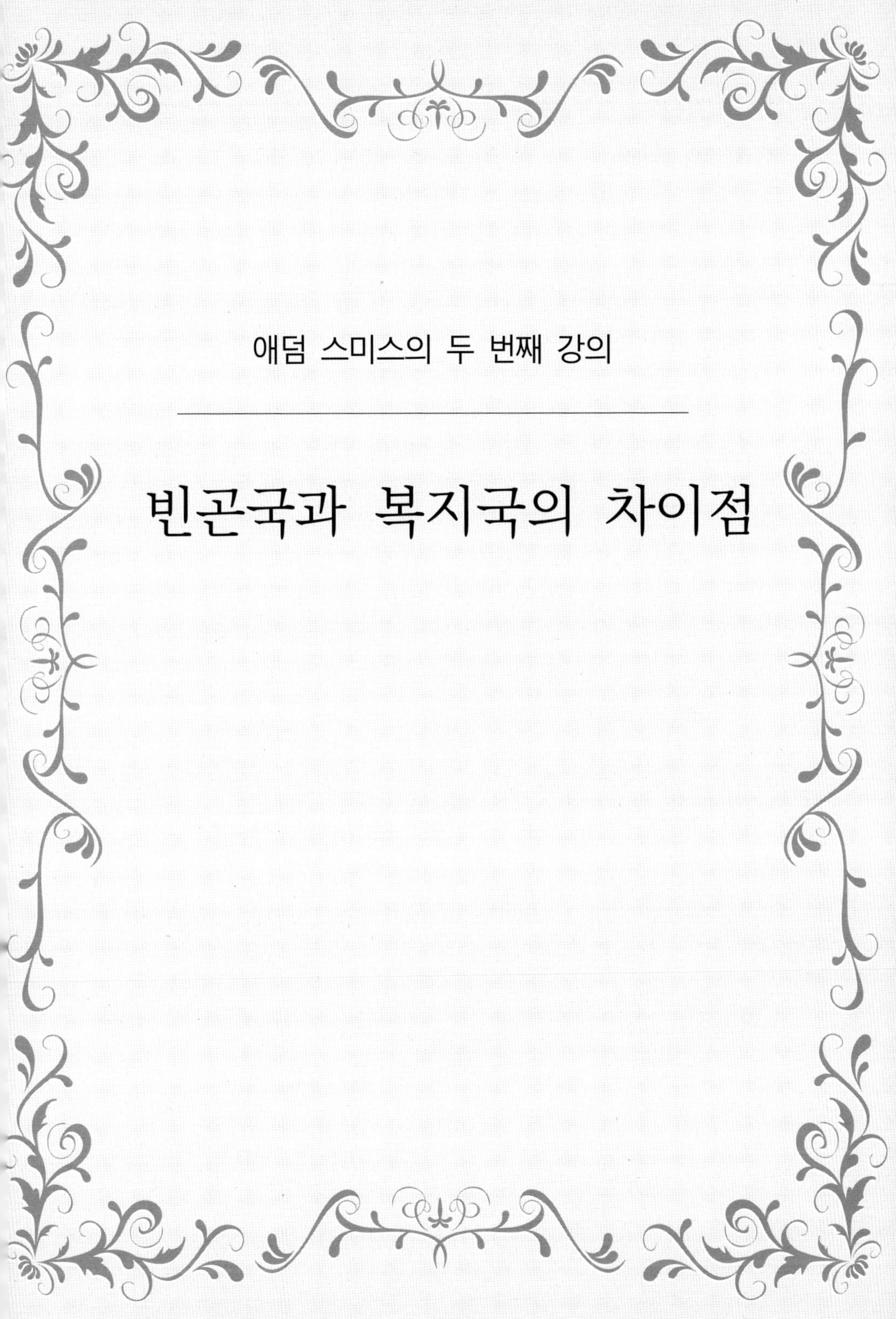

애덤 스미스의 두 번째 강의

빈곤국과 복지국의 차이점

애덤 스미스

지난 강의에서는 부유함에 이르는 인간의 본성에 대해 살펴봤습니다. 나의 내적 측면보다는 외적 측면, 내가 나를 평가하는 것보다 누군가 나를 어떻게 보는가를 중요하게 생각하기 때문에, 사람들은 더 많은 것을 소유하려는 본성을 지니게 된다고 했죠. 물론, 나의 경우는 최소한의 부유함만 있으면 더 큰 욕심을 부리지 않을 것 같은데 말입니다. 어쨌든, 이번에는 본격적으로 『국부론』의 시각에서 살펴봅시다. 도대체, 다 같은 사람들이 살아가는 세상에서 왜 어떤 나라는 잘사는 나라(복지국)이고 또 어떤 나라는 못사는 나라(빈곤국)인지 그리고 그 차이를 만들어 내는 원인은 무엇인가에 대해 알아보는 시간을 갖도록 하겠습니다.

버클로

아, 교수님. 지난 시간 교수님 강의를 듣고 여러 가지를 생각해 봤습니다. 특히, 교수님은 혼자 사시는 독신이니까 특별히 더 원하는 것이 많지 않을 수 있겠다는 생각이 들더군요. 만약, 교수님께 부인이 있고 자식이 많다면 가족을 위해서 더 좋은 옷을 입혀 주고 싶고 더 좋은 교육을 받도록 해 주고 싶겠죠. 더 좋은 교육을 위해서 더 좋은 동네의 학교로 가려 하고 더 비싼 주택을 사며 그래서 더 많은 부유함을 추구하겠다고 생각했습니다. 물론, 더 좋은 교육을 받아서 더 좋은 대학을 가고 더 좋은 직장을 구하는 것도 결국은 다른 사람들의 눈을 의식한 허영(vanity)의 결과겠죠. 다양한 시각에서 교수님의 말씀을 흥미롭게 되새겨 봤습니다.

애덤 스미스

역시 예리한 시각에서 나를 꿰뚫어 봤군요. 그래요. 만일 내가 모태솔로가 아니었다면 교수를 그만두고 엄청난 분량의 『국부론』을 힘들게 쓰려고 하지도 않았겠죠. 왜냐하면, 나는 이미 이번 그랜드 투어에 참여함으로써 더 일하지 않고도 충분히 여생을 즐길 종신연금계약서를 받았으니 말입니다. 그래서 인간의 성향을 모두 다 똑같다고는 할 수 없지만,

예외적 상황을 제외하면 공통적 성향과 반복되는 규칙성을 발견할 수 있어서 이를 이론화하는 것이 과학적 연구의 출발이라 하겠습니다.

버클로

교수님. 제가 교수님의 개인적 생활을 일반적인 사람들과 다른 예외적인 솔로라는 것에 맞춰 어쭙잖게 지적한 것 같습니다.

애덤 스미스

하하, 천만에요. 충분히 지적받을 수 있는 나의 개인적 예외성이죠. 어쨌든 오늘의 강의 주제를 두 가지로 나눠 생각해 보도록 하겠습니다.

> 첫째, 국가의 부유함이란 무엇인가?
> 둘째, 국가별 부유함의 차이를 발생시키는 원인은 무엇인가?

첫째 주제인 국가의 부유함이란 무엇인가와 관련해서 앞으로 나의 『국부론』 첫머리에 나올 다음과 같은 인용문을 참고해 주면 좋겠습니다.

> "한 국가의 국민이 해마다 행하는 다양한 '**노동**'은 그들이 소비하는 생활필수품과 편의품을 공급하는 원천이며, 그 '**재화**'는 언제나 노동의 직접 생산물로 구성되거나 그 생산물과 교환해 국내외에서 구매한 것으로 구성된다. (중략) 바로 이렇게 모여진 재화(생활필수품과 편의품)의 총량을 그 나라의 '**국부**'라고 할 것이다."

생활필수품과 편의품은 추상적인 것이 아닌 구체적 필요 가치를 지닌 재화입니다. 한 나라의 모든 국민이 경제생활을 해서 생산해 낸 재화의 구체적인 총량이 국가의 부(國富)라는 것입니다. 이를 가리켜 GNP(Gross National Products) 또는 GDP(Gross Domestic Products)라고 하는데, 내가 이런 개념을 말할 때만 해도 거의 초창기여서 나를 경제학의 아버지라고 부르게 된 거죠. 어쨌든, 각 나라의 부를 비교해서 못사는 나라(빈곤국)와 잘사는 나라(복지국)를 객관적으로 비교하는 출발점은 바로 이런 국부의 물질적 개념 정의에서 비롯된 것입니다.

버클로

교수님. 교수님께서 제시하신 인용문에서 아직 설명은 안 하셨지만, 더욱 중요한 내용이 감춰져 있는 것 같습니다. 국부를 구성하는 생활필수품과 편의품의 원천이 '노동'에서 비롯된다고 하시니 말입니다. 또한, 그 재화는 국내에서 생산된 것에 한정된 '폐쇄경제'가 아니라 외국에서 구매한 것까지 포함하는 '개방경제'를 강조하시는 것 같습니다.

애덤 스미스

고마워요, 버클로. 그것이 바로 내가 가장 먼저 강조하고 싶었던 국부의 원천입니다. 국부의 원천은 바로 국민의 '노동'입니다. 국부의 원천을 귀금속으로 만든 금화, 은화 같은 돈으로 간주하면 안 됩니다. 당시의 사람들은 국부를 놓고 금으로 만든 화폐를 많이 축적하면 국부가 증가한다고 착각하는 경우가 많았습니다. 화폐의 축적은 국부의 결과물일 뿐입니다. 국민의 노동으로 만들어진 재화 가운데 소비하고 남은 잉여생산물이 금화로 교환돼 그것의 가치를 저장하는 장치가 화폐일 뿐입니다. 결코, 금화나 은화와 같은 화폐 자체를 국부의 원천이라고 해서는 안 될 겁니다. 또한, 모든 재화는 한 국가 내에서만 폐쇄적으로 생산되고 소비되는 것도 아님을 강조하고 싶습니다. 국내와 국외에서 적정한 교역 조건에 따라서 재화가 서로 교환되는 개방적 관계에서 국부를 이해해야 하기 때문입니다.

버클로

교수님께 칭찬을 받으니 기분이 좋네요. 그렇다면 교수님, 왜 어떤 나라는 많은 국부를 갖는데 어떤 나라는 적은 국부만 갖게 되는 것일까요?

애덤 스미스

그렇죠. 비슷한 인구를 지닌 국가라도 각 나라의 국부 차이는 대단히 클 수 있는데, 결국 이것은 국민의 생산력 차이에서 발생한다고 하겠습니다. 예를 들어서 빈곤국과 복지국을 비교해서 설명해 보도록 하죠. 빈곤국 국민은 사냥이나 고기잡이를 하면서 또는 농사를 짓고 공장에서 물건을 만들면서 가족을 부양하기 위해 온종일 일하지만, 빈곤을 벗어나지 못하는 경우가 많습니다. 그런데 반대로 복지국 국민은 일도 별로 많이 하지 않는 것 같은데 풍족하게 잘살고 있는 것처럼 보입니다. 사실 복지국의 국민이 빈곤국의 국민보다 더 많은 시간을 근무하고 노동하면서 부를 얻는 것은 아닙니다. 빈곤국 국민과 복지국 국민의 빈부 격차는 양적인 노동시간에서 발생하는 것이 아니라 질적인 '노동의 생산력'에서 발생하기 때문입니다.

버클로

물론, 그런 것 같습니다. 그렇지만 '노동의 생산력'이라는 부분에서 잘 이해가 되지 않습니다. 빈곤국의 국민이라도 성실히 노력하는 사람의 경우, 노동의 생산력이 복지국가 국민의 그것보다 더 높을 수도 있지 않을까요?

애덤 스미스

예, 그렇죠. 개인별 차이는 있을 수 있습니다. 빈곤국 국민이 복지국 국민보다 개인적으로 훨씬 성실하게 일하는 경우를 많이 볼 수 있죠. 그렇지만 17세기의 조선과 네덜란드의 생활환경을 한번 비교해 생각해 본다면 무엇이 빈곤국과 복지국의 차이를 만들어 내는지를 이해할 수 있을 겁니다. 물론 나의 『국부론』에는 콕 집어서 조선이라고 하지는 않았습니다.

17세기, 농업을 천하지대본으로 생각하는 조선이라는 농업국가가 있었다. 이 나라의 농부는 아침 일찍 일어나서 밥도 짓고 농사도 짓고 부역도 나가 일하고 동시에 짚신도 만드는 데 온갖 일을 하느라 하루해가 짧지만, 빈곤해서 제때 끼니를 챙기지 못하는 경우가 많았다. 조선의 농부는 온갖 잡일을 다하면서 농업에 종사했지만, 세금을 내고 나면 가족 먹일 식량도 충분치 않았다. 반면, 비슷한 시기에 상업을 천하지대본으로 생각하는 네덜란드라는 상업국가가 있었다. 도시에 가면 모두가 상업만 이야기하니, '얀(Jan)'이라는 자는 말 많이 하는 상업이 싫어서 조용히 농사일만 하면서 특히 꽃이 좋아 꽃만 심고 가꿨다. 네덜란드의 토지는 해수면보다 낮은 지역이 대부분이어서 꽃의 뿌리(튤립 구균)가 썩는 현상이 많았는데 이를 개선하기는 쉽지 않았다. 얀은 조선의 농부처럼 많은 노동을 하지 않았지만, 품종 개량을 위해 도서관에서 책도 읽고 식물학자를 찾아가서 새로운 지식도 습득, 개선책을 찾았다. 얀의 튤립은 예쁘고 싱싱해서 잘 팔렸는데 조선 농부가 평생 벌 돈을 불과 1년 동안이면 충분히 벌 수 있었다.

버클로

조선의 농부에게는 좀 미안한 감이 있지만 정말 그럴 수 있겠네요. 17세기의 암스테르담에서는 튤립 꽃값이 참으로 비쌌다고 하니 말입니다. 그런데 조선과 네덜란드는 지리적으로 너무 떨어져 있고 둘 사이를 이렇게 비교하는 것으로 국부 차이의 원인을 정확히 이해하기는 어려운 것 같습니다. 좀 더 직설적으로 조선 농부와 네덜란드 농부의 차이점을 설명해 주시면 좋겠습니다.

애덤 스미스

두 농부 사이의 가장 큰 차이점은 '차별화'입니다. 이른바 특화(特化)라고 할 수도 있겠죠. 조선의 농부는 이것저것 다해야 하는 자급자족식 폐쇄형 사회에 살았지만, 네덜란드의 농부는 튤립 하나만 잘 키우면 그것을 팔아 돈을 벌고 그 돈으로 다른 재화를 구매할 수 있는 개방사회에 살았던 것입니다. 만일 조선의 농부가 네덜란드 농부를 따라서 튤립만 키웠다면 당연히 굶었을 겁니다. 자급자족식 폐쇄형 사회에서 꽃만 보고 살 수는 없겠죠. 17세기의 조선 사회는 각자의 역할을 분담해 전문화할 수 있었던 개방된 사회가 아니었습니다. 그러나 네덜란드는 각자 잘하는 것을 특화하면, 서로의 필요에 따라서 다양하게 서로 도움을 주고받을 수 있는 개방적 구조를 갖추고 있었습니다. 각자가 자신에게 잘 맞는 일을 나눠 맡는 '분업(分業) 체제', 그 분업의 원리가 상업을 통해 시장에서 잘 적용되는가는 빈국과 부국을 나눌 수 있는 중요한 기준이 될 겁니다.

버클로

그렇다면 교수님, 조선의 농부와 네덜란드의 농부가 지닌 개인적 차이는 크게 없었다고 보시는 겁니까? 조선 농부가 네덜란드 농부보다 생각도 많이 하지 않고 게을렀으며 소극적이었다고 단정할 수는 없을 것 같습니다.

애덤 스미스

나의 경우를 예로 들어 보죠. 나는 지금 학자가 됐지만 내가 어렸을 때 동네에서 같이 놀던 친구 가운데 지게꾼이 된 녀석이 있죠. 어린 나이에 동네에서 같이 놀던 나와 그 친구를 생각해 보면, 그다지 큰 차이가 없었습니다. 대부분 그렇죠. 처음 초등학생이었을 때까지도 크게 다른 점은 나타나지 않았습니다. 그렇지만 나는 계속 공부를 했고, 대학에 갔고 또 졸업한 이후에도 계속 공부를 했습니다. 사실, 나는 그리 건강한 편도 아니어서 밖에 나가서 뛰어노는 것을 그리 좋아하지도 않았어요. 오히려 책을 읽고 생각하고 글을 쓰며 학생들 가르치는 것이 적성에 맞았습니다. 그런데 지게꾼이 된 친구는 공부보다는 나가서 노는 것을 좋아했고, 근육질에 아주 건장한 체구를 갖고 있어서 방구석에서 책만 볼 수는 없었죠. 시간이 흘러 지금 그 친구와 나를 비교해 보면, 전혀 다른 일을 하지만 서로에게는 상호 도움이 되는 관계입니다. 만일 나 같은 사람에게 육체노동 이외에 다른 선택 대안은 없었다고 한다면 나는 밥을 굶었을 겁니다. 반대로 그 지게꾼 친구는 사람들이 많이 다니는 시장에서 지게만 져도 충분히 먹고 살 수 있습니다. 아마 나와는 반대로 그 친구가 공부만 해야 했다면 답답해서 미쳐 버렸을지도 모릅니다. 아주 간단하지만, 국부론의 중요한 원리 가운데 하나는 상호 잘하는 것을 '특화'해서 더 좋은 재화(가치)를 만들고, 이를 교환해서 서로에게 도움이 될 수 있도록 하는 분업화된 개방사회를 만들어 나가는 것입니다.

버클로

간단한 원리이지만 빈곤국과 복지국의 차이를 만들어 내는 원인에 분업 그 자체가 아니라 '분업해서 서로에게 도움이 될 수 있는 개방사회'라는 것이 와 닿는군요. 서로 각자 잘하는 것을 전문적으로 '특화'해서 상호 도움이 될 수 있도록 긴밀히 연결된 분업화된 사회에서 더 큰 국부를 창출할 수 있다는 말씀이네요. 그렇다면 교수님, 분업화된 사회에서 서로에게 도움을 줄 수 있는 국부(복지)의 체계는 어떻게 만들 수 있는 것일까요?

애덤 스미스

우리는 이 책의 제2편에서 베네치아 상인들이 후추라는 동양의 상품을 수입해서 많은 국부를 축적하는 과정을 살펴볼 것입니다. 아마도 제3편에서는 네덜란드 상인들이 더 다양한 상품으로 국부를 축적하는 과정을 세계적 활동을 통해서 살펴보겠지요. 혹시 약간의 단서를 먼저 알려준다면, 그것은 도자기와 설탕일 것입니다. 오늘은 밤이 늦었으니 이쯤하고 다음에 제2편을 읽은 후에 다시 만나서 강의를 이어나가는 것이 좋겠습니다.

버클로

예, 교수님. 그렇게 하시죠. 늦은 밤까지 좋은 강의 감사합니다.

제 2 편

서양의 개방화와 국부의 이동

세계제국 몽골이 해체되고 유라시아 대륙의 동양과 서양이 분리되면서 서양은 인도로 가기 위한 바닷길을 찾는 개방적 활동을 본격화했다. 지중해의 베네치아에서 대서양 연안으로 서양의 국부 중심지가 이동하기 시작된 것도 비슷한 시기였다. 16세기, 대항해시대가 본격화되면서 베네치아의 인재들도 좁은 지중해를 벗어나 대서양 연안의 포르투갈, 스페인, 프랑스, 네덜란드, 영국으로 폭넓게 퍼져 나갔다.

제 4 장

14세기 베네치아공화국의 국부론

베네치아와 후추

베네치아를 일컬었던 말로 '세상의 유일한 곳(alter mundi)'이라는 라틴어가 있다. 중세의 서양에서 교황과 군주의 통치에서 벗어나 개인과 공동체의 가치를 중요시했던 개방적 공화국으로 시작한 나라이기 때문이다, 중세에 존재했지만, 중세를 넘어서는 해양공화국 베네치아는 후추(향료)무역으로 지중해 최고의 국부를 축적했다.

베네치아의 상인 정신

자유롭고 개방적이었던 베네치아공화국에서 부유함을 일궈낸 도

화선은 '후추의 재발견'이었다. 산업혁명의 시작점을 제임스 와트의 증기기관에서 찾는다면, 베네치아공화국 국부론의 시작점은 후추(胡椒, black pepper)에서 찾을 수 있다. 후추의 재발견 과정은 우연 같지만, 필연적인 몇 단계를 거쳐서 베네치아공화국을 부자로 만들었다. 베네치아가 후추로 부자가 되는 것을 우연한 행운으로만 치부한다면, 그것은 베네치아의 상인 정신을 평가절하하는 것이다. 후추의 가치를 재발견하고, 상업적 가치를 높였던 베네치아 상인들의 노력은 베네치아 국부론을 이해하는 데 결코 빠뜨릴 수 없는 중요한 사례이기 때문이다.

후추가 지닌 상품적 가치를 재발견하기 훨씬 이전, 베네치아의 상인 두 명은 북아프리카에서 성 마르코(St. Marco) 유해를 찾아낸 적이 있었다. 한 줌의 흙에 불과한 마르코 성인의 유해였지만, 이를 발견하고 엄청난 가치로 만든 것은 베네치아의 상인이었고, 그들이 없었다면 기적 같은 성 마르코 유해 도난사건은 일어나지도 않았을 것이기 때문이다. 사건의 배경은 이러했다. 서기 9세기부터 베네치아는 독립적인 공화국이 됐지만, 정작 베네치아는 자신을 지켜 줄 높은 수준의 수호성인 유품이 없었다.[1] 신앙심이 깊었던 중세 사람들은 예수님의 유품을 지니고 있으면 최상위급(콘스탄티노플), 예수님 제자의 유해를 보존하고 있으면 상위급(로마), 그 밖의 성인은 그 다음

1) 서기 810년, 베네치아민병대가 프랑크제국과 투쟁하면서 거둬낸 승리는 베네치아에 독립공화국의 지위 획득 이상의 의미를 가져다줬다. 이후, 프랑크제국이 확보했던 절대적 패권은 약해졌고, 카롤루스 대제의 황제권 계승자인 피핀 황태자가 전사함으로써 프랑크제국은 무력화된 것이다. 카롤루스 대제는 황태자를 잃은 충격과 슬픔으로 곧 사망했고, 유약한 루이 1세만이 남게 되면서 제국은 베르덩 조약(Treaty of Verdun, 843년)과 메르센 조약(Treaty of Mersen, 870년)을 거쳐 해체되고 프랑스, 독일, 이탈리아의 삼국으로 나뉘었다.

순위로 도시를 평가했다. 예수님의 성혈(聖血)을 보관했던 콘스탄티노플이 최고의 성지였고, 예수님의 수제자인 베드로의 유해를 보관한 로마는 그 다음 순위의 성지였다. 그래서 베네치아공화국도 로마의 베드로에 필적할 성인을 원했고, 그런 즈음에 '성 마르코 유해 도난사건'이 발생한 것이다.

사건은 서기 828년, 베네치아의 상인 두 명이 평상시처럼 북아프리카의 알렉산드리아 시장에서 물건을 사고팔 때 발생했다.[2] 이곳을

2) 서기 9세기의 알렉산드리아(Alexandria)는 정치적 혼란기였지만 여전히 북아프리카 교역의 중심지였고, 지중해 역사의 핵심지였다. 이러한 알렉산드리아 지역이 도시로 본격 개발된 것은 기원전 4세기, 북이집트 나일강 델타의 서북 지역에 알렉산더대왕의 헬레니즘 문명이 전파되고 거점도시로 개발되면서 본격화됐다. 알렉산더대왕의 부하 장수였던 프톨레마이오스 1세(재위 기원전 323~285)가 왕으로 등극하면서 이집트의 수도가 됐고 크게 번영했다. 헬레니즘시대를 대표하는 도시로서 알렉산드리아는 당대 최고의 상업 중심지이면서 고대문명의 보고(寶庫)라고 일컬어질 만큼 많은 도서관 장서(약 70만 권)가 있었다고 한다. 그러나 기원전 48년, 로마의 카이사르가 인솔하는 군대가 이 도시를 점령하고, 기원전 30년에는 옥타비아누스의 로마군이 재차 정복하는 과정에서 알렉산드리아는 불탔고, 그 유명한 클레오파트라 여왕도 이곳에서 죽음을 맞게 된다. 서기 1세기를 전후해서는 예루살렘에서 쫓겨난 유대인들이 이곳으로 많이 이주했는데, 그들은 유력한 상업집단으로 이미 성장하고 있었다. 한편, 로마의 제국시대에 예수가 돌아가시고 기독교가 포교되던 서기 69년, 복음사가(福音史家) 성 마르코도 이곳을 중심으로 활동을 했다. 성 마르코는 성 베드로와 함께 전도활동을 함께 하면서 통역을 맡기도 했지만, 성경의 『마가복음』 저작자로 유명해졌다. 이와 같은 복잡한 역사를 지닌 알렉산드리아에서 서기 9세기, 베네치아에서 온 상인들이 이곳에 보관된 성 마르코 유해가 이슬람 군대의 침입으로 파손될 위기에 처했다는 소식을 들었다(서기 828년). 동로마제국과 사산조 페르시아군, 그리고 아랍의 이슬람군이 서로 알렉산드리아를 쟁탈하기 위해 전쟁을 벌였던 시기였던 그 혼란한 틈을 타서 베네치아의 상인은 성 마르코의 유해를 빼돌린 것이었다. 이슬람교도들이 가장 싫어한다는 돼지고기를 덮어 위장한 후, 안전하게 탈출해 베네치아로 성 마르코의 유해를 가져왔다. 13세기에는 베네치아의 최고지도자 도제 단돌로(Enrico Dandolo)가 이 도시를 탐내어 제4차 십자군전쟁에 직접 개입했을 정도로 알렉산드리아와 베네치아는 상업적으로 경쟁 관계를

점령한 이슬람군의 탄압이 심해지면서 성 마르코 유골이 보관된 기독교 수도원이 위험하다는 소식을 듣게 된 것이다. 베네치아 상인들은 성 마르코를 너무도 잘 알고 있었다. 마르코는 예수님의 제자 베드로처럼, 사도 바울과 함께 로마 선교를 하면서 마르코의 복음서(마가복음)를 저술했던 최고 수준의 성인이었기 때문이다. 베네치아 상인들은 흥분했지만, 차분히 일을 성사시킬 방안을 고민했다. 그리고는 유해가 보관된 수도원 사람들을 찾아가서 간곡히 간청했고, 마침내 수도자들을 설득할 수 있었다. 그들은 목숨을 걸고 이슬람 군인들의 검색을 피해 알렉산드리아를 탈출할 수 있었으며, 지중해의 바다를 건너 성 마르코의 유해를 모시고 베네치아로 돌아왔다. 서양의 기독교 사회에서 성 마르코 유해사건은 신선한 충격이었고, 장돌뱅이로 취급받던 베네치아 상인들의 위상은 성 마르코를 구한 영웅들로 바뀌었다.

베네치아공화국의 국제무대 데뷔

성 마르코의 유해를 북아프리카에서 지중해를 건너 서양의 베네치아까지 기적적으로 옮겨온 것은 엄청난 사건이었다. 베네치아 사람들은 물론이고 서양의 기독교 사회가 흥분과 감격으로 열광했으며, 신생공화국 베네치아는 로마와 어깨를 겨룰 수 있는 반열에 올라섰다. 베네치아공화국의 최고지도자 도제(Dose)는 이런 놀라운 사건을 기념하기 위한 즉각적인 조처로써 성 마르코를 모실 큰 교회를 짓기

이루기도 했다.

시작했다. 이 교회가 베네치아의 산마르코(St. Marco)광장에 있는 대성당의 모태가 됐다. 베네치아공화국의 발전과 함께 산마르코 교회당은 작은 목조건물에서 크고 화려한 석조 교회당으로 확장됐고, 온갖 아름다운 조각품으로 치장됐다. 성 마르코는 날개 달린 황금사자로 우의(寓意)됐었고, 황금사자가 지켜 주는 베네치아공화국은 지중해의 상권을 관장하는 강력한 해양공화국으로 발전했다.

성 마르코를 상징하는 날개 달린 황금사자가 그려진 주황색 깃발을 뱃머리에 달고 지중해를 누볐던 베네치아 상인은 지중해를 활기차게 만들었다. 베네치아는 동로마(비잔틴)제국을 대신해서 지중해를 관리하는 강력한 해양공화국으로 입지를 다졌다. 베네치아는 로마 가톨릭, 그리스 정교회, 이슬람교의 수니파, 시아파 등 어떤 종교적 가치에도 얽매이지 않았고, 왕이나 제후의 통치권에서도 자유롭게 벗어난 공화국이었다. 베네치아를 지중해의 해방구 소도(蘇塗, asylum)라고 말할 수 있는 것도 이런 맥락에서였다. 성 마르코의 유해를 안전하게 잘 모시면서 베네치아공화국이 큰 축복을 받게 됐다는 말이 돌기 시작한 것은 11세기였다. 폐쇄적이던 중세의 서양이 약 200년에 걸친 십자군전쟁(1096~1270)을 통해서 세상 밖으로 나가기 시작했고, 이 과정에서 지중해를 가장 잘 아는 베네치아는 엄청난 전쟁 특수를 얻을 수 있었기 때문이다.

크게 보면 여덟 번에 걸쳐 이뤄진 서양의 대규모 십자군전쟁은 서양의 개방화를 의미했다. 이러한 서양의 개방화에서 베네치아공화국은 서유럽과 동유럽 그리고 북아프리카와 중동지역에 이르는 다양한 지중해 항로를 개척하거나 정비해서 지중해를 자신들의 내해처럼 만들어 나갔다. 고대 로마제국의 붕괴 이후, 닫혀 있었던 지중해 항로가 다시금 뚫리면서 활발하게 상업활동도 재개된 것이다. 서로 다른 종교적 이데올로기로 막혀 있던 중세시대에 십자군이라는 전쟁의 방법으로 서양인들은 북아프리카와 중동지역으로 진출했고, 베네치아 공화국은 이 과정에서 지중해의 물류 업무를 도맡아 국부를 축적한 것이다. 베네치아의 뱃사람, 베네치아의 상인들은 빠른 속도로 지중해의 교역망을 확장했고, 각 지역에 물류 거점도시를 만들어 나갔다.

십자군전쟁에서 찾은 후추의 재발견

베네치아의 상인들은 나무가 없어서 배를 만들기 어려운 중동국가에 북유럽산 목재를 옮겨다 팔았다. 철이 부족한 서유럽을 위해서는 흑해 지역에서 채굴된 많은 철광석을 사들여 재빠르게 공급했다. 은이 부족하면 은을 구해다 팔았고, 책이 필요하면 그 책을 찾아서 공급했다. 어느새 베네치아는 세상의 모든 진귀한 것이 다 모이는 상품을 사고파는 국제무역의 플랫폼 도시가 됐다. 그런데 동양에서 가져온 여러 상품 가운데 작고 볼품없는 열매들도 거래되고 있었다. 그 열매는 5mm 정도의 크기로, 오래전부터 인도 등에서 향신료로 사용됐던 결코 새로운 것도 아니었는데 어쨌든 이름은 '후추'였다. 십자군전쟁에 참전했던 서양의 군인들이 후추의 맛을 보면서 그들은 어느 순간부터 갑자기 후추에 열광하기 시작했다.

채식보다는 육식을 주로 했던 서양인에게 후추로 식감을 높인 고기 맛은 실로 절묘했고, 전쟁에서 돌아온 이후에도 자신이 십자군이었음을 자랑하기 위해서라도 중동에서 가져온 후추를 구매하는 데 돈을 아끼지 않았다. 너무 비싸서 사치품이라고 할 정도였지만, 후추에 대한 서양인들의 구매 욕구는 줄지 않았다. 후추는 어느새 '블랙 골드'가 됐고, 실제로 후춧값이 금값보다 비싼 시기도 빈번했다. 후추에 대한 서양인의 욕구를 발견하면서 베네치아 상인들은 후추를 동양의 최고 상품으로 포장하기 시작했다. 후추라는 상품으로 동양과 서양의 어려운 무역 거래를 성사시킨 베네치아 상인들은 이 과정에서 엄청난 유통 차액, 즉 상업적 이익을 얻을 수 있었고, 이는 베네치아에서 상업혁명이 일어날 수 있었던 밑거름이 됐다.[3] 동양의 작은 후추는 서양의 역사를 변화시켰고, 훗날 서양인들이 목숨 걸고 바닷길을 열어 인도로 가고자 했던 대항해의 원인도 알고 보면 그 시작은 후추에서 비롯됐다.[4]

 개방적인 베네치아 상인들의 상업혁명

서기 9세기부터 베네치아 상인들은 개방화된 국제적 시장 정보에

---

3) 베네치아 상인들이 지중해에서 동양의 향료(후추)에 대한 독점적 거래권을 확보할 수 있었던 배경에는 크게 두 가지가 있다. 첫째는 베네치아 상인들의 지중해 상업-교역 네트워크가 매우 잘 갖춰져 관리되고 있었기 때문이고, 둘째는 베네치아 상인들은 종교적 차이에 구애되지 않았기 때문이다. 베네치아 상인들은 이슬람 교도인 아라비아 상인들과 함께 공조하면서 빈번히 교역했고, 그 과정에서 많은 첨단기술을 습득할 수 있었다. 특히, 아라비아 숫자와 같은 십진법, 화학적 제조법, 유리 세공과 같은 기술 습득은 대표적인 예로 소개될 수 있다. 베네치아에서 복식부기가 발달한 것, 유리공업과 관련된 광학, 귀금속 세공, 화학기술을 적용한 거울의 제조술 발전 등은 이런 배경에서 비롯됐다.

4) 1499년, 포르투갈이 희망봉을 돌아 인도에 도착하면서 신항로를 완전히 개척할 때까지 지중해의 후추 판매권은 수백 년 동안 베네치아 상인의 전유물이었다.

눈을 떴고, 11세기부터는 지중해에서 가장 뛰어난 정보력을 갖춘 인재집단이 됐다. 그들은 지중해 연안 항로와 지리정보를 가장 잘 알고 있었으며, 어디에 어떤 수요처가 있고, 어디서 공급처를 확보할 수 있는가를 가장 잘 알아냈다. 베네치아 상인들의 뛰어난 정보력은 베네치아에서 상업혁명을 일으킬 수 있는 원동력이었다.

베네치아 뱃사람의 전통

베네치아에서 남자로 태어나면 뱃사람이 되는 것은 운명이었다. 어릴 때부터 바다에 나가서 노를 잡았고, 거친 풍랑을 헤치면서 생존법을 터득했다. 몽골의 유목민 남자아이들이 말 위에서 컸다면, 베네치아의 남자아이들은 배의 갑판이 놀이터였다. 젊은 시기에는 지중해의 파고를 넘나들면서 장사를 해서 돈을 벌었지만, 나이 들면 고국으로 돌아와 공화국 정부에서 맡기는 다양한 공직 업무에 종사했다. 혹시라도 젊은 남자가 바다에 나가지 않고 베네치아에 남아서 돌아다니면 좀 문제가 있는 남자가 아니냐며 빈축을 사는 분위기였다. 이런 베네치아의 분위기 때문에 베네치아를 방문했던 사람들은 "이 나라에는 젊은 남편은 없고 젊은 과부만 있는 것 같다"라고 할 정도였다.[5]

어쨌든 힘든 바다 생활을 마치고 중년의 나이가 되면 돈도 모으

---

5) 베네치아의 젊은 부인들은 뱃사람 남편을 보기 힘들어 가정에 문제가 발생하곤 했다. 그래서 베네치아공화국 정부는 부인들을 심리적으로 안정시키기 위해 부인들의 사적인 연애를 묵인하는 경우가 많았다고 한다. 세계적 플레이보이로 명성이 높았던 카사노바(Giacomo Girolamo Casanova, 1725~1798)가 베네치아 출신이었던 것은 결코 우연이 아니다.

고 경험도 쌓아서 공화국의 일을 도맡아 봤다. 오랜 경험으로 출중한 능력을 발휘했는데 나이가 들어 배를 만들 힘은 없어도 배를 어떻게 만들고 무엇을 수리해야 하는가는 가장 잘 알고 있었다. 요즘으로 치면 자동차를 고치는 것보다 더 쉽게 뚝딱거리며 배를 수선할 수 있는 베테랑이었던 셈이다. 기록에 따르면 등대지기, 세관원, 선박검사관은 대부분 나이든 베네치아 뱃사람이었고, 항구에 문제가 생기면 마치 자동차를 몰듯이 물살을 헤치며 능숙하게 배를 몰아 문제를 순식간에 해결했다고 한다.[6] 은퇴한 뱃사람 가운데 학식이 높은 인재는 공화국의 고위직에 발탁됐지만, 결코 특권을 누리려 하지 않았고 그럴 수도 없었던 곳이 베네치아공화국이었다. 이 나라에서는 혹시라도 왕이 되겠다거나 특권을 누리겠다고 생각하는 사람이 있다면, 경계 대상 1호였고, 천 년의 공화국 역사 속에서 왕이 된 베네치아 사람은 단 한 명도 없었다.

그렇지만 베네치아의 역사에서 왕보다 더 추앙받은 지도자는 있었다. 대표적 인물로 무역상인 출신이었던 단돌로(Enrico Dandolo, 1107~1205)는 베네치아공화국의 최고지도자(Dose)로서 콘스탄티노플을 정복한 인물이다.[7] 젊은 시절부터 뱃사람이었던 그가 보여 준

6) Frederic C. Lane, 1973: 44~55를 참조했다.

7) 제4차 십자군전쟁에서 교황이 파병을 요청한 주력군대는 플랑드르(지금의 벨기에)의 백작 보두앵을 중심으로 구성된 프랑스기사단이었다. 훗날, 보두앵(Baudoin)은 단돌로가 이끄는 베네치아공화국의 해군과 함께 콘스탄티노플을 정복했다. 보두앵은 단돌로가 사양한 라틴제국의 황제 직위에 올랐고, 그의 영지였던 플랑드르의 브뤼헤는 대서양의 베네치아로 발전하게 됐다. 브뤼헤 성에는 예수님의 피가 보관됐다고 하는데, 이는 콘스탄티노플에서 보두앵 군대가 가져온 것으로 보인다. 그렇지만 이는 추정될 뿐이고, 브뤼헤 성에 보관된 예수님의 피에 대한 정확한 유입 시기와 그 운반 방법은 잘 소개되고 있지 않다.

바다에 대한 풍부한 지식과 경험은 뼛속부터 베네치아 남자라는 사실을 입증해 줬다. 단돌로는 제4차 십자군 전쟁에서 연전연패하던 프랑스 제후들을 대신해서 난공불락이었던 콘스탄티노플을 함락시켰는데, 콘스탄티노플을 누구보다 잘 알고 있었기에 가능했다.[8] 단돌로는 베네치아 남자들의 우상이었고 최고 영웅이었지만, 그 자신은 자신의 조각상조차 세우지 못하게 했던 철저한 공화주의자였다. 위대한 영웅이지만 우상이 되는 것을 스스로 경계했던 단돌로는 천 년 공화국 베네치아의 저력을 보여 준 인물이다.

베네치아 상인의 개방적 네트워크

베네치아의 상인은 아들을 낳아 성인이 되면 멀리 있는 다른 지역으로 보냈는데, 주로 지중해 연안에 있는 항구도시였다. 자식을 뿔뿔이 흩어지게 한 후에 그 지역의 무역 수요와 공급을 파악하면서 지역 정보를 교환할 수 있는 무역 업무 네트워크를 만들어 놓는 경우가 많았다. 혈연을 기반으로 한 가족이어서 누구보다 신뢰할 수 있었고, 상호 현금이나 현물을 주고받지 않더라도 상품을 거래할 수 있는 네트워크가 형성될 수 있었다. 전자정보가 쉽게 오가고 신뢰에 기초한 상거래가 일반화된 현대 금융 체제에서는 혈연 관계가 중요하지 않지만, 중세에서는 그럴 상황이 아니었다. 금화, 은화와 같은 금

---

8) 로저 크롤리(Roger Crowley)는 그의 저서에서는 제4차 십자군 전쟁 당시 단돌루를 비롯한 베네치아 지도자들의 전투 과정을 매우 세밀하게 기술하고 있는데, 베네치아 지도층들을 포함해 대부분의 베네치아 군인들은 프랑스에서 온 군인들과는 달리 바다에서 오랜 기간 뱃사람으로 젊은 시절을 보냈던 경험을 지니고 있었다.

속화폐가 아니면 물물교환으로만 거래가 이뤄진 시절이어서 가족이라는 네트워크를 활용해야 신용거래가 가능할 수 있었다. 가족의 신뢰(credit)에 기초해서 초보적이지만 원거리 무역에 신용거래가 적용될 수 있었음이다.

그런데 베네치아 상인의 무역 네트워크 확장 과정에서 유대인의 역할은 크게 도움이 됐다.[9] 지중해의 각 지역에 흩어져 살던 유대인은 십자군전쟁을 계기로 베네치아에 몰려 들어왔고, 종교적·인종적 차별이 거의 없었기 때문에 유대인도 베네치아공화국을 선호했다. 서양의 중세는 폐쇄적이어서 누가 어디서 무엇을 원하고(수요), 누가 그것을 제공할 수 있는가(공급)에 관한 정보만 갖고 있다면 그것만으로도 큰 수익을 낼 수 있는 시대였다. 이런 정보를 습득하는 데 각 지역에 흩어져 살던 유대인의 가족 네트워크는 탁월한 성과를 낼 수 있는 기반이었다. 베네치아공화국으로 이주한 유대인들은 자신들이 살던 지역과 계속 정보를 주고받았고, 이런 네트워크는 베네치아의 무역활동에 큰 도움이 됐다.

베네치아의 국제적 상거래활동은 12세기를 거치면서 더욱 발전했고, 13세기를 전후로 그 수준은 놀라운 수준에 도달했다. 베네치아에서 초기 형태의 주식회사 또는 현대판 벤처회사의 형태를 띠고 있는 콜레간자(colleganza)가 등장했던 것도 이 시기였다.[10] 콜레간자는

---

9) 예수를 로마제국의 십자가 형벌로 처형시킨 유대인들은 혼란스러운 내부적 갈등 상황을 겪게 되고, 급기야 일부 유대인들은 로마제국에 맞서 반란을 일으켰다. 로마제국은 유대인에 대한 처벌로 서기 70년, 모든 유대인이 예루살렘 성지가 있는 팔레스타인에서 떠나도록 강제추방해 흩어지게 했다. 유대인의 디아스포라(diaspora) 이후, 유대인들은 영토를 갖지 못하고 2000년 가까운 시간 동안 유럽과 아프리카 그리고 중동 지역을 떠돌았다.

10) 저자의 『평양과 베네치아』(2018)에서는 이와 관련된 내용이 상세히 소개되고

자본을 가진 투자자와 열망을 갖춘 젊은 상인 상호간에 투자 및 이익 배분 계약이 체결하면서 시작됐다. 투자자는 젊은 상인에게 큰 자금을 투자했고, 젊은 상인은 투자자금을 받아서 선박과 상품을 구매했으며, 세상 밖으로 나가서 열심히 돈을 벌었다. 벤처투자처럼 투자자는 고수익, 고위험의 특성이 있었는데, 자본이 없는 젊은 상인도 크게 돈을 벌 기회를 얻을 수 있었다. 그렇지만 베네치아 사회가 점차 보수적으로 흐르면서 콜레간자의 형태는 줄어들었고, 상호 신뢰에 기반을 둔 근대적 요소가 강한 상설 형태의 무역회사 조직이 형성됐다. 본점은 베네치아, 각 지점은 지중해의 주요 항구에 세워지면서 베네치아의 국제무역업은 배를 타고 돌아다니는 '이동(移動)식 무역'에서 각 지역에 현지 회사를 두고 운영할 수 있는 '정주(定住)식 무역'으로 발전했다.

베네치아식 종합상사와 상업혁명

베네치아의 정주식 무역은 제3편에서 살펴볼 근대적 종합상사(17세기 네덜란드의 연합 동인도회사)의 초기 모델과 비슷했다.[11] 베네치

있는데 긴 항해 여정에서 안전하게 돌아온다면 이익을 낼 수 있지만(투자가의 수익률은 3/4, 무역 상인의 수익률은 1/4), 배가 난파되거나 해적들에게 약탈당하면 투자의 원금조차 회수할 수 없었다.

11) 베네치아의 정주식 무역, 즉 베네치아식 종합상사의 운영 원리는 이러했다. 예컨대, 베네치아의 종합상사가 서유럽의 어느 지점으로부터 어떤 조선소에 어떤 목재가 얼마나 필요하니 이를 공급해 달라는 주문 사례를 들어서 살펴보면 이러하다. 주문을 받은 베네치아 종합상사는 즉각적으로 상인 네트워크를 통해 목재가 가장 많이 생산되는 흑해의 무역지점에 신속히 연락을 취한다. 흑해지점에서는 조선소가 주문한 목재의 양과 그에 따른 공급 가능 시점을 확인하고, 관련 조건 등을 맞춰 이에 대한 회신을 베네치아 종합상사에 보낸다. 베네치아 종합

아 무역회사의 거래지점은 동쪽의 흑해에서 서쪽의 대서양 연안에 이르는 지중해 무역로를 통해 형성됐다. 동쪽으로는 콘스탄티노플의 보스포루스(Bosphorus) 해협을 거쳐 흑해의 크림반도에 있는 타나(Tana) 지점까지 이르렀고, 이러한 동지중해 정기 항로에서는 중동과 키프로스(Cyprus)섬을 중간 기착점으로 삼기도 했다. 한편, 서쪽으로는 대서양 연안의 브뤼헤(Brugge)를 중심으로 영국을 비롯한 북해 연안의 북서 항로까지 관리 운영됐다. 특히, 플랑드르(남부 네덜란드, 또는 벨기에)를 거점 지역으로 베네치아의 대서양 연안에 중요 지점망이 형성되면서 브뤼헤는 상업도시로 크게 발전했고, 서유럽의 베네치아라고 불리기 시작했다.[12)]

베네치아의 정주식 무역이 발달하면서 베네치아의 상인은 바다로 직접 나가서 물건을 팔지 않았다. 베네치아의 상인은 서양에서 가장 많은 자본을 축적한 대상인으로 성장했으며, 그들의 상업적 활동은 중세시대의 상거래 수준을 이미 넘어섰다. 누가 어떤 물건들을 요청한다는 상품 주문을 받으면 가장 빠르고 정확하게 그 물건을 공급해

상사는 서유럽 지점과 흑해의 지점을 연결해서 상호 필요한 계약서를 작성하고, 계약이 성사되면 즉각적인 물품 조달작업에 들어가 목재를 흑해에서 서유럽의 조선소까지 운송한다. 베네치아 상인은 베네치아의 종합상사 본사에 앉아서 양쪽 지점을 통해 일을 처리했지만, 상당한 중계 수수료를 챙겼다. 동시에 흑해에서 서유럽까지 목재를 수송하면서 베네치아 본사는 안전한 해상물류 시스템을 제공하기 때문에 여기에서도 큰 수익을 올렸다.

12) 한때는 파리보다 인구 수가 더 많던 브뤼헤였다. 15세기 말, 대서양에서 인도로 향하는 신항로가 개척되면서 지중해의 본점, 베네치아는 쇠퇴하고 이를 대신해서 브뤼헤가 서유럽 최고의 무역항이 된 것이다. 베네치아의 금융 인재들도 16세기부터는 대거 브뤼헤로 이주하면서 이곳에는 세계 최초의 증권시장이 개장되기도 했다. 자본주의의 초기 형태를 갖춰 갔던 브뤼헤는 지중해의 베네치아 본점을 대체하는 서유럽의 상업과 금융의 중심지로 부상했다.

줄 수 있는 자회사 또는 지점망을 찾아서 상품을 구매했고, 그 상품을 안전한 무역 항로를 이용해서 정확히 배송했다. 베네치아의 대상인들은 큰 무역회사를 리알토의 대운하 인근에 세웠고, 그 건물의 외양은 화려한 치장으로 아름답게 꾸며졌다. 베네치아의 대운하를 따라서 세워진 아름다운 건물들은 요즘으로 치면 중심상업단지(CBD)에 세워진 높은 마천루 같은 것들이었다.

베네치아의 바닷길을 이용한 국제물류망 형성은 자급자족의 폐쇄적이던 중세의 서양을 개방적이며 중상주의적인 서양으로 변화시키는 데 크게 공헌했다. 십자군전쟁으로 인적·물적 자원이 활발히 이동하고, 후추무역으로 화폐 사용량이 크게 늘었으며, 수공업과 금융업을 자극하면서 베네치아에서는 상업적 혁명이 일어나기 시작했다. 13세기를 전후로 군주와 봉건제후로부터 자치권을 얻은 서양의 자유도시도 각 지역에서 우후죽순처럼 등장했고, 이전과는 다른 새로운 가치가 자유도시를 중심으로 생겨났다. 베네치아의 상인들이 만들어내기 시작한 상업혁명은 베네치아식 종합상사를 통해 더욱 발전했으며, 베네치아의 금융업에도 큰 자극을 줬다. 후추의 재발견, 정주형 무역업의 등장, 화폐 사용량의 급증 등으로 서양은 개방적이고 중상주의적인 새로운 사회적 분위기가 형성됐다.[13]

---

13) 베네치아 상인들이 일으킨 상업혁명은 마르코 폴로의 『동방견문록』에서 나타난 것처럼, 세계제국 몽골의 상업과 금융활동에서 크게 영향받았다고 볼 수 있다. 콜럼버스가 아메리카 신대륙을 발견하는 데도 『동방견문록』의 관련 시힝들이 중요한 역할을 한 것과 비슷했다. 베네치아의 상인과 환전상들은 아라비아, 페르시아, 인도 그리고 동양과 향료(후추)무역을 하면서 세계제국 몽골(元)에서 시행됐던 다양한 금융, 조세제도를 접할 기회가 많았기 때문이다.

3 베네치아의 은행과 금융업

14세기, 베네치아의 리알토(Rialto) 지역, 자코모 교회당 주변에서 영업하던 환전상과 대부업자들은 특별한 금융 업무를 시작했다. 『베니스의 상인』에서 나왔던 고리대금업자 샤일록과 같은 사람들이 전문 금융인이 되면서 그 후예들도 베네치아의 무역 상인들과 함께 국제무역에서 큰 자본을 공급하는 은행가로 성장했다.

근대적 의미의 은행 탄생

대규모 국제무역을 하기 위해서는 다양한 국제적 금융 지원 업무가 필수적으로 요청된다. 그런데 이와 같은 국제적 금융 지원 기능이 언제 어디에서 어떻게 개발됐는가를 묻는다면, 그 해답은 베네치아의 리알토 상점 거리에서 찾을 수 있다. 베네치아가 국제적인 무역항으로 발전하면서 리알토 다리 인근에는 수많은 나라에서 온 사람들이 자기네 물건을 팔기 위한 상점이 만들어졌고, 그들은 온갖 종류의 화폐로 가격 흥정을 했다. 그렇지만 각 지역의 화폐 가치가 제각각이어서 정상적인 상거래를 하려면 화폐의 가치를 먼저 알아야 했다. 당시 상황에서 각 지역의 다양한 화폐 가치를 정확히 알고 있던 사람들은 단연 유대인들이었다. 지중해의 각 지역에 퍼져 살았던 유대인은 그 지역 사정을 잘 알고 있었고, 각 지역의 화폐 가치도 정확히 평가했다.

십자군전쟁을 계기로 많은 유대인이 베네치아로 이주해 왔고, 그들은 자신이 가장 잘 할 수 있는 직업으로 환전상을 택했다. 로마제국에 의해 팔레스타인에서 쫓겨난 유대인은 서양에서 토지(不動產)를 소유하거나 경작할 수 없었지만, 세상을 떠돌며 각 지역의 화폐(動產)와 귀금속은 소유하고 교환할 수 있었다. 유대인은 각 지역의 화폐를 이용해 가치 있는 무엇인가를 생산하려면 어찌해야 하는가를 누구보다 잘 알고 연구하는 민족이 됐다. 가장 초보적인 단계로 다양한 화폐를 이용해서 생산할 기본적 방법은 환전 업무였다. 베네치아가 지중해의 중심지가 되면서 유대인의 환전 업무는 날개를 달았고, 각 지역에서 몰려온 상인들은 서로 다른 화폐를 유대인의 환전상 탁자에 내밀었다. 유대인은 화폐들의 적정한 현재 가치를 객관적으로 평가한 이후에 상인들이 원하는 다른 화폐로 교환해 주면서 수수료를 받았는데, 이는 오늘날의 은행 환전 업무와도 크게 다르지 않았다.

오늘날에는 미국의 달러가 여러 화폐를 평가하는 기준 통화로서 세계의 기축통화 역할을 하지만 13세기부터 약 500년 동안은 베네치아공화국의 금화 두카토(ducato)가 그런 역할을 했다. 일단 두카토는 가장 신뢰할 수 있는 순금으로 만들어진 금화였고, 신뢰를 중시하는 베네치아공화국이 국가 보증하는 화폐였기에 가능했다. 두카토를 기준으로 다양한 화폐 가치를 평가, 교환해 주는 유대인의 환전소도 번성했는데, 금화를 맡아 주고 금(화) 보관증을 발행하는 때도 많았다. 무게가 많이 나가는 금화를 직접 지급하는 것보다 금(화) 보관증을 주고 물건을 사는 것이 훨씬 안전하고 편리했기 때문이다. 이 과정에서 유대계 환전상들이 발행해 줬던 금(화) 보관증은 어느새 지폐(은행권)처럼 사용됐고, 환전상은 그런 금(화) 보관증에서 엄청난 가치를 창출할 수 있는 아이디어를 찾아냈다. 금화를 보관해 주면서 발급해 주는 금(화) 보관증을 이용하면 새롭게 추가적인 신용을 창출할 수 있고, 이 과정에서 큰 이익을 얻을 수 있다는 사실을 발견한 것이다.

베네치아 유대인의 금융업

좋게 표현하면 금융업이지만, 어쨌든 돈놀이하는 대부업자가 주로 유대인이었던 것에는 이유가 있었다. 앞서 언급한 것처럼 유대인은 토지를 소유하거나 경작할 수 없었고, 기독교도들이 기피하는 환전상이나 대부업자 정도만 할 수 있었다. 농업이 주업이던 시대에 가해진 유대인들에 대한 처벌이었지만, 유대인들은 그 굴레를 거꾸로 이용해 엄청난 이익을 낼 방법을 찾아내곤 했다. 십자군전쟁을 계기로 서양의 상거래활동이 활발해지면서 화폐의 사용량이 증가했고, 중동 지역과 북아프리카에 흩어져 있던 많은 유대계 인재들이 베네치아의 리알토 상업지구로 몰려들었다. 그들은 다양한 유대 족속 가운데에서도 교육 수준이 높고 이재(理財)에 밝았던 인재들로서 북아프리카의 알렉산드리아, 중동의 시리아, 그리고 이베리아의 지중해 연안에 분포돼 있었는데, 그들이 베네치아공화국으로 몰려든 것이다.

지중해의 각 지역에서 몰려온 유대인들은 무역업, 수공업, 그리고 금융업에 종사했는데, 그 가운데에서도 금융업은 독보적이었다. 금융업과 관련해서는 로마의 교황청까지 나서서 기독교인들은 대부업을 할 수 없다고 규제했기 때문에 금융업 분야에는 길드(guild: 수공업조합)도 없었고, 그 결과 유대인의 독점 영역이 될 수 있었다.[14] 본래의 의도와는 다르겠지만, 로마교황청은 유대인만이 서양에서 금융업을 할 수 있도록 특권을 부여한 셈이었다. 지금도 베네치아 리알토 다리 근처에 가면 당시의 유대인이 환전과 대부업을 하던 공간을 찾아볼 수 있는데, 큰 시계가 붙어 있는 자코모 교회 주변이 바로 그런 장소였다. 자코모 교회당은 12세기경에 지어졌다고 하니 천 년의 세월을 간직한 오래된 교회당이지만 크기가 작아서 자코메토 성당이라는 별칭이 있다. 교회의 정면에는 큰 원형 시계가 달려 있고, 그 아래 가운데에는 교회 입구가 있으며, 오른쪽 옆으로 작은 상점이 하나 붙어 있다.

자코모 교회당의 옆에 붙어 있는 작은 가게는 햇빛과 비를 피하기 위한 천막을 차양처럼 쳐 놓고, 그 아래에서는 아이스크림과 와플을 팔고 있다. 상점 주인은 자신의 가게가 어떤 중요한 의미를 지니고 있는지 전혀 모르는 눈치이지만, 어쨌든 이 가게가 오늘날의 근대식 은행의 출발 지점이라고 할 수 있다. 지금도 대부분 은행에 들어

---

14) 12세기 서양의 기독교도 사이에서는 돈을 빌려 주고 이자 받는 것을 금기시했다. 로마교황청의 1179년 결정(제3차 라테라노 공의회, Lateran Council)은 이러한 상황을 보편적으로 제도화했다. 서양의 당시 상황은 비슷한 시기의 동양, 즉 고려와 송(宋)과 큰 차이를 보였다. 13세기에 들어서서 유라시아 대륙을 평정한 몽골제국은 국제무역을 원활히 하기 위한 교통망을 정비했을 뿐만 아니라 교역을 편리하게 하는 지폐를 보편적으로 사용해 금융업을 활성화했다. 그러나 14세기, 동양의 조선과 명(明)은 유교를 숭상하고 농업을 나라의 근간으로 삼았으며 상업을 경시해 화폐의 유통 자체를 줄였다. 시대에 따라서 동양과 서양은 서로 다른 가치관을 가졌는데, 15세기에 들어와 서양은 종교적 이데올로기에서 벗어나면서 점차 개방화되고 상업을 중시하는 사회로 바뀐 데 비해 동양은 종교적 이데올로기를 강화하고 상업을 멸시하면서 쇠락의 길을 걸었다. 16세기를 맞이해 서양은 대항해시대로 국부를 축적하기 시작했지만, 동양은 중앙집권적 전제군주의 권한만 강화된 상황에서 빈곤의 악순환을 겪었다. 그 결과, 19세기의 동양은 서세동점(西勢東漸)의 치명적 상처를 입게 됐다.

가면 정면의 잘 보이는 곳에 시계가 달려 있는데, 이는 자코모 교회당의 커다란 원형 시계에서 유래됐다는 주장도 있다. 작은 교회당의 큰 시계, 그 옆의 작은 가게 천막 아래에서 테이블 보를 싼 책상을 사이에 두고 상담하는 것은 오늘날의 은행에서도 창구 직원과 손님이 대화하는 모습을 연상시킨다. 시간을 잘 지키는 은행의 영업시간, 환전소가 있는 은행, 그리고 창구에서 손님을 대면하는 은행원의 일상이 베네치아 자코모 교회당 옆의 작은 가게, 아니 작은 은행에서부터 시작된 것이다.[15)]

유대계 금융인이 선보인 다양한 은행 기능

은행의 화폐적 신용 업무를 일찍부터 발견했던 환전상 출신의 베네치아 금융인들은 이전에 볼 수 없었던 다양한 은행 업무를 선보이기 시작했다. 베네치아의 환전상이 은행가로 변모하면서 지로(GIRO)를 이용한 업무도 활성화된 것이다. 지로는 대차 관계를 결제하거나 공공요금을 낼 때, 직접 현금이나 수표를 이용하지 않고 금융기관의 예금계좌를 통해서 결제하는 방식이었다. 다시 말해, 은행이 지급자 예금계좌에 있는 돈을 수취인 예금계좌에 입금하는 편리한 금융제도였던 셈이다. 오늘날의 우리에게는 매우 익숙한 지로제도이지만, 그

---

15) 알렉산드로 마르초 마뇨(Alessandro Marzo Magno)의 연구(2015a: 348-357)에서는 중세 이탈리아 작가 프란체스코 산소비노의 현장 설명과 당시의 경관을 묘사한 그의 그림을 근거로 활발했던 리알토 다리 인근의 자코모 성당과 그 앞에 펼쳐진 자코모 광장의 금융가 거리를 설명하고 있다. 그 가운데 근대적 은행의 모태가 되는 자코모 성당에 붙어 있는 가게와 광장의 방코지로(Bancogiro) 가게에 대한 묘사는 매우 흥미롭다.

기원을 살펴보면 베네치아의 은행 거래에서도 발견할 수 있다. 이러한 제도가 동지중해의 상업대금 지급 방식으로 본격화되면서 베네치아식 용어로 지로(GIRO)라고 불렸다.

베네치아 은행에서는 지로 업무를 비롯해 당좌대월과 수표 업무를 포함한 환어음(Bill of Exchange)까지 폭넓게 개발 적용됐다. 환어음은 일정한 장소에서 해당 어음을 제시한 사람에게 돈을 지급할 것을 위탁하는 증권으로서 원거리 무역에서 주로 사용됐다. 오늘날과 같이 통신과 인터넷이 발달하지 않았던 당시에 어떻게 이런 지로 업무와 환어음이 사용 가능했는지 상상하기 어려울 수도 있다. 그렇지만 무역을 담당하는 상대방 원격 지점에 믿을 만한 인적 네트워크(agent)가 있다면 가능한 일이었다. 지중해 연안에서 유목민처럼 떠돌았던 유대인들은 언제든지 상황이 변하면 떠나야 했고, 그래서 유대인들은 각 지역의 정치적·경제적 상황에 민감하게 반응했으며, 서로 도울 수 있는 인적 자산이 끈끈하게 형성돼 있었다. 유대인은 언제라도 자신의 자산을 유동화할 수 있어야 했기에 금화, 은화와 같은 경화(硬貨)를 중요시했고, 동시에 돈을 보내고 받는 기능을 중요시할 수밖에 없었다.[16] 이런 배경을 통해 유대계 은행가는 베네치아 상인이 원격지에서 상품을 매매할 때, 금융적으로 가장 잘 지원할 수 있는 인적·금융 네트워크를 갖추고 있었다고 볼 수 있다.

높은 교육 수준[17]과 화폐를 다루는 기술, 떠돌이 생활을 하던 유

---

16) 경화(硬貨, hard currency)는 국제금융상 환관리(換管理)를 받지 않으면서 금 또는 가국의 통화(通貨)와 안정적으로 교환할 수 있는 화폐를 말한다. 1971년, 미국은 달러를 금과 교환할 수 있는 지위를 포기했는데, 이로써 미국 달러의 경화 지위는 사라졌다고 볼 수 있다. 그렇지만 신뢰할 수 있는 순금으로 만든 금화(金貨)라면 오늘날에도 세계 어디에서도 경화의 지위를 가질 수 있다고 하겠다.

대인 등은 그들의 직업으로 금융업이 적절했다고 볼 수 있는 근거들이다. 팔레스타인에서 쫓겨난 유대민족이 각지에 흩어져 살면서 그들은 민족적 유대감과 신앙생활을 같이 하는 공동체로 연결됐고 각국의 이해관계와 국경선을 초월했다. 세속적 국가 권력에 의해 언제든지 추방될 수도 있었던 유대인이지만, 내부적 연계성과 개인적 신뢰를 중시했고, 그 결과 국제금융 업무에서 큰 역할을 할 수 있었다. 경화(금화)가 없이도 종이에 기록된 내용을 상호 믿고 상품을 매매할 수 있는 금융 관계를 형성하면서 유대인 공동체는 베네치아 상인들의 무역 범위를 더욱 넓게 확장해 줬다. 베네치아에서 발전한 국영은행의 관행은 유대인 금융가 후손들을 통해 계속 발전했으며, 17세기 암스테르담의 외환은행과 영국의 18세기 잉글랜드은행의 설립에도 큰 영향을 줬다.[18]

---

17) 유대인들은 국가와 영토를 잃었지만, 교육을 통해 자신들의 정체성을 이어갔고 그런 철저한 교육 덕분에 유대인 대부분은 문맹률이 높았던 중세시대의 서양인과 비교할 때, 글을 정확히 읽고 쓰며 기록할 수 있었다.

18) 1164년 베네치아의 치아니(S. Ziani)는 많은 액수의 돈을 국가에 빌려 주고, 그 대가로 11년 동안 리알토 시장의 조세수입을 배당받은 사례가 있다. 이와 비슷한 사례는 앞서 제1장에서 살펴본 바와 같이 아라비아 대상인과 몽골제국의 원나라 황실 사이에도 있었다. 이후, 13세기와 14세기를 전후로 베네치아공화국 정부는 전쟁에 드는 막대한 전비를 조달하기 위해 연 5%의 공공채권을 발행해서 전쟁비용을 충당하기도 했다. 16세기에 접어들어 중소상인들이 파산하면서 베네치아공화국 정부는 부실한 개인은행을 해산시키고 안전한 공공은행의 설립 필요성을 인식하게 됐다. 그 결과로 1587년, 국영은행인 리알토 은행(Banco della Piazza di Rialto)을 세우게 됐다(2013년의 A. M. Magno의 연구 참고). 베네치아의 국영은행은 몇 차례의 변화를 겪으면서 17세기 초, 유일한 국영은행인 지로은행(Banco Giro)으로 발전했는데, 이와 같은 국영은행의 설립 사례는 암스테르담의 외환은행(Amsterdam Exchange Bank)과 영국의 잉글랜드은행(Bank of England)의 모태가 됐다.

Small talk 신용으로 돈을 만든 마술

베네치아의 유대계 환전상들은 어느 사이엔가 화폐 속에 숨어 있는 새로운 가치를 발견했다. 그것은 화폐가 지닌 신용 창출이라는 마술이었다. 환전상은 자신들이 발급한 금(화) 보관증을 사람들이 계속해서 신뢰만 해 준다면, 그 신용만으로도 금(화) 보관증을 추가로 발급해서 돈을 만들어 낼 수 있다는 사실을 발견했다. 농업혁명이 우연히 땅에 떨어진 씨앗에서 시작된 것처럼 상업혁명도 대규모 상거래를 편리하게 만들기 위해서 어쩌다 발급한 금(화) 보관증에서 시작된 것이다. 최소한의 예비용 금(화)만을 보유한 상태에서 확실한 신뢰만 있다면, 계속해서 금(화) 보관증을 발급해서 더 많은 사람에게 돈을 대출해 줄 수 있었다. 이른바 신용으로 돈을 만드는 마술 같은 방법을 터득하면서 베네치아 환전상은 빠르게 은행가로 변신했다. 깨끗하고 반듯한 은행 건물을 마련해 상대방으로부터 신뢰를 얻어야 했으며, 그래서 항시 정장을 착용해야 했다. 금(화)을 맡기면서 받는 금(화) 보관증이 거짓 종이로 보인다면 누구도 그에게 금(화)을 맡기고 종이를 받지는 않을 것이기 때문이다. 중세시대의 금융 업무는 예금을 받아서 대출하는 정도의 수준이었으나 베네치아의 은행들은 신용을 기반으로 본래의 예금 액수보다 훨씬 많은 돈을 신용으로 창출했고, 그 결과 대출로 버는 이익도 몇 배로 늘릴 수 있었다. 신용으로 돈을 만드는 마술 같은 금융기술은 유대계 금융전문가들만이 아는 비밀이었고, 이를 적극적으로 공개할 필요는 없었다.

제 5 장

15세기 서양의 개방화와 대항해시대

 대항해시대와 세계 화폐(두카토)의 탄생

세계의 상품과 자본이 베네치아로 몰리면서 베네치아공화국은 순금의 두카토(ducato)를 주조하기 시작했고, 베네치아의 두카토는 세계적으로 신뢰할 수 있는 화폐가 됐다. 18세기까지 세계의 화폐, 이른바 기축통화(基軸通貨) 역할을 했던 황금의 두카토는 그 지위를 19세기 영국의 파운드(GBP), 20세기 미국의 달러(USD)에 물려줬다.

두카토의 탄생

영국의 파운드와 미국의 달러와 비교할 때, 베네치아의 두카토는 상대적으로 낯선 화폐이지만 13세기부터 18세기까지 약 500년 동안 가장 신뢰받는 국제적 화폐였다. 앞서 간략히 언급된 바와 같이 십자군전쟁은 유럽과 중동 지역 그리고 북아프리카의 물자 교류를 촉진했고, 지중해 전쟁 특수에 힘입어 교역이 활발해지면서 화폐의 필요성이 높아졌다. 베네치아와 북이탈리아에서는 이런 배경에서 화폐 주조를 했는데, 1138년 제노바에서는 많은 은화가 주조됐고, 1184년 베네치아공화국의 조폐소도 동전을 찍어 냈다. 그런데 제각기 화폐를 주조하면서 화폐 주조 난립의 문제점이 발생했다. 정확한 금과 은의 함유량이 제각각이었고, 심지어 화폐를 더 주조하기 위해서 금과 은의 함유량을 줄여서 화폐 주조량을 늘리기까지 했다. 요즘으로 치면 화폐 발권력을 이용해 돈을 더 많이 찍어서 화폐의 가치를 하락시키고 인플레이션을 유발하는 상황이 벌어진 것이다.

화폐에 대한 불신은 안정적 교역과 상업적 활력을 위축시키기 때문에 대응책이 시급히 요청됐다. 베네치아의 뱃사람들 대부분은 상인이어서, 상거래에서 화폐의 신뢰성이 얼마나 중요한가를 누구보다 잘 인식하고 있었다. 또한, 지중해 무역에서 경쟁자를 물리칠 가장 좋은 수단은 가장 신뢰받는 화폐를 사용하는 것이기도 했다. 이런 배경에서 베네치아는 공화국의 권위를 기반으로 정확히 금의 함유량을 지키는 황금 화폐를 만들고자 했다. 화폐의 가치를 금을 기반으로(金本位制), 불변으로 유지한다면 시장에서 가장 높은 신뢰도를 얻을 수 있고, 그 결과물은 기축(基軸) 화폐의 지위를 얻을 수 있음을 의미했다.

오랜 노력 끝에 1284년, 베네치아공화국은 정부조폐소를 통해 세상에서 가장 신뢰할 수 있는 금화인 두카토를 주조했고, 이를 원활히 유통할 수 있었다. 잡동사니 화폐 주조 이후 백 년 만에 베네치아공화국은 가장 신뢰할 수 있는 황금 화폐인 두카토를 탄생시킨 것이다.

베네치아공화국의 두카토는 시장의 신뢰를 한 몸에 받았으며, 그 신뢰는 공화국이 존속했던 18세기 말까지 계속됐다. 베네치아는 두카토 화폐의 급격한 가치 등락을 방지하기 위해서 금화 주조의 총량(발권력)을 조절했고, 금화의 무게와 순도 역시 항상 변함없이 정확하게 유지했다. 유럽의 여타 화폐들은 베네치아 두카토를 기준으로 그것의 화폐 가치가 평가됐는데, 오늘날 미국의 달러(USD)를 기준으로 다른 국가들의 화폐를 평가(환율 고시)하는 것과 비슷했다. 베네치아공화국의 두카토는 유럽을 비롯한 세계 각지에서 사용됐던 기축통화였으며, 성 마르코 문양을 새긴 두카토 금화는 지중해의 연안 지역은 물론이고 인도에서까지도 통용됐다.[1)]

1) 두카토라는 황금 화폐를 베네치아에서 주조할 수 있었던 배경에는 베네치아가 당시의 유럽에서 가장 많은 황금을 보유하고 있던 나라였기에 가능했다. 황금을 가장 많이 보유한 국가는 가장 금융 신뢰도가 높은 국가이고, 그런 국가에서 발권하는 화폐는 가장 신뢰할 수 있는 기축통화가 될 수 있는 것도 비슷한 맥락이다. 마뇨(A. M. Magno)의 연구(2015a: 22-38)에서는 베네치아의 화폐, 두카토가 1284년부터 1797년까지 거의 변함없이 그 가치가 유지됐다고 하는데, 두카트(ducat)라고도 불렸던 두카토는 금 3.5gram으로 주조한 금화로서, 순도 99.7%를 항시 유지했기 때문이라고 한다. 베네치아 두카토는 약 500년 동안 기축통화의 역할을 충실히 했는데, 나폴레옹에 의해 베네치아공화국이 사라진 18세기부터는 영국의 파운드화가 세계의 기축통화 역할을 담당했다. 제1차 세계대전을 겪으면서 20세기에는 미국의 달러화가 세계적인 기축통화의 역할을 하고 있지만, 영국의 파운드화가 그랬던 것처럼 미국 달러화도 베네치아의 두카토처럼 500년 이상 국제적 기축통화 지위를 유지하기는 쉽지 않을 것이다.

Small talk 제4차 십자군전쟁과 두카토의 탄생

13세기 초, 제4차 십자군전쟁(1202~1204)을 주도했던 베네치아공화국은 동로마의 수도인 콘스탄티노플을 정복했고, 상인 출신이었던 베네치아 뱃사람들은 극비리에 콘스탄티노플의 모든 황금을 베네치아로 옮겼다. 전쟁 직전까지 가장 많은 황금을 보유했던 동로마의 수장고를 송두리째 베네치아로 옮긴 이후, 베네치아는 사실상 가장 많은 황금을 보유한 유럽의 국가가 될 수 있었다. 한편, 베네치아와 함께 제4차 십자군전쟁에서 콘스탄티노플을 점령한 프랑스기사단의 보두앵(Baudouin) 백작은 라틴 황제의 지위를 얻으면서 콘스탄티노플에 보관됐던 그리스도 성혈(聖血)을 몰래 반출해 자신의 영지(브뤼헤의 성혈교회)로 비밀리에 옮겼지만 그렇다고 황금을 많이 가져오지는 못한 것으로 보인다. 제4차 십자군전쟁에서의 도적행위는 극비에 붙여졌지만, 콘스탄티노플을 정복해 오스만제국의 수도 이스탄불로 만든 메흐메트 2세는 불만에 차서 "나는 콘스탄티노플을 정복했지만 사실 콘스탄티노플의 껍데기만을 차지했을 뿐이다"라고 했을 정도였다. 베네치아인들이 얼마나 철저하게 동로마의 황금을 약탈했는가를 확인해 주는 대목이기도 하다. 어쨌든 두카토는 베네치아공화국의 주권이 소멸했던 1797년까지도 가장 신뢰받는 황금 화폐였고, 그 지위를 이어받은 것이 영국의 파운드였다.

두카토의 기축통화 기능

두카토에 대한 유명한 일화는 많이 남아 있다. 1498년, 아프리카의 희망봉을 돌아 가까스로 도착한 인도에서 포르투갈 사람들이 가장 먼저 발견한 것은 낯익은 베네치아의 두카토였다고 한다. 후추와 향신료 무역에서, 베네치아와 국제 교역하면서 유럽과 중동뿐만 아

니라 아라비아, 인도와 인도네시아 지역에서도 베네치아의 두카토는 가장 신뢰받는 화폐였다. 동양과 서양의 향료(후추)에서도 베네치아의 황금 화폐 두카토는 가장 환영받았던 기축통화였던 셈이다.

베네치아는 중동 지역과 북아프리카에서 유럽으로 들어가는 바다 관문이었고, 동시에 유럽 대륙에서 세상 밖으로 나갈 수 있는 출구였다. 그런데 이와 같은 베네치아의 관문 역할이 13세기부터 16세기까지 약 300년 동안 조금씩 브뤼헤(Brugge)로 옮겨졌고, 브뤼헤의 벨포트(Belfort) 종루는 그 흐름에 비례해 점점 더 높이 올라갔다. 1240년, 브뤼헤의 시장 광장 앞에 세워진 벨포트는 플랑드르 지방의 모직물 산업이 활성화됐다는 것과 베네치아 상인의 영향력이 브뤼헤에 입성했음을 증명했다. 북해 무역이 더욱 활성화되면서 1430년, 벨포트의 종루는 더 높아졌고, 동지중해의 콘스탄티노플이 사라지면서 반대로 대서양의 브뤼헤 기능이 더 확대됐고, 1487년의 벨포트 종루는 더 높이 솟았다. 그리고 마침내 포르투갈의 신항로가 열리면서 벨포트 종루는 현재의 높이까지 치솟았다.

베네치아의 뱃사람은 포르투갈로 가고, 베네치아의 상인들은 플랑드르의 브뤼헤로 가는 경우가 많았지만, 베네치아의 금융인들과 은행가들은 여전히 베네치아에 남았다. 포르투갈의 선박이 인도로 향하고, 그 많은 배가 브뤼헤로 모이면서 브뤼헤는 명실상부한 대서양의 무역 중심지가 됐다. 그렇지만 브뤼헤에서 가장 신뢰하는 화폐는 여전히 베네치아의 두카토였다. 베네치아의 무역 업무 대부분이 브뤼헤로 옮겨졌지만, 베네치아는 그런 변화와 상관없이 부유할 수 있었는데, 이는 베네치아의 금융과 기축통화인 두카토 역할에 힘입은 바 컸다. 베네치아의 막대한 자본은 포르투갈의 뱃사람과 브뤼헤의 상인들에게 지원됐고, 그 결과 브뤼헤에서 창출된 많은 상업적 이익은 다시금 두카토로 환전돼 베네치아의 금융자본가에게 송금됐기 때문이다.

자본주의의 탄생지 리알토

이쯤에서 빠뜨릴 수 없는 곳이 바로 베네치아의 리알토(Rialto) 지구다. 혹자는 무역으로 번영을 누리던 브뤼헤를 자본주의의 탄생지라고 하지만, 사실은 베네치아공화국의 경제 중심지 리알토 지구가 자본주의의 출발 지점이라고 보는 견해가 더 타당성이 있다. 앞서 언급된 바와 같이 리알토 시장에서 상업혁명이 일어났고, 자코모 교회당의 인근 가게(환전상)에서 신용으로 화폐를 창출하는 마술 같은 금융 기법들(근대적 은행 기능)이 등장했기 때문이다.[2)]

---

2) "자본주의란 무엇인가?"라는 질문에 대해서 명쾌한 답은 바로 나오지 않는다. 그런데 의외로 베네치아에서 그 답을 찾아보면 매우 설득력 있는 해답을 찾을 수 있다. 물론 완벽한 설명은 아니지만 이른바 두카토 자본주의를 통해서 서구 자본주의의 기원을 찾는 기쁨(?)도 누려볼 수 있다. 통상 경제학 사전에서 정의하는 '자본주의'는 "이윤 획득을 가장 큰 목적으로 하는 경제활동"이라고 한다. 어떤 물건을 싸게 사들여서 비싸게 판다든지, 사람에게 돈을 빌려 주고 그 이자를 받는다든지, 또는 물품을 직접 제작해 이윤을 붙여 판다든지 해서 이익을 획득하는 것을 자본주의(capitalism)라고 하는데, 16세기에서 18세기에 걸쳐 영국에서 꽃피운 직물산업의 성장으로 주도됐다고 한다. 지극히 사전적인 설명이지만 이런 사전적 설명에는 오류가 있다. 첫 번째 오류는 물건을 팔고 사면서 이익을 얻고, 돈을 빌려 주고 받으면서 이익을 얻고, 물건을 만들어서 이익을 얻는 것은 눈에 보이는 자본주의의 결과일 뿐이기 때문이다. 또한, 이런 설명으로는 자본주의의 근원적 개념이니 핵심을 이해할 수 없다. 그런 자본주의라면 아마도 유럽보다는 동아시아에서 훨씬 빨리 시작됐다고 주장할 수도 있을 것이다. 또 다른 오류는 16세기의 영국은 매우 낙후된 지역이어서 새로운 자본주의는커녕 상업적 활동조차 매우 빈약했던 유럽의 변방이었다는 사실이다. 16세기의 문

리알토 지구에 있는 자코모 교회당과 그 상점은 13세기에 지어진 브뤼헤의 벨포트보다 훨씬 먼저 자본주의를 터득했던 장소였다. 자코모 교회당 정면의 큰 원형 시계는 벨포트 종루에 달린 원형 시계보다 훨씬 먼저 설치된 것이고, 자코모 광장의 은행가들은 벨포트 광장의 은행가를 후손으로 낳았다. 비록 베네치아공화국은 완전히 사라졌고 그 흔적도 희석됐지만, 베네치아공화국의 가치는 브뤼헤로 연결됐고 안트베르펜(Antwerpen)을 거쳐서 네덜란드공화국의 암스테르담 시대를 여는 데 결정적으로 공헌했다. 그렇기에 언젠가는 자코모 교회당의 작은 상점이 지닌 가치도 누군가에 의해서 본격적인 재조명을 받으면서 새롭게 복원될 수 있을 것으로 생각된다.[3]

명 중심은 영국이 아닌데 영국을 자본주의의 탄생 지역이라고 한다면 상업혁명의 발생지가 영국이어야 한다는 억지 논리를 펼쳐야 한다. 영국인들의 애국적 시각을 크게 탓할 필요는 없지만, 영국인이 영어로 설명한 자국 중심적 역사 기록에 그대로 함몰된다면, 자본주의의 근원적 개념을 결코 이해할 수 없다. 따라서 현대 경제학을 대표하는 유대계 미국인 새뮤얼슨(Paul A. Samuelson)의 시각을 참고한다면, 영국의 사전적 설명과 크게 다른 접근을 시도할 수 있다. 새뮤얼슨의 대표적 경제학 교과서인 『*Economics*』에서는 '상업은행과 화폐의 구조 그리고 자본주의'에 대한 중요한 요소들을 상세히 설명하면서 신용에 의한 화폐 창출의 중요성을 강조한 바 있다. 그에게서 학문적 도움을 받는다면, 베네치아에서 일어났던 폭발적인 무역 증대, 국제적 기축통화의 사용, 근대적 기능의 베네치아 은행 등에서 과연 어떤 것이 자본주의의 출발점을 이뤘고 핵심적인 요소인가를 찾아낼 수 있다.

3) 역사의 기록은 때로는 놀라운 사실을 매우 담담하게 증명해 주곤 한다. 매일 아침, 자코모 교회당 옆에 붙어 있는 가게에서 환전상은 바닥에 양탄자를 깔고 그 위에 나무 탁자를 펼쳤다. 그리고 탁자 위에 테이블 보를 깔고 그 위에 몇 가지 도구를 올려놓으면 교회당 시계를 보면서 정확히 정해진 시간에 환전 업무를 시작했다. 그런데 이곳의 업무는 여러 종류의 화폐를 베네치아 두카토로 바꿔 주는 업무에 한정되지 않고, 그 사업 영역을 확장했다. 급하게 돈이 필요로 하는 사람들에게 꽤 높은 이자를 받고 돈을 빌려 주는 대금 업무도 시작한 것이다. 베니스의 상인에서 나오는 고리대금업자 샤일록도 이 가게에서 일했을지 모른다. 그리고 그런 환전 업무와 고리대금 업무에서 금(화) 보관증을 발급하는

앞서 제4장에서 살펴본 바와 같이 자코모 교회당에 특이하게 붙어 있는 가게는 수백 년 전, 리알토 시장의 대표적 환전소였으며 사설 은행이었다. 베네치아 출신의 학자인 마뇨(A. M. Magno)의 연구에서 설명된 바와 같이, 중세의 이탈리아 작가인 프란체스코 산소비노(Francesco Sansovino)의 현장 설명과 당시의 모습을 그린 그림을 근거로 자코모 교회에 붙어 있는 작은 상점이 환전소와 은행을 겸했던 장소였음은 확인되고 있다. 또한, 환전소와 은행을 겸했던 이곳에서 훗날 화폐 보관 업무와 근대적 신용 창출의 방법을 터득한 은행으로 발전했음도 이해할 수 있다. 자코모 교회당의 커다란 시계와 근대적 은행의 입구 시계가 닮은 모습인 것처럼 신용에 의한 자본 창출의 비법을 발견한 장소도 자코모 광장이며, 이곳을 중심으로 베네치아의 금융 인재가 붐볐던 것을 확인할 수 있다.[4] 더욱 흥미로운 것은 현장에서 보면 볼수록, 자코모 교회당 옆의 리알토 지구, 암스테르담의 구교회(Oude Kerk) 옆에서 번성했던 17세기 증권가, 그리고 트리니티(Trinity) 교회에서 출발하는 뉴욕의 월스트리트는 묘한 공통적 분위기를 풍긴다는 것이다.

업무를 하면서 어느새 유대계 환전상들은 근대적 은행의 예금에 의한 신용 창출 방법(multiple expansion of bank deposits)을 터득할 수 있게 됐다.

4) 16세기, 대항해 시대를 맞으면서 지중해는 세상의 중심일 수 없었고, 대서양 연안의 브뤼헤와 안트베르펜이 새로운 중심지역으로 떠오르면서 리알토 거리의 그 많던 금융 인재들은 베네치아를 떠나서 북대서양으로 이동했다. 금융 인재가 사라진 빈껍데기 베네치아(private sector)였음에도 불구하고, 베네치아공화국정부가 발행했던 두카토(public sector)만큼은 공화국정부가 사라질 때까지 그 영향력을 계속 유지했다. 세계적 기축통화가 지닌 지위와 영향력은 하루아침에 생기지 않지만, 동시에 한순간에 사라지는 것도 아니라는 것을 두카토 사례에서도 알 수 있다.

대항해시대와 베네치아의 고민

16세기에 접어들면서 대항해의 시대가 열렸지만, 지중해의 해양 공화국 베네치아는 주저하고 있었다. 포르투갈의 신항로 개척으로 베네치아공화국은 지중해의 독점무역을 포기해야 했지만, 적극적인 대응책을 찾지도 않았다. 베네치아공화국의 자본가들은 포르투갈 뱃사람들에게 자본을 투자했고, 대서양에 인접한 브뤼헤 상인들에게 투자해 큰 이익을 내고 있었기 때문이다.

오스만제국과 포르투갈 그리고 모스토

오스만제국이 1453년, 동로마의 콘스탄티노플을 함락시키자 베네치아공화국은 물론이고 서양의 기독교 사회는 모두 충격에 빠졌다. 이슬람을 신봉하는 오스만제국에 의해 콘스탄티노플이 함락된 것은 서양인들에게 공포 그 자체였다. 그런데 베네치아공화국의 입장에서는 단지 종교만의 문제에 한정되지 않았다. 오스만제국의 빠른 팽창 속도는 지중해 무역에서 절대적 이익을 점하고 있는 베네치아공화국의 경제활동을 위축시켰기 때문이다. 자신들이 설치한 외국 상관(商館) 가운데 가장 큰 거점이 동쪽의 콘스탄티노플에 있었고, 이곳에서의 베네치아 영향력은 절대적이었다. 그렇지만 오스만제국이 중동의 여러 왕조를 정복해 아시아-인도-중동을 연결하는 무역로를 안정적으로 관리했기 때문에 그리 나쁜 상황만은 아니었다. 13세기의 몽골제국이 동양과 서양의 교역을 촉진했던 역할을 오스만제국이 맡아 줬기 때문에 긍정적 측면도 어느 정도 있었기 때문이다.

이런 배경에서 콘스탄티노플이 이스탄불로 바뀌었어도 베네치아공화국의 향료(후추)무역에는 큰 문제가 없었다. 오스만제국도 동양과 서양의 교역 사이에서 중간 수익을 올릴 수 있었기에 베네치아의 향료무역을 방해하지도 않았다. 그런데 1499년, 포르투갈이 아프리카의 희망봉을 돌아서 인도로 갈 수 있는 바닷길을 개척하고 곧바로 유럽까지 후추를 운반해 온 순간, 베네치아공화국은 돌연 긴장할 수밖에 없었다. 현재의 『월스트리트 저널』, 17세기의 (암스테르)담 저널의 원조 격인 15세기의 베네치아의 『리알토 저널』에서 포르투갈의 동양탐험대 역할이 상세히 보도되면서 베네치아공화국은 패닉 상태에 빠졌다.[5] 그런데 이와 같은 역사적인 포르투갈의 신항로 개척에는 베네치아의 유능한 뱃사람들이 선구자 역할을 했음을 간과할 수 없다. 대표적인 인물로는 베네치아의 유능한 항해사 모스토(Alvise Ca'da Mosto, 1432~1488)가 빈번히 소개되는데, 그는 포르투갈의 항해 왕자 엔리케와 깊은 관계를 맺고 있었다.

모스토는 1454년, 베네치아에서 대서양에 인접한 브뤼헤로 가는 정기항로 상선단에 탑승했는데, 지브롤터해협을 빠져나오면서 포르투갈에 우연히 들르게 됐다. 베네치아의 젊은 뱃사람, 모스토가 포르

---

5) 뉴욕의 젊은 기자 찰스 다우, 에드워드 존스, 찰스 버그스트레서가 1882년, 지하의 작은 사무실에 모여 직접 손으로 작성한 『*Afternoon Letter*』라는 정보지에서 유래된 신문으로 1889년 7월 8일에 공식적인 『*The Wall Street Journal* (*WSJ*)』로 창간돼 오늘에 이르고 있다. 뉴욕의 경제 중심지 월스트리트 금융가에서 일어나는 상세한 현장 소식을 전하고 있는데 그것의 원조를 찾아서 올라가면 베네치아의 경제 중심지 리알토에서 발간됐던 『리알토 저널』까지 거슬러 올라간다.

투갈에 발을 디뎠던 1454년은 오스만제국이 콘스탄티노플을 정복했던 1453년의 바로 다음 해였다. 베네치아의 유능한 젊은 뱃사람들에게 오스만제국은 거대한 장애물이었고, 그래서 장애물이 없는 서쪽의 대서양에 더 큰 관심을 두게 된 것이다. 모스토와 같은 젊은 해양 인재들과 상인들이 포르투갈로 몰려갔고, 그들은 더 넓은 대서양에서 기회를 찾고자 했다. 모스토는 포르투갈의 엔리케 왕자의 지원을 받으면서 아프리카 서해안을 계속 탐사했는데, 훗날 희망봉을 발견할 수 있는 중간 거점인 카보베르데(Cape Verde)도 발견할 수 있었다. 은퇴한 모스토는 베네치아로 돌아와 공화국의 뱃사람다운 노후 생활을 즐겼는데, 그는 젊은 시절에 대서양을 탐험하면서 장사로 돈도 많이 벌었다고 한다. 전형적인 뱃사람 은퇴자답게 베네치아공화국을 위한 공직생활도 여유롭게 하면서 그는 자신이 경험한 아프리카 적도 지역에 대한 자세한 기록도 남겼다. 훗날, 모스토가 남긴 서아프리카의 자세한 해안 기록은 희망봉을 발견할 수 있는 결정적인 디딤돌이 됐고, 이에 힘입어 포르투갈의 탐험대는 인도로 가는 신항로를 개척할 수 있었다.

바다에서 육지로

오스만제국이 동지중해를 장악하고 포르투갈이 인도 신항로를 개척하면서 베네치아공화국의 입지는 약해졌다. 해양공화국이었던 베네치아가 육지로 관심을 돌릴 수밖에 없는 상황이 됐고, 이는 새로운 갈등과 분쟁을 낳았다. 오스만제국이 콘스탄티노플을 점령했던 1453년, 베네치아는 이탈리아의 롬바르디아전쟁에 본격적으로 참여했고,

유럽대륙에서 넓은 영토를 얻고자 했다. 베네치아공화국은 밀라노공국과의 분쟁에서 롬바르디아 지역을 파탄으로 몰고 갔으며, 이탈리아의 작은 공국(公國)들도 피폐한 상태에 빠져들었다. 동지중해에서 베네치아공화국이 오스만제국에 밀리면서 유럽의 본토(특히 롬바르디아) 방향으로 영토 확장을 시도했던 베네치아는 이탈리아반도의 세력 균형을 흔들어 놓은 것이었다. 오스만제국은 베네치아공화국을 압박하고, 베네치아공화국은 이탈리아의 작은 공국들을 위협하면서 이탈리아 배후에 서 있던 강대국 프랑스와 스페인이 이탈리아전쟁에 개입하게 됐다.

16세기에 들어서서 베네치아, 밀라노, 피렌체, 교황령, 나폴리 등은 백 년에 걸친 이탈리아전쟁을 벌였다. 토스카나와 북이탈리아의 시에나, 피사 등은 정치적 핵심지에서 벗어났고, 베네치아와 프랑스, 베네치아와 스페인이 어떤 정치적 관계를 맺는가에 따라서 이탈리아의 세력 판도는 요동쳤다. 경제적으로는 르네상스 시대를 거치면서 부유했던 이탈리아의 북부 지방이었지만, 작은 공국으로 나뉘어 군사적으로는 매우 취약했다. 이와 비교할 때, 스페인은 레콘키스타를 통해 인구 800만을 넘는 통합된 왕국으로 전쟁에 개입할 수 있었고, 그 배후에는 합스부르크가의 신성로마제국도 있었다. 특히 카를 5세의 통치 시기에는 스페인과 신성로마제국(독일)의 인구 숫자가 1,800만 명에 달했을 정도였다. 프랑스도 카를 5세에 견줄 정도의 많은 인구(약 1,600만 명)를 가진 국가였지만, 상대적으로 이탈리아는 모두 합쳐야 1,100만 명도 안 됐다. 그나마 작은 공국으로 나뉜 상태여서 거대 합스부르크제국(스페인+독일)과 프랑스의 개입에 대적하기 어려웠다. 서유럽 패권을 잡기 위한 합스부르크제국과 프랑스의 투쟁

속에서 이탈리아는 전쟁터가 됐고, 해양 세력이던 베네치아공화국도 북이탈리아 방향에 세력을 확장하면서 전쟁은 순식간에 이탈리아 전역으로 확산했다.

베네치아를 떠나는 인재들

북이탈리아에서 베네치아의 세력이 확대하자 이에 두려움을 느낀 로마교황은 프랑스의 지원을 요청했다. 특히 1508년, 로마교황은 프랑스의 루이 12세와 함께 스페인과 신성로마제국까지 포괄하는 반(反)베네치아 연대 세력인 캉브레(Cambrai) 동맹을 맺고 베네치아공화국을 공격했다. 초기에는 프랑스와 스페인 그리고 독일까지 힘을 모은 유럽대륙의 동맹에 베네치아공화국의 군대는 크게 밀렸다. 그렇지만 베네치아는 각국의 이해관계를 교묘히 활용하면서 실리적인 이익을 취했고, 잃었던 자신들의 이권도 대부분 되찾을 수 있었다. 베네치아공화국이 위기를 넘기면서 1512년에 베네치아공화국과 로마교황이 함께 힘을 모은 신성동맹에 의해 프랑스 군대는 이탈리아에서 쫓겨나기도 했다.

그러나 베네치아공화국이 이탈리아의 북부 지역으로 향했던 유럽대륙 진출정책은 실패였다. 거대국가를 형성한 스페인과 프랑스가 유럽 대륙에 존재했던 16세기의 상황에서 베네치아공화국이 바다를 버리고 유럽 내륙에서 많은 영토를 확보하기는 어려웠기 때문이다. 오스만제국에 밀려서 육지로 향했던 베네치아공화국이었지만, 큰 성과를 내지 못하자 베네치아의 유능한 인재들은 지중해를 떠나 대서양으로 향해 새로운 가능성을 열고자 했다. 앞서 소개한 베네치아의 청년 모스토처럼 대서양의 포르투갈로 무대를 옮기는 사례가 늘어난 것이다. 베네치아는 당대 어느 국가보다 바다를 잘 아는 뱃사람들의 나라였고, 그래서 최고의 항해술도 보유하고 있었다. 그들은 지중해 시대에서 대서양시대로 바뀌는 것을 확인했고, 그래서 이베리아반도의 포르투갈과 스페인으로 활동무대를 옮기기 시작한 것이다.

뱃사람과 상인을 명확히 구분하기는 어렵지만, 베네치아의 상인들도 모스토의 또 다른 후예처럼 대서양의 다른 항구로 활동 근거지를 옮겼다. 그들은 베네치아의 베이루트 항로, 알렉산드리아 항로, 플랑드르 항로 가운데 오스만제국의 영향권에서 가장 멀리 벗어나 있는 대서양의 브뤼헤(플랑드르)를 선호했다. 그 결과, 브뤼헤는 베네치아와 북이탈리아에서 몰려 들어온 상인들로 번성했고, 새로운 상인의 나라로 발전할 가능성도 보였다. 브뤼헤의 대서양 상관(商館)은 북유럽과의 교역량도 증대시키면서 독일계 한자(Hansa)동맹과의 관계도 긴밀히 했다. 이렇게 빠른 속도로 베네치아의 젊은 상인들이 지중해를 벗어나면서 대서양의 브뤼헤 상관은 영국과 서유럽 그리고 포르투갈의 향료(후추)무역까지 도맡아서 처리하는 국제 상거래의 중심지가 됐다. 그런데 이런 상황에 더해 베네치아 리알토에서 자리를 지키던 보수적인 유대계 자본가들이 급하게 베네치아를 떠나는 사건이 발생했다.

③ 대서양으로 이동하는 베네치아의 금융자본

베네치아에는 유능한 뱃사람과 무역 상인만 있는 것이 아니었다. 13세기부터 15세기까지 베네치아공화국의 막강한 국부에서 비롯된 기축통화(두카토) 화폐 발행과 선진적인 금융 기법들이 베네치아의 리알토 지구에서 선보였다. 그런데 갑작스럽게 베네치아의 금융자본가들과 은행가들이 리알토를 떠나서 브뤼헤로 가는 상황이 벌어졌다.

1516년의 베네치아 게토법

공식적 명칭으로는 '유대인 거주 제한에 관한 법'이었다. 일명, 베네치아 게토(Ghetto)법이라고 불렸던 이 법의 제정으로, 베네치아에 유대인의 특수한 집단거주지역인 게토(Ghetto)가 생긴 것이다. 본래 베네치아는 개방적이고 종교와 인종에 관해 매우 관대한 공화국이었다. 그렇기에 유대인이라는 이유로 차별받지 않았고, 샤일록처럼 사악한 유대계 고리대금업자조차 종이 계약서 한 장으로 베네치아의 명망가 상인의 살점을 노릴 수 있었다. 극단적 사례였지만, 이방인도 동등한 지위와 권리를 보장받을 수 있는 공화국의 법과 제도가 있었기에 『베니스의 상인』도 이야기가 될 수 있었다. 이처럼 베네치아공화국은 공동체의 이익을 심각히 훼손하거나 법과 제도에 크게 위반되지 않는다면, 거의 못 할 것이 없는 자유로운 나라였다. 그런데 1499년 포르투갈의 신항로 발견 이후, 베네치아의 향신료(후추)무역은 점점 어려워졌고, 무역업의 축소로 일자리가 줄면서 뱃사람이 떠나고 중소상인도 그들을 따라서 대서양 연안으로 이주하면서 베네치아 인구는 크게 줄었다.

이런 위기 상황에서 베네치아공화국은 바다에서 육지로 향하는 이른바 북이탈리아 대륙 진출을 감행했으나 순탄치 않았다.[6] 16세기 초, 로마교황청과 프랑스의 주력부대에 대패한 베네치아공화국은 충격을 받았고, 베네치아의 다급했던 중앙정부는 사나워진 민심을 조속히 달래야 했다. 베네치아의 대국회를 운영했던 정치 귀족들은 대중(大衆) 영합적 정책으로 사회의 희생양을 찾아야 했고, 그 희생양은 여전히 베네치아에서 잘사는 유대계 자본가들에게 집중됐다. 베네치아의 중소상인은 무역이 축소되면서 어려워졌지만, 대규모 무역업과 대자본을 관리하는 유대계 자본가, 즉 베네치아의 은행가는 손해 볼 일이 없었기 때문이다. 뱃사람들이 포르투갈로 떠나가더라도 베네치아의 은행가는 포르투갈의 뱃사람들에게 더 많은 자금을 대출해 줘 더 큰 이익을 낼 수 있었기 때문이다.[7]

16세기의 베네치아에서 보통 사람의 생활은 어려워졌지만, 자본가들과 은행가들은 더욱더 큰 부자가 된 것이다. 요즘으로 치면 다국

---

6) 베네치아공화국 군대는 바다에서처럼 강력하지 못했다. 이탈리아 본토에서 벌어진 육상전투에서 베네치아는 큰 힘을 쓰지 못했으며, 유럽의 캉브레(Cambrai) 동맹군에 밀렸다. 특히 1509년, 루이 12세가 지휘하는 프랑스 군대와 벌인 아그나델로(Agnadello) 전투에서 베네치아 군대는 크게 패퇴했다.

7) 무역 중심지가 베네치아에서 대서양의 브뤼헤로 옮겨지면서 베네치아의 중소무역업자는 폐업이 불가피했지만, 베네치아의 대자본가와 은행가는 브뤼헤의 무역 상인에게 더 많은 자금을 빌려 줬기 때문에 손해는커녕 이전보다 더 큰 수익을 낼 수 있었다. 16세기 베네치아의 무역업은 위축됐지만, 정부의 재정수입이 나쁘지 않았던 배경에도 유대계 대자본가들의 수입이 늘었기 때문이다.

적 기업과 다국적 은행들이 국내 경제의 악화에도 불구하고 영업 이익이 크게 줄지 않는 것과 비슷했으며, 그들이 내는 세금으로 국가 세수도 줄지 않는 것과 비슷했다. 그러나 공화국이었던 베네치아에서 다수의 분노는 모두를 위협할 수 있었고, 궁극적으로 베네치아의 기득권자인 베네치아의 정치 귀족도 비난받을 대상이었다. 공화국의 올바른 대국회였다면 여론이 좋지 않더라도 차별법을 만드는 비겁한 행동은 하지 않았겠지만, 캉브레 동맹군에게 대패하고 국내 상황이 험악해진 상황에서 유대계 자본가들을 희생양으로 삼지 않을 수 없었다. 이런 배경에서 차별적 게토법이 만들어졌고, 베네치아의 마지막 인재집단이었던 유대계 금융 엘리트도 베네치아를 떠날 수밖에 없었다.

게토법과 금융 엘리트의 디아스포라

유대인의 차별적 집단거주지인 게토는 베네치아의 6개 행정구역 가운데 카나레조(Cannaregio) 구역에 설치됐다. 지금도 베네치아의 이 구역에 가면 많은 유대계 주민이 살고 있는데, 유대 교회당(synagogue) 근처에 가면 그들과 만나서 이야기할 수도 있다. 물론 이곳에서 과거의 세계 인재(뱃사람, 무역상, 금융인)를 찾기는 어렵지만 어쨌든 베네치아의 게토 지역은 지금도 베네치아의 명소 가운데 하나다. 1516년, 서유럽에서 처음 만들어진 유대인의 게토는 명목상 유대인의 신앙공동체를 안전하게 보호하기 위한 것이라는 명분도 있었지만, 유대인의 거주 이전 자유를 제한하고 특별세금을 더 부과하는 데 있었다. 베네치아의 향료(후추)무역이 쇠퇴해도 16세기의 베네치아공화국의 세수는 크게 줄지 않았는데, 금융계 유대인이 떠나고 많은 세금을 냈던 은행가들도 떠나면서 베네치아공화국은 쇠퇴할 수밖에 없었다.[8)]

16세기의 베네치아에서 전통의 무역업은 사양산업이었고, 이를 대체할 금세공업과 유리공업이 육성됐다. 그러나 전쟁에 패하고 국민의 신뢰를 잃은 베네치아 정부는 사회의 희생양으로 유대인을 지목했으며, 그들을 향한 차별적인 게토법을 통과시키면서 공화국의 가치도 훼손됐다. 대중의 불만을 유대인에게 돌리듯 베네치아의 공화국 정부는 게토법의 통과를 성사시켰지만, 그 결과로 엄청난 규모의 유대계 자본이 국외로 유출됐고 베네치아의 금융업도 몰락했다. 17세기가 되면 베네치아공화국의 정부가 지니고 있었던 두카토 주조권을 제외할 경우, 베네치아가 지니고 있던 국제적인 경제력은 소멸

---

8) 요즘으로 치면, 국내 경제가 좋지 않아도 세계적인 다국적 기업들이 해외로 나가서 생산공장을 건설해 대규모 수익을 올리고, 그 결과 국가적 경제지표는 향상하는 것과 비슷했다. 베네치아의 국내 경제 상황에서 무역 축소는 뱃사람의 취업 기회를 줄이고 고용지표를 낮췄지만, 베네치아의 대상인과 금융인들은 전 세계로 향하는 포르투갈 상선과 스페인의 계속되는 전쟁 수요로 호황을 누렸다. 더욱이 스페인이 개척한 신대륙의 식민지에서 유입되는 엄청난 양의 은으로 사치품 수요가 증가하면서 베네치아는 수공업 분야에서도 호황을 누렸다. 그런데 이런 분야가 주로 유대계 인재들이 활동하는 분야였고, 그래서 베네치아의 중소상인과 영세업자들은 유대계 부자를 혐오할 수밖에 없었다. 단기적 측면에서 다수를 이루고 있던 중소상인과 영세업자들의 분노를 완화하는 데 게토법은 유용했지만, 이런 악법으로 국익은 급속히 악화될 수밖에 없었다. 게토법이 시행되면서 빠른 속도로 엄청난 양의 베네치아 국부가 외국으로 유출됐고, 그것은 16세기의 브뤼헤와 안트베르펜, 그리고 17세기의 암스테르담에 세계 자본이 몰려든 것과 밀접한 상관성을 지닌다. 국부가 유출된 이후의 18세기 베네치아는 생업조차 이어가기 힘든 곳으로 전락했고, 베네치아의 일반 시민들도 살기 위해서는 베네치아를 떠나야 했다. 정치 귀족들도 베네치아의 아름다운 저택을 자신들의 바다 별장 정도로 취급했으며, 18세기 말 베네치아에 무혈 입성한 나폴레옹은 베네치아라는 껍데기만 얻을 수 있었다.

했고 사람들이 떠난 베네치아는 텅 빈 도시로 전락했다.

오스만제국이 동지중해의 콘스탄티노플을 정복한 이래, 100년이 지났을 즈음에 베네치아공화국의 강력한 해군을 구성했던 뱃사람들은 대부분 포르투갈로 떠나갔다. 베네치아의 국부를 축적했던 무역상인들은 플랑드르(브뤼헤와 안트베르펜)로 빠져 나갔으며, 게토 생활에 묶이게 된 유대계 금융 엘리트들도 베네치아를 떠났다. 지중해의 중심을 이루고 국부가 축적됐던 베네치아공화국은 인재도 떠나고 자본도 잃어버리면서 껍데기만 남았다. 그러나 베네치아를 떠난 인재들이 대서양 연안의 서유럽 각지로 확산(디아스포라)하면서 그들은 대서양의 각 지역을 번영시키는 새로운 주역이 됐다. 더욱이 지중해의 베네치아에 몰려 있었던 자본이 대서양의 연안을 따라서 브뤼헤와 안트베르펜으로 옮겨지면서 이곳에서는 활력 넘치는 자본시장이 형성됐다.

브뤼헤와 안트베르펜의 번영

베네치아공화국은 브뤼헤 항로를 정기적으로 운항했고, 그 운항 빈도 수는 점점 더 많아졌다. 베네치아에서 아드리아해를 나와 지중해 서부의 지브롤터해협을 빠져 나오면 대서양을 만났고, 북으로 방향을 틀어 프랑스를 지나면 유럽의 낮은 땅, 남부 네덜란드의 플랑드르에 이르는 항로였다. 그런데 플랑드르(벨기에)의 브뤼헤가 유럽의 무역·금융의 중심지가 된 것은 12세기 대서양 해일 사건이 계기가 됐다.[9] 거대한 해일(海溢)로 자연 수로가 생긴 브뤼헤는 베네치아 상인의 적극적 지원을 받으면서 북유럽의 무역항으로 개발된 것이다.

초기에는 영국에서 생산된 양털과 남부 네덜란드의 플랑드르 양모산업을 북이탈리아 등과 연계하는 중계무역 업무를 담당했지만, 13세기와 14세기를 거치면서 브뤼헤의 운하시설이 잘 갖춰지고 물류 유통이 편리해지면서 한자(Hansa)동맹의 일원이 됐다. 브뤼헤 항구는 번창했고, 독일에 이어서 프랑스 상품의 수출입 창구까지 맡으면서 명실상부한 서유럽의 대표적 항구도시가 된 것이다. 15세기 말에는 대규모 인구 유입도 일어났는데, 종교적 이유로 스페인 등에서 쫓겨난 수십만의 유대인이 브뤼헤로 몰려든 것이다.

앞서 언급한 바와 같이 1492년, 레콘키스타(Reconquista)를 완성한 스페인은 이슬람 교도를 몰아내면서 30만 명에 달하는 유대인도 쫓아냈다. 종교적 인종 청소를 감행한 스페인은 로마 가톨릭의 수호자를 자청했고, 스페인 기독교인들도 스페인 왕에 대한 열렬한 지지 세력이 됐다. 그러나 스페인에서 쫓겨난 이교도, 특히 유대인 가운데 재정전문가들이 많았고 장사 수완도 뛰어난 인재들도 많았다. 스페인은 그들의 능력을 알고 있었지만, 유대인을 쫓아내면 얻게 될 그들의 재산이 더 탐났다. 스페인은 거의 예외를 두지 않고 유대인을 추

---

9) 브뤼헤는 서기 9세기경, 플랑드르의 백작인 보두앵(1세)이 세운 성곽이 12세기경 해양도시로 개발됐는데 13세기 이후에는 본격적인 상업도시로 발전했다. 이 도시가 대서양의 중심도시로 성장한 배경에는 자연재해와 밀접한 관련이 있는데, 대서양의 큰 해일이 밀려 들어와 해안에서 10km 이상 떨어진 브뤼헤가 잠기고 그 이후 물이 빠지면서 바다와 브뤼헤를 연결하는 자연수로가 만들어진 것이다. 이를 계기로 브뤼헤는 북유럽에서 북해로 나가는 통로가 됐고, 13세기 제4차 십자군전쟁에서 콘스탄티노플을 함께 정복한 보두앵 백작과 베네치아 상인들이 은밀히 협력해서 이곳을 북유럽의 상업 중심지로 개발하게 됐다. 독일계 한자동맹과 이탈리아계 제노바 상인도 상호 활발히 교류했으며, 그 결과 지중해에서 대서양 연안을 통해 브뤼헤로 진입하는 정기 항로가 개척됐고, 브뤼헤는 제2의 베네치아로 불리며 북유럽의 무역·금융 중심지로 번영했다.

방했는데, 기독교로 개종한 유대인조차 그들의 재산을 몰수한 이후 외국으로 추방당했다. 상대적으로 포르투갈은 그 정도가 약했지만 결국에는 반(反)유대인 배척 분위기를 벗어나지 못했다. 그런데 혈연 관계로 끈끈한 유대계 상인 네트워크 속에서 이미 베네치아 상인들이 개발한 브뤼헤로 많은 스페인의 유대인이 이동한 것은 당연한 결과였다. 상대적으로 교육 수준이 높고, 장사 수완이 좋으며, 금융전문가도 많았던 그들의 이주 경로와 국부의 발전 흐름 사이에는 밀접한 관련성도 보였다.[10]

이에 더해 1516년에 시행된 베네치아 게토법을 계기로, 베네치아의 금융가(리알토)를 빠져나온 유대계 금융 엘리트들도 브뤼헤 방향으로 이동했다. 베네치아 게토를 벗어난 유대인들이 브뤼헤 항구에 짐을 풀면서 브뤼헤의 자본은 급속히 증가했고, 반대로 베네치아의 자본은 줄었다.[11] 금융 변화가 노출되지 않도록 조심스럽게 진행된 자본 이동이었지만, 어느새 브뤼헤 항구도시는 베네치아의 리알토

---

10) 독일의 저명한 정치경제학자 좀바르트(Werner Sombart, 1863~1941)는 그의 『유대인과 현대 자본주의(*The Jews and Modern Capitalism*)』에서 유대인이 옮겨다니고 정착하는 사이에서 나타나는 경제적 부침의 그 연관 관계를 심층적으로 분석한 바 있다. 그는 "이스라엘(유대인)은 마치 유럽 대륙에서 태양과 같은 역할을 한다. 유대인들이 오면 흥하고 그들이 사라지면 쇠퇴하는 현상을 보이니 말이다"라고 언급한 바 있는데 이런 주장은 마르크스(Karl H. Marx, 1818~1883)에서 비롯된 측면이 강하다.

11) 브뤼헤의 번영은 어디까지 갈 것인지 가늠하기 힘들 정도였다. 브뤼헤의 중심에 세워진 높은 탑은 그것을 상징하는 대표적 건축물(Belfort)이었다. 브뤼헤에서 부자가 된 브뤼헤 시민은 자신의 성공을 상징하는 종루를 더 높이 세웠다. 당시까지는 종루란 왕의 권위와 권력을 의미하는 것이었는데 시민들이 종루를 높이 세우자 왕은 브뤼헤의 번영에 긴장하지 않을 수 없었다. 브뤼헤 시민은 스스로 시장의 시작을 알리는 종루를 세우고 왕의 권력에서 벗어나는 자립 의지를 표출했다. 브뤼헤는 자본주의의 거점이란는 평가도 받았는데 '브뤼헤에 사는 사람들'을 가리키는 부르주아지(bourgeoisie)라는 단어가 생겼다는 주장도 있다.

거리를 넘어서기 시작했다. 그런데 브뤼헤 항구의 행운은 예상치 못한 자연재해로 급반전됐다. 브뤼헤 항구까지 연결된 즈빈(Zwin)강 수로가 퇴적물로 인해 막히고 배가 다니기 어려운 상황이 된 것이다. 브뤼헤의 위기 상황을 타개하기 위해 인근의 다른 곳으로 옮겨야 했음이다. 브뤼헤 상인과 자본가 그리고 수공업자들은 인근의 안트베르펜(동쪽으로 85km)으로 이주했고, 인재와 자본이 이동하면서 안트베르펜은 순식간에 바뀌었다. 불과 몇십 년 만에 안트베르펜은 세계적 도시로 번영했고, 1576년에 스페인의 광기가 일어나기 직전까지, 브뤼헤를 이은 안트베르펜은 서양의 최고의 무역도시, 최고의 금융도시로 유명해졌다.

제 6 장

16세기 인재와 자본의 이동과 암스테르담의 등장

 안트베르펜의 비극과 인재의 이동

베네치아의 무역업은 16세기에 들어와 급속히 쇠퇴했고, 베네치아의 인재들은 베네치아를 떠나기 시작했다. 지중해의 인재들이 대서양 연안의 포르투갈과 남부 네덜란드(플랑드르)의 브뤼헤(Brugge)와 안트베르펜(Antwerpen)으로 이동했으며, 다시금 북부 네덜란드로 옮겨가 암스테르담에 집결했다.

안트베르펜의 번영

안트베르펜은 브뤼헤 항구의 불운을 행운으로 이어받으면서 16

세기 중반, 서유럽의 중심도시가 됐다. 앞서 언급된 바와 같이 유럽의 낮은 땅 네덜란드의 서남부 플랑드르 지방의 브뤼헤는 베네치아 상인들에 의해 일찍부터 상업도시로 번영한 곳이었다. 그런데 번영했던 브뤼헤도 자연환경의 급격한 변화로 뱃길이 막히면서 어쩔 수 없이 쇠퇴의 길을 겪었고, 인근 도시인 안트베르펜으로 상인과 자본가들이 이동할 수밖에 없었다. 브뤼헤의 인재들과 지중해의 인재들이 모두 안트베르펜에 모이면서 안트베르펜은 순식간에 부유하고 번창한 도시로 우뚝 서게 됐다.

안트베르펜은 스페인제국의 군대로부터 멀리 떨어져 있는 북유럽에 있었고, 개인의 종교적 자유를 존중하며 재산권이 보장되는 곳이어서 인재들이 집결하기 좋은 조건을 갖췄다. 안트베르펜의 인재는 크게 무역 인재와 금융 인재로 나뉘었는데, 뛰어난 무역상과 은행업자가 모두 안트베르펜에 모였기 때문이다. 포르투갈 상선은 신항로를 개척하면서 동양의 상품을 바다를 통해 가져왔지만, 포르투갈이 아닌 안트베르펜에 와서야 상품을 팔 수 있었다. 스페인의 선박도 많은 양의 은괴(銀塊)를 신대륙에서 가져왔지만, 스페인 내부에서는 신대륙의 은괴를 처분할 수 없었다. 스페인에서 은을 매각할 경우, 스페인의 국내 물가는 천정부지로 오르고, 인플레이션을 통제할 금융관리 능력이 거의 없었기 때문이다. 대량의 은(銀)이 스페인에 반입된 시기에 스페인의 국가 부도 사태가 벌어진 것은 이를 증명하는 사례들이다.[1] 그래서 스페인 선박들도 안트베르펜에 와서 신대륙의

---

1) 스페인은 1492년, 아메리카 신대륙을 발견했지만, 이곳은 인도가 아니어서 그들이 원했던 동양의 후추와 향료를 얻지는 못했다. 그러나 1545년, 남미에서 발견한 엄청난 규모의 포토시(Potosi) 은광 등이 발견되면서 약 150년 동안(1503~1660)

은을 매각할 수밖에 없었다.

북유럽에 모여든 안트베르펜 상인은 포르투갈의 뱃사람처럼 원거리 항해를 하지도 않았고, 스페인 정복자들처럼 신대륙에서 원주민을 착취, 대량의 은을 채굴하지도 않았다. 그렇지만 안트베르펜의 상인들은 포르투갈 뱃사람이 가져온 후추와 향료를 누구에게 어떻게 팔고 어떻게 제값을 받을 수 있는지 알고 있었다. 또한, 안트베르펜의 금융전문가들은 어떻게 양질의 은화를 주조하고 언제 얼마만큼의 은화를 팔고 사야 하는가를 잘 알고 있었다. 100여 년 전, 종교적 이데올로기와 신념 때문에 그리고 단기적 이익 때문에 포르투갈과 스페인에서 쫓겨났던 상인과 금융 인재들은 어느새 세계적인 인재가 돼 포르투갈과 스페인의 국부를 안트베르펜에서 원격으로 관리할 수 있게 됐다. 스페인과 포르투갈은 어렵게 대항해를 했지만, 그 결실의 대부분은 안트베르펜의 상인과 금융자본가들의 몫이었다.[2]

1,700만 kg의 은을 채굴해 서양으로 가져왔다. 그 엄청난 양의 가치를 정확히 평가하기는 어렵지만, 전 세계 은(銀) 보유량의 70% 수준을 차지했던 것으로 추정된다. 그러나 스페인은 그 많은 은의 유입을 안정적으로 관리할 전문적인 재정관리자가 부족했다. 많은 은광석을 싣고 대서양을 건넌 스페인 선박이 스페인 항구로 들어왔던 1556년, 카를 5세로부터 왕위를 승계한 펠리페 2세가 같은 해에 파산한 것은 이를 증명해 주는 사례다. 훗날 영국의 애덤 스미스가 비판했던 중상주의는 스페인처럼 은(銀)을 국부의 원천인 것처럼 잘못 판단하고 행동하면 안 된다는 것이었다. 많은 은괴를 채굴했지만, 스페인은 그런 귀금속의 수요와 공급의 관리를 잘 할 수 있는 금융 인재를 모두 쫓아냈고, 그 결과 자체적으로 재정 파탄 문제를 피할 국가적 역량이 부족했다.

2) 16세기의 유럽 상황이지만 500여 년이 지난 오늘날의 상황과 비교되는 부분도 많다. 이른바 자원이 풍부한 국가들이 희소자원으로 국부를 축적할 수 있을 것 같지만, 실제로 그렇지 않은 경우를 많이 보게 된다. 단순히 희소자원이 많은 국가가 부국이 되는 것이 아니라 희소자원을 잘 관리하고 판매할 수 있는 인재들이 많은 곳에서 국부가 축적된다는 것이다. 다이아몬드와 같은 희귀금속이나 석유와 우라늄과 같은 희소자원을 생산하는 국가보다 그런 희소자원을 어떻게

강압적 조세정책과 안트베르펜의 비극

그러나 스페인 국왕에게는 안트베르펜의 상인들과 금융자본가들을 단칼에 억압할 수 있는 강력한 정치적·군사적 힘이 있었다. 스페인의 펠리페 2세는 1557년, 프랑스와의 전쟁(생캉탱)에서 승리한 직후, 네덜란드의 종교문제에도 깊이 관여하기 시작했다. 네덜란드는 칼뱅주의자들이 많이 모인 신교도 지역으로 변모했고, 그들의 직업은 대부분 상인이었는데, 스페인제국의 가톨릭 중심정책을 싫어했다. 네덜란드의 신교도들은 교육 수준이 높고 상당한 교양을 지닌 지식인으로 가톨릭의 우상숭배 관행에 비판적이었다. 신교도들은 스페인의 국왕에게 종교의 자유를 허락해 달라고 요청했지만, 국왕은 그 요청을 거절했다. 그런데 종교 갈등의 이면에는 국왕과 신교도 상인 사이에 이해 갈등이 있었고, 그것이 상호 충돌했음도 이해할 필요가 있다.[3)]

가공 처리해서 가치를 창출하느냐의 여부가 더 중요한 국부 축적의 변수인 것이다.

3) 스페인의 펠리페 2세는 왕권의 강화를 추구했고 각 지역에서 행세하는 영주들을 누르면서 직접적인 통치력을 강화했다. 왕국의 확장과 국왕의 통치력 강화를 위해 가장 좋은 수단은 계속된 긴장과 공포 그리고 전쟁이었다. 패권을 장악한 유럽의 왕들 대부분이 그러했지만, 펠리페 2세도 로마 가톨릭의 종교적 통일성 아래에서 하나의 유럽을 만들고자 노력했다. 그렇지만 유럽은 다양한 정치 세력으로 나뉘어 오랜 기간 지속됐기 때문에 하나의 통일된 유럽을 만들기 위해서는 계속된 전쟁이 불가피했다. 스페인은 전 세계의 식민지로부터 엄청난 양의 자원이 유입되면서 이를 잘 활용해 국부를 축적할 기회가 있었으나 그 자원을 관리할 인재가 부족해 대부분 왕의 전쟁 욕구에 자원을 남용하게 됐다. 계속된 전쟁에는 엄청난 돈이 필요했고, 더 많은 돈을 모으기 위해서는 북유럽의 낮은 지역 네덜란드의 상인과 금융인에게 더 많은 세금을 부과해야 했다. 그러나 대부분 상인과 은행가들은 국왕의 조세정책에 반대했고, 이는 기존 질서에 저항하는 종교 갈등 형태로 첨예화했다. 특히, 1566년의 성상 파괴운동은 가톨릭 성당

1567년, 네덜란드의 상인과 자본가들의 돈을 탈취하고 가톨릭의 종교적 재통일을 추구하려 했던 펠리페 2세는 악명 높은 알바(Fernando Álvarez, 3rd duque de Alba) 공작을 네덜란드로 파견했다. 그는 프랑스와 벌인 전쟁에서 용맹함과 잔인함을 떨쳤던 인물로 네덜란드에 진입한 직후, 네덜란드의 전통적 귀족 가문들 대부분을 처단했다. 1567년부터 1573년까지 약 7년 동안 벌인 알바의 공포통치에서 거의 유일하게 생존한 네덜란드의 대표적 귀족 집안은 한 군데밖에 없었다. 오렌지(Oranje) 가문의 대표적 인물로 빌렘(Willem)은 스페인 국왕을 대신해서 홀란트, 젤랜드, 유트레히트 지역의 스타트하우더(총독)를 역임했었다.[4] 공포의 알바 공작이 던져 놓은 죽음의 함정을 피해 몰래 국외로 탈출해서 목숨을 건진 빌렘은 공포정치에 저항할 반격의 준비를 했다.[5] 알바의 공포정치는 오래갈 수 없었고, 알바의 무리한 조세정책은 빌렘을 중심으로 네덜란드 사람들을 단합시켜 스페인에 대한 독립전쟁을 시작할 수 있게 했다.[6]

의 우상숭배라는 비판적 사고를 실제 행동으로 표출한 사건이었는데, 네덜란드에서만 약 400여 개 이상의 가톨릭 성당이 파괴됐다.

4) 스타트하우더(Stadhouder)는 네덜란드 지역에서 국왕 또는 주권자의 대리인이라는 의미로 사용된 직위였는데 이를 번역하면 총독이나 지사 정도로 할 수 있다. 훗날, 네덜란드공화국이 설립되면서 스타트하우더는 베네치아공화국의 도제(Dose), 미합중국의 프레지던트(President)에 해당하는 공화국 대통령의 직위로 사용됐다.

5) 1568년 4월 23일, 빌렘은 헤일리게레 전투에서 알바 공작이 이끄는 스페인 군대와 싸워 승리를 거뒀고, 이는 이후 80년간 이어질 80년전쟁(1568~1648)의 시작이었다. 그러나 얼마 지나지 않아 빌렘은 재산이 바닥나게 돼 군대가 해산됐고, 알바공은 빌렘의 동맹군을 패퇴시켰다. 빌렘은 1572년 다시 군대를 일으켜 델프트와 홀란트를 탈환했지만, 1584년 가톨릭 신자에게 암살당했다.

6) 모든 상품거래에 10%의 거래세를 징수하고 모든 재산의 1%를 재산세로 거둔다는 내용을 알바 공작이 무리하게 발표하면서 네덜란드 시민들은 크게 동요했다. 공포로 눌려 있던 상인들의 집결지, 네덜란드가 유럽의 패권국가, 스페인에

그렇지만 북부 네덜란드의 홀란트, 특히 암스테르담은 스페인 국왕과 결별하는 것에 주저하면서 신중한 태도를 보였다. 이러한 상황을 바꾼 것은 1576년에 일어난 '스페인의 광기(Spanish Fury)' 사건이었다. 스페인의 광분한 군대가 안트베르펜을 약탈하고 수천 명이 살해당하면서 보수적이고 조심스럽던 암스테르담조차 순식간에 태도를 바꿨다. 당대 최고의 인재로 가득했던 안트베르펜에서 많은 인재가 대거 암스테르담으로 도망쳐 들어왔고, 암스테르담의 인적 구성 비율은 완전히 바뀌었다. 스페인 국왕에 충성을 맹세했던 신민의 숫자는 줄었고, 스페인 국왕에 대한 복수심을 불태우는 자유 시민의 숫자는 넘쳐났다. 스페인의 레콘키스타 시기에 쫓겨났던 유대계 후손들과 스페인 광기로 주검을 당한 자들의 친구와 가족이 암스테르담에 모이면서 독립투쟁의 불꽃은 타올랐다. 암스테르담에서 벌어진 1578년의 알테라치(Alteratie) 사건을 계기로 스페인은 적, 오렌지공은 동지라는 구조가 형성되면서 암스테르담은 네덜란드 독립전쟁의 선봉에 섰다.7)

도전장을 내밀게 된 계기는 스페인의 과중한 조세에서 시작된 셈이었다. 훗날, 미국도 영국 왕의 무리한 조세정책으로 독립전쟁을 시작했던 것과 비슷하다. 네덜란드의 시민들은 이때부터 신교도들의 적극적 저항활동에 전폭적인 지지를 보냈고, 1572년에 알바의 군대는 해안 지역에서부터 차츰 퇴각하기 시작했다. 외국으로 피신했던 오렌지공 빌렘은 외교적 수완을 발휘해 스페인과 적대적 관계에 있었던 프랑스를 네덜란드 지원 세력으로 끌어들였고, 신교를 지지했던 북독일의 선제후 지원도 받을 수 있었다. 미국이 영국에 대한 독립전쟁을 시작하면서 프랑스와 네덜란드의 도움을 받은 것과 비슷한 상황이었다.

7) 암스테르담은 가톨릭 전통이 강하게 남아 있던 북부 네덜란드의 도시였고, 스페인 국왕에 대한 충성심이 강했던 지역이었다(Roegholt, 2010: 106-115). 그렇지만 스페인의 광기 이후, 안트베르펜에서 유입된 많은 상인과 자본가는 스페인에 대한 복수심에 불타 있었고 그들은 빠른 속도로 암스테르담의 적극적인 주류 세력이 됐다. 1578년의 알테라치 대변혁을 기점으로 칼뱅교의 국교화, 로마

암스테르담의 결정

홀란트의 중심도시 암스테르담은 16세기 말부터 스페인제국에 대항해서 독립전쟁할 것을 결정했다.[8] 청어산업의 중심지, 암스테르담에 인재들이 모여들면서 암스테르담은 홀란트의 중심을 넘어서는 네덜란드 독립군의 중심지가 됐다. 암스테르담은 신교도를 중심으로 많은 상인과 금융전문가들이 집결한 도시가 됐으며, 빠른 속도로 서유럽 최고의 부자 도시로 변모했다. 스페인제국이 제시한 평화안(Pacification of Ghent)으로 고민하기도 했지만, 네덜란드의 북부와 남부는 서로 다른 분명한 차이를 보였다. 1579년의 남부 네덜란드(10주)는 아라스 동맹(Union of Arras)을 체결, 가톨릭 교도로서 스페인 국왕에 충성한다고 했다.[9] 그러나 북부 네덜란드의 7개 주는 유

가톨릭의 금지, 스페인으로부터의 독립을 적극적으로 추진됐다. 신교도가 암스테르담을 장악하면서 암스테르담은 독립운동의 핵심적 중앙본부가 됐다(nl.wikipedia.org/wiki/Alteratie 참조).

8) 암스테르담의 도시 역사는 13세기부터 본격화됐다. 1275년, 암스텔(Amstel)강 주변에 사람들이 모여서 댐(dam)을 쌓고 그 보상으로 하천의 통과세를 면제받으면서 시작됐다고 볼 수 있다(도시사학회 편. 도시는 기억이다. 서해문집. 2017, 참조). 우여곡절을 거치면서 암스테르담은 14세기 초, 중세의 도시로 인정받았는데, 1369년에는 한자(Hansa)동맹에도 가입했다. 북해에서 많은 청어를 수확하면서 더욱 유명해진 어업항구였지만, 동서양의 무역을 연결하는 상업도시로 발전하면서 17세기에 세계 물류의 중심이 됐다.

9) 유럽에서 네덜란드라고 하면 낮은 지역의 땅이란 의미로 지금의 베네룩스 3국의 전체 지역을 가리킨다. 낮은 지역의 땅은 북부 네덜란드와 남부 네덜란드로 나눠 볼 수 있는데 북부가 청어잡이로 유명했다면 남부는 모직물로 유명했다. 플랑드르로 불렸던 남부 네덜란드 지역은 지금의 벨기에이며 사용하는 언어는 프랑스어에 가깝고 가톨릭 교도가 상대적으로 많다. 19세기 초, 나폴레옹의 통치에서 벗어난 네덜란드는 공화국이 아닌 오렌지 가문이 국왕을 맡는 왕국으로 재건됐고, 오랜 기간 숙원이었던 하나의 나라, 즉 북부와 남부의 네덜란드를 하나로 통합한 네덜란드왕국이 됐다. 그러나 끊임없는 갈등과 내전 속에서 마침내

트레히트 동맹(Union of Utrecht)을 맺고 7주 연합체로서 스페인제국에서 완전히 독립하며 종교적 자유도 쟁취할 것을 결의했다. 1581년, 네덜란드공화국(Dutch Republic, 1581~1795)을 선언하면서 북부 네덜란드는 남부 네덜란드와 분리됐고, 스페인제국에 대한 독립전쟁을 본격화했다.

그러나 북부 네덜란드의 7주 연합체는 군사적 동맹 성격만 갖고 있을 뿐이었다. 각 주는 독립적 정치 체제로 귀족대표와 도시대표로 구성된 주의회를 중심으로 제각각 행정권을 행사했다. 북부 네덜란드 7주 전체를 대표하는 연방의회도 있었지만, 남부 네덜란드를 제외한 북부만의 반쪽짜리 연방의회였다. 그나마 느슨한 형태의 연방의회여서 전국적인 세금징수권도 없었고, 만장일치제로 운영돼 강력한 국가정책을 세울 수도 없었다. 이러한 느슨한 7주 연합체인 네덜란드공화국을 이끌었던 곳은 암스테르담이었다. 다수의 상인과 은행가들이 암스테르담을 중심으로 강력한 독립 세력을 형성했으며, 그들은 오렌지 가문의 빌렘 1세와 그의 후계자를 적극적으로 지원하면서 상호 연대성을 강화했다.

이러한 과정을 통해서 네덜란드 독립전쟁은 부르주아 계층(상인, 금융인)이 주도하는 홀란트, 특히 가장 부유하고 강력했던 도시 암스테르담을 중심으로 추진될 수밖에 없었다. 독립전쟁에 필요한 군자금은 암스테르담의 부자 상인과 은행가들이 지원했고, 그 액수는 스

남부 네덜란드는 별도의 벨기에왕국으로 분리돼 오늘에 이르고 있다. 지역적으로는 인접했지만, 언어와 종교 그리고 가치관이 달랐기 때문에 네덜란드는 북부 네덜란드(홀란드), 남부 네덜란드(벨기에)로 나뉘었지만, 지금은 사실상 국경선이 없는 하나의 유럽(EU)으로 공동 번영을 누리고 있다.

페인의 지원 수준을 넘어섰다. 그런데 암스테르담의 독립정신과 함께 유럽을 새롭게 바꿀 사상가들도 암스테르담에 집결하면서 이전과는 분명히 다른 가치관들이 표출됐다. 그 뚜렷한 사상적 흐름은 왕권주의가 아닌 공화주의에서 시작됐다. 암스테르담에 모인 인재들은 스페인제국의 군대가 지닌 무자비한 폭력에 대한 혐오감과 복수심을 갖고 왕의 폭력에서 개인의 자유와 재산을 지키고자 했다. 암스테르담의 사상가들은 자유를 외치면서 구교에 대한 불신, 구질서에 대한 거부감을 드러냈으며, 구교에 대항하는 저항자(프로테스탄트)로서 부르주아적 종교관을 보인 칼뱅주의와 일치했다. 다양성과 관용성을 보여 주는 암스테르담의 사상가들은 새로운 근대(近代) 의식을 잉태하고 있었음이다.[10]

10) 16세기 말, 암스테르담에 모여든 세계 인재들의 특징은 스콜라식 교부철학(教父哲學)이 제시한 신성한 자연관을 격렬히 비판하고, 객관적 사실에 입각한 증명 가능한 과학주의를 선호했다. 그들은 훗날, 데카르트식 수학적 가치관과 함께 바뤼흐 스피노자(Baruch Spinoza, 1632~1677)의 범신론적 자연관도 동시에 이해할 수 있는 포용력 있는 집단지성으로 빠르게 성장했다. 암스테르담의 세계 인재들이 지닌 새로운 가치관은 이전의 중세 유럽인들의 그것과는 분명히 구분되는 가치관이었고, 이것은 근대적 사고의 탄생을 의미했다. 마치 새로운 생각과 사건의 연속선상에서 사고(思考)의 패러다임 혁신이 일어난 것과 비슷했다. 15세기, 신대륙과 신항로를 발견하면서 16세기에 성경을 비롯한 많은 책이 출판되고 종교개혁도 급격히 추진된 것이다. 이 같은 시대적 상황을 대표하는 이탈리아의 갈릴레오 갈릴레이(Galileo Galilei, 1564~1642), 영국의 프랜시스 베이컨(Francis Bacon, 1561~1626), 프랑스의 르네 데카르트(René Descartes, 1596~1650)의 과학적이고 경험적이며 합리적인 사고는 암스테르담이라는 새로운 토양에 튤립 알뿌리처럼 고스란히 심어졌고, 17세기 근대(近代)라는 새로운 꽃을 피웠다.

② 네덜란드 독립전쟁과 오렌지 가문

암스테르담은 마지막까지 혁명을 주저했던 북부 네덜란드의 전통적 도시였다. 그러나 스페인의 광기 이후, 안트베르펜에서 몰려온 인재와 자본으로 암스테르담의 주류 세력이 바뀌면서 암스테르담은 독립전쟁의 중심지가 됐다. 상인과 은행가들과 긴밀하게 협력한 오렌지 가문과 함께 본격적인 독립전쟁 또는 80년전쟁이 시작됐다.

네덜란드의 오렌지 가문

오렌지 가문의 빌렘 1세(Willem Ⅰ, 1533~1584)는 네덜란드의 초대 세습 총독이면서 스페인제국에 항거한 네덜란드의 80년 독립전쟁(1568~1648)을 이끈 초기 지도자였다.[11] 오렌지 가문의 빌렘 1세는 독립군을 이끌고 1568년 헤일리게레 전투에서 스페인 군대와 싸워 승리했고, 네덜란드의 기나긴 80년 독립전쟁의 첫 전투로 기록됐다.

---

11) 스페인의 국왕 펠리페 2세와 친밀한 관계였던 빌렘 1세는 공포통치를 일삼는 알바공을 퇴진시키고, 자신의 영지를 되찾으면 된다고 탄원했다. 실제로 펠리페 2세와 빌렘 1세는 서로 형제같이 성장했기 때문에 스페인의 국왕이 된 펠리페 2세가 자신의 친구는 빌렘 1세밖에 없다고 말할 정도였다. 그런 스페인 국왕과 네덜란드 영주가 서로 다른 종교와 서로 다른 이해관계로 충돌한 것이다. 스페인은 경제적으로 번영하고 있는 네덜란드에서 더 많은 세금을 징수하려 했고, 네덜란드의 상인들은 그런 스페인 국왕의 과도한 조세정책에 강력히 저항했다. 결국, 네덜란드의 이익을 대변하는 빌렘은 펠리페에게 저항할 수밖에 없었고, 네덜란드의 상인들은 국왕(펠리페 2세)이 아닌 영주(빌렘 1세)를 지원하기 시작했다.

빌렘 1세는 군자금이 바닥나면서 후퇴를 거듭했으나 암스테르담의 상인과 은행가들이 빌렘 1세를 적극적으로 지원하면서 상황은 바뀌었다. 빌렘 1세가 북부 네덜란드의 델프트와 홀란트에 주둔해 있던 스페인 군대를 몰아낼 수 있었던 배경에는 상인과 은행가의 지원이 있었기에 가능했다.[12)]

한편, 빌렘 1세의 후손이며 17세기 네덜란드공화국의 황금시대(The Golden Age)를 이끌었던 오렌지공(빌렘 3세)은 영어로 윌리엄 3세(William Ⅲ)라고 불렸다. 그는 명예혁명으로 장인이었던 제임스 2세를 조용히 몰아내고 부인인 메리와 함께 영국의 국왕에 올랐다. 그 역시 암스테르담의 상인들과 은행가의 지속적인 지원이 없었다면 영국의 국왕에 오르기 어려웠을 것이다. 스페인보다 열세였던 네덜란드 독립군이 80년전쟁에서 승리할 수 있었던 배경에도 암스테르담의 인재와 자본은 필수적이었다. 또한, 네덜란드의 공화국 군대가 명예혁명을 통해 영국의 런던에 입성할 수 있었던 배경에도 암스테르담의 상인과 자본가들의 재정적 후원은 결정적이었다. 16세기, 17세기

---

12) 1574년, 레이덴(Leiden) 탈환작전에서 빌렘 1세는 엄청난 계획을 실행에 옮기게 됐다. 스페인 군대를 몰아내기 위해 레이덴의 제방을 무너뜨려 수공(水攻)을 펼치는 작전이었다. 엄청난 시민들의 피해도 불가피해서 만일 스페인군을 몰아낼 수 있다고 해도 시민들의 엄청난 저항을 받을 것이 분명했다. 그렇지만 빌렘 1세는 레이덴을 수몰시키고 스페인 군대를 내쫓은 이후에 시민들이 받은 피해를 충분히 보상하고 이에 더해 네덜란드 최초의 대학인 레이덴 대학을 세워 주기까지 했다. 스페인 군대로서는 도저히 이해할 수 없을 정도의 재정력을 빌렘 1세는 갖고 있었다. 1576년, 스페인 군대에서는 보급품도 받지 못하고 봉급까지 끊기는 상황이 벌어졌다. 분노한 스페인 군인들은 부유한 도시, 안트베르펜을 약탈하고 7천 명 이상을 살육하는 이른바 '스페인의 광기' 사건을 일으키게 된다. 레이덴 탈환작전과 스페인 광기사건을 통해 당시의 네덜란드 독립군이 얼마나 풍요로웠는가 반대로 스페인 국왕의 군대가 얼마나 빈곤했는가를 극명하게 대비해 볼 수 있다.

에 걸쳐서 전쟁을 벌였던 스페인과 프랑스 그리고 영국은 암스테르담의 인재와 자본력에 밀려 뒤로 물러설 수밖에 없었다.[13]

네덜란드공화국은 오렌지공 윌리엄 3세가 이끌었던 17세기의 황금시대를 거쳐서 18세기 말 쇠퇴했고, 프랑스의 나폴레옹에게 주권도 빼앗겼다. 나폴레옹이 몰락하고 다시금 주권을 회복하면서 19세기 초의 네덜란드는 영국과 비슷한 입헌군주국의 정치 체제를 채택해 왕국이 됐으며, 국왕은 오렌지 가문에서 배출됐다. 네덜란드의 여왕으로부터 2013년, 왕위를 계승한 빌렘 알렉산드르 국왕도 유서 깊은 오렌지 가문 빌렘 1세의 후손이다. 이처럼 오렌지 가문은 네덜란드 독립전쟁에서부터 네덜란드공화국의 황금시대, 그리고 현재의 네덜란드왕국에 이르기까지 네덜란드의 국민적 사랑과 존경을 받는 유럽의 대표적 왕가다.

네덜란드의 독립과 분단

16세기 스페인제국과 네덜란드 사이에서 갈등이 시작됐을 무렵, 스페인제국은 지중해에서 오스만제국과 전쟁을 벌이고 있었다. 강력한 이슬람의 오스만제국과 벌인 전쟁 가운데 가장 대표적인 것은 1571

13) 스페인과 네덜란드의 80년전쟁은 누가 더 많은 군대와 신무기를 동원할 수 있는가보다 누가 더 재정적으로 전쟁비용을 잘 조달할 수 있는가를 경쟁한 전쟁이었다. 스페인 군대는 강력한 무기로 신대륙을 쉽사리 정복했지만, 유럽전쟁에서 스페인의 무기는 전혀 새로운 것이 아니었다. 스페인은 대규모의 군대를 동원할 강력한 권력은 있었지만, 그렇다고 군인들에게 급여도 지급하지 않고 동원할 정도의 전제적 왕권을 갖고 있었던 것은 아니었다. 따라서 무장군인을 유지하고 장기간의 전쟁을 수행하기 위해서는 엄청난 재정이 필요했고, 이 부분에서 네덜란드의 재정적 동원 능력은 스페인보다 한 수 위였다고 볼 수 있다.

년의 레판토 해전(Battle of Lepanto)이었다. 서유럽을 오스만제국에서 지키기 위한 수많은 갤리선을 동원했던 베네치아공화국, 로마교황청, 그리고 스페인제국의 연합함대가 단합해서 오스만제국과 벌였던 대규모 해전이었다. 콘스탄티노플에 이어서 로마를 정복하고자 했던 오스만제국(이슬람)의 침공을 서양의 기독교 국가들이 막아 낸 것이었다. 그렇지만 내적인 갈등, 즉 가톨릭(구교)에 대한 프로테스탄트(신교)의 저항까지 제압하기는 역부족이었다. 이런 상황에서 스페인은 네덜란드에 유화책을 썼고, 그런 전략은 상당한 효과가 있었다. 스페인의 유화책으로 네덜란드는 남부와 북부, 구교와 신교로 나뉘어 상호 갈등했다. 스페인에 그대로 충성하자는 가톨릭교도는 남부 네덜란드에 모였고, 스페인에서 완전히 독립하자는 프로테스탄트는 북부 네덜란드로 향했다.

역사는 반복된다는 표현이 무색할 정도로 닮은 꼴이었던 네덜란드의 독립전쟁은 200년 후에 일어난 미국의 독립전쟁과 매우 흡사했다. 앞서 언급한 바와 같이 16세기의 네덜란드는 북부 7개 주가 유트레히트 동맹(1579)을 결성해 스페인과 싸웠는데, 18세기의 미국은 13개 식민주가 함께 모여 독립선언(1776)을 하면서 영국과 독립전쟁을 벌였다. 네덜란드는 스페인 통치에 잔류한 남네덜란드(벨기에)와 분리됐고, 미국은 영국 통치에 잔류한 북아메리카(캐나다)와 분리됐다. 또한, 네덜란드와 미국은 당대의 세계적 패권국가인 스페인제국, 대영제국과 싸워서 독립을 쟁취한 공화국이었다.[14] 미국의 초대 대

14) 1581년, 북부 네덜란드의 7개 주는 연방의회를 통해 철회령(Act of Abjuration)을 공표했다. 이는 미국의 연방헌법과 비슷한 성격을 지니고 있는데, 네덜란드의 각 주는 주권을 가지며 주의 통치자는 주가 부여한 권한만을 행사한다

통령 워싱턴(George Washington, 1732~1799)도 젊은 시절에는 영국군으로 활약했던 인물이고, 네덜란드의 독립군을 이끌며 네덜란드의 국부(國父)로 추앙되는 빌렘 1세도 본래는 스페인 국왕의 신하였다.

어쨌든 네덜란드는 스페인에서 독립했지만, 남부 네덜란드(벨기에)와는 분단됐고 남북으로 나뉘었다. 미국도 영국에서 독립했지만, 북부 영국령 아메리카(캐나다)와 완전히 분리되면서 지금은 상상하기 힘들지만, 상당 기간 미국과 캐나다 사이에 군사적 갈등 관계를 보인 기간도 있었다. 1783년, 미국이 공식적으로 독립하면서 캐나다 지역의 영국 식민지들은 1812년에 발생한 미국과 영국의 전쟁에도 개입한 적이 있다. 결국, 미국과 캐나다 지역은 오리건 협상으로 북위 49도 선에서 국경선을 정하면서 미국과 캐나다의 분쟁은 정리됐다. 한편, 네덜란드는 19세기에 남부 네덜란드와 재통합을 추진하면서 네덜란드 연합왕국(1815~1831)이 일시적으로 세워졌지만 잦은 충돌이 불가피했다.[15] 이미 네덜란드의 북부와 남부는 너무도 달랐고, 결국

고 규정하고 있다. 특히 철회령에는 스페인 국왕에 대한 충성을 철회하고 네덜란드(United Netherlands)에 대한 충성을 맹세하면서 인민들의 군주(또는 국가)에 대한 선택권과 함께 자유권으로서의 자연법적 근거도 제시하고 있다. 네덜란드의 철회령에 나타난 새로운 국가관은 사회계약론의 모태를 보여 줬으며, 훗날 토머스 홉스(Thomas Hobbes)의 『리바이어던』과 존 로크(John Locke)의 『시민정부론』에게도 많은 영감을 제공했다고 볼 수 있다.

15) 네덜란드의 오렌지공 빌렘 1세가 꿈꿨던 네덜란드 통일은 나폴레옹이 사라진 직후인 1815년에 달성됐다. 네덜란드 연합왕국의 초대 국왕으로 오렌지 가문의 빌렘이 즉위해 북부 네덜란드와 남부 네덜란드를 통합했기 때문이다. 그렇지만 그것은 갈등과 충돌이었을 뿐이다. 북부 네덜란드의 7주는 대외 부채가 많았고, 전성기 시절의 암스테르담 상인과 은행가들은 나폴레옹의 침공을 피해 대부분 런던으로 옮겨갔기 때문에 19세기 초, 프랑스에 점령된 북부 네덜란드의 재정 상황은 최악의 상황이었다. 그런데 인구 측면에서는 프랑스인이 많이 이주한 남부 네덜란드(10주)가 북부 네덜란드보다 많았다. 북부의 부채를 연합왕국이 떠안으면서 남부는 빚을 갚는 상황이 됐지만, 정치 권한에서는 남북의 네덜란드가

은 내전이 발생해 남부와 북부는 다시 분리됐다.[16] 남부 네덜란드는 '벨기에'가 되면서 평화를 되찾았고, 지금은 하나의 유럽으로 벨기에의 수도(Bruxelles)는 유럽연합(EU)의 수도가 됐다.

영국 국왕이 된 오렌지공(윌리엄 3세)

앞서 언급된 바와 같이 네덜란드공화국에는 오렌지 가문이라는 전통적인 귀족 가문이 존재했고, 오렌지 가문은 네덜란드의 정치 지형에서 16세기부터 현재까지 약 500년 동안 계속해서 중요한 위치를 차지했다.[17] 17세기로 접어들었던 시기, 네덜란드공화국은 스페인

통합의회에서 동등한 대표권을 행사했다. 이와 같은 상황에서 남부 네덜란드는 상대적인 박탈감이 강했고, 종교적으로도 로마 가톨릭의 교세가 강해 북부인들에 대한 반감이 심했다. 결국, 빌렘 국왕의 통치에 반감이 깊어진 남부 네덜란드인들은 1830년 혁명에 자극받아 브뤼셀을 중심으로 반란을 일으켰고 반란이 장기전이 될수록, 외세가 개입할 가능성이 커졌다. 결국, 1831년이 되자 유럽 열강들은 남부 네덜란드가 벨기에로 독립하는 것을 승인했는데 이에 불복한 네덜란드의 왕은 군대를 이끌고 벨기에로 침공했지만, 프랑스의 위협으로 물러날 수밖에 없었다.

16) 1960년대에 분단됐다가 일시적으로 평화 통일을 이뤘던 예멘은 1994년의 예멘 내전으로 다시금 분단됐다. 북예멘이 승리해 재통일됐다고 하지만 내전은 계속됐고, 최근에는 예멘에서 온 난민들이 제주도에 입국하면서 그 심각성을 다시 주목하게 했다. 역사적으로 비슷한 배경을 갖고 있는 민족이나 공동체라고 해도 분단 상황이 길어지면 재통일했을 때 큰 후유증이 있을 수밖에 없다. 19세기의 북부 네덜란드와 남부 네덜란드(벨기에) 경우도 재통일의 후유증과 어려움을 보여 주는 사례다.

17) 한반도의 남북한 두 개의 공화국도 상대적인 측면에서 비교가 된다. 남쪽의 대한민국은 마치 미국의 공화국처럼 왕이 될 가문이 존재하지 않았고 그럴 분위기를 인정하지도 않는 상황이었다. 그렇지만 북한의 경우는 마치 네덜란드의 세습 스타트하우더를 역임한 오렌지 가문처럼 김일성 가문이 백두혈통으로 존재한다는 것이다. 각국 공화국의 역사를 비교한다는 차원에서 보면 대한민국은 미국 공화국과 비슷하고, 북한은 상대적으로 입헌군주제를 채택한 네덜란드, 영국

과 포르투갈을 제치고 강력한 해양공화국으로서 전 세계의 바다를 누비며 국부를 축적했다. 그리고 유럽의 30년전쟁이 끝난 1648년, 베스트팔렌 조약(Peace of Westfalen)이 체결되면서 신성로마제국(합스부르크 왕가)은 종교의 자유를 허용하면서 네덜란드공화국의 독립도 공식적으로 인정했다.[18]

여러 우여곡절을 거치면서 성공에 이른 네덜란드공화국이었지만 사실상의 왕가로 칭송됐던 오렌지 가문은 공화파 정부의 경계 대상이었다. 그러나 공화파 정부의 경계에도 불구하고 네덜란드를 둘러싼 국제 정세는 위기로 치닫고 있었다. 네덜란드에 대한 스페인의 침략 가능성은 거의 사라졌지만, 스페인보다 더 강력한 프랑스가 왕권을 강화하면서 네덜란드를 노리고 있었기 때문이다. 태양왕으로 불리는 프랑스의 루이 14세(Louis XIV)는 네덜란드를 침공할 준비를 진행했고, 넓고 비옥한 영토를 기반으로 많은 인구를 지닌 프랑스가 네덜란드를 육상에서 공격할 경우, 방어는 쉽지 않았다.[19] 더욱이 루이 14세는 영국(잉글랜드)의 국왕 찰스 2세와 비밀 조약을 체결했고,

---

과 비슷한 상황이다.

18) 기독교 내부에서의 구교와 신교 사이의 본격적인 전쟁은 30년전쟁이었고, 이는 1648년에 막을 내렸다. 이로써 구교를 지지하면서 합스부르크 가문이 이끌었던 신성로마제국은 30년 전쟁을 종결했고 베스트팔렌 조약을 체결했다. 이 시기는 유럽의 봉건사회가 막을 내리고 새로운 근대사회가 시작되는 시점이기도 했으며, 동시에 유럽의 근대적 국가관계가 형성되는 시기이기도 했다. 30년전쟁의 결과, 유럽에서의 합스부르크 왕가(스페인과 독일)와 로마 가톨릭의 영향력은 줄어들었고, 상대적으로 대서양에 인접한 프랑스, 네덜란드 그리고 영국이 세계의 패권을 차지하기 위한 치열한 경쟁을 시작하게 됐다.

19) 1685년 기준으로 도시지역 주민의 1인당 소득을 비교하면 암스테르담의 소득 수준은 파리의 소득 수준에 4배가 많았지만, 국가 전체의 인구 수에서는 프랑스가 네덜란드보다 훨씬 큰 규모였다.

북쪽의 스웨덴까지 동맹에 끌어들여 바다에서도 네덜란드를 완전히 포위했다. 1672년, 영국이 먼저 네덜란드를 공격했고, 곧이어 프랑스가 육상에서 네덜란드를 침략했다. 바다와 육상에서 동시에 공격받는 상황에서 네덜란드의 연방의회는 오렌지 가문의 젊은 청년 빌렘 3세에게 네덜란드공화국의 모든 군사적 권한을 부여할 것을 결정했다.

절체절명의 위기 상황에서 다시금 등장한 오렌지공 빌렘 3세는 유럽 중부의 독일 세력과 먼저 연대했다. 신성로마제국의 레오폴트 1세 황제, 브란덴부르크의 프리드리히 빌헬름 1세 선제후 등과 동맹 관계를 수립하면서 프랑스를 역으로 포위한 것이다. 1674년, 네덜란드는 바다 건너편의 영국과 평화조약을 체결하면서 외교적으로 프랑스의 공격 포위망을 뚫었고, 1677년에 요크 공작(제임스 2세)의 딸(메리)과 빌렘 3세가 결혼까지 했다. 이런 외교적 성과의 결과, 프랑스 군대는 네덜란드에서 철수했고 네덜란드의 수호자로 오렌지 가문은 재등장했다. 네덜란드를 위기에서 구출한 오렌지공을 네덜란드의 대중은 환호했고, 반대로 취약했던 공화파 정부는 몰락했다.[20] 그런데 곧이어 오렌지공 빌렘 3세에게 엄청난 제안이 들어왔다. 1688년, 영국의 국왕 제임스 2세가 종교문제로 영국 의회와 대립하면서 영국 의회가 은밀히 빌렘 3세와 그의 부인 메리에게 영국의 공동 국왕 자리를 제안한 것이다.[21] 제임스 2세의 딸이 메리이고 그의 남편이 빌

---

20) 네덜란드 공화정부를 이끌었던 비트(Johan de Witt, 1625~1672)는 프랑스의 루이 14세의 공격에 속수무책이었고, 결국 오렌지공 빌렘 3세를 지지한 성난 군중들은 투옥됐던 비트를 꺼내어 1672년, 그를 매달아 해부해 죽음에 이르게 했다.

21) 제임스 2세(James Ⅱ, 1633~1701)는 찰스 2세의 동생이었다. 영국의 청교도 혁명 당시, 프랑스로 망명했다가, 1660년 왕정이 복고되면서 찰스 2세가 등극했고, 그가 죽자 동생인 제임스 2세가 영국의 국왕이 됐다. 그러나 제임스 2세

렘 3세이니 장인과 사위 사이에 경합이 붙은 셈이다. 네덜란드의 세습 스타트하우더로서 전권을 행사했던 빌렘 3세는 기회를 놓치지 않고 영국에 강력한 무력 시위를 함으로써 공포에 질린 제임스 2세가 조용히 도망치도록 했으며, 평화롭게 영국의 국왕이 됐다. 훗날 이러한 과정을 가리켜 명예혁명이라고 포장하지만, 사실상 암스테르담의 무력에 의한 런던 점령이기도 했다.

③ 암스테르담의 유대계 상인과 자본

역사에 기록된 국가의 통치 세력, 즉 정치적·군사적 권력을 쥐고 있는 세력과 경제적·사회적 영향력을 가진 세력의 역학 관계는 대부분 은밀하게 연결돼 있다. 이에 비교할 때, 상대적으로 암스테르담의 정치적·군사적 권력을 쥐고 있던 오렌지 가문과 암스테르담에 있던 유대계 상인, 자본가의 관계는 밖으로 나타날 정도로 공고했다.

는 가톨릭교도였고 영국 의회의 의원들은 대부분 신교도였기 때문에 대립이 심했다. 제임스 2세가 재혼하면서 왕자가 생겨나자 영국 의회는 제임스 2세의 딸 메리(신교도)와 그의 남편인 오렌지공 빌렘 3세(신교도)를 영국의 새로운 공동 국왕으로 추대하게 된다. 1688년, 사위였던 빌렘 3세는 조용히 제임스 2세를 탈출하도록 종용했고, 그는 어쩔 수 없이 프랑스로 망명했다. 이후에 제임스 2세는 프랑스 루이 14세의 군사적 원조 하에 아일랜드에서 영국의 왕권을 되찾으려 시도했다. 그러나 네덜란드의 빌렘 3세이면서, 영국의 국왕인 윌리엄 3세의 강력한 군대에 의해 제임스 2세의 반격은 참패했고, 영국으로 돌아오지 못한 채 프랑스에서 영면했다.

명예혁명과 유대계 자본

앞서 언급된 네덜란드공화국의 최고지도자 오렌지공 빌렘 3세가 영국의 제임스 2세를 몰아낼 때, 명예만으로 혁명할 수는 없었다. 빌렘 3세가 영국 의회의 지지를 받더라도 제임스 2세의 막강한 군대와 전쟁을 해야 했고, 이를 위해서는 대군을 동원해 영국을 침공해야 했다. 당연히 엄청난 군자금이 필요했고, 빌렘 3세는 사방에서 자신을 지원해 줄 재정적 후원자를 찾아야 했다. 영국 의회가 네덜란드의 빌렘 3세에게 같은 신교도로서 부인 메리와 함께 영국 국왕이 돼 줄 수 있는가를 타진했던 것은 사실이지만, 그렇다고 영국 의회가 빌렘 3세를 재정적으로 도운 것은 거의 없었다. 그런데 이 부분에서 명예혁명과 유대계 자본의 연관성을 보여 주는 대표적 인물이 있다. 군자금의 지원 규모까지 알려진 프란시스코 수아소(Francisco Suasso, 1657~1710)는 빌렘 3세를 지원한 대표적 재정적인 후견인이었다.

수아소는 암스테르담 출신의 유대계 자본가였는데, 빌렘 3세를 위해 막대한 군자금인 200만 길더(guilder)를 조건 없이 지원한 것으로 유명하다.[22] 관련 내용은 암스테르담 현지의 유대인 박물관에도 잘 보관돼 기록돼 있는데 수아소가 지원한 군자금 규모는 오늘날의 가치로 환산해도 엄청난 규모였다. 17세기 말, 작은 배 한 척을 사는

---

22) 암스테르담의 유대인 역사박물관에 소장된 초상화와 관련 기록물에 따르면 수아소는 암스테르담에서 태어난 대표적 유대계 은행가였다. 빌렘 3세가 프랑스와 전쟁을 성공적으로 수행하고 영국의 명예혁명을 통해 영국왕이 될 수 있도록 자금을 지원한 배후에는 수아소 가문과 같은 유대계 상인과 거대자본이 있었기에 가능했다. 빌렘 3세와 루이 14세의 네덜란드-프랑스전쟁처럼 보이지만 배후에는 국력을 좌우하는 자본력이 역사의 중요한 변수로 작용했음을 확인시켜 주고 있다.

데 500길더 정도가 필요했다는 자료를 근거로 200만 길더의 가치를 환산하면 약 4,000척의 작은 배를 구매할 수 있는 액수였다. 명예혁명 당시 출병한 군사력 동원에 지출된 총재정 액수가 700만 길더였고, 그 가운데 약 400만 길더는 국채로 발행됐기 때문에 현금 300만 길더 가운데 대부분(75%)은 수아소가 지원한 유대계 자본이었다.

유대계 상인 출신인 안토니오 수아소(Antonio Suasso)의 아들이었던 프란시스코 수아소도 상인이면서 동시에 은행가로서 암스테르담에서 활약했다. 수아소 가문의 조상들은 대부분 이베리아(스페인과 포르투갈) 출신의 세파르딕 유대인(Sephardic Jews)이었던 것으로 알려져 있다. 수아소는 빌렘 3세에게 차용증도 받지 않고 엄청난 현금을 빌려 준 것으로 유명하지만 부자는 결코 손해나는 투자를 하지는 않는 것으로 보인다. 수아소의 지원자금으로 명예혁명을 성공적으로 완수하면서 영국의 국왕이 된 윌리엄 3세는 다각적으로 수아소를 지원했고, 영국 의회에서 재정 지원을 받지 못했던 암스테르담 출신의 윌리엄 3세는 수아소와 같은 암스테르담의 자본가 지원을 계속 받았다.[23] 이런 배경에서 수아소와 같은 암스테르담 출신의 유대계 자본가들은 런던의 금융시장을 움직일 수 있는 거대한 세력이 될 수 있었다. 윌리엄 3세와 암스테르담 출신의 유대계 자본가들은 런던의 자본시장을 선진적으로 바꿨으며, 그 대표적인 결과물 가운데 하나가 바로 잉글랜드은행(Bank of England)의 탄생이었다.

23) 신교도가 주류를 이뤘던 영국 의회였지만 윌리엄 3세가 프랑스의 루이 14세를 상대로 싸워야 했던 전쟁과 관련해서는 매우 냉담했다. 영국의 귀족을 대표했던 영국 의회는 네덜란드 암스테르담 출신의 윌리엄 3세에게 막대한 전쟁비용을 거의 지원하지 않았고 오히려 방해했을 정도였다.

네덜란드은행과 유대계 자본

제4장에서 언급된 바와 같이 유럽에서 근대적 은행제도가 시작한 곳은 베네치아였지만, 꽃을 피운 곳은 암스테르담 외환은행(Amsterdam Exchange Bank)이었다고 평가된다. 암스테르담 외환은행은 훗날 런던의 잉글랜드은행(Bank of England) 모태가 됐고, 현재의 미국이 지닌 연방준비제도(Federal Reserve System) 설립에도 결정적 영향을 미쳤다. 그런데 이와 같은 베네치아-브뤼헤-안트베르펜-암스테르담-런던-뉴욕으로 이어지는 은행제도의 역사에서 하나의 공통점으로 등장하는 것은 바로 유대계 자본이다. 그 흐름은 수백 년에 걸쳐서 이어졌고, 지금도 큰 흐름은 바뀌지 않았다고 볼 수 있다.

1608년, 암스테르담에 증권거래소가 설립됐고, 그 다음 해인 1609년에는 암스테르담 외환은행이 탄생했다. 이 과정에서 베네치아 출신의 은행가와 안트베르펜 자본가들의 이동은 결정적이었다. 물론 이들 대부분은 유럽 각 지역에서 몰려온 유대인이었지만 다양한 출신 배경에도 불구하고 긴밀하게 연계된 인적 자원과 금융기술로 암스테르담의 은행 업무는 획기적으로 발전했다. 당시의 암스테르담은 무역의 중심지로서 유럽 각 지역의 돈이 쏟아져 들어오면서 약 1천종 이상의 주화가 거래됐다. 이런 상황에서 네덜란드공화국 정부는 상인들의 상거래 활동을 보호하기 위해 표준통화를 만들어 교환가치를 안정시키는 조치를 취해야 했다. 당시에는 중앙은행이라는 개념이 등장하기 이전이기 때문에 공적인 기능을 맡을 암스테르담의 공공은행을 설립하는 것이 최상이었고, 이런 배경에서 암스테르담 외환은행이 등장한 것이다.

암스테르담 외환은행에서는 계좌를 가진 상인으로부터 금화 또는 은괴를 받고 이를 근거로 계좌 주인이 상거래할 수 있도록 은행 화폐를 발행해 줬다. 암스테르담 정부가 암스테르담 외환은행의 은행권을 지급 보증해 줬고, 이로써 신뢰성을 확실하게 담보 받은 은행권의 유통량은 획기적으로 증가할 수 있었다. 특히 암스테르담 외환은행은 상인들에게 표준화된 암스테르담 은행 화폐로 예금하게 하면서 금화와 같은 실물 화폐의 사용 없이 상거래를 가능하게 만들었다. 오래전 베네치아의 은행들이 개발했던 것보다 좀 더 개선된 방식이었다. 이로써 암스테르담 외환은행은 수표, 은행권, 당좌거래와 같은 근대적 은행 업무를 대부분 수행할 수 있었고, 자동이체와 같은 기능까지 실행한 유럽 최고의 선진 은행이 될 수 있었다.[24)]

은행권(지폐) 사용과 신용 창출

17세기 초까지도 남아메리카에서 반입된 대량의 은괴를 유통하는 과정에서는 세공인들은 은화 주조비로 5%의 비용을 받았다. 그런데 암스테르담 외환은행은 화폐 주조 비용을 받지 않으면서도 훨씬 더 편리하고 안전한 금융제도를 정착시킨 것이다. 암스테르담 외

24) 스코틀랜드의 존 로(John Law, 1671~1729)가 금융과 화폐에 눈을 뜬 것도 암스테르담에서 동인도회사, 암스테르담 외환은행, 증권거래소 등을 목격하면서부터였다. 그는 토지, 금, 은에 기반한 은행권(banknote)을 확산시키고자 했다. 특히 화폐는 교환의 수단일 뿐이며 국부를 창출하기 위해서는 무역을 중시해야 한다고 봤다. 스코틀랜드 출신의 애덤 스미스(1723~1790)에게도 암스테르담 은행 사례는 중대한 관심사였다. 그의 『국부론』에서는 암스테르담의 금융에 대해 상세히 분석하고 있다(국부론의 제4편 정치경제학 여러 체계에 대해 가운데 제3장 1절 예금은행, 특히 암스테르담의 예금은행에 대한 이야기 참조).

환은행은 고객들이 가져온 금 또는 은의 가치와 동등한 가치의 암스테르담 길더 주화 또는 암스테르담 은행권으로 교환비용 없이 바꿔준 것이다. 이런 제도는 당시의 상황에서 매우 획기적인 것이었는데, 그 결과 유럽의 금과 은이 급속히 암스테르담 외환은행으로 몰려들었다. 더욱 흥미로운 것은 유럽 사람들은 금이나 은보다 더 편리하면서도 신뢰도가 높은 암스테르담 은행권을 선호하게 된 것이다. 실물화폐인 금화보다 종이돈인 은행권을 더욱 선호하는 상황은 암스테르담 외환은행이 신용을 창조하는 관행, 즉 신용 창출을 더욱더 증가시켰다.

암스테르담 외환은행을 중심으로 네덜란드 전역에서 대출 금리는 4% 정도였다. 도버해협 건너편의 영국은 10%를 훨씬 웃돌았고, 결국 네덜란드로 사람과 자금이 모여들 수밖에 없는 구조였다. 암스테르담 은행도 초기에는 예금만 받았지만, 암스테르담 정부와 연합 동인도회사(VOC)에 대규모 대출을 하면서 일반 상인들에게도 대출 업무를 본격화한 것이다. 특히 담보 없이 신용만으로도 신용대출을 하는 경우가 늘면서 자본 없는 젊은 상인도 돈을 벌 기회를 얻었다. 대출이 늘면서 은행의 이자 수입도 폭발적으로 증가했는데, 예금자에게서 받은 금화는 그대로 은행이 보관하면서 지폐인 은행권은 금화 액면가의 몇 배로 계속 발행하고 대출하는 '은행의 신용 창출'이 계속됐다. 늘어난 은행권의 화폐량으로 이자율은 낮아졌고, 더 많은 대출이 가능해졌으며, 이는 다시금 은행의 수익률을 급속히 증대시켰다.

유대계 자본이 낳은 암스테르담 외환은행의 적극적 투자와 대출 활동은 증권거래소의 활황에도 크게 공헌했는데, 특히 연합 동인도회사(VOC)의 출범은 17세기 암스테르담의 황금기를 낳았다. 1611년부터 배당을 시작한 연합 동인도회사(VOC)는 회사의 이익을 주주들에게 환원했고, 1632년에 주주의 배당률을 12.5%로 정하면서 주주의 만족도를 높이기도 했다. 당시의 채권이나 연합 동인도회사(VOC)의 차입이자율보다 몇 배 이상 높은 수준이었기에 주가는 더욱 상승할 수 있었다. 1650년까지의 총 배당금은 본래 투자 원금의 800% 이상이었으며, 연 수익률은 약 27%에 달했다. 물가상승률이 거의 없었던 당시의 경제 상황에서 이와 같은 놀라운 수익률 달성은 네덜란드의 폭발적인 국부 증대로 이어졌다.

Small talk 자본주의와 신용 창출 그리고 혁신

조지프 슘페터(Joseph A. Schumpeter)는 그의 대표작인 『자본주의, 사회주의, 민주주의』에서 발전과 혁신의 핵심으로 '창조적 파괴'를 언급한 바 있다. 슘페터는 마르크스의 날카로운 비판적 시각을 수용하면서도 자본주의가 지닌 핵심적 요소를 마르크스 이상으로 설명해 줬다. 그는 자본주의를 정의하면서 "자본주의는 빌린 돈으로 혁신을 수행하는 사적 소유의 경제 형태이며, 이는 일반적으로 (중략) 신용 창출을 전제로 한다"고 언급했다. 자본주의가 지닌 '빌린 돈과 신용 창출'의 중요성을 설명하면서 그 속에서 혁신의 특성을 깨닫게 한 것이다. 누군가 쉽게 준 돈이 아니라 신용을 담보로 빌린 무서운 돈에서 혁신이 일어난다고 해석을 붙일 수 있다. 슘페터는 "자본주의란 은행 신용에 의해 기업에 자금이 제공되는 행위를 전제로 하며, 기업에 자금을 제공할 목적으로 만들어진 통화(은행권)를 수단으로 한다"고 말했다. 금융자본주의의 핵심적 실체를 지적하면서 슘페터는 신용과 혁신의 상관성을 다음과 같이 강조하고 있다. "혁신은 성공한다는 보장도 없고 성공해도 그 성과는 먼 미래의 어느 시점에 나타날 수 있다. 따라서 혁신을 실행하는 기업가는 자본을 빌릴 수밖에 없으며, 채무자에서 출발할 수밖에 없다. 혁신이 나오기 위해서는 신용에 의해 빌린 돈이 있어야 하며 '혁신과 신용의 결합'이야말로 자본주의가 지닌 역동적인 힘의 원천이다"라고 봤다. 슘페터는 자본주의란 빌린 돈으로 사업을 하는 것이기 때문에 "더 큰 부자가 될 수 있다는 희망과 더 낮은 계층으로 전락할 수도 있다는 불안감을 모두 증폭시켜 사람들을 더 야심만만하게 만든다"라고 했다.

버클로의 오늘 밤 생각

오늘 교수님의 강의를 들으면서 서양의 개방화를 다시금 생각해 봤다. 세계제국 몽골이 해체된 이후, 유라시아 대륙을 통한 동양과의 교역이 어려워지자 서양은 바다로 가는 길을 찾고자 했다. 마침내 서양은 지중해가 아닌 대서양에서 출발해 아프리카의 희망봉을 돌아 인도에 이르는 신항로를 개척했다. 그런데 이런 대항해의 시대를 맞이하면서 인재와 자본도 지중해에서 대서양으로 이동했다. 교수님 말씀처럼 국부는 사람의 노동에서 시작되고, "국부를 얻기 위한 인재와 자본의 이동도 국부의 흐름과 같은 방향에서 일어날 수 있다"고 생각했다. 교수님은 노동을 통해 가치 있는 재화를 얻고, 그런 재화를 국내외에서 교환해 얻을 수 있는 총합계를 국가의 부(富)라고 하셨다. 이런 국부론의 시각에서 본다면, 서양인들이 바닷길을 찾아서 가치가 높은 동양의 향료(후추)를 얻고자 했던 16세기의 적극적인 상업활동도 국부론에 합치되는 행위라고 생각됐다. 대륙의 길이 막혔으니 중단하는 것이 아니라 각고의 노력과 수많은 시행착오를 겪으면서 바다의 신항로를 개척했고, 그 결과 동양의 상품을 가져와 그 가치를 증대시켜 국부를 축적했기 때문이다. 신대륙의 은괴보다 신항로를 개척해 가져온 후추가 더 중요한 국부의 원천일 수 있겠다는 생각이 들면서 왜 교수님이 국부의 원천을 귀금속이 아닌 인간의 노동에 있다고 주장하시는지 조금이나마 이해됐다.

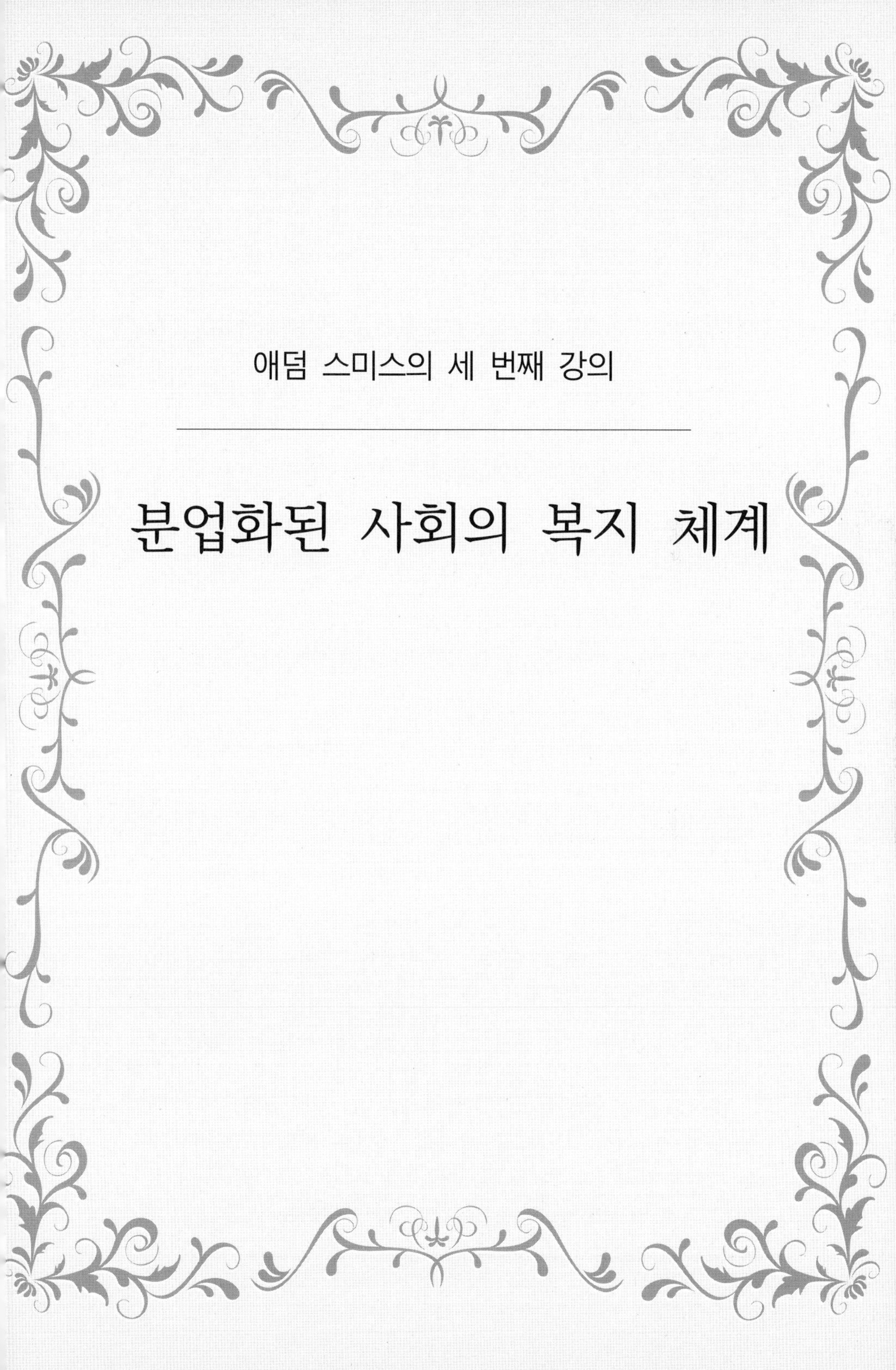

애덤 스미스의 세 번째 강의

분업화된 사회의 복지 체계

애덤 스미스

내가 살았던 18세기에는 복지(welfare)와 잘사는 것(well-being)을 폭넓게 부유함(wealth), 풍요함(abundance)이라는 용어와 혼용해 사용하곤 했습니다. 그러니 국부(國富)의 '잘사는 것'과 복지(福祉)의 '잘사는 것'을 명확히 구분하지는 않고 비슷한 의미로 접근하도록 하겠습니다. 지난번 강의 끝날 즈음에 국부(복지)의 바람직한 체계에 대한 사항이 나왔죠. 오늘은 그것을 인간의 이기심과 함께 연결해서 살펴보고자 합니다. 먼저 최근의 대한민국의 21세기 상황에서 '갑질'이라는 것이 사회적 문제로 제기된 것 같은데 여기서부터 논의를 시작해 봅시다.

버클로

아, 대한민국에서 일어난 갑질문화에 대한 말씀이군요. 하긴 교수님과 저도 '갑과 을'의 관계일 수 있겠네요.

애덤 스미스

아하, 그렇죠. 그럼 버클로, 우리는 누가 갑이고 누가 을일까요?

버클로

저는 당연히 교수님이 갑이라고 생각하는데요.

애덤 스미스

글쎄, 나로서는 내가 버클로 덕분에 급여를 받는 처지이니 내가 을이라고 생각할 수도 있겠죠.

버클로

아이고 교수님, 무슨 그런 말씀을 하세요. 제가 아무리 금수저로 태어났고 큰 부자이며 나중에 큰 은행의 주인으로 성공한다고 해도 교수님은 저의 영원한 스승이시고 멘토이신걸요. 한참 후에 일어날 일을 미리 말씀드려서 뭐 어떨지 모르겠습니다만, 제가 은행가로 많은 돈을 투자했다가 낭패를 보게 된 시기가 있었다는 것을 기억하죠. 그때, 교수님께서 진심으로 저를 위해 사방으로 찾아다니면서 구제 방안을 찾아 주시고, 그때 교수님의 도움이 아니었으면 전, 정말 파산했을지도 모릅니다. 그런데 어떻게 교수님과 제가 갑을 관계가 될 수 있겠어요. 절대로 안 되죠.

애덤 스미스

그렇죠. 우리가 갑을 관계가 돼서는 안 되겠죠. 어찌 보면 올바른 국부(복지) 체계는 수직적인 갑을 관계라는 상하(上下)의 일방적 관계로 설정돼서는 곤란하다고 봅니다. 누구는 계속 돈을 내고 누구는 계속 돈을 받는 관계가 되고, 그 관계가 일방적이면 갑과 을이라는 상하 관계가 형성될 수밖에 없겠죠. 그렇지만 서로가 돕는 관계라면 갑을 관계는 상호(相好) 관계, 즉 서로 도움이 되고 좋아하는 관계가 될 수 있을 겁니다. 먼저 농업과 관련해서 생각해 보죠. 농민 가운데 쌀을 생산하는 농민과 꽃을 생산하는 농민 가운데 누가 갑이고 을일까요? 쌀을 생산하는 농민과 꽃을 생산하는 농민은 서로의 필요 때문에 화폐를 매개체로 동등한 지위에서 쌀과 꽃을 교환할 뿐입니다. 그런데 쌀을 생산하든 꽃을 생산하든 농업에서도 고용주와 노동자가 있겠죠. 과연 누가 갑이고 을일까요? 반드시 고용주가 갑이고 노동자가 을이라고 볼 수 없으며, 거꾸로 노동자가 갑이고 고용주가 을일 수도 없습니다. 그런데 계속 상하 관계에서 고용주가 일방적으로 유리하고 노동자가 불리하다면 노동 생산의 가치는 점점 더 줄어들 것입니다. 그러나 반대로 고용주가 일방적으로 불리하고 노동자가 유리하다면 그 관계도 오래가지 못할 것입니다. 고용주(사장)보다 피고용주(종업원)가 더 많은 수익을 낸다면 사장은 종업원을 고용하는 사업을 더는 하지 않을 겁니다. 그래서 서로가 도움이 안 되는 일방적 관계일 경우, 결국은 모두가 모든 것을 잃는 방향으로 갈 수밖에 없죠.

버클로

그렇다면 교수님. 모든 사람이 더 잘살 수 있는 복지 체계란 어떤 관계여야 할까요?

애덤 스미스

그것은 '상하(上下)의 관계'가 아니라 '상호(相好)의 관계'가 돼야 한다고 볼 수 있습니다. 암스테르담의 사례를 하나 살펴보도록 하겠습니다. 제3편에서 살펴보겠지만 17세기의 암스테르담은 모든 사람이 돈을 벌기 위해서 혈안이 된 것처럼 보이는 거의 정글 같은 곳이었습니다. 정부의 통제도 거의 없고 홍등가에서는 작부와 술에 취한 선원들로 왁자지껄했죠. 세 사람만 모이면 회사를 만들어 돈을 벌 생각을 했고, 투자와 투기를 혼동시킬 정도로 사람들은 광기에 가득 차서 세상의 모든 돈을 다 끌어들일 것처럼 보였습니다. 목숨을 걸고 바다로 나갔고, 먼 곳까지 가서 희귀한 재화를 가져와 부자가 되고, 또다시 위험을 무릅쓰고 나가고 했던 거죠. 그런데 그런 암스테르담에 놀라운 시설물이 있었습니다.

버클로

무슨 시설이었나요?

애덤 스미스

암스테르담의 중심지, 비싼 중심상업지역에 최고급 수준의 고아원과 양로원이 있었습니다. 암스테르담은 바다의 도시이고 바다에 나가 오랜 항해를 했던 뱃사람의 도시였기 때문에 해상사고가 잦았고, 그래서 부모를 잃은 고아도 많았으며 자식을 잃은 노인도 많았습니다. 큰 부자도 많았지만, 암스테르담에는 어려움에 부닥친 약한 계층도 많았고 그들을 위한 고아원, 양로원 등은 꼭 필요했던 공공시설이었습니다. 만약 요즘의 복지 체계의 시각으로만 본다면, 많은 세금을 거둬 사회적 약자를 위한 시설을 짓고, 공무원을 고용해서 시설을 관리하도록 했을 겁니다. 그런데 당시의 암스테르담은 거리에서 사람을 노예로 팔았던 시대였으며, 아이들의 노동력을 착취해서 돈을 벌었던 근대의 초기 단계였습니다. 많은 세금을 정부가 거둬 고아원과 양로원을 짓고 돈을 많이 쓴다면 분명 반대하는 사람들이 요즘보다 훨씬 많았을 것이고, 조세 저항도 심각했을 겁니다. 잘 알겠지만, 네덜란드공화국의 독립전쟁도 그 시작은 세금을 더 거두려는 스페인 국왕에 대한 조세 저항에서 시작됐음을 기억하고 있죠.

버클로

그렇죠, 교수님. 세상에 자기의 피 같은 돈을 강제로 더 많이 거둬 가져가겠다고 하면 누가 좋아하겠어요. 더욱이 근대의 자유주의 사상이 팽배했던 시기에 정부가 세금을 더 걷겠다고 하면 "정부를 바꾸자"라고 했겠죠.

애덤 스미스

그렇습니다. 암스테르담 사람들도 세금을 더 많이 걷는 스페인이 싫어서 독립하겠다고 했던 사람들입니다. 그런데 암스테르담 사람들은 신앙심이 깊고 근대적 사상과 계몽의식을 통해서 자신들이 함께 사는 공동체를 위해 자신들이 무슨 일을 해야 한다는 생각도 분명 있었습니다. 어쩌면 그것은 공동체 의식이면서 공화주의적인 사고방식일 수 있습니다. 각 개인의 재산권은 중요하고 보호받아야 하지만, 동시에 함께 살아가는 공동체를 위해서 무엇인가 도움이 되는 일을 해야 한다는 선한 의지도 있었던 거죠.

버클로

거참 난감하네요. 세금을 더 거두면 시민들은 그런 정부의 강제 조치가 싫어서 조세 저항을 할 것이고, 세금을 안 거두면 필요한 재원이 없으니 사회공공시설을 세워서 운영할 수가 없고, 이런 딜레마를 어떻게 풀어 나갈 수 있을까요?

애덤 스미스

어찌 보면 19세기에 일어났던 자유주의와 사회주의의 논쟁점이라고도 볼 수 있고, 20세기의 이데올로기적 투쟁과도 깊은 관계가 있지만, 암스테르담의 17세기 사례를 보면 의외의 전혀 다른 접근 가능성을 보여 줍니다.

버클로

그것이 무엇일까요? 교수님.

애덤 스미스

그것은 인간들의 본성인 사치심(奢侈心)에 연결된 이기심(利己心)을 이용하는 방식이라고 봅니다. 나는 이것을 일찍부터 간파하고 설명했는데 나를 연구했던 후배들은 그런 내용을 깊이 다루지 않았던 것 같습니다. 자, 그럼 암스테르담의 고아원과 양로원의 사례를 구체적으로 살펴보도록 합시다. 암스테르담의 고아원과 양로원은 중심가의 금싸라기 땅에 세워진 약간은 사치스러운 훌륭한 시설을 자랑합니다. 오늘날처럼 세금에 의해 부족한 공공재원으로 세워지고, 어렵게 운영되는 허름한 시설이 아니었던 겁니다. 암스테르담의 부유한 상인과 은행가들이 많은 기부금을 내어서 풍족하게 운영됐던 시설입니다. 그런데 여기에는 아주 그럴듯하게 사람들의 사치심과 이기심을 이용한 부분이 분명 있었습니다.

버클로

사치스러운 고아원과 양로원이라고 하니 이해가 잘 안 가네요, 교수님.

애덤 스미스

암스테르담 정부는 광장이나 공개된 장소에서 정기적으로 가장 많은 기부금을 내준 개인의 이름을 순서대로 호명하는 공개집회를 열었습니다. "올해 가장 많은 돈을 기부해 주신 OOO 씨입니다." "와우! 부럽다. 존경한다. 나도 OOO씨처럼 되고 싶다." 사람들의 공명심 또는 사람들에게 과시하고 싶은 사치심을 이용해서 강제적 세금이 아닌데도 사람들이 앞다퉈 더 많은 돈을 고아원과 양로원에 기부하려 했고, 이런 방식으로 자연스럽게 경쟁의 장을 만들어 준 것입니다. 권력을 갖고 국왕이 칼과 총으로 세금을 강제 징수하는 것보다 권력이 아닌 각 개인의 사치심을 이용해서 자발적으로 호주머니를 열게 하는 방식입니다. 값비싼 명품백으로 시선을 끄는 것이 아니라 많은 기부금을 내서 시선을 끌게 하는 거죠. 버클로는 많은 돈을 소유만 하다가 아무도 모르게 죽는 구두쇠와 잘 살다가 기부하면서 찬사를 받고 죽는 자, 그 가운데 하나를 선택할 수 있다면 어느 쪽을 선택할 겁니까? 물론 죽는 것은 누구도 피할 수 없는 운명이지만 말입니다.

버클로

당연히 구두쇠로 살다가 죽는 것보다는 기부도 많이 해서 찬사받고 죽는 것이 더 좋겠죠. 그렇지만 구두쇠도 구두쇠 나름대로 분명히 그럴 만한 이유가 있다고 생각됩니다. 예컨대, "돈이 없으면 누가 날 도와 주겠어" 하는 두려움이 분명 있으니까요. 그래도 내가 돈이 많으면 누구한테 아쉬운 소리 안 할 수 있고, 늙어서 병원에 가도 좋은 치료를 받을 수 있을 테니 말입니다.

애덤 스미스

그렇죠. 그럴 수 있습니다. 그런데 사람들의 사치심을 이용해서 더 많은 돈을 기부할 수 있게 하고 사치스럽게 좋은 양로원과 시설 좋은 고아원을 잘 운영한다면 어떤 생각을 하게 될까요. 혹시 사업이 망해도 노후를 걱정할 필요는 없겠죠. 또는 배를 타다가 돌아오지 못할 경우, 나의 자녀들이 고아가 되면 어떻게 하지 등등의 걱정도 덜 수 있겠죠. 사치심에 의해 시작된 것이지만, 결국은 자신의 이기심과도 연결되는 것입니다. 조세 저항의 근본적 원인을 찾아 들어가면 결국은 내가 내는 많은 세금이 나의 복지, 나의 웰빙과 연결되지 않기 때문인 것을 발견하게 됩니다. 나의 이기심과 정부의 세금이 가치 충돌하는 거죠. 내가 더 많은 부담을 한 것과 비교할 때, 그 보답은 적으니 손해라는 것입니다. 그런데 17세기의 암스테르담 사람들은 누구도 자신의 앞날을 확신할 수 없었습니다.

바다로 나간 자신의 배가 언제 풍랑을 만나서 뒤집힐지 몰랐고, 계속된 전쟁으로 자신의 자손들이 얼마나 어렵게 살게 될지 알 수 없었으니 말입니다. 그러나 앞서 언급한 사치스러운 고아원과 양로원 시설을 통해 암스테르담의 노인과 아이는 일반 가정의 생활 수준보다 오히려 더 나은 생활도 할 수 있었습니다. 물론 젊고 건강한데 일하지 않는 사람들이 복지시설에 갈 수는 없었습니다. 그러나 분명한 것은 누구라도 파산해서 힘들어지면, 복지시설의 혜택을 받을 수 있다는 신뢰(자신의 이기심)가 있다면 조세 저항 없는 바람직한 복지 체계를 만들어 나갈 수 있다는 겁니다.

버클로

그렇지만 교수님, 그런 사치심으로 기부를 하고 이기심에 부합되는 방향으로 모든 복지 체계를 만드는 것은 20세기 영국과 같은 복지국가에서 세금을 많이 거둬 "요람에서 무덤까지" 했다가 영국병을 일으키고, 그 결과 비판받는 것과 크게 다르지 않을 것 같은데요.

애덤 스미스

좋은 지적입니다. 결과적으로 볼 때, 사치심과 이기심에 의해 공공시설을 운영하는 것과 세금으로 공공시설을 운영하는 것은 결과적으로 비슷할 수 있습니다. 그러나 근본적으로 다른 것은 '강제성'입니다. 사치심과 이기심에 의한 공공시설 운영은 개인의 자발성에 기초하기 때문에 선택할 수 있고, 투자 의욕을 약화하는 것이 아니라 투자 의욕을 더욱 강하게 할 수 있습니다. 그러나 세금에 의한 공공시설 운영은 사회적 강제성에 기초하기 때문에 선택할 수 없고, 그 결과 개인의 투자 의욕을 감소시키거나 저항이나 탈출을 감행하게 합니다. 개인의 본성을 무시하고 강제적으로 세금을 부과하는 것은 국부를 축적하는 것이 아니라 국부를 훼손하는 방향으로 간다는 것입니다. 물론, 개인의 사치심과 이기심에만 의존한다고 국부가 증진된다는 의미는 결코 아닙니다. 사람들의 본성(사치심, 이기심)을 잘 이용해서 국부를 크게 증진할 수 있는 방향에서 복지 체계를 잘 만드는 것이 필요하다는 의미입니다.

버클로

흥미롭네요. 세금에 의한 강제 징수 방식이 아니라 자연스럽게 사람의 본성을 이용해서 복지 체계를 활성화한다니 말입니다.

애덤 스미스

사실 세금으로 완벽하게 재원을 마련해 분배를 잘하면 좋겠지만 세금은 근본적으로 사람의 본성을 무시하는 제도입니다. 내가 열심히 일해서 돈을 벌었는데 여기에 세금을 내라고 하면 일하고 싶은 욕구는 약해질 수밖에 없습니다. 더욱이 대부분 권력자는 강제적으로 세금을 더 내라고 해서 국민적 저항을 초래합니다. 물론 대외적으로 권력자는 국가적 안위를 위해서라는 명분을 내세우지만 말입니다. 세금으로 복지를 향상한다는 것도 맞는 말일 수 있지만, 이는 예외적으로 불가피하게 최소한의 범위에서만 활용돼야 한다는 것입니다. 이런 이유로 나를 야경국가, 최소의 정부를 주장하는 보수주의자라고 비판하기도 하죠. 그렇지만 나의 주장을 보수와 진보 그런 맥락에서 보지 않았으면 합니다. 나는 인간의 본성을 잘 활용하면, 전체적으로 국부와 복지에 합당한 방향으로 올바르게 사회 체계를 잘 만들 수 있다고 주장한 것일 뿐입니다.

버클로

자유방임주의가 아니라면, 그럼 교수님의 주장은 구체적으로 무엇인가요?

애덤 스미스

나는 '보이지 않는 손(invisible hand)'이라는 표현을 매우 조심스럽게 썼습니다만, 이는 사회의 각 개인이 "상호 수평적인 관계에서 상호 자율적으로 서로 도울 수 있는 체계"를 의미합니다. 개인에게 강제로 정부가 압력을 가해서 강제로 세금을 징수하고, 비효율적인 공공기관을 만들어 복지 서비스를 강제로 전달하는 것은 그리 좋은 방식이 아닙니다. 오히려 사람들에게 그의 사치심(특성)을 자극해서 존경(이기심)을 위해 더 많은 돈(재정적 부담)을 내도록 유도하는 제도가 더 바람직할 수 있다는 겁니다. 강제로 하는 것보다 자발적으로 하게 만드는 방법이 좋고, 못하게 하는 것보다 하게 하도록 하는 것이 유리할 수 있습니다. 나의 『국부론』을 열심히 공부하고 분석했던 마르크스가 인간의 본성을 무시하면서 이상적 공산주의를 말했다면, 나는 다시금 강조하건대 인간의 본성을 정확히 이해하고 그 본성을 좋은 방향으로 유도할 수 있는 좋은 제도를 만드는 것이 중요하다고 주장하는 겁니다. 공동체 전체의 공동 이익과 개인의 개별 이익을 모두 높일 수 있는 방향으로 공공의 제도를 설계하는 것이 올바른 국부 증진을 이룰 수 있는 복지 체계라는 판단입니다.

버클로

제가 꼭 교수님의 견해에 모두 동의하는 것은 아닙니다만, 수평적 관계에서 교수님의 생각을 잘 이해하도록 하겠습니다. 교수님과 저도 상하관계, 갑을 관계는 아니고 수평의 관계, 상호의 관계인 것은 분명한 것 같습니다. 그런 수평적 관계 속에서 국가의 부를 증진하고 사회적인 복지 체계를 활성화하는 것은 매우 바람직한 것 같습니다. 국가의 양적(量的) 성장을 주장하는 국부론, 사회의 질적(質的) 성장을 주장하는 복지론이 반드시 반대의 방향을 추구하는 것은 아닐 수 있다는 생각도 하게 됐습니다. 인간의 본성을 잘 이해하고 활용한다면 말입니다.

애덤 스미스

와우, 버클루 군, 청출어람(青出於藍)이 따로 없군요. 스승인 나보다 제자인 버클루의 말이 훨씬 낫네요. 하하하.

제 3 편

17세기 네덜란드 공화국의 국부론

암스테르담의 상인을 중심으로 주식회사 연합 동인도회사(VOC)가 출범하면서 세계의 중심지가 바뀌기 시작했다. 암스테르담은 스페인제국에 맞서서 네덜란드의 독립전쟁을 주도했고, 전 세계의 바다를 향해서 근대의 씨앗을 퍼트렸다. 동쪽으로는 바타비아와 나가사키(長崎), 서쪽으로는 런던과 뉴욕에 이르기까지 세계를 향한 암스테르담의 국부론은 거침이 없었다.

제 7 장

암스테르담의 주식회사 국부론

 동양의 후추무역 문제

스페인과 포르투갈이 대항해의 주역으로 식민지를 개척할 때, 네덜란드의 암스테르담은 북해에서 청어잡이에 몰두하고 있었다. 그러나 17세기를 전후로 독립전쟁의 중심지가 암스테르담이 되면서 이곳으로 인재와 자본이 모여들었고 상황은 급변했다. 더욱이 동양의 후추(향료)무역에 문제가 발생하면서 결정적 변화가 시작됐다.

후추무역에서 배척된 암스테르담 상인

포르투갈은 오스만제국이 장악하고 있는 동지중해를 피해서 인도로 갈 수 있는 신항로를 개척한 나라였다. 신항로의 등장으로 베네치아공화국은 수백 년 동안 장악했던 자신들의 후추무역의 독점권을 포기했고, 포르투갈은 16세기부터 동양의 향신료(후추)무역을 위한 거점을 인도의 해안지역과 인도네시아의 주요 지점에 만들었다. 베네치아 상인의 후추독점권이 포르투갈로 넘어간 상황에서 베네치아의 무역업은 축소됐고, 후추무역 상인은 포르투갈(리스본)이나 플랑드르(브뤼헤, 안트베르펜)로 이동할 수밖에 없었다. 동양의 향신료무역을 독점하면서 포르투갈은 막대한 수입을 올렸고, 그 수익을 극대화하기 위해 다른 나라의 해양 진입을 강력히 봉쇄함으로써 베네치아 상인들이 누렸던 이익을 가로챘다.

이런 배경에서 포르투갈 선박이 다니는 바다의 신항로는 극비 사항이었고, 포르투갈 선박이 동양에서 후추와 향신료를 가져오면 그 판매사업은 포르투갈 왕실의 독점사업으로 규정돼 리스본과 브뤼헤, 안트베르펜 등 특정 도시에서만 판매할 수 있었다. 유럽의 대부분 상인도 포르투갈의 독점적인 후추무역에 순응했는데, 브뤼헤나 안트베르펜에서 후추를 재판매해도 충분한 이익이 남았기 때문이다.[1] 그런데 16세기 말 후반부터 문제가 발생했다. 1580년, 포르투갈의 왕위가 스페인에 넘어가면서 포르투갈과 스페인이 합병됐고, 스페인과 독립전쟁을 벌였던 네덜란드 상인들은 스페인으로부터 직접적인 불

1) 교황의 중재로 이뤄진 토르데시야스 조약(Treat of Tordesillas)으로 카보베르데섬 서쪽(서경 43도 37분)을 기준으로 동쪽으로는 포르투갈이, 서쪽으로는 스페인이 차지하기로 약정했다. 예외적으로 남미의 브라질은 포르투갈, 아시아의 필리핀은 스페인의 영향을 뒀지만, 로마교황청이 1506년 조약을 공식 승인했기 때문에 대부분의 유럽 국가들도 포르투갈의 아시아 후추 교역 독점에 순응했다. 그러나 1580년, 스페인이 포르투갈을 합병하면서 토르데시야스 조약은 유명무실해졌고, 영국과 네덜란드의 반발은 본격화됐다.

이익을 받기 시작했다. 특히 1591년, 유럽 최고의 대상인이었던 독일계 푸거(Fugger) 가문은 주변 세력을 규합해서 네덜란드의 상인들을 고사 직전까지 몰고 갔다.[2] 한자동맹 세력을 규합한 푸거 가문은 후추 무역을 독점하려 했고, 후추의 판매처를 플랑드르의 안트베르펜에서 독일의 함부르크로 옮기고자 했다.[3] 만일 이런 시도가 성공한다면 플랑드르의 네덜란드(옛 베네치아계 후추무역 종사자) 상인들 전체가 몰락할 처지였다.[4]

---

2) 독일계 푸거 가문은 합스부르크 왕가(신성로마제국, 스페인, 네덜란드, 포르투갈 등을 통치)와 정경유착 관계를 맺고 있었던 유럽 최고의 대상(大商)이었다. 전성기의 푸거 가문은 신성로마제국에서 생산하는 국민총생산의 약 10%를 차지할 정도로 큰 부를 축적하고 있었는데, 오늘날의 기준으로 환산하면 독일의 상장사 상위 30개 기업 가치를 모두 합한 정도의 부를 지녔다고 평가된다. 푸거 가문은 합스부르크 왕가와 운명을 같이했는데, 합스부르크의 막시밀리안을 지원해 신성로마제국을 손에 넣었고, 합스부르크 왕가에서 스페인을 통치할 수 있도록 재정 지원하면서 그 영향력을 더욱 확장시켜 나갔다. 합스부르크 왕가의 카를 5세에 이어서 스페인제국의 펠리페 2세와도 긴밀한 관계를 맺고 있었던 푸거 가문은 1580년, 펠리페 2세가 포르투갈을 병합하자, 경쟁 관계에 있었던 네덜란드 상인들을 몰아내는 전략을 본격화했다. 이는 독일계 상인과 네덜란드계 상인의 충돌이었지만 동시에 경제적 측면에서 유럽의 대륙 세력과 해양 세력 사이에서 벌어진 경제전쟁이기도 했다.

3) 13세기를 전후로 유럽에는 한자(Hansa)라고 불리는 독일계 상인들의 단체가 많이 형성됐고, 14세기 중반에 이르자 '한자동맹'이라는 도시동맹(都市同盟)이 등장했다. 14세기에는 독일계 한자동맹과 플랑드르 지역의 상인들 사이에서 치열한 경합이 벌어졌고, 1358년에 플랑드르에 대한 상업봉쇄 선언까지 나오게 됐다. 그러나 16세기 말 스페인의 무적함대가 패퇴(1588)하면서 영국과 네덜란드에 밀리기 시작했고, 1597년에 런던에 자리 잡고 있었던 한자동맹 상관도 폐쇄됐다.

4) 1585년, 스페인 군대가 안트베르펜을 잔혹하게 약탈하면서 동양에서 수입한 후추와 향신료를 판매할 도시는 새로 정해져야 했다. 합스부르크 왕가에 줄을 대고 있던 푸거를 비롯한 독일계 상인들은 안트베르펜을 함부르크로 옮기려 했다. 그러나 옛 플랑드르에 있던 옛 베네치아계 상인은 내륙의 함부르크가 아닌 안트베르펜의 서북쪽 도시 암스테르담을 대안으로 선택했다.

안트베르펜의 인재와 자본, 이른바 베네치아에 뿌리를 둔 네덜란드 무역 상인과 은행가들은 북해에 인접한 암스테르담으로 몰려갔고, 이곳에서 그들은 생존을 위한 전쟁 준비를 시작했다. 스페인에 대한 네덜란드의 독립전쟁은 권력과 경제상권이 충돌하면서 본격적인 전쟁으로 이어진 셈이다. '스페인제국의 국왕과 푸거의 독일계 상인' 그리고 '네덜란드 독립군과 옛 베네치아계 네덜란드 상인'의 격렬한 전쟁은 1588년에 스페인의 무적함대가 패퇴하고 독일계 푸거 가문이 망하면서 판세가 결정됐다. 스페인과 푸거는 막대한 손실을 봤고, 반대로 위기를 벗어난 네덜란드의 독립군은 암스테르담 상인과 은행가의 지원을 받아 강력한 세력으로 등장할 수 있었다. 암스테르담의 상인과 은행가들은 스페인에 저항했던 신교도였고, 왕권주의를 반대하는 공화주의자였으며, 네덜란드를 이끌어 갈 주도 세력이 됐다.

암스테르담의 마르코 폴로 린스호턴

포르투갈이 스페인에 병합되고 동양의 향신료(후추)를 판매하던 안트베르펜이 스페인 군대에게 약탈당하면서 네덜란드의 상인들은 대안을 찾아야 했다. 특히 안트베르펜을 탈출해서 암스테르담에 운집해 있던 상인과 금융가는 포르투갈을 대체할 수 있는 새로운 해양 인재들을 발굴해 동양의 향신료를 가져올 방법을 모색했다. 이때, 그 방법을 알려 준 것이 얀 린스호턴(Jan Huyghen van Linschoten)이었다. 베네치아의 상인, 마르코 폴로가 『동방견문록』을 통해 콜럼버스에게 신대륙을 발견할 계기를 제공했다면, 린스호턴은 그의 『포르투갈인 동양 항해기』를 통해서 동양으로 갈 수 있는 신항로를 알려 준 셈이다. 암스테르담의 근처 할렘에서 태어난 네덜란드의 탐험가 린스호턴은 1595년에 출간된 그의 항해기를 통해서 암스테르담의 뱃사람들이 어떻게 하면 동양으로 갈 수 있는가를 상세히 알려 줬다.

어릴 적부터 형을 따라서 스페인의 세비야와 포르투갈의 리스본에서 생활하면서 린스호턴은 포르투갈어에 능통했다. 유창한 포르투갈어 덕분에 인도 서부 해안의 포르투갈 식민도시 고아(Goa)에서 가톨릭성당 대주교의 보좌관으로 일했는데, 그 덕분에 포르투갈의 해양 상거래 활동을 자세히 파악할 수 있었다. 16세기의 고아는 동양과 아프리카에서 활발히 활동했던 포르투갈의 국제무역 중심지였고, 일본(나가사키)과 중국(마카오) 그리고 동남아시아 각 지역(말라카)과 교역했던 대표적 항구였다. 고아 대주교의 보좌관으로 일하면서 린스호턴은 본의 아니게 포르투갈이 숨겨 왔던 동양의 후추무역과 관련된 기밀 사항을 정확히 파악할 수 있었다. 그는 자신의 탐험기에 이를 자세히 소개했는데 마다가스카르와 모잠비크, 아덴과 아라비아, 미얀마와 보르네오 섬에 대한 자세한 정보와 설명을 담고 있어서 암스테르담의 탐험가들이 새로운 바닷길을 찾는 데 결정적 도움이 됐다.

그의 책을 읽으면 당장이라도 동양에서 후추와 향신료를 가져올 것처럼 상세해서 바닷길 항해 지도를 그려볼 수 있을 정도였다. 각 지역의 기후 및 조류에 관한 정보와 각각의 항구에서 얻을 수 있는 대표적 상품 품목까지 자세히 소개돼 있었기 때문이다. 마르코 폴로의 책이 13세기를 대표하는 동양 탐험기였다면, 린스호턴의 책은 16세기를 대표하는 동양 탐험기였다. 그의 책은 암스테르담에서 일약 베스트셀러가 됐고, 책에서 독자들은 동양의 향료(후추)무역을 독점했던 포르투갈 세력을 대체할 수 있는 암스테르담의 비법을 상세히 소개받았다. 린스호턴을 가리켜 비크만(Willem Beekman)과 같은 학자는 '네덜란드가 동양에 해양제국을 건설할 수 있도록 이끌어 줬던 모세'와 같은 인물이라고 평가할 정도였다.[5)]

하우트만의 아시아탐험대 출항

린스호턴의 책이 발간되자마자 암스테르담의 상인들과 은행가는 흥분했다. 그들은 재빨리 동양탐험대를 조직했으며, 네 척의 상선으로 구성된 하우트만(Cornelis de Houtman)의 선발대를 출항시켰다. 놀라운 것은 그들의 출항 시기가 1595년의 봄이었음이다. 린스호턴의 책이 발간된 같은 해에 그 책을 안내서로 삼아 하우트만 선발대를 조직하고 그 즉시 출항한 것이다. 사실, 하우트만은 전문적인 탐험가가 아니었고 노련한 뱃사람도 아니었다. 하우트만은 포르투갈의 리스본에서 해양정보를 수집하다가 암스테르담으로 돌아왔는데, 마침 사업가 오스(Dirck van Os, 1556~1615)가 동양탐험대 사업설명회를

---

5) 린스호턴의 『포르투갈인 동양 항해기(*Reys-gheschrift vanda Navigatien der Portugaloysers in Orienten*)』에서는 남부 아프리카에서 동인도로 가는 지름길 해로가 실려 있었다. 이 책에서는 포르투갈이 말레이시아와 인도네시아 사이의 좁은 해협인 말라카(Malacca) 해협을 장악한 비밀도 상세히 소개하고 있다. 린스호턴의 책 덕분에 초기에 출항했던 네덜란드 선박들은 포르투갈 견제를 피할 수 있었고, 남쪽으로 접근해 북상하는 바닷길을 개척할 수 있었다. 특히, 린스호턴은 포르투갈이 독점적 이익을 얻어 내고 있는 아시아에서 그들이 신망을 잃고 있음을 지적하기도 했다. 훌륭한 인적 자원이 집결해 있으며, 동시에 금융지원이 강한 암스테르담은 이제 언제는지 아시아의 향료시상에 뛰어들 수 있는 상황임을 분명히 밝혔다. 그리고 정말 17세기, 그의 예시대로 네덜란드는 포르투갈을 제치고 아시아의 새로운 해양 세력으로 등극할 수 있었다(벤 코츠의 책, 제3장 황금시대 참조).

개최했을 때, 여기에 참가하면서 인연을 맺었을 뿐이다.

한편, 급조된 동양탐험대의 출범 과정에서 오스의 역할은 결정적이었다. 그는 스페인의 공격을 피해 안트베르펜을 탈출, 암스테르담으로 도망쳐 온 상인 출신이었다. 오스는 암스테르담으로 근거지를 옮기자마자 북러시아 관련 무역업을 재개하면서 곡물과 소금 유통업으로 상당한 이익을 남겼다. 뛰어난 사업 수완을 지닌 오스가 동양에서 벌어질 새로운 사업 기회를 결코 놓칠 리 없었다. 오스는 재빨리 암스테르담의 유력 상인과 금융가들을 불러 모았고, 먼 곳으로 가서 돈을 버는 회사라는 의미를 지닌 원거리회사(Compagnie van Verre)의 설립을 매력적으로 홍보해서 순식간에 큰 투자금(29만 길더)을 모았다.[6] 이렇게 정신없이 회사가 만들어지고 탐험대가 조직되는 과정에서 사업설명회에 참석했던 하우트만은 얼떨결에 네덜란드 최초의 동양탐험대 선발 대장이 되는 행운을 잡았다.

이미 예상은 됐지만 하우트만 동양탐험대는 온갖 우여곡절을 겪었다. 단시간에 급조된 탐험대였고, 하우트만은 뛰어난 선장도 아니어서 249명으로 출발한 탐험대는 대다수가 사망하고 불과 89명만 살아 돌아왔다. 그러나 하우트만의 탐험대가 아예 운이 없었던 것은

6) 네덜란드의 길더(네덜란드어: gulden, 영어: guilder)는 1279년부터 2002년까지 통용된 네덜란드의 통화로서 금(gold)을 의미한다. 2002년 유럽연합의 통화로 유로화가 통용되면서 네덜란드의 2.2길더를 1유로로 평가했고, 현재는 유로화에 완전히 통합돼 길더는 사용되지 않고 있다. 17세기 전후의 화폐 가치를 평가하기 위해 문헌에 기록된 바를 보면, 암스테르담에서 팔리는 돼지 한 마리의 가격은 약 20길더였던 것으로 파악된다. 암스테르담의 최초 아시아원정단을 꾸리면서 불과 며칠 사이에 모인 29만 길더라는 투자금은 상당한 액수다. 이는 당시의 암스테르담이 얼마나 모험심에 가득 차 있고 적극적인가를 보여 주는 사례라고 하겠다(러셀 쇼토의 책 제4장 참조).

아니었다. 많은 어려움에도 불구하고 동양으로 가는 안전한 뱃길을 찾았고, 약간의 후추와 향신료도 챙겨 왔기 때문이다. 그 얼마 안 되는 동양의 후추에 암스테르담 사람들은 열광했다. 적은 양의 후추였지만 투자금 대부분을 회수할 가치를 갖고 있었다. 오스가 주도했던 첫 번째 벤처회사는 당시의 관례대로 한 차례의 원정을 마친 이후 회사를 해체하고 새로운 벤처회사로 재출범했다. 새 선단을 만들어 선원을 모집했으며, 더 능력 있고 노련한 선장을 동양탐험대의 대장으로 임명했다. 당시의 암스테르담 사람들은 자신들의 희망을 이렇게 외쳤다고 한다. "암스테르담, 암스테르담, 우리는 모두 부자가 되길 열망한다."

② 주식회사 연합 동인도회사(VOC)의 탄생

첫 번째 동양탐험대의 귀환은 초라했지만, 동양탐험대의 상선들이 보여 준 가능성에 대해 암스테르담 시민은 열광했다. 그들은 마침내 우리가 그 일을 해냈다고 외쳤으며, 이제 암스테르담은 포르투갈이 누렸던 국부의 길, 동양으로 향하는 바닷길에 들어섰다는 흥분과 열정에 환호했다.

우후죽순으로 늘어난 동양원정대

앞서 언급된 바와 같이 하우트만 탐험대의 귀국 직후, 암스테르담 시민은 환호했고 동양으로 보낼 새로운 원정대가 곧바로 만들어졌다. 그러나 원정대의 출정식이 암스테르담에서만 있었던 것은 아니었다. 홀란트, 젤란트 그리고 호른에 이르기까지 네덜란드의 유명 항구에서는 우후죽순으로 이곳저곳에서 동양원정대를 꾸리느라 바빴다. 지금의 인도네시아 지역인 자바, 수마트라, 반다제도에는 네덜란드 각 항구에서 출발해 몰려온 선박으로 번잡했고, 온갖 향료를 거래하느라 정신이 없을 정도였다. 하우트만의 제1차 동양원정대는 출항에서 귀항까지 2년의 기간이 걸렸지만, 이후의 원정대는 평균 15개월 정도면 돌아올 수 있었다. 동양에서 후추와 정향(丁香), 육두구 등을 가득 실은 선박이 네덜란드 항구로 귀환했을 때, 돈을 투자했던 사람들은 엄청난 이익을 거뒀고, 그들은 즉각적으로 새로운 원정대에 돈을 투자했다. 암스테르담의 에이(Ij) 항구는 연속된 원정대의 출항과 귀항의 환호성으로 들떴다.

그런데 심각한 문제가 발생했다. 우후죽순으로 생겨난 동양원정대는 아시아의 현지에서 과당 경쟁을 벌여 후추 가격을 상승시켰다. 과거에 강력했던 포르투갈의 상인 세력은 스페인에 합병되면서 위세가 떨어졌지만, 포르투갈을 합병한 스페인은 언제라도 네덜란드 선박을 공격할 수 있었다. 이러한 내우외환의 상황에서 헤이그에 있는 네덜란드 연방의회는 심각하게 고민했다. 국내 원정대의 지나친 경쟁을 자제시키면서 외부의 적군에 대한 대응책을 강화해야 했는데, 이때 등장한 인물이 네덜란드의 정치가 요한 판 올덴바르네벨트(Johan van Oldenbarnevelt)였다. 그는 자신의 정치적 역량을 최대한 발휘해서 국내 각지에 세워진 동양원정대를 하나로 결집하는 데 주력했다. 그렇지만 암스테르담 출신의 무역 상인과 은행가들이 강력한 상황에서 네덜란드의 다른 지역 출신들은 암스테르담 중심의 통합에 결사적으로 반대했다. 이때, 올덴바르네벨트는 네덜란드의 독립운동가 오렌지공 빌렘의 아들 마우리츠(Mauritz van Nassau, 1567~1625)의 역할을 적극적으로 활용해서 동양 원정을 위해 세워진 중구난방의 무역회사들을 하나로 통합시켰다.[7]

마우리츠의 지원을 받으면서 힘들게 하나로 통합해 탄생된 회사가 네덜란드의 연합 동인도회사(Verenigde Oost-Indische Compagnie, 이후 VOC)였다.[8] 암스테르담을 제외한 네덜란드의 여타 지역대표들이 강력히 요구한 것을 반영해, 암스테르담의 과도한 영향력을 줄이기 위한 일련의 조치들이 VOC에 취해졌다. 그 결과, VOC의 중요 의사결정기구(17인 운영위원회)에서는 반드시 과반이 안 되는 8인까지만 암스테르담 출신이 기용될 수 있게 제한하는 규정이 만들어졌다. 그러나 실제로는 네덜란드공화국의 연합 동인도회사 VOC에서 암스테르담의 상인과 은행가는 절대적인 영향력을 행사할 수밖에 없었고, 그것은 시장의 원칙이기도 했다.

연합 동인도회사(VOC)의 출범

네덜란드공화국의 VOC는 세계 역사에서 이전에 없었던 새로운

7) 홀란트와 젤란트의 스타트하우더(총독)를 지낸 마우리츠는 나사우 백작이며, 오렌지공으로 빌렘 1세의 차남이었다. 1584년, 아버지(빌렘)가 암살된 이후, 그를 대신해서 네덜란드 육군, 해군의 총사령관으로 취임해 규제와 규비의 개선에 힘썼으며, 네덜란드 연방공화국의 토대를 닦았다.

8) 네덜란드공화국의 연합 동인도회사(VOC)의 영문명은 The United East India Company라고 할 수 있는데, 비슷한 시기에 활약했던 영국의 동인도회사와는 구분된다.

형태의 회사로 출범했다.[9] 민간자금을 투자하고 수익성을 중시하는 벤처형 기업으로, 요즘으로 치면 벤처형 주식회사의 성격이 강했다. 동시에 VOC는 공화국 정부(연방의회)의 관리와 통제를 철저히 받으며 전쟁 수행 권한과 의무도 지닌 공화국의 해양 군사조직이기도 했다. 외국에 나가서 군사 요새를 건설하고 관리할 포괄적 권한을 가졌으며, 외국의 정부 대표에 대해 네덜란드공화국 정부를 대신할 수 있는 자격을 갖고 대외 협상과 군사적 강제력까지 행사할 수 있었다. VOC가 파견하는 원정대의 총지휘관은 회사의 직원이면서 동시에 네덜란드 해군의 사령관 지위도 갖는 셈이었다. 또한, VOC는 네덜란드의 6개 도시에 사무소를 분산 설립, 운영되는 연합회사이며, 각 도시의 영향권 하에서 자체 선단을 보유할 수 있었다.

네덜란드공화국은 스페인제국과 벌인 독립전쟁을 통해 기존의 봉건적 정치 권력 체제에서 벗어났다. 16세기부터 시작된 독립전쟁의 오랜 과정에서 네덜란드는 스페인뿐만 아니라 스페인 국왕과 긴밀한 관계를 맺고 있던 교황과의 연결고리도 느슨해졌다. 네덜란드공화국은 봉건적 구질서뿐만 아니라 가톨릭의 구교에서도 벗어난 자유의 공간이 됐고, 그 자유로운 공백에 공화주의자들과 신교도(프로테스탄트)들이 들어왔다. 특히, 포르투갈이 스페인에 합병되면서 후추무역에서 암스테르담 상인이 배척당하는 위기 상황에서 역으로 암스테르담 상인은 포르투갈이 장악했던 동양의 후추시장에 직접 진출해서

9) 중세시대, 베네치아의 정주식 무역회사(베네치아식 종합상사)와 상당히 유사한 측면도 있지만, 근대를 열어 나갔던 네덜란드의 VOC는 영속적이지만 유한책임만을 지는 주식회사의 특징을 지녔다는 측면에서 이전과는 전혀 다른 회사조직이라고 평가할 수 있다.

포르투갈 상인들을 몰아냈다. 암스테르담의 상인과 은행가는 17세기에 접어들면서 더욱 적극적인 공세를 취했고, 이전에 볼 수 없었던 매우 혁신적인 기업 VOC를 출범시킬 수 있었다.

이처럼 암스테르담의 VOC는 매우 독특한 정치적·상업적 조직체로서 네덜란드공화국의 대외 관계에서 주인공 역할을 맡았다. 스페인에 대한 독립을 선언하면서 네덜란드는 7개 주(홀란트, 젤란트, 유트레히트, 헬더란트, 오버레이셀, 흐로닝엔, 프리즈란트)가 수평적 관계로 결합한 연방공화국이었다. 그런데 VOC는 각 주를 대표하는 대도시의 선단이 모인 연합체의 성격을 갖춰 네덜란드의 해상 군사력을 총괄적으로 행사할 수 있는 단일한 군사조직체가 됐다.[10] 따라서 VOC는 단순한 기업이 아니었으며, 공화국의 힘을 집약시킨 특별한 공공조직체였다고 평가할 수 있다. VOC는 네덜란드의 7개 주 또는 주요 도시의 이해관계를 대변하는 동시에 대외적으로는 공화국 전체의 단합된 국익을 추구하면서 군사적 행동을 취할 수 있는 막강한 국가기관이었던 셈이다.

연합 동인도회사(VOC)의 역할

그래서 VOC는 두 가지의 얼굴을 모두 갖고 있었다. 군사적 강제력을 행사할 수 있는 막강한 기관이면서 동시에 시장에서는 이윤을

10) 네덜란드공화국은 1602년, VOC에 특허장(Charter)을 주면서 독점적 무역 권한을 20년 동안 보상하는 한편, 네덜란드의 6개 도시에 반드시 VOC 사무소를 설치하도록 규정했다. 그 도시는 Amsterdam, Middlebrug(Zeeland), Rotterdam, Delft, Hoorn, Enkhuizen이었다(Paul Brood. *The Dutch East India Company Book*. Wbooks. 2017 참조).

추구하는 상업적 회사조직이었다. VOC는 다양한 계층의 많은 네덜란드 시민들이 투자한 자금으로 성립됐지만, 사실상 암스테르담의 상인과 은행가들이 주도했던 세계 최초의 주식회사였다. VOC는 1602년 설립돼 1799년 문을 닫을 때까지 수백만 명의 유럽인들을 동양으로 보냈으며, 수백만 톤에 달하는 동양의 생산품을 유럽으로 보냈다. 세상을 넓게 확장했으며, 동시에 서양과 동양 그리고 아프리카를 연결하는 역할을 했다. 중세시대의 베네치아공화국이 좁은 지중해 연안에서 무역했다면, 17세기의 근대를 열었던 네덜란드공화국은 대서양과 인도양 그리고 태평양으로 범위를 확장했다. 네덜란드의 VOC는 동양에서 가장 폐쇄적이었던 조선에도 접근을 시도한 바 있었다.

조선에 들어왔던 서양인 박연과 하멜(Hendrik Hamel) 모두가 네덜란드공화국의 VOC 직원이었음은 우연이 아니었다. 17세기에 조선 땅을 밟았던 박연과 하멜은 당시의 VOC가 어떤 회사이며 네덜란드 사람들이 얼마나 적극적이고 국제적이었는가를 보여 준 사례이기도 하다. 먼저 박연은 1627년, 태풍을 피해 제주도에 들어왔는데 본래 이름은 네덜란드 사람의 가장 흔한 이름인 얀 벨테브레(Jan Jansz Weltevree)였다.[11] 그는 조선에 귀화해 정식으로 조선 군인이 됐고, 유럽의 무기와 선진 문물을 조선에 소개했다. 박연은 조선에서 결혼해 가족을 이뤘으며 비교적 행복하게 살고 있었다고 하는데, 조선의 관헌은 하멜 일행에게 박연을 소개하면서 조선사람 박연이라고 했을 정도였다고 하멜은 기록했다.

이처럼 귀화인 벨테브레가 박연이라는 조선 이름으로 정확히 기

11) '얀'의 발음이 연과 비슷하고 '벨테브레'가 박과 비슷해서 '박연(朴淵)'이라고 했던 것으로 추정된다.

록된 것은 1653년에 제주도에서 표류하다 구조된 하멜의 기록 덕분이다. 박연에 이어서 조선에 들어온 하멜도 VOC의 직원이었고, 당시에 조선 통역관으로 박연이 오면서 하멜의 기록에 박연의 신상이 정확히 알려진 것이다. 박연이 조선에 왔을 당시, 조선 정부는 외국인의 귀화를 원칙적으로 허용치 않았기 때문에 박연을 일본으로 보내려 했으나 당시의 일본의 에도막부(江戶幕府)는 박연의 일본 입국을 거부한 바 있었다. 일본은 17세기 초, 기독교도에 대해 심하게 박해했고, 대다수 서양인(주로 포르투갈인)은 일본에서 처형되거나 추방당했다. 그래서 박연도 일본을 통해 본국(네덜란드)으로 돌아갈 생각을 일찌감치 접었다고 볼 수 있다. 그러나 포르투갈이 일본에서 완전히 추방된 이후, 17세기 중엽의 일본 상황은 바뀌었다. 네덜란드의 VOC는 포르투갈과는 완전히 다른 입장에서 기독교 포교를 하지 않고 오로지 장사만 할 것을 일본의 에도막부에 약속했다. 심지어 VOC는 포르투갈인들의 종교인 가톨릭(구교)과 자신들은 상호 전쟁하는 적국이라고까지 했다. 어쨌든, 하멜이 표류해 왔던 시기는 일본의 막부와 VOC의 관계가 좋았던 시기이고, 나가사키(長崎)의 데시마(出島)를 VOC 상관(商館)으로 사용하면서 도자기를 암스테르담으로 수출하던 시기였다.[12]

12) 박연과 달리 하멜 일행은 적극적으로 네덜란드 귀환을 원했다. 17세기 중엽에 접어들면서, 일본의 막부 정부와 VOC의 교역 관계는 매우 긴밀했기 때문이다. 하멜은 네덜란드에 귀국할 시기에 대비해서 항해일지를 정확히 기록했다. VOC에서 표류 기간 동안 받지 못한 급여를 신청하기 위해서는 구체적인 항해일지로 자신의 근무 상태를 설명해야 했기 때문이라고 한다. 상세한 하멜의 항해일지는 실제로 VOC에 제출됐고, 일지에 소개된 조선에서의 일상을 통해 『하멜표류기』가 남아서 전해지게 됐다. 『하멜표류기』를 계기로 당시의 17세기 중엽, 네덜란드의 VOC는 조선과의 직접 교역을 추진하고자 했다. 당연히 그들의 성향

③ 연합 동인도회사(VOC)의 주요 조직과 자본금

17세기 암스테르담의 황금시대는 VOC의 국제적 해상활동과 함께 본격화됐다. 따라서 그 이전에는 볼 수 없었던 새로운 회사조직으로 출범했던 VOC의 주요 조직과 자본 확충 방안을 파악하는 것은 암스테르담의 국부론을 이해할 수 있는 핵심적 부분이라고 할 수 있다.

연합 동인도회사(VOC)의 조직

VOC는 공화국의 6개 주요 도시(지역)에 VOC의 지역 사무소를 분권적으로 설치, 운영했다. 상품을 구매하고 판매하며, 선박의 신규 건조를 비롯한 회사의 주요 사항을 다룰 때, 암스테르담의 상인과 은행가들이 VOC의 모든 것을 좌지우지할 수 없도록 분권적 조직을 만

상 VOC는 조선과의 직접 교역을 추진할 사업체였다. 그런데 그렇게 하지 못한 것에는 예상치 못할 정도로 강력했던 일본의 반대가 있었다고 한다. 당시 17세기 중엽의 일본은 VOC에서 수입한 상품을 조선에 팔고, 조선의 상품을 VOC에 팔면서 막대한 중간 차익을 얻고 있었기 때문이다. 더욱이 유럽에서는 아시아의 도자기가 최고 인기 상품이 돼 있었는데, 임진왜란 이후 조선에서 끌려가다시피 넘어간 도공 덕분에 일본도 중국과 함께 당당하게 아시아의 도자기 수출국 지위에 올라와 있었다(일본 도자기에서 영향받은 네덜란드의 델프트 블루[Delft blue]는 유명하다). 그런데 만일 조선과 VOC가 직접 교역해서 조선의 백자가 유럽에 직수출된다면 일본의 도자기 수출사업은 큰 타격을 입을 수 있었고, 그래서 일본은 VOC의 조선 직교역 계획을 적극적으로 반대할 수밖에 없었다(Paul Brood, 2017; 러셀 쇼토, 2013; 주경철, 2013 등 참조).

든 것이다. 이는 앞서 설명된 바와 같이 우후죽순으로 만들어진 각 지역의 동양탐험대를 통폐합하면서 약정된 사항이었다. VOC는 네덜란드공화국의 연방의회로부터 많은 권한을 위임받은 막강한 조직체였지만, 내부적으로는 암스테르담이 회사의 독점적 지위를 차지할 수 없도록 조직 권한이 분권화돼 있었다. 그렇지만 VOC의 각종 비용 부담에서 사실상 암스테르담 사무소는 전체 비용의 절반(50%) 이상을 부담했다. 이와 비교할 때, 암스테르담 다음으로 강력한 지위를 가졌던 젤란트(Zeeland)의 미델뷔르흐(Middleburg)의 비용 분담은 25%였고, 나머지 4개 사무소는 모두 합쳐도 25%의 분담밖에 할 수 없어서 사실상 VOC의 암스테르담 사무소는 강력한 영향력을 행사했다.

앞서 소개된 바와 같이 VOC는 동양탐험대 또는 프리컴퍼니(pre-company)로 불리며 난립했던 무역회사들을 하나로 통폐합해서 만들어진 회사였다. 이런 이유로 기존의 회사에서 일했던 회사 임원의 대부분은 VOC의 6개 지역 사무소(chamber) 이사로 취임하게 됐다. 전체 VOC 이사는 총 60명 정도였는데, 그들 가운데 최고의사결정기구인 '17인 위원회'에 참여할 수 있는 대표위원의 숫자는 지역별 사무소(chamber)의 역량에 따라서 차이가 있었다. '헤렌(Heren) 17'이라고도 불렸던 VOC의 '17인 위원회'는 17인의 주인이라는 의미를 지닐 정도로 VOC의 최상위 조직이었다. 그런데 이와 같은 '17인 위원회'의 대표위원으로 암스테르담 사무소는 최대한 대표위원 8명까지 선발해서 보낼 수 있었다. 그러나 17명 가운데 8명은 결코 과반수를 이룰 수 없는 숫자였다. 또한 '17인 위원회'의 위원장은 암스테르담 출신이어서는 안 된다는 제한 규정도 있었다.

어쨌든, 헤렌 17의 '17인 위원회'의 대표위원은 네덜란드의 6개 지역을 대표하는 성격을 갖고 있었다고 볼 수 있다.[13] 즉, 암스테르담 8명, 미델뷔르흐 4명, 로테르담 1명, 델프트 1명, 호른 1명, 엥크하위젠 1명으로 구성됐고, 대표위원장은 (암스테르담을 제외하고) 돌아가면서 선출됐다. '17인 위원회'는 네덜란드 전체의 이해관계를 고려해 구성됐지만, VOC가 실제로 운영되면 될수록 암스테르담의 영향력은 절대적일 수밖에 없었다. 참고로 VOC의 '17인 위원회'와 6

네덜란드공화국의 연합 동인도회사(VOC)
(Verenigde Oost-Indische Compagnie)

'17인 위원회(Heren XVII)'											
6개 지역 사무소(Chamber)											
Amsterdam Chamber		Middlebrug Chamber		Rotterdam Chamber		Delft Chamber		Hoorn Chamber		Enkhuizen Chamber	
비용 부담률	대표 위원	비용 부담률	대표 위원	비용 부담률	대표 위원	비용 부담률	대표 위원	비용 부담률	대표 위원	비용 부담률	대표 위원
50%	8명	25%	4명	6%	1명	6%	1명	6%	1명	6%	1명

* VOC의 〈17인 위원회〉의 지역별 대표위원 구성 비율:
대표위원(16인)은 지역별(8:4:1:1:1:1)구성. 단, 대표위원장 선출권에서 암스테르담은 제외.

13) VOC의 최고의사결정조직인 '17인 위원회'는 과거, 중세시대의 베네치아공화국 정부에 있었던 '17인 위원회'와 비슷한 조직 특성을 지니고 있었다. VOC가 6개 지역을 대표하는 사무소로 이뤄진 것처럼 수백 개 군도로 이뤄진 베네치아 본섬은 6개 구역(6개의 Sestiere)으로 나뉘고, 이를 대표하는 6인 위원회가 있었다. 베네치아공화국 정부의 핵심적 의사결정조직도 '17인 위원회'였는데 여기에서는 바로 지역을 대표하는 6인 위원회가 중추적 기능을 담당했고, 이에 더해 대국회를 대표하는 10인, 최고지도자 도제(Dose) 1인을 포함해 '17인 위원회'를 구성했다. 베네치아공화국 정부의 '17인 위원회'는 지중해를 관리하면서 효율적인 의사결정을 했는데, 네덜란드연방공화국의 VOC도 '17인 위원회'를 통해 희망봉에서 마젤란해협(태평양)까지 매우 효율적인 결정과 집행을 했다.

개 지역별 사무소는 훗날 영국과 미국의 여러 조직에도 많은 영향을 줬다.[14)]

연합 동인도회사(VOC)의 특허장

17세기에 들어서서 출범한 VOC가 이전의 무역회사들과 비교할 때 가장 다른 특징은 자본금을 모으는 방식이었다. 물론 VOC의 독특한 자본금 충당 방식이 가능했던 배경에는 네덜란드공화국 정부(연방의회, States General)로부터 부여받은 독점적 특허장(Charter)이 있었기에 가능했다. 하우트만의 동양탐험대가 출범한 1595년부터 VOC가 세워진 1602년까지 7년 동안 장거리회사, 오래된 장거리회사, 새 브래반트회사 등 크고 작은 다양한 프리컴퍼니가 많이 설립됐지만, 서로 치열한 경쟁을 벌여 부작용이 심했음은 앞서 설명된 바 있다. 이런 배경에서 1602년 3월 20일, 네덜란드공화국 정부는 프리컴퍼니들을 하나로 통폐합하면서 독점적 동양무역권을 담은 특허장을 VOC에 부여한 것이다. 특허장에서 VOC는 희망봉(아프리카 남단)의 동쪽에서부터 마젤란해협(남아메리카 남단)의 서쪽의 모든 지역에서 독점적 항해와 교역을 할 수 있는 권리가 있음을 명확히 했다. 다

---

14) 영국의 BOE(Bank of England)도 설립 초기에는 VOC의 '17인 위원회'와 비슷한 위원회조직으로 운영됐고, 영국의 동인도회사도 18세기 초엽부터는 VOC의 위원회와 비슷한 방식으로 조직 운영됐다. 미국의 연방준비제도(Federal Reserve System)뿐만 아니라 미국의 상공회의소(U.S. Chamber of Commerce)의 명칭에서도 VOC의 전통은 남아 있다. 사무실(Office)이 아닌 회의소(Chamber)로 표기하고 있는 이유는 VOC의 지역 사무소(Chamber)의 영향을 받았기 때문이다. 우리의 대한상공회의소(Korea Chamber of Commerce and Industry)에서도 VOC의 흔적이 발견되는 이유다.

시 말해서 동양의 태평양과 인도양 (서양의 대서양을 제외한) 모든 바다에서 네덜란드공화국의 모든 교역과 선박 운항 그리고 관련된 독점적 권리를 VOC에게 부여한 것이다.

더욱이 VOC의 특허장 제35조에는 네덜란드 연방의회를 대신해 VOC가 동양의 군주와 조약을 체결할 수 있으며, 전쟁을 선포할 수 있고, 요새와 상관을 건설할 수 있도록 군인을 충원할 권리까지 규정하고 있었다. 이로써 VOC는 네덜란드의 대서양을 제외한 바다에서 네덜란드공화국 정부가 할 수 있는 대부분의 공적 기능을 맡았다. 이런 이유에서 VOC는 주식회사의 형태는 띠고 있었지만 어떤 네덜란드 정부의 공공기관보다 강력한 조직이었고, 동시에 자율권을 갖고 있었다고 평가할 수 있다. VOC의 직원 숫자는 급격히 증가하지만, 그 구성원 가운데 군인의 비율이 매우 높았던 것도 이 회사를 단순한 상업적 주식회사로만 볼 수 없는 이유다.[15]

연합 동인도회사(VOC)의 자본금

한편, VOC의 특허장(Charter) 제10조는 네덜란드에 사는 모든 사람은 누구라도 VOC의 주식을 살 수 있다고 규정하고 있다. 그렇지만 17세기 초까지도 아직 주식(stock)이라는 용어는 보편적 용어가 아니어서 특허장의 관련 규정에서는 회사의 지분(share)을 산다는 것으로 표시됐다. 어쨌든, 특허장에 규정된 바에 따라서 네덜란드에 사

15) 17세기 초의 VOC 소속 군인은 약 3,000명이었지만 이후 급속히 증가해 18세기 중엽에는 1만 7천 명에 달했다. VOC는 네덜란드공화국 정부의 중요한 대외무역기구이면서 동시에 해양군사조직이었다(Paul Brood, 2017: 41 참조).

는 누구라도 신분의 귀천이나 돈이 많거나 적거나 관계없이 누구라도 원한다면 원하는 만큼(너무 큰 지분만 아니라면), VOC 주식을 사서 부자가 될 기회를 모두에게 개방했다. 네덜란드공화국 정부는 VOC 주식의 소유자들이 더 많으면 많을수록 스페인과 독립전쟁을 벌이는 그들의 공화주의적 가치를 더 높일 수 있다는 정치적 계산도 갖고 있었다.[16]

1602년 8월 31일까지 VOC의 지분을 사고 싶은 사람들은 암스테르담 사무소를 비롯한 각 지역 사무소에 VOC 지분 취득 의향서를 제출해야 했다. VOC의 주주가 되려는 투자자는 주주명부에 자신의 이름을 적어 넣고, 그 옆에 주식 청약 액수를 함께 기록하는 방식이었다. 상세한 기록이 잘 보전된 VOC의 암스테르담 사무소 청약 상황을 살펴보면 이러했다. 우선 암스테르담 사무소에서 VOC의 초대 주주로 등록한 사람은 1,143명이었고, 지분 취득 의향서로 약정한 총액은 367만 4,945길더였다. 부자 상인 가운데에는 8만 길더를 투자한 사람도 있었지만, 가정집 하녀로 어렵게 일하고 있는 사람도 50길더를 투자했다. 다양한 공화국의 시민들이 자신의 형편에 맞춰 크고 작은 액수로 미래의 번영을 약속해 줄 VOC에 투자한 것이다.

VOC의 주식 청약을 모두 마감하고 정리한 결과, 6개 지역 사무소별 세력이 예상과 조금 달랐다. 먼저 암스테르담 사무소에서 투자

16) 네덜란드의 공화국 시민들은 너도나도 VOC 지분을 사는 것에 열광했다. 이미 동양으로 가서 많은 돈을 벌어왔던 동양탐험대들, 즉 프리컴퍼니를 하나로 통폐합해서 만든 독점적 무역 특권을 지닌 VOC였기 때문이다. 실제로 VOC는 막대한 이윤을 창출했고, VOC의 주식 소유자들을 부자로 만들어 줬다. 암스테르담의 최고 부자였던 수아소 가문도 VOC의 많은 주식을 소유하면서 큰 이익을 냈고, 그 이익금으로 오렌지공 윌리엄 3세의 명예혁명을 지원하기도 했다.

받은 액수는 전체의 57%였지만 경쟁 관계에 있었던 미델뷔르흐 사무소는 20%에 불과했다. 엥크하위젠 사무소가 8%, 호른이 7%, 델프트가 4%, 로테르담이 3%였다. 지역 사무소별 차이는 컸지만, 전체적으로 총 650만 길더의 자본금을 불과 수개월 만에 모은 것은 대단한 성과였다. 오늘날의 액수로 환산하면 약 1억 유로 또는 1,200억 원 정도로 환산되는데, 17세기의 인구와 경제 규모를 고려할 때 이는 엄청난 규모였다. 시민을 대상으로 공개적으로 주주를 모집해 아직 수익도 나지 않은 회사에 엄청난 투자금이 몰리면서 650만 길더의 막대한 자본금을 가진 VOC는 17세기 세계 무역의 주역이 될 준비를 마쳤다.

제 8 장

암스테르담이 펼쳐 놓은 세계해양네트워크

 동양의 해양네트워크

17세기가 시작된 시기에 출범했던 VOC(연합 동인도회사)는 인도와 인도네시아 그리고 일본으로 향하는 동양의 해양네트워크를 만들어 냈다. 암스테르담의 인재들은 VOC를 통해 동쪽 바다를 향해 서양의 근대 사상과 과학문물을 전파했으며, 동시에 엄청난 국부를 암스테르담으로 가져왔다.

공화국의 해양네트워크

네덜란드공화국은 17세기형 해양공화국이었다. 14세기의 대표적 해양공화국이었던 베네치아는 포르투갈에 후추독점권을 잃으면서 뱃사람도 잃었다. 베네치아에서 뱃사람이 사라지면서 본래의 개방적이고 자유로웠던 성격은 약해졌고, 정치 귀족들의 기득권만 강화되면서 귀족공화국의 성격이 짙어졌다.[1] 이와 비교할 때, 북네덜란드 지역의 7주(State)가 함께 출범시킨 네덜란드(연방)공화국은 매우 독특하고 독창적인 근대(近代)형 해양공화국 정부를 만들었다. 우선 네덜란드공화국은 중세의 봉건제를 왕이 없는 공화제로 대체했고, 각각의 개인 소유 재산권을 보장하고 이를 자유롭게 매매 계약할 수 있는 권리를 보장했다. 특히, 네덜란드의 암스테르담은 봉건적 계급 의식이 사라지고 서로 협력하는 수평적 공동체 특성이 매우 강한 중심지였다. 이런 분위기 속에서 등장한 회사조직이 바로 VOC이기도 했다.

VOC는 수익을 추구하는 벤처주식회사의 특성이 강했지만, 동시에 공화국의 전쟁을 수행할 수 있는 군사조직이었다. 앞서 설명했지만, VOC는 공화국의 국제무역을 독점하는 권리도 갖고 있으면서 동시에 국가를 위해서 전쟁을 수행하는 군사조직이었고, VOC의 소속 선장은 공화국의 해군 사령관이기도 했다. VOC는 6개의 지역 사무소로 구성돼 있었으며, 각 사무소는 마치 7개의 주가 연합해서 만들어 낸 연방공화국의 연합조직체였다. 그런데 좀 더 자세히 들여다보면, VOC는 암스테르담의 상인과 은행가들이 주도한 상업회사였고, 공화국의 독립전쟁도 결국에는 암스테르담의 상인 세력이 중심을 이

1) 16세기의 베네치아는 14세기의 베네치아공화국에 비교할 때, 공화주의적 성격이 퇴보했다. 그러나 비슷한 시기의 다른 왕국(16세기의 스페인, 프랑스 등)보다는 훨씬 자유로웠다. 특히 환락에 가까운 가면무도회는 프랑스 국왕에 취임하기 직전, 베네치아를 방문했던 앙리 3세를 깜짝 놀라게 했을 정도였다. 그것들은 여전히 베네치아의 자유로움과 풍요로움을 상징하는 것들이었다.

뤘다. 암스테르담과 VOC 그리고 공화국은 서로 분리할 수 없는 하나의 중추 세력이었던 셈이다. 합스부르크계 스페인제국의 강력한 군대에 맞선 암스테르담의 상인과 은행가들이 네덜란드공화국을 이끌었고, 그 세력은 독립전쟁을 하면서 동시에 VOC를 출범시켰음을 상기할 필요가 있다.

이렇게 출범한 VOC는 세계의 바다를 향해서 암스테르담의 근대정신과 문명을 쉴새 없이 옮겨 날랐다. 아프리카의 케이프타운, 스리랑카의 콜롬보, 인도 남부의 첸나이(마드라스)를 비롯해 동남아시아에서 일본(나가사키)에 이르기까지 인도양과 태평양에 거대한 해양네트워크를 형성한 것이다. VOC는 17세기부터 18세기까지 약 100만 명이 넘는 유럽인을 아시아로 보냈고, 250만 톤이 넘는 동양의 생산품을 유럽으로 보낼 정도로 동양과 서양의 가교 역할을 했다. VOC가 건설하고 운영한 도시와 항구는 아시아, 인도, 인도네시아, 아프리카의 각 지역에 수없이 많이 있지만, 그 가운데에서도 동양 향료무역의 중심 거점은 인도네시아의 수도인 자카르타였다. 이곳을 1609년, VOC의 얀 코엔(Jan Pietersz Coen)이 점령하면서 '바타비아'로 불렀다.

향료무역과 바타비아

동양의 향료무역 중심지가 바타비아로 바뀌는 과정에는 크게 세 단계가 있었다. 그 첫 번째 단계는 지중해의 베네치아였고, 두 번째는 대서양 연안의 플랑드르(브뤼헤와 안트베르펜)였으며, 세 번째가 바타비아였다. 앞서 제2편에서 살펴본 바와 같이 15세기까지 동양의 향료(후추)무역 주인공으로 명성을 날렸던 나라는 지중해의 베네치아공화국이었다.[2] 그런데 16세기, 희망봉을 돌아 동양으로 가는 신항로를 개척한 포르투갈이 향료무역의 주도권을 거머쥐면서 베네치아공화국 정부는 향료무역을 거의 포기해야 했다. 그러나 베네치아의 정부와 달리 베네치아의 상인들은 끈질겼고 포기할 이유도 없었다. 베네치아계 대상인들은 예전부터 운영했던 대서양의 브뤼헤를 베네치아의 대체지로 삼았으며, 포르투갈이 동양에서 운반해 온 향료(후추)를 전 유럽에 공급하는 도매상의 역할을 했다.

동양의 향료(후추)무역에서 로마교황청도 포르투갈의 독점적 지위를 인정했고, 베네치아계 브뤼헤 상인들도 그런 결정에 순응했다. 이미 브뤼헤, 안트베르펜에 와 있던 베네치아계 상인들 대부분은 오래전부터 원거리 항해를 그만둔 지 오래였고, 대자본을 갖고 정주형 무역상을 했기 때문이다. 대상인은 동양으로 가는 힘든 역할은 포르투갈 뱃사람들에게 맡겼고, 자신들은 중간 도매상으로 판매만 해도 충분한 이익을 냈기 때문이다. 이른바 동양의 향료무역에 분업이 이뤄져 포르투갈(뱃사람)은 운반, 베네치아계 브뤼헤 상인들은 판매를 맡은 셈이다.[3] 그런데 포르투갈이 스페인에 합병되면서 향료무역의

---

2) 베네치아의 상인들은 십자군전쟁을 통해 아시아의 후추가 지닌 가치를 재발견했고, 그 작고 검은 황금이었던 후추를 이용해 엄청난 국부를 쌓아 올렸다. 베네치아의 상인들은 공화국 정부의 탁월한 외교력과 해군력을 지원받으면서 아시아 향료무역을 독점적으로 주도했고, 인도 남부와 중동지역 그리고 지중해로 연결되는 후추무역로를 15세기까지 효율적으로 관리하면서 베네치아의 국부를 증대시켰다.

3) 16세기, 동남아시아와 인도에서 향료를 싣고 유럽으로 귀환하는 포르투갈 선박들은 후추 상인으로 노하우와 자본을 갖고 있었던 베네치아계 대상인의 무역거점, 브뤼헤와 안트베르펜 항구에 아시아 향료상품을 하역했다. 브뤼헤 지역은 자연재해로 항구 기능이 마비되면서 16세기 후반, 인근의 안트베르펜으로 대체됐다.

질서는 흔들렸다. 이른바 베네치아계 구(舊) 후추 상인과 독일계 신(新) 후추 상인이 격돌하게 된 것이다. 합스부르크 가문의 스페인 국왕은 독일계 상인의 자금 지원을 받았고, 그들은 후추 판매시장의 본거지를 안트베르펜에서 독일의 함부르크로 옮기려 했다. 안트베르펜을 탈출해 암스테르담에 모여서 눈치를 보던 구 후추 상인들의 태도는 완전히 바뀌었다. 그들은 폐허가 된 안트베르펜의 원수를 갚는 동시에 동양의 향료(후추)무역의 주도권을 지키고자 암스테르담을 근거지로 네덜란드의 독립군을 전폭적으로 지원하면서 스페인제국에 항거한 것이다.

따라서 17세기의 암스테르담은 단순한 도시 그 이상의 의미를 지닐 수밖에 없었다. 암스테르담은 합스부르크제국(스페인과 신성로마제국)의 막강한 군대를 물리치고 중세시대가 아닌 새로운 근대시대를 연 주도적 세력이 됐으며, 왕을 거부하고 네덜란드공화국을 세운 주인공이었다. 이렇게 암스테르담의 상인과 은행가들이 동양에 직접 세운 무역 중심지가 인도네시아의 바타비아였다. 바타비아는 지중해의 베네치아, 대서양의 브뤼헤 지역과 차원이 다른 매우 공세적인 동양의 향료(후추)무역 전진기지였다. 바타비아는 본래 군사적 요새로 건설됐지만, 포르투갈과 영국을 비롯한 유럽의 경쟁 세력을 대부분 힘으로 제압하고 쫓아낸 이후, 동양의 군사적 요새 그 이상의 의미를 지닌 중심 거점으로 개발됐다. 1700년을 전후로 바타비아의 인구는 이미 10만 명을 훨씬 상회했는데 시기적인 차이는 있지만, 바타비아가 암스테르담의 규모를 넘어서는 때도 있을 정도였다.

연합 동인도회사(VOC)의 해양네트워크

VOC가 적극적으로 해양네트워크를 건설하면서 1650년을 전후로 가장 많은 지점이 만들어졌던 것으로 파악된다. 각 해양도시에 파견된 VOC의 주재원 수는 연도마다 차이가 있지만, 남아 있는 VOC 자료 가운데 1753년을 기준으로 작성된 기록을 보면, 아시아와 인도, 아프리카의 21개 장소에 해양네트워크를 세워 운영한 것으로 보인다. 증기선이 투입되지도 않았던 18세기 중엽이란 사실을 고려할 때, VOC의 해양네트워크 규모는 놀라운 수준이었다. 바타비아를 비롯한 21개 지점에 정주시킨 2만 3천 명 이상의 주재원은 오늘날의 어떤 다국적 기업도 하기 어려운 규모이기 때문이다. VOC 상관 가운데 주재원이 가장 많은 도시는 역시 바타비아였으며 4,860명에 달했다.

바타비아 다음으로는 인도 남부의 실론 지점으로 4,652명의 주재원이 정주했고, 인도네시아 동부 자바섬 지역 일대에는 2,822명이 주재했으며, 남아프리카의 희망봉 지점에도 1,439명의 주재원이 파견됐다. VOC는 전성기였던 17세기 이후에도 '남아시아-남인도-남아프리카'의 해안에 거대한 해상네트워크를 18세기 중반까지 유지했음을 보여 준다. 이와 비교할 때, 태국이나 대만 그리고 페르시아 지역에 건설됐던 VOC 지점은 18세기 중반에 대부분 사라졌다.[4] 그런

---

4) 이와 관련된 대표적 지역이 타이완(Formosa)의 젤란디아(Zeelandia)였다. 포르투갈인들은 16세기 말, 타이완섬을 포르모사라고 했는데 1624년, 네덜란드공화국의 VOC가 이곳을 점령하면서 포르투갈과 스페인 세력을 모두 내쫓고 젤란디아 성을 세웠었다. VOC는 이곳을 거점으로 중국을 포함한 동아시아와의 무역을 적극적으로 추진했지만 1662년, 청나라에 항거했던 명나라의 잔류 세력, 정성공(鄭成功) 군대에 의해 축출됐다. 이로써 VOC의 동아시아 전략에는 큰 차질이 생겼고, 포르투갈의 마카오를 점령하고자 했던 계획도 무산됐다(vocwar

데 특이한 점은 동아시아 지역에서 대부분 철수했던 VOC가 유독 일본의 나가사키에 있는 데시마(出島) 상관에는 숫자는 많지 않지만, 매우 우수한 엘리트 주재원을 파견했고, 교역의 규모와 수익 부분도 대단히 컸다는 것이다. 심지어 네덜란드공화국이 프랑스의 나폴레옹에 의해 본국(유럽)에서 해체돼 전 세계에서 모든 공화국의 깃발이 내려왔던 시기에도 거의 유일하게 네덜란드공화국의 깃발이 나부꼈던 곳은 일본의 데시마 상관이었다.

연합 동인도회사(VOC)의 아시아-아프리카 해상네트워크 각 '지점 도시' 및 주재원 (명)

'지점 도시' 주재원(명)		'지점 도시' 주재원(명)		'지점 도시' 주재원(명)	
BATABIA	4,860	MAKASSAR	995	BENGAL	440
BANTAM	407	PALEMBANG	83	MALABAR	1,395
CHERIBON	148	SUMATRA	478	SURATTE	385
동부 JABA	2,822	POULO GONDI	22	GAMRON	22
AMBON	864	BANDJER MASIN	68	NAGASAKI(出島)	12
BANDA	646	MALACCA	471	희망봉(아프리카)	1,439
TERNATE	759	CEYLON	4,652	선박 탑승(항행 중)	1,354
TIMOR	68	COROMANDEL	789	총 21개 지점	총 23,179

1753년 기준(Paul Brood, 2017: 41 참조).

fare.net/thesis 참조).

② 나가사키의 개항과 데시마(出島) 건설

일본열도는 네 개의 큰 섬인 혼슈(本州), 홋카이도(北海道), 규슈(九州), 시코쿠(四國)로 구성되는데, 그 가운데 제일 서쪽에 있는 섬이 규슈다. 동남아시아를 거쳐서 일본열도로 북상한 선박이 가장 먼저 만나는 곳이 규슈섬이었고, 규슈에서도 가장 서쪽에 있는 나가사키(長崎)는 외국 선박이 먼저 닻을 내리는 지점이었다.

나가사키의 개항

1543년, 일본의 서부 규슈섬으로 세 명의 포르투갈 사람이 표류해 들어왔다.[5] 그들은 서양의 조총을 갖고 있었는데, 그 지역의 영주는 포르투갈 사람들이 갖고 있던 조총의 우수성에 깜짝 놀랐고, 이후 일본의 군벌들은 앞다퉈 포르투갈로부터 서양 조총을 수입했다. 16세기 당시의 일본은 약육강식의 전국시대(戰國時代)여서 우수한 무기는 군벌(다이묘, 大名)의 생사를 가르면서 일본의 패권을 결정짓는 신무기로 사용됐다.[6] 조총이 있는 쪽과 조총이 없는 쪽 사이에는 엄

---

5) 규슈의 나가사키 인근 다네가시마(種子島)에 표류해 들어온 중국 선박에는 세 명의 포르투갈인이 있었다. 이들은 사실상 처음으로 일본 땅을 밟은 유럽인이라고 할 수 있는데, 이들이 포르투갈에 일본의 존재를 알리면서 유럽인들이 본격적으로 일본에 들어오기 시작했다. 특히 6년이 지난 1549년, 예수교 선교사로 오게 된 프란시스코 자비에르(Francisco de Xavier)는 일본에 기독교를 전파한 최초의 유럽인이 됐다.

6) 다이묘(大名)는 일본의 메이지유신(明治維新) 직전까지 일본의 각 지역 영토를

청난 전투력의 격차가 발생했고, 그 결과 일본의 패권 지형은 급속히 한 방향으로 통합됐다.

일본의 군벌 가운데 특히 오다 노부나가(織田信長)는 포르투갈의 조총과 서양의 신무기로 군대를 재편(철포부대)해 일본의 전국시대를 정리하고 있었다. 그런데 조총과 같은 신무기와 함께 일본에는 새로운 서양의 종교도 수입됐다. 1549년, 서양의 예수회 신부가 규슈에 상륙, 일본 최초로 기독교를 전파하기 시작한 것이다. 일본의 패권을 쥐고 있던 오다는 막강했던 불교 세력을 견제하기 위해서 기독교를 적극적으로 지원했다. 오다의 지원으로 당시의 일본인(약 1,700만) 가운데 100만 명 이상이 세례 교인이 됐을 정도로 기독교의 교세는 급속히 확장됐다. 1569년에 들어와 오다는 기독교를 정식으로 공인했으며, 포르투갈과의 무역도 적극적으로 지원했고, 서양 무기도 대량으로 수입했다. 1571년, 나가사키는 정식으로 포르투갈에 개항됐고, 나가사키 인근의 하라도(平戶)섬에는 포르투갈 상관이 공식적으로 설치됐다.

포르투갈의 상인들이 처음 표류해 온 지 불과 30년도 되지 않아서 나가사키는 규슈의 중심도시가 됐으며, 예수회 성당은 영지까지

다스렸던 유력자를 말한다. 유럽의 봉건영주처럼 자신의 지역 영토에서 군사권, 사법권, 행정권, 경제권을 총괄적으로 행사한 대표적 통치자들이었다. 도쿠가와 이에야스(德川家康)의 에도시대(江戶時代, 1603~1867)에 서약을 통해 쇼군(將軍) 아래로 편입됐으나 자신의 성(城)에서 가신들을 거느린 봉건영주로 살았다. 19세기의 근대화 과정에서 다이묘의 통치권은 박탈당하고 귀족으로서 연금을 받았지만, 20세기 세계대전 이후에도 그리고 현재의 21세기에도 사실상 크게 바뀐 것은 없다. 일본의 다이묘 후손은 근대화 이후에도 자신들의 옛 영지를 중심으로 지역을 대표하는 정치인으로 변신해서 일본 사회를 주도하고 있는 경우가 많기 때문이다.

받았다. 개항 이후, 나가사키는 이전의 일본이 경험하지 못했던 엄청난 국부를 누리기 시작했고, 그런 부유함의 원천에는 포르투갈-마카오-나가사키로 연결된 국제무역망에서 비롯됐다. 나가사키는 그 이름 '長崎'에서처럼 바다로 길게 튀어나온 지역으로 농사짓기에는 부적합했지만, 천혜(리아스식 해안 반도)의 항구 기능을 갖추고 있어서 일본의 관문이 될 수 있었다. 포르투갈과 일본 사이에 무역이 본격화되면서 막대한 양의 조총과 후추가 수입됐고, 일본의 은괴는 포르투갈 상인에 의해 동남아시아와 유럽으로 수출됐다. 나가사키는 일본 최고의 부자 도시가 됐으며, 16세기 말 유럽풍 건축물들이 우후죽순으로 들어섰고, 일본인들은 나가사키를 가리켜 서쪽의 서울 서경(西京)으로 불렀다.

기독교 박해와 일본의 쇄국정책

오다 노부나가에 이어서 일본의 패권을 잡고 전국시대를 끝낸 인물은 도요토미 히데요시(豐臣秀吉)였다. 도요토미는 오다와는 달리 기독교의 확산과 서양인들의 공격적인 선교에 위기감을 느끼면서 기독교 금지령을 내렸다. 나가사키의 호시절이 끝나는 것처럼 보인 순간이었다. 기독교 선교사는 추방됐고 포르투갈 상인의 활동도 위축됐다.[7] 도요토미의 기독교 박해는 일본의 천황 체제와 기독교의 유일신 사상(하나님)이 충돌할 뿐만 아니라 기독교인의 급속한 증가로

7) 1597년, 도요토미는 포르투갈의 예수회 선교사 6명을 포함해서 26명의 기독교인을 나가사키의 니시자카(西坂) 언덕에서 처형했다. 이곳은 현재 니시자카공원이 됐는데 26성인 순교기념비와 함께 순교기념관이 세워져 있다.

서양 세력이 일본에 침투할 수 있다는 두려움에서 비롯된 것이었다. 그러나 도요토미는 1592년부터 동아시아 대륙에서 조선과 명을 상대로 힘든 전쟁을 벌이고 있었기 때문에 서양 무기의 수입처이며 막대한 무역 이익을 내고 있던 포르투갈과의 교역을 중단할 수 없었다.

격동의 시대를 마치고 일본은 17세기에 들어와 평화시대를 염원했다. 동아시아 대륙에서의 전쟁은 끝났고, 도요토미에 이어서 도쿠가와 이에야스(德川家康)가 일본의 패권을 거머쥐면서 일본의 정책이 바뀐 것이다. 도쿠가와의 에도시대(江戶時代) 초기에는 기독교 박해를 완화하는 듯 보였지만, 일본의 전통 세력을 위협할 수도 있다는 위기 의식으로 다시금 예수회 활동을 방해하고 포르투갈 상인의 활동도 제한했다. 서양의 포르투갈은 조총 등 서양의 신무기를 공급하는 국가였고, 평화시대에 신무기가 일본으로 유입되는 것은 에도막부(江戶幕府)를 위협하는 것이었다. 만일, 반란 세력이 포르투갈에서 무기를 구매해 전쟁에 나선다면 에도막부는 내전을 벌일 수밖에 없었다. 따라서 일본의 에도막부는 동아시아와의 교역에는 적극적이었지만, 포르투갈과 같은 서양 세력과의 교역에 대해서는 상대적으로 소극적이었고, 그것은 일본의 쇄국(鎖國)정책으로 이어졌다. 1614년, 일본의 에도막부는 전면적인 기독교 금교령을 내렸으며, 포르투갈의 예수회 신부를 추방하고 기독교인에 대한 차별을 본격화했다.

그런데 이런 기독교 탄압에 맞서서 일본에서는 매우 이례적인 대규모 민란이 일어났다. 1637년, 나가사키(아마쿠사, 미나미시마바라)의 농민들은 기독교를 탄압하는 일본의 에도막부에 대항해서 아마쿠사 시로(大草四郞, 1621~1638)라는 16세 소년의 종교적 영도 하에 무쟁을 감행했다. 대부분 기독교도였던 반란군은 일반 백성이었고, 군인은 거의 없었는데 이런 종류의 민란은 일본 역사에서 매우 희귀한 사례였다. 대규모 민란에 당황한 에도막부는 하라(原) 성에 모여 농성하고 있던 모든 사람(약 37,000명)을 남녀노소 할 것 없이 전원 학살해 도륙했다. 이후에도 에도막부는 성모 마리아와 예수상을 짓밟고 가도록 함으로써 기독교인을 색출했으며, 적발되는 즉시 처형했다. 에도막부는 하라 성 학살사건 이후에도 수십만의 기독교도를 순교시켰고, 에도막부 200여 년 동안 철저히 기독교를 탄압했다.

Small talk 나가사키의 비극

나가사키에는 기독교도 순교자를 기리는 장소가 많이 있다. 한때는 불교를 넘어설 정도로 확장됐던 기독교였지만, 에도막부 시대에 철저히 탄압받으면서 많은 기독교도가 주검을 당했다. 그런데 나가사키의 비극은 여기에서 끝나지 않았다. 나가사키에는 원폭 피해를 상징하는 큰 평화공원도 있기 때문이다. 1945년 8월 9일, 원자폭탄(팻맨)을 싣고 군수공장이 많이 밀집된 고쿠라(小倉)로 향했던 미국의 폭격기가 이상하게도 계속 구름이 끼고 기상 상태가 좋지 않아 부득이 제2의 후보 공습 대상이었던 인구밀집지역 나가사키에 원폭을 투하하는 사건이 발생했다. 3~4만 명의 일본 시민이 현장에서 즉사했고, 연말까지 8만여 명이 추가로 사망하는 참사가 벌어진 것이다. 이후, 일본은 무조건 항복했고, 제2차 세계대전은 끝났으며, 일본 왕국은 미국 공화국의 식민지가 됐다.

나가사키의 데시마 건설

이미 1614년, 기독교 금교령을 내린 일본의 에도막부였지만, 이익이 많이 남는 서양과의 무역을 모두 끊기는 어려웠다. 더욱이 전쟁이 끝난 평화시대였기에 조총과 같은 무기 수입은 중단해도 후추와 설탕 같은 생필품 수입 중단은 일반인의 불만을 일으킬 수 있었다. 이와 같은 배경에서 에도막부는 데시마(出島)라는 인공섬의 건설을 계획했다. 기독교 포교는 금하지만, 서양과의 교역은 계속하기 위해 에도막부는 1634년, 나가사키 앞바다에 약 4천 평 규모의 인공섬을 건설하기 시작했다. 데시마 상관 건설에 필요한 조성 자금은 25명의 나가사키 상인들이 지급하도록 했는데, 서양과의 무역을 재개하는 것이어서 자금은 순식간에 모였다. 이처럼 데시마는 서양과는 상품 거래와 무역만 하고, 정치적·종교적 영향은 차단한다는 전략에서 건설됐다.

마침내 1636년, 나가사키 항구 앞에는 데시마라는 인공섬이 문을 열었고, 포르투갈 상인들은 육지에서 떨어진 이곳에서만 무역 업무를 시작할 수 있었다. 그런데 앞서 소개된 것처럼 1637년, 나가사키 인근에서 기독교도 중심의 대규모 민란(아마쿠사의 난)이 발생하면서 에도막부는 민란 배후로 서양의 기독교도인 포르투갈을 지목했다. 기독교 민란을 간신히 진압한 에도막부는 즉각적으로 모든 포르투갈 상인을 추방하면서 신부들도 처형했는데, 1639년에 일본은 포르투갈과의 교역을 금지하고 철저히 단교했다. 이로써 일본의 에도막부는 서양에 대한 철저한 쇄국정책을 본격화했다. 그런데 일본의 17세기 쇄국정책에도 불구하고, 동양의 기술 선진국인 조선과 명에 대한 교역은 예외였고, 서양에서도 네덜란드공화국의 VOC 선박 입항만은 허용했다. 서양 상인 가운데 VOC 직원들에게만 무역을 허용한 것은 그들이 지닌 실용적 자세 덕분이었다. VOC는 포르투갈과 자신들의 신앙은 다르고, 구교국 포르투갈은 신교국 네덜란드의 적이므로 일본과 네덜란드는 친구라고까지 주장했다.

본래는 포르투갈 상인을 위해서 만들어졌던 데시마 상관이었지만, 1639년에 들어와 포르투갈 선박의 입항은 전면 금지됐다. 그 결과, 쫓겨난 포르투갈을 대신해 1641년에 네덜란드의 VOC 직원들이 데시마 인공섬에 입주할 수 있게 됐다.[8] VOC는 동남아시아에서 생산된 후추뿐만 아니라 아메리카(카리브해)의 설탕, 그리고 각종 서양 상품을 일본에 가져왔고, 일본은 금과 은을 대가로 지급하면서 서로 이익을 낼 수 있었다.[9] 그런데 포르투갈을 완전히 몰아낸 이후, VOC 직원들은 일본에서 황금보다 값진 엄청난 상품이 있는 것을 어느 순간 발견하면서 환호성을 질렀다. 중국의 명나라에서 그토록 얻고자 했던 황금보다 값진 아름다운 도자기가 일본의 규슈에서 발견됐기

8) 어부지리 격으로 일본과의 독점교역에 물꼬를 튼 VOC 직원은 포르투갈 상인이 가져왔던 후추(향료)뿐만 아니라 아메리카 신대륙에서 대량으로 생산되기 시작한 설탕까지 가져와서 일본에 팔았다. 포르투갈 상인이 가져왔던 카스테라 빵이 일본에서 더욱 달콤해진 유래에는 네덜란드 VOC가 대량으로 가져온 설탕이 한몫했다. 최근, 일본열도에는 VOC가 수입한 설탕이 일본 전역에 공급되는 루트를 복원해 이른바 슈거로드(Sugar Road)라고 작명했다. 일본 슈거로드의 그 출발점은 VOC 상관이 설치된 나가사키의 데시마였다. 데시마 항구를 통해 수입된 설탕은 규슈의 나가사키-사가-후쿠오카를 거쳐서 혼슈의 교토-오사카-도쿄로 운반됐다. 실크로드를 모방한 이름이지만 일본의 17세기 슈거로드를 통해서 카스텔라 빵도 제조돼 팔려 나갔기 때문에 이를 카스텔라 로드라고 할 수도 있을 것이다.

9) 일본은 VOC에서 수입한 여러 상품 가운데 후추 등을 대마도를 거쳐 조선에 재판매해 많은 돈을 벌고 있다고 하멜(VOC 직원)은 그의 조선 표류기에 남겼다.

때문이다.

 델프트 블루와 도자기

네덜란드의 델프트는 아름다운 도자기 생산지로 유명한 도시다. 푸른색 그림을 담은 델프트 블루(Delft blue)가 본격적으로 생산된 것은 대체로 18세기 이후였는데, 이는 1,300도 고열 처리에 견디는 첨단 세라믹기술이 동양만의 전유물이었기 때문이다. 17세기 중엽까지 도자기는 오직 동양의 조선과 명에서만 생산할 수 있었다.

도자기 생산국 명(明)의 멸망

10세기를 전후로 첨단의 세라믹 기술을 지닌 도자기(청자) 생산국은 전 세계에서 고려와 송(宋)밖에 없었다. 한반도에서는 고려자기가 조선자기로, 송자기는 원(元)의 도자기를 거쳐 명(明)의 도자기로 이어졌다. 16세기 중엽, 마카오의 포르투갈 상인은 명의 도자기를 구매하기 위해 혈안이 됐는데, 이는 서양의 왕과 귀족들이 동양의 도자기를 소유하고 싶은 열망이 워낙 강했기 때문이다. 명의 도자기가 없는 귀족은 귀족 행세를 못 할 정도였다. 도자기 생산국인 동양의 조선과 명에서는 성리학의 영향을 받아서 흰색 바탕에 푸른 그림을 삽입한 백자가 유행했고, 유럽은 이런 동양의 도자기가 풍기는 아름다움에 매료돼 있었다. 포르투갈에 이어 네덜란드도 명의 도자기를 얻고자 했지만, 17세기 중반의 중국은 명과 청에 의한 치열한 전쟁터였다. 청의 군사력에 밀린 명은 풍전등화 직전의 상황이었고, 결국 1644년에 명은 중국 본토에서 완전히 멸망해 사라졌다.

이런 중국의 전쟁 상황은 네덜란드공화국의 VOC에게도 큰 영향을 줬는데 그 대표적인 사건이 '젤란디아(Zeelandia)의 치욕'이었다. 대륙에서 멸망한 명나라를 복원하겠다는 정성공(鄭成功) 군대가 해협을 건너 타이완(Formosa)으로 밀려 내려왔고, 그들은 타이완에 건설한 VOC의 해양 거점인 젤란디아 요새를 순식간에 함락시켜 버렸다(1661년). VOC는 타이완에서 쫓겨나면서 중국의 대륙에서 도자기를 얻고자 했던 희망도 완전히 잃어버렸다. 그런데 어려움에 직면했던 VOC에게 일본의 포르투갈 추방사건은 역으로 기회를 가져왔다. 중국 시장은 막혔지만, 일본 시장은 문호가 작게나마 열렸기 때문이다. 일본에서 포르투갈이 사라지자 그들을 대신해서 네덜란드공화국의 VOC가 나가사키 데시마에 입주했고, 이로써 VOC는 일본과 교역하는 유일한 서양의 무역회사가 됐다.

타이완에서 쫓겨난 VOC에게 일본의 데시마 상관은 동아시아 무역의 활로였고, VOC는 일본과의 적극적인 무역을 통해서 교류를 확대하고자 했다. VOC는 데시마를 거점으로 중국과 교역하고자 했으나 쉽지는 않았는데, 이는 청나라가 명나라의 잔류 세력을 소탕하던 상황이기 때문이었다. VOC는 명의 도자기를 얻고 싶었으나 혼란에 빠져 있는 중국에서 도자기 수입을 위한 무역로를 여는 것은 거의 불가능했다. 그런데 뜻하지 않게 VOC의 직원들 눈을 의심하게 하는 상품이 일본에서 생산되고 있음을 발견한 것이다. 중국의 명나라에서 그토록 얻고자 했던 도자기가 현재 주재하고 있는 일본의 규슈

지역에서 생산되고 있음을 발견했기 때문이다.

조선 도공(이삼평)과 일본의 도자기 생산

남아메리카에서 많은 은괴를 가져와 막대한 은 보유량을 갖게 된 17세기의 서양은 동양에서만 생산되는 명품 도자기를 원하는 구매자로 넘쳐났다. 그러나 정작 중국의 도자기 생산국이었던 명나라가 멸망하자 한동안 도자기를 생산, 공급할 수 없었다.[10] 한편, 임진왜란과 정유재란을 거치면서 일본은 조선의 도자기 전문가(도공)들을 전국 각지에서 일본으로 데려갔는데, 정작 일본에서 도자기를 만들어 내는 것이 쉽지 않았다. 그런데 조선에서 일본으로 건너간 많은 도공 가운데 이삼평(李參平)이라는 인물이 있었다. 그의 행적을 조선에서는 거의 찾아볼 수 없지만, 일본에서의 이삼평은 일본 도자기의 아버지로 추앙받고 있다. 우여곡절을 거치면서 1616년, 규슈의 사가 현(佐賀縣) 아리타(有田)에서 이삼평은 도자기 가마를 만들었고, 초기 형태의 실험적 수준인 아리타 도자기를 생산할 수 있었다.[11]

---

10) 유럽뿐만 아니라 일본도 도자기의 가치를 잘 알고 있었으나 정작 조선과 명은 그런 도자기의 가치를 그리 높게 평가하지 않았다. 사대부 중심의 사회에서 조선의 도공 기술자가 받았던 사회적 지위는 최하에 가까웠다. 그런데 17세기의 세상은 도자기를 소유하고 싶은 열망으로 가득 차 있었고, 그 수요는 급속히 증가했다. 이런 상황에서 조선의 도공은 폐쇄된 사회에서 합당한 대접은커녕 천대받았는데, 조선이 얼마나 세계 정보에 무지했는가는 오늘날의 시각에서 경악할 정도다.

11) 이삼평은 아리타에 살면서 도자기 원료인 양질의 고령토를 찾아다녔다. 기존의 흙을 이용해 도자기를 빚어 꽤 만족할 만한 그릇을 얻었으나, 이에 만족할 수 없었다. 양질의 고령토를 찾겠다는 의지를 갖고 이삼평은 자신을 관리하던 일본 영주에게 자신의 소망을 알렸고, 영주는 그가 마음껏 실험할 수 있도록 지원을 아끼지 않았다. 결국, 몇 년을 찾아다닌 끝에 아리타 조하쿠천(上白川)의 이즈

VOC가 규슈의 나가사키에서 발견한 도자기는 바로 이삼평의 아리타 도자기의 완성작이었다. VOC는 1650년, 공식적으로 145개의 일본 자기 세트를 구매했고, 이 상품은 나가사키 데시마에서 유럽의 암스테르담에 보내졌다. 도자기 수출을 계기로 일본은 동양의 변방에서 원광석을 채굴해 조총을 사들이던 미개했던 야만국이 아니라 당시 최고의 첨단제품인 도자기를 생산, 수출하는 선진국의 반열에 들게 됐다. 서양인이 갖지 못한 첨단기술을 지닌 동양의 도자기 생산국으로 일본이라는 나라의 국격 자체가 급상승한 것이다.[12] 열심히 농사지어도 충분한 식량을 생산할 수 없었던 가난한 일본, 지진과 쓰나미로 고통받던 일본이라는 굴레는 어느새 옛말이 됐다. 1659년에는 56,700개의 아리타 자기를 주문받았으며, 18세기 초까지 약 700만 개의 아리타 도자기가 나가사키의 데시마를 거쳐서 전 세계로 팔려 나갔다. 물론, 일본의 국내 사용량을 제외한 수량이고 데시마를 거쳐서 VOC를 통해 공식 수출된 수량만을 산정했으니 실제의 양은 더 많았을 것으로 추산된다. 일본이 17세기와 18세기를 거치면서 도

미산(泉山)에서 순백색의 자기를 구워 낼 수 있는 백토를 발견한 이삼평은 이곳에 '텐구다니요(天狗谷窯)'라는 도자기 가마를 만들었다. 이삼평이 텐구다니요를 연 해가 1605년 경이었고, 이때는 일본 도자기의 시초가 열렸던 해라고 일본 역사는 기록하고 있다.

12) 이삼평은 그를 적극적으로 지원했던 영주를 최고의 부자로 만들어 줬으며, 그의 공로에 대한 보답으로 자손대대로 받을 수 있는 연금과 함께 그가 발견한 고령토 광산의 채굴권도 선물받았다. 어느새 이삼평의 휘하에는 약 150명의 조선 도공이 모여들었고, 그가 만든 아리타 자기는 대규모로 생산될 수 있는 체제를 갖췄다. 그는 자신이 만든 아리타 자기가 나가사키 데시마에서 유럽의 암스테르담으로 대량 수출되는 것을 보면서 1653년, 75세의 나이로 조용히 생을 마쳤다. 지금도 일본 규슈의 사가현 아리타 도자기 마을에 가면 그의 기념비가 높이 세워져 있음을 발견할 수 있다.

자기를 통해 얻은 국부 축적량은 상상을 초월할 정도였다.[13] 서양에 도착한 일본 도자기 세트 1개는 추정컨대 당시의 도심 집 한 채 값을 넘었다고 하니 엄청난 국부가 서양에서 일본으로 들어갔음은 분명했다.[14]

연합 동인도회사(VOC)의 코레아호

일본 도자기를 서양에 수출하면서 네덜란드와 일본, 양국은 모두 엄청난 국부를 축적할 수 있었다. 서양으로 금과 은을 보냈던 일본이 그런 원자재 대신에 값진 도자기를 수출하고, 남아메리카에서 채굴

---

13) 일본의 아리타에서 생산된 초기 도자기는 주로 조선식 청화백자였고, 이런 청화백자가 네덜란드의 VOC에 의해 유럽으로 수출되면서 네덜란드의 델프트 도공들에게 큰 영감을 줬다. 지금도 잘 보존돼 제작되고 있는 델프트 도자기의 푸른빛은 이삼평의 청화백자 속 푸른빛을 원본으로 시작한 것이기에 16세기의 한반도 도자기(청화백자)의 푸른빛 원형은 한국보다 네덜란드의 델프트(Delft)에 남았다고 볼 수 있다(국립중앙박물관의 e뮤지엄 참고).

14) 에도막부의 초청으로 일본을 방문한 조선통신사가 남긴 기록에는 17세기 후반, 일본의 경제 상황이 급격히 좋아진 것에 놀라는 부분은 나오지만 어떤 이유에서 풍요롭게 됐는가에 대한 이유는 파악하지 못하고 있었다. 만일 조선의 통신사 가운데 1명의 통신사만이라도 나가사키 항구에 가서 데시마 상관에 접근해 당시의 도자기가 얼마나 큰 값어치를 갖고 있는가를 파악했다면, 조선의 국운은 크게 바뀔 수도 있었을 것이다. 그러나 조선은 성리학의 이데올로기에 막혀서 국부를 창출할 엄청난 기회를 모두 놓쳤고, 그 놓친 기회가 무엇인가에 대해서도 수백 년 동안 이해하지 못했다. 일본의 아리타 도자기가 창출한 약 100년 동안의 국부의 양을 오늘의 가치로 환산한다면 약 2,100조 원이었다고 추정해 볼 수 있는데, 이는 연간 약 21조 원을 한 세기 동안 계속 축적한 국부의 양이다. 당시 18세기의 농업국가 조선으로서는 도저히 상상도 할 수 없는 국부라고 할 것이다. 다행히도 21세기의 한국은 현대판 도자기인 반도체를 개발했고, 그것의 세계적 가치 덕분에 조선산업과 자동차산업의 고전에도 불구하고 세계적 국부를 한동안 누리고 있다. 참고로 2017년 세계적 반도체업체 삼성전자 1개 회사의 1년 영업 이익은 약 50조 원이다.

된 많은 은을 보유한 유럽이 그 은화를 주고 일본의 도자기를 사면서 일본은 엄청난 무역 흑자를 17세기 중반부터 누리기 시작했다. 한편, 일본 도자기(중국 도자기로 파는 경우가 많았음)를 수입해 서양에서 비싼 값에 팔았던 네덜란드의 VOC도 엄청난 수익을 올렸고, 네덜란드공화국은 서양의 어느 왕국도 따라오기 힘들 정도의 최고 부국이 됐다. 500년 전, 베네치아가 후추 장사로 지중해 최고의 부자나라가 됐다면, 네덜란드공화국은 도자기 장사로 유럽 최고의 부자나라가 된 셈이다. 그런데 후추는 더운 지역에서만 생산되기 때문에 유럽 현지에서 생산할 수 없었으나 도자기는 기술만 있다면 유럽에서도 생산이 가능했다. 암스테르담의 상인은 동양의 도자기를 서양 현지에서 생산하고자 했고, 서양의 장인들이 모여들어 도자기를 만들어 내기 시작했다. 그곳이 바로 암스테르담 남쪽의 작은 마을 델프트였고, 이곳의 흰 도자기에 그려진 푸른색 그림은 그 유명한 '델프트 블루'로 명성을 얻게 됐다.

그런데 조선의 도자기가 일본의 국부 형성에 얼마나 크게 이바지했는가를 전혀 몰랐던 조선에서도 작은 사건이 발생했다. 그 사건은 네덜란드 VOC 직원이었던 하멜 일행이 제주도에 표류하면서 시작됐다. 하멜(H. Hamel)은 1651년, VOC에 취업해 바타비아로 건너간 젊은이였는데, VOC의 바타비아 본부는 동양의 상품을 가져다가 유럽으로 운송하는 중간 거점이었고, 하멜은 이곳에서 서기로 근무했다. 그런데 1653년, 하멜이 일본의 나가사키로 가는 배에 탔다가 태풍을 만나 일행 36명과 함께 제주도에 표류한 것이다. 조선의 정부는 하멜 일행을 억류하고 이전에 귀화했던 박연(Jan J. Weltevree)을 제주도로 보내어 그들의 소속과 정체를 조사했다. 하멜 일행은 제주도에서 탈출하려 했으나 실패했고, 한양으로 압송돼 조선의 왕(효종)까지 알현했지만, 일본으로 돌아가기를 원했다. 조선 정부는 자신들의 도자기가 상품적으로 얼마나 가치가 있는가에 대해서는 전혀 관심도 없었고, 오로지 서양의 무기에만 관심을 보였다. 하멜 일행은 조선의 훈련도감에 배속돼 무기 관련 업무만 맡아보다가 1666년에 조선을 탈출할 수 있었고, 1668년에 네덜란드로 귀환했다.

하멜은 조선에서의 억류생활을 기록으로 남겼는데, VOC의 직원으로서 14년 동안 받지 못한 급여 청구를 위해 구체적인 근거 기록을 남겼다.[15] 하멜은 조선에서 어쩔 수 없이 억류됐지만, 자신은 VOC 직원으로서 맡은 바 업무에 충실했으며, 그 활동 증거로 조선의 지리와 생활풍속, 교역 관련 사항까지 자세히 기록한 보고서를 회사에 증거물로 제출한 셈이다. 이 보고서가 출판까지 되면서 암스테르담에서는 갑작스럽게 동양의 조선에 관한 큰 관심이 일어났다. 일본이 조선에 VOC의 상품(후추와 담배 등)을 중계하면서 이익을 많이 내고 있다는 사실을 알게 되면서 관심이 높아진 것이다. 하멜이 작성한 조선 표류기를 계기로 VOC는 조선과의 직접 교역을 추진했고 1,000톤급 코레아 호를 건조했으며, 출항 직전 일본에 조선과의 교역을 위한 도움을 요청했다. 네덜란드공화국은 일본의 에도막부와 매우 우호적인 관계였기 때문에 당연히 도와 줄 것으로 예상했다. 그런데 일본의 행동은 예상과 전혀 달랐다. 만약 VOC가 조선과 직접 교역할 경우, 일본은 나가사키의 데시마 상관까지도 전면 폐쇄할 수도 있다고 위협했을 정도였다. 일본의 극렬한 반대와 조선의 무관심으로 코레아

15) 하멜. 신복룡(역). 하멜표류기. 집문당. 1999 참고

(Corea)호는 조선에 올 수 없었고, VOC와 조선의 직교역 계획은 무산됐다.[16]

Small talk 1650년대의 세계 최고 상품: 조선 도자기

고려시대부터 세계 최고 수준의 도자기 생산국이었던 조선은 1650년대, 세계적 부국이 될 분명한 기회가 있었다. 네덜란드와 일본이 도자기로 17세기에 엄청난 국부를 축적했던 것과 같이 조선도 엄청난 국부를 축적할 수 있었기 때문이다. 만약 VOC가 한양의 마포나루에 나타나 도자기 무역을 시작했다면, 이제 막 걸음마 수준이었던 일본 도자기 산업은 도산했을 것이고, 세계의 도자기 시장은 조선의 도공들에 의해 결정될 수 있었음이다. 17세기의 최고 사치품은 동양의 도자기였고, 서양의 왕실과 귀족들은 도자기에 열광했다. 그런데 명나라가 1644년 멸망하면서 한동안 도자기 생산이 어려웠고, 일본은 조선 도공을 데려가 이제 막 도자기를 생산한 초보 단계였다. 따라서 1650년대의 조선은 세계에서 가장 우수한 도자기를 생산할 수 있는 유일한 국가였던 셈이다. 질이 높지 않았던 일본 도자기 한 세트가 서양의 중산층 집값보다 더 비싸게 거래되던 시기에 하멜이 조선에 표류해 왔고, 그가 남긴 책에 열광했던 암스테르담에서 코레아호까지 만들어 조선에 오고자 했다. 그러나 VOC가 조선과 직교역을 하겠다고 하자 일본은 데시마를 폐쇄하겠다고까지 위협하면서 조선과 VOC의 교역을 필사적으로 막았다. 만일, 조선과 네덜란드 가운데 누구라도 조선의 도자기가 지닌 가치를 알고 있었다면 하는 아쉬움이 있지만, 그 사실은 오직 일본만이 알고 있는 극비

16) 만약, VOC가 조선에 와서 후추와 담배를 팔았다면 얼마 지나지 않아서 VOC의 직원 가운데 누군가는 조선의 아름다운 도자기를 발견할 수 있었을 것이다. 세계에서 가장 우수한 도자기가 조선의 가마터에서 생산되는 현장을 발견했다면 VOC는 일본이 아무리 방해하더라도 조선과의 적극적인 교역을 추진했을 것이 분명했다. 이런 전후 사정을 가장 잘 알고 있던 일본으로서는 자신들의 도자기 산업을 보호하기 위해 VOC의 조선 직교역을 방해할 수밖에 없었다.

사항이었다. 조선 도자기의 세계적 가치를 몰랐던 조선은 그냥 아무것도 모른 채, 국부를 축적할 엄청난 기회를 잃어버렸다. 오로지 글만 읽고 농사만 지었던 조선은 자급자족할 식량조차 부족했다. 그것이 17세기 조선의 현실이었다.

제 9 장

세계 각지에 세워진 뉴암스테르담

① 대서양 서쪽의 새로운 암스테르담

17세기 초, 유럽에서 대서양을 건너 동양으로 가는 북서 항로를 찾았던 VOC의 탐험대를 이끌던 헨리 허드슨(Henry Hudson, 1550?~1611)은 북아메리카에서 오늘날의 뉴욕을 발견했다. 그의 발자취는 뉴욕의 맨해튼 섬을 감싸 흐르는 허드슨강뿐만 아니라 캐나다와 북극의 경계를 이루는 허드슨만에도 이름을 남겼다.

북아메리카의 뉴네덜란드

암스테르담의 구도심을 걷다 보면, 탐험가 허드슨의 흔적을 여기저기서 쉽사리 만나 볼 수 있다. 영국인으로 암스테르담의 VOC에 고용된 세계적 탐험가 허드슨은 영국보다 네덜란드에 더 친숙한 암스테르담의 인재였다. 17세기의 네덜란드공화국은 민족과 출신 국가에 관계치 않고 능력을 중시하며 그에 합당한 대우를 하는 근대적 공화국이었다. VOC의 허드슨이 암스테르담의 항구를 떠나 대서양을 건너 동양으로 가는 신항로를 찾던 중, 1609년 즈음에 북아메리카 대륙의 동해안에 도착했고, 그곳에서 큰 강을 발견했는데 허드슨은 이곳을 중심으로 새로운 식민지를 개발하면 좋겠다는 평가를 했다. 허드슨의 발견 이후, 네덜란드 사람들은 이곳을 뉴네덜란드(Nieuw Nederland)라고 명명했고, 자신들의 해외 식민지로 개발했는데 지금의 뉴욕 주(New York State)가 바로 그곳이다. 뉴네덜란드를 흐르는 큰 강의 이름은 발견자의 이름을 붙여서 허드슨강이라고 불렀으며, 훗날 뉴네덜란드가 뉴욕 주로 이름이 바뀌었어도 허드슨강의 이름은 변하지 않았다.

네덜란드가 북미대륙에서 뉴네덜란드를 개발하는 과정에서 주도적 역할을 한 회사는 서인도회사(West Indische Compagnie: WIC)였다. 이 회사는 1621년, 연합 동인도회사(VOC)의 새로운 자매회사로 설립됐는데 WIC는 1623년, 투자금으로 700만 길더를 모아 출범했다. 이 정도의 자본금 규모이면 20년 전 VOC가 모았던 650만 길더를 넘어서는 액수였으며, 대서양의 서쪽 일대에서 무역독점권을 행사할 수 있는 대규모 회사로 자리 잡기에 충분했다. 네덜란드공화국의 WIC는 희망봉에서부터 동쪽의 태평양에 이르는 바다를 관리하는 VOC와 대칭점에 서서 대서양의 서쪽 세계(아메리카 대륙)를 맡아 새로운 암스테르담을 건설하는 주도 세력이 됐다. WIC가 본격적인 역할을 시작하면서 그들은 먼저 북미 대륙의 허드슨강 유역에 관심을 가졌고, 이 지역을 집중적으로 공략하기 시작하면서 뉴네덜란드가 본격적으로 개발됐다.[1]

허드슨강 유역에 새로운 뉴네덜란드 식민지를 건설하면서 네덜란드 본국에서 많은 이민자가 왔다. 식민지에서 6년만 일하면 토지를 분배받는 매력적인 조건을 듣고 자본이 없는 젊은이들이 몰리기 시작한 것이다. 네덜란드의 암스테르담에는 부유한 상인과 자본가들이 많았지만, 남부 지역에서 상경한 시골 젊은이들은 돈도, 기술도 없었기 때문에 신대륙에서의 새로운 삶은 찾는 것은 더없는 기회로 여겼다. 특히, WIC는 암스테르담의 결혼 전문회사라는 별명을 가질 정도로 수많은 신혼부부를 탄생시켰다. 시골에서 막 올라온 젊은이들은 대부분 처녀와 총각이었고, 이들을 홀로 신대륙에 보내는 것은 도움이 안 된다고 WIC는 판단했다. 그래서 무역회사였던 WIC가 본의 아니게 암스테르담의 중매쟁이 역할을 맡아서 했고, 대서양 너머의 신대륙으로 신혼부부를 짝지어 보낸 것이다. 네덜란드의 WIC는 신대

1) 네덜란드공화국이 북아메리카를 개척할 당시, 영국에서도 북미대륙에 식민지를 건설하고 있었다. 1607년에 세운 제임스타운(지금의 버지니아 주)은 가장 먼저 세워진 영국 왕의 식민지였는데, 1610년까지 살아남은 영국인은 최초 3백 명에서 60명뿐일 정도로 어려웠다. 그러나 제임스타운에서 담배가 생산되고 유럽으로 수출길이 열리자 경제적 문제가 해결되면서 지금의 리치먼드까지 식민지를 확장하면서 발전했다. 한편, 1620년에는 영국 최초의 이민 청교도 102명의 필그림 파더스(Pilgrim Fathers)가 지금의 매사추세츠 인근에 메이플라워호를 타고 도착하게 된다. 이들은 지금의 보스턴을 중심으로 뉴잉글랜드를 건설했으며, 청교도 정신을 통해 영국의 식민지가 아닌 새로운 미국이라는 공화국을 만들어 나가는 정신적 토대를 이뤘다. 17세기 중엽, 미국의 동부 해안에는 신교도의 영국, 뉴욕에는 네덜란드, 그리고 버지니아에는 영국왕의 제임스타운이 양립하면서 여러 가지 분쟁의 소지를 안고 있었다.

륙의 뉴네덜란드에 제대로 정착해서 뿌리내리는 식민(植民)정책을 폈고, 그들은 실제로 뉴네덜란드의 각 지역에 네덜란드 지명을 가져다 붙이면서 아이들을 낳고 정착했다.2) 실제로 남부 네덜란드의 발로니에(Wallonië) 출신인 카타리나(Catharina)는 이렇게 결혼해서 뉴네덜란드로 와서 정착했는데, 그녀는 살아생전에 11명의 자녀를 낳았고, 칠순이 돼 증손자까지 합치니 그녀의 후손이 150명을 넘었다고 한다.3)

뉴네덜란드의 뉴암스테르담

신대륙의 뉴네덜란드에 정착한 이주민들은 본래부터 살던 원주민들과 필요한 것을 교역하면서 사이좋게 지냈다. 그런데 WIC의 소속 군인이 원주민 사이에서 발생한 분쟁에 끼어들면서 네덜란드 사람 몇 명이 원주민에게 살해당하는 사건이 발생했다. 사건이 발생하면서 이주민 사이에 공포감이 퍼졌고, 강력한 지도력의 필요성과 함께 외부 공격을 막을 방비책이 필요했으며, 이런 배경에서 제1대 총독으

2) 허드슨강 유역에 뉴네덜란드를 개발하면서 각 지역에 이름을 붙였는데 그 지명은 지금도 그대로 사용되는 경우가 많다. 우선 뉴네덜란드의 북쪽 지역은 로트 에일란트(Roodt Eylant)라고 이름 붙였는데 바다에서 해가 떠오르면 그 햇살에 섬이 붉게 보인다고 붙인 이름인데, 지금의 로드 아일랜드(Rhode Island)다. 네덜란드의 브뢰켈렌(Breuckelen)은 뉴욕 시의 브루클린(Brooklyn)이 됐고, 암스테르담 근처의 하를럼(Haarlem)은 뉴욕 시의 할렘(Harlem)이 됐다. 놀이동산으로 유명한 뉴욕의 코니아일랜드(Coney Island)는 코니너(Conyne)라는 명칭에서 유래됐다. 그밖에도 스태튼 아일랜드, 롱아일랜드, 이스트강도 네덜란드의 지명에서 유래된 뉴욕의 지명들이다. 철자와 발음은 조금씩 바뀌었지만, 그 유래를 따지면 영국이 아닌 네덜란드에서 온 지명들이 많았다.

3) 이와 관련해서는 러셀 쇼토의 『세상에서 가장 자유로운 도시, 암스테르담』의 내용(7장)을 참조.

로 피에르 미누이트(Pierre Minuit, 1580~1638)가 등장했다.[4] 안전한 요새 건설의 좋은 입지로 허드슨강 입구 쪽의 길쭉한 섬이 적격이었고, 이곳에 살던 인디언 부족장에게 60길더 정도의 물건을 주면서 섬 전체를 구매했다. 섬의 이름은 맨해튼이었고 지금도 뉴욕의 중심을 이루는 세상의 중심지역이 됐다. 뉴욕의 맨해튼공원에 가면 당시의 상황을 재현하듯 네덜란드 기념비를 찾아볼 수 있다.[5] 1626년, 이 섬은 공식적으로 네덜란드공화국의 WIC 소유 토지로 등록됐고, 이런 과정을 거쳐서 뉴암스테르담(오늘날의 뉴욕)이 탄생했다.

뉴네덜란드의 중심지로 뉴암스테르담은 급속히 성장했고, 군사시설용 요새라는 것을 무색하게 할 정도로 상업 중심지가 됐다. 뉴암스테르담 요새(Fort Amsterdam) 안에는 뉴암스테르담 의회가 세워졌고, 허드슨강 유역의 대표적 요충지가 되면서 물자 교역의 중심지로 발전했으며, 인구 수도 늘고 교회도 세워졌다. 뉴암스테르담에는 예쁜 박공 장식의 연립주택이 지어졌고, 운하도 한 개 팠으며, 커다란 풍차도 세웠다. 암스테르담에 있는 화물의 무게를 다는 계량소가 생겼으며, 렘브란트의 유명한 명화 「야경(夜警)」에서처럼 민간 순찰대가 등장해 뉴암스테르담의 치안을 맡았다.[6] 뉴네덜란드의 제2대 총

---

4) 이런 배경에서 뉴네덜란드의 제1대 총독으로 취임한 미누이트는 1625년부터 허드슨강 유역 입구에 뉴암스테르담 요새를 건설할 계획을 세웠다.

5) 뉴욕 시의 남단에 있는 배터리공원(Battery Park) 입구에 세워진 기념비에는 네덜란드인(Dutch Director-General Pierre Minuit)과 인디언 추장(Lenape 부족)이 상호 재화를 교환하면서 맨해튼을 거래하는 모습이 조각돼 있다. Dienke Hondius 등이 저술한 『*Dutch New York Histories*』 LM Publishers. 2017 참조.

6) 네덜란드의 국민 화가인 렘브란트(Rembrandt, 1606~1669)의 「야경(The Night Watch; The Militia Company of Captain Frans Banning Cocq)」은 암스테르담의 황금시대를 상징하는 명화로 알려져 있다. 그의 그림은 거대한 크기(437×363cm)와 함께 빛과 그림자를 적절히 사용한 것으로도 유명하지만, 17

독으로 부임한 빌렘 키프트(Willem Kieft)는 뉴암스테르담을 18개 언어 이상이 사용되는 국제적인 도시라고 했다.[7)]

1647년, 피테르 스토이베산트(Peter Stuyvesant, 1612~1672)가 뉴네덜란드의 제3대 총독으로 취임했을 즈음, 영국의 침략 가능성은 점점 커지고 있었다. 그래서 1653년, 뉴암스테르담 요새의 성곽은 크게 증축됐고, 깊은 도랑도 파서 외부 침입에 대한 방어력을 높였다. 그런데 외부의 적 문제보다 내부의 문제가 더 심각하게 발생하고 말았다. 뉴네덜란드의 마지막 총독이 되고 만 스토이베산트는 지역 주민들에게 크게 반감을 사고 배척당했다. 그는 지역 주민을 향해 비아냥거리며 본국에서는 왜 쓰레기 같은 사람만 뉴네덜란드로 보내는지 모르겠다는 식으로 모욕감을 주는 등 화근을 만들었다.[8)] 1664년, 영국의 왕 찰스 2세는 뉴네덜란드의 중심지인 뉴암스테르담을 위협해 손쉽게 빼앗았고, 이에 대한 지역 주민들의 저항도 거의 없었다.[9)] 이

세기 중엽(1642)에 종교적 성인이나 황제나 귀족이 아닌 민간 순찰대를 그렸다는 점에서 네덜란드공화국을 대표하는 그림이라는 특별한 의미를 지닌다.

7) 뉴암스테르담에서 주류를 이루는 것은 네덜란드의 언어와 문화였지만 매우 다양한 지역의 출신들이 뉴암스테르담에 몰려와 살았다는 증거이기도 했다. 그런데 뉴암스테르담의 문제는 인구의 규모 문제에서 비롯됐다. 네덜란드보다 인구가 많았던 영국이 북아메리카에 식민지를 건설하면서 뉴네덜란드의 북쪽에 있는 뉴잉글랜드의 인구 규모는 뉴네덜란드보다 약 5배 정도 많았다. 이러한 영국 식민지와 네덜란드 식민지의 인구 규모 차이는 뉴네덜란드에 위협적이었다.

8) 스토이베산트는 식민지 주민들에 군림해 통치하면서 지역 주민들의 반감을 샀다. 1664년, 영국 군함이 뉴암스테르담의 항복을 촉구했을 때, 지역 주민들은 스토이베산트를 돕지 않았으며, 그 자신도 전쟁을 하지 않고 영국군에 항복했다. 그는 치욕적으로 뉴네덜란드를 떠나야 했지만 몇 년 후에 다시 돌아왔고, 뉴암스테르담에서 뉴욕으로 변한 멘해튼의 농장지역(현재 뉴욕 시의 바워리[Bowery] 거리)에 정착해 생을 마치게 된다. 주경철. 『네덜란드: 튤립의 땅, 모든 자유가 당당한 나라』. 산처럼. 2002. 제6장 등을 참조.

9) 뉴암스테르담의 주민들은 자신들의 총독을 혐오했고, 이는 스토이베산트가 당시

로써 17세기 중엽, 영국은 북아메리카 동쪽의 온대 지역에서 뉴잉글랜드, 중간의 뉴욕(뉴암스테르담), 그리고 버지니아를 하나로 연결할 수 있었고, 사실상의 영국 식민지 13개 주(州) 지역을 완성할 수 있었다.

뉴욕을 버리고 선택한 수리남

1664년에 굴욕적으로 빼앗겼던 뉴욕(뉴암스테르담)을 네덜란드는 다시금 되찾을 수 있었다. 제2차 영란전쟁(1665~1667)에서 사실상 승리한 네덜란드공화국 정부는 유리한 입장에서 북미의 뉴욕과 남미의 수리남(Suriname)을 놓고 양자택일할 수 있었기 때문이다. 수리남은 영국이 1650년경, 남아메리카의 동북부에서 사탕수수와 담배농장을 운영하면서 대규모 정착지를 건설한 지역이었다. 이곳을 두고 영국과 네덜란드가 상호 영유권 분쟁을 벌였는데, 제2차 영란전쟁 이후 영국은 네덜란드에 우선적 선택권을 양보해야 했고, 네덜란드공화국은 자신들의 우선권을 내세워 뉴욕보다 수리남을 선택한 것이다.[10)]

당시의 네덜란드 선택을 두고 논란도 있었지만, 네덜란드는 1667년의 브레다 조약(Treaty of Breda)을 통해 수리남을 확고히 장악할

얼마나 신망을 잃었는지 알 수 있는 부분이다. 영국 국왕은 뉴네덜란드 섬덩시를 자신의 친동생 요크공(훗날의 제임스 2세)에게 헌정하면서 뉴암스테르담 도시의 이름도 요크공의 이름을 따서 뉴욕으로 바꿨다.

10) 북미의 뉴욕과 남미의 수리남 가운데 선택할 권한은 네덜란드에 있었다. 오늘날이라면 고민할 필요가 없겠지만, 17세기 중엽의 상황은 지금과 크게 달랐다. 뉴욕은 북미 대륙의 요충지였지만, 눈도 많이 오고 살기 힘든 곳이었다. 이에 비교해 수리남은 드넓은 사탕수수 농장과 담배농장에서 큰 수익이 나오는 곳이었다.

수 있었고 네덜란드는 이에 만족했다.[11] 한편, 네덜란드가 포기한 뉴욕에서는 네덜란드 군대가 철수했지만, 여전히 뉴욕은 뉴암스테르담이었다. 암스테르담에서 이주해 온 많은 네덜란드 사람들이 네덜란드어를 사용하면서 뉴욕에 정착했기 때문이다. 1763년까지도 뉴욕의 교회에서는 여전히 네덜란드어가 사용됐고, 10여 년 후인 1776년에는 13개 영국의 식민주 가운데 네덜란드 사람이 많이 살고 있던 뉴욕은 앞장서서 독립선언을 했다. 영국 왕에 항거했던 청교도들이 세운 뉴잉글랜드와 뉴암스테르담이었던 뉴욕은 프로테스탄트와 공화주의자라는 공통분모가 강했던 지역이기도 했다. 영국 왕이 통치하는 13개 주라고 하지만 본래부터 뉴욕과 뉴잉글랜드의 대부분 지역은 영국 왕과 거리를 둔 지역이었다.

18세기 말, 세계적인 해양제국으로 등극했던 영국과 독립전쟁을 벌여서 승리를 쟁취한 미국이라는 신생공화국은 영국과 다른 그 무엇이 있었다. 특히, 뉴암스테르담 성곽이 있던 뉴욕의 맨해튼 남쪽에서부터 그 변화의 싹은 자라고 있었다. 네덜란드가 영국의 침입에 대비하면서 1653년에 높이 담장을 세웠던 뉴암스테르담 요새 장벽(Wall)은 미국의 독립전쟁(1775~1783)을 거치면서 대부분 사라졌고,

---

11) 1667년에 체결된 브레다 조약을 통해 영국은 수리남과 기아나를 네덜란드에 양보하고 네덜란드는 영국에 뉴암스테르담(현재의 뉴욕)을 넘겼다. 네덜란드는 수리남에서 대규모 사탕수수 농장을 더욱더 확장했고, 네덜란드의 상인은 서아프리카의 노예를 대규모로 수입했으며, 수리남에 더 많은 노예 인력을 공급했다. 이로써 18세기의 네덜란드는 수리남에서 설탕을 대량으로 생산할 수 있었다. 한편, 19세기 초에 네덜란드가 프랑스의 나폴레옹에게 주권을 빼앗기자 그 틈을 타서 영국은 기아나를 차지했는데 이후, 수리남만이 네덜란드령 기아나로 남았다. 20세기에 들어와 우여곡절을 겪다가 네덜란드령 기아나는 1975년, 네덜란드왕국에서 완전히 독립한 수리남공화국으로 오늘에 이르고 있다.

그 사라진 빈 곳에는 암스테르담 상인들이 가져온 자본주의 씨앗이 다시금 심어졌다. 1792년, 자발적으로 모인 뉴욕의 증권중개인(stock-brokers)과 상인(merchants) 24명은 뉴욕의 장벽 근처에 모여 역사적인 버튼우드 협정(Buttonwood Agreement)에 서명했다. 이 협정을 계기로 뉴욕의 요새 장벽(Wall) 거리(Street)는 금융 중심지로 변모했고, 이 과정에서 정부의 개입이나 간섭은 거의 없었는데, 이런 배경에서 민간의 논리에 의해 작동되는 월스트리트(Wall Street)가 탄생할 수 있었다. 좁은 월스트리트에 뉴욕증권거래소(New York Stock Exchange)까지 세워지면서 뉴욕의 맨해튼은 북미 대륙의 금융 중심지로 발전했다.[12] 19세기의 준비 기간을 거친 이후, 20세기 초부터 런던의 세계적 금융시장의 역할과 기능은 대부분 뉴욕이 떠맡게 됐다.

② 유럽 대륙을 벗어난 암스테르담

암스테르담이 펼쳐 놓은 세계의 해양네트워크는 동쪽으로 바타비아에서 나가사키에 이르렀고, 서쪽으로는 뉴욕(뉴암스테르담)에서 수리남에 이르렀다. 암스테르담은 바깥 세상을 향해 자신들이 창출하고 있었던 '근대'라는 씨앗을 뿌렸고, 어느 사이엔가 네덜란드의 중심지인 암스테르담조차 유럽의 저지대를 벗어나 도버해협을 건너 영

12) 1792년에 24명의 증권중개인들이 버튼우드(buttonwood) 나무 아래에 모여서 서명한 이 조약에서 그들은 서로의 신의 성실한 거래와 0.25%의 중계 수수료(commission rate)만을 받을 것을 약정했다.(www.investorwords.com/6434/Buttonwood_agreement.html)

국의 런던으로 향했다.

근대 공화국의 전도사 암스테르담

로마의 역사학자 가이우스 수에토니우스 트란퀼리우스(Gaius Suetonius Tranguillus)는 그의 『황제열전(*De vita Caesarum*)』에서 카이사르가 로마공화국을 무너뜨리는 순간을 가리켜, "카이사르가 루비콘강을 건넜다"라는 표현을 사용했다. 기원전 49년, 로마의 천 년 역사에서 공화국이 사라지고 왕국이 시작된 순간이었다. 그러나 서기 1688년, 정반대의 역사적 흐름이 시작됐다. 왕국의 시대가 저물고 공화국의 시대가 열리기 시작했기 때문이다. 서양의 근대화와 함께 그 중심에 공화주의가 힘을 얻고 중심적 세력이 될 수 있었기 때문이다. 변화의 시작은 네덜란드공화국의 오렌지공 윌리엄 3세가 유럽을 벗어나 영국해협을 건너는 순간이었다. 카이사르가 루비콘강을 건너 쿠데타를 일으켰던 것과 대조적으로 윌리엄 3세가 영국해협을 건너면서 명예혁명에 성공한 것은 상호 대비를 이룬다. 암스테르담에 기반을 뒀던 윌리엄 3세가 영국에서 명예혁명을 일으키면서 봉건적 군주제를 입헌군주제로 바꾸는 역할을 성사시켰다. 영국의 입헌군주제는 곧이어 미국이라는 공화국을 탄생시키는 배경(1776년)이 됐고, 구체제를 타파하는 프랑스 시민혁명(1789)으로 이어지면서 근대적 공화국이 생겨나기 시작했다.

그런데 명예혁명의 순간이 쉽사리 온 것은 아니었다. 네덜란드공화국은 왕의 통치를 거부하면서 80년에 걸친 독립전쟁을 했기 때문이다. 1648년, 베스트팔렌 조약(Peace of Westfalen)을 통해 네덜란드공화국은 공식적으로 왕의 통치에서 완전히 벗어나 독립된 공화국이 될 수 있었다.[13] 그렇지만 곧이어 스페인제국보다 더욱 강력한 프랑스의 태양왕 루이 14세가 등장해 네덜란드공화국을 위협하는 상황이 벌어졌다.[14] 위기의 상황에서 네덜란드공화국의 연합의회는 22세에 불과했던 오렌지공 빌렘 3세에게 공화국의 군 통수권을 부여했음은 앞서 설명한 바 있다.

빌렘 3세는 자신의 조상들이 그랬던 것처럼 바다를 막고 있던 둑을 터트렸고, 홀란트로 공격해 들어온 프랑스 육군을 물 속에 수장했다. 프랑스 침공에서 국가적 위기를 막아 내면서 오렌지공 빌렘 3세는 네덜란드의 영웅이 됐지만, 유럽의 대륙에서 인구가 많은 프랑스의 공격은 항시 위협적이었다. 빌렘 3세는 프랑스 육군이 재공격해 오는 상황에 대비해야 했고, 이를 위해 네덜란드공화국도 강력한 육군을 육성해야 했다.[15] 그런데 아이러니하게도 프랑스의 루이 14세

---

13) 하나로 통합된 가톨릭 국가로서 유럽을 통치하고자 했던 합스부르크 왕가(Habsburg Haus)는 30년 전쟁의 결과, 그 막강했던 왕의 세력을 잃었다. 1648년에 체결된 베스트팔렌 조약을 계기로 스페인은 약소국으로 전락했고, 신성로마제국은 사실상 허울만 남게 됐으며, 유럽은 각기 주권을 소유한 국가로 재편됐다. 교황의 권한도 약해지면서 정치는 종교의 영향에서 벗어나 세속화하고 국가 간 세력 균형으로 질서를 유지하는 새로운 국제관계 체제가 형성됐다.

14) 1672년, 프랑스는 영국과 비밀협약을 맺고(도버협정), 네덜란드를 바다와 육지에서 동시에 공격해 들어왔다. 프랑스 육군이 네덜란드로 진격하면서 순식간에 4개 주와 83개 요새가 점령당했고, 네덜란드공화국은 프랑스 왕에게 주권을 잃을 위기 상황에 직면했다. 프랑스는 네덜란드보다 경제력과 해군력은 뒤처졌지만, 인구 규모가 월등히 컸고 육군은 당대 유럽의 최강이었다. 이런 위기 상황에서 다시금 등장한 것이 네덜란드의 오렌지 가문이었음을 앞서 살펴본 바 있다.

15) 빌렘 3세는 1674년, 5개 주에서 세습 스타트하우더(총독 또는 통령)가 됐다. 그는 1677년 영국의 요크공(제임스 2세)의 딸 메리와 결혼하면서 네덜란드와 영국의 친선 관계를 복원했고, 네덜란드의 군사력도 강화했다. 1678년, 네덜란드에 유리한 네이메헌(Nijmegen) 조약을 프랑스와 체결하면서 루이 14세에 빼앗

가 네덜란드의 빌렘 3세를 뜻하지 않게 도와 주는 사건을 일으켰다. 정치 지형에서는 본인이 잘하는 것보다 상대방이 잘못해서 도움을 받는 경우가 의외로 많은 것처럼 프랑스왕국의 실책은 네덜란드공화국에게는 기회가 됐다.

영국해협을 건넌 암스테르담

프랑스의 태양왕으로 불렸던 루이 14세는 1685년, 자신의 절대 권력에 심취해 프랑스의 국력을 약화하는 결정을 했다. 신교와 구교 사이에서 벌어졌던 오랜 종교적 갈등을 해소하기 위해 힘들게 합의됐던 앙리 4세의 낭트칙령(Edict of Nantes, 1598)을 일방적으로 폐기한 것이다. 루이 14세는 구교인 가톨릭만을 유일한 종교라고 선언했고, 이로써 신교도가 대부분이었던 프랑스 상공업 분야의 핵심 인재들이 프랑스를 탈출해야 했다. 이른바 위그노(Huguenot)라고 불렸던 프랑스의 인재는 종교적 자유를 찾아서 유럽 각 지역으로 뿔뿔이 흩어졌는데, 그 가운데 가장 많은 인재가 모인 곳은 인근의 암스테르담이었다. 공화국의 자유롭고 경제적 활력이 넘치는 도시 암스테르담에 프랑스의 위그노까지 더해지면서 암스테르담은 인재도시가 됐다. 한편, 루이 14세가 가톨릭 복귀를 선언했던 같은 해, 찰스 2세가 죽으면서 그의 동생인 제임스 2세가 등극하자 영국에서도 신교와 구교 사이의 갈등이 본격화됐다. 이와 같은 상황에서 암스테르담의 빌렘 3세는 새로운 기회를 엿볼 수 있었다.[16]

겼던 이전 영토를 모두 되찾았고 대외 관계도 유리하게 복원시켰다.

16) 가톨릭 교도인 제임스 2세에게는 본래 아들이 없고 딸만 둘이 있었는데 큰딸은

구교도였던 제임스 2세가 새로 장가를 가서 아들이 생기자 영국의 신교도는 그의 딸 메리(신교도)와 그의 남편 오렌지공 빌렘 3세가 영국의 공동 국왕이 돼줄 것을 희망했다. 빌렘 3세는 네덜란드공화국의 세습 총독으로서, 가톨릭 옹호자인 프랑스의 태양왕에 맞서는 프로테스탄트(신교도)의 대표로서, 네덜란드와 영국이 힘을 합쳐야 프랑스에 대항할 수 있다고 판단했다. 빌렘 3세는 주도면밀하게 계획을 세웠는데, 우선 영국의 신교도를 통해 제임스 2세의 종교적 탄압을 비판하면서 영국 내에서 빌렘 3세의 지지 세력이 생기도록 영국 전역에 팸플릿을 뿌렸다. 이른바 전쟁에 앞서서 상대의 심리를 자극하면서 홍보전을 펼친 것이다. 그 다음 단계로 계획의 성패를 가르는 것은 돈이었다. 영국을 점령할 막강한 군대를 모으기 위해서는 천문학적 자금이 필요했는데, 암스테르담에 모여 있던 당대 최고의 상인과 은행가는 빌렘 3세에게 그런 엄청난 액수의 군자금을 지원할 능력이 있었다.[17)]

끝마무리 준비 단계로 빌렘 3세는 국내외의 다른 의견을 조정해야 했다. 그것은 네덜란드 군대가 영국에 간 사이, 프랑스가 공격해 올 위험성이 있었고, 그 위험성을 염려하는 소리가 분명 있었기 때문

메리, 작은딸은 앤이었다. 다음 왕위계승권자인 메리는 아버지와는 달리 신교도였기 때문에 기다리면 신교도인 그의 딸 메리가 영국왕이 될 것으로 영국의 신교도들은 희망했던 것이다. 그런데 제임스 2세가 새로 장가를 가 1688년 아들을 얻게 되면서 영국의 신교도들은 크게 실망했고 정치적 상황은 급반전하기 시작했다.

17) 대표적인 예로는 제6장에서 언급한 바와 같이 암스테르담 출신의 국제적인 유대계 자본가 수아소를 들 수 있다. 그는 영국을 점령하려는 빌렘 3세를 위해 막대한 군자금인 200만 길더(guilder)를 어떤 조건도 없이(차용증조차 받지 않고) 지원한 것으로 잘 알려져 있다. 빌렘 3세의 군자금 규모는 총 700만 길더였던 것으로 파악된다.

이다.[18] 우여곡절을 거치며 마침내 빌렘 3세는 대규모 병력을 이끌고 영국해협을 건너 데번(Devon)에 상륙할 수 있었다. 빌렘 3세는 영국의 민심을 중요시했고, 영국인의 자발적 지지를 얻는 데 최선을 다했다. 그는 공화국의 지도자로서 영국 군주들이 보였던 권위주의를 탈피하고 부드러운 카리스마로 일반 시민들의 마음을 얻고자 했다. 약 3개월 동안 천천히 영국의 데번에서 런던까지 진군하면서 빌렘 3세는 영국의 신교도 지도자 윌리엄 3세로 바뀌었고, 민심도 가톨릭 군주인 제임스 2세를 떠났다. 영국의 귀족들도 윌리엄 3세를 지지하기 시작했으며, 대다수 영국인도 윌리엄 3세를 네덜란드에서 온 정복자가 아닌 신교도를 대표하는 지도자라고 생각하게 됐다.

명예혁명을 완성한 암스테르담

암스테르담에 모였던 인재들과 암스테르담의 자본력으로 영국해협을 건너 무력 시위를 벌였던 오렌지공 윌리엄 3세는 부인 메리와 함께 영국의 공동 국왕이 됐다. 훗날 명예혁명으로 이름 붙여진 영국의 평화적 왕조 교체 과정이었다.[19] 명예혁명에서 결정적 역할을 한

18) 어렵사리 빌렘 3세는 암스테르담 의회로부터 영국 침공에 대한 사항을 공식적으로 승인받았고, 홀란트 주의회도 빌렘 3세를 적극적으로 지원할 것을 결의했다. 빌렘 3세는 네덜란드공화국에서 헤이그 선언서를 발표했고, 이를 6만 장의 홍보물로 제작해서 영국의 각 지역에 뿌리도록 했다. 그 주요 내용은 종교적 문제점을 안고 있는 자신의 장인인 제임스 2세가 스스로 영국에서 떠날 것을 촉구하는 내용이었다.

19) 자코바이트의 난(Jacobite risings)은 1688년에서 1746년에 걸쳐 영국에서 산발적으로 일어난 반란이었다. 제임스(James)의 라틴식 이름인 자코바이트로 불린 반란 세력(구세력)은 명예혁명으로 들어선 네덜란드 출신의 윌리엄 3세의 통치를 인정하지 않는 저항 세력이었다. 1691년까지 윌리엄 3세에 의해 진압됐지만,

암스테르담의 자본과 관련해서 앞서 언급된 암스테르담의 유대인 자본가 수아소를 이미 소개한 바 있다. 그런데 막강한 자본가 세력 이상의 역할을 한 인재로 암스테르담의 영국인 존 로크(John Locke, 1632~1704)를 빠뜨릴 수 없다.[20] 로크는 제임스 2세를 망명시킨 직후, 윌리엄 3세의 부인 메리(제임스 2세의 딸)와 같은 배를 타고 암스테르담에서 런던으로 귀환했던 인재였다.[21] 명예혁명 직후 발간된 『시민정부론』(1689)을 통해서 로크는 새로운 근대적 정부의 역할을 상세히 설명했으며, 그의 사상은 미국의 「독립선언서」(1776)를 작성하는 데 토대가 됐고 프랑스의 「인권선언서」(1789)가 시작되는 출발점이 됐다.[22]

그 잔재 세력은 스코틀랜드에 남았다. 1707년, 1714년, 그리고 1746년에 이르기까지 스튜어트 왕가의 복귀를 노리면서 반란을 일으켰다.

20) 존 로크는 루이 14세의 왕권신수설을 논리적으로 거부했고, 명예혁명의 당위성을 조목조목 정립했던 인물이다. 로크는 신교도 영국인이었지만 암스테르담에서 정치적 망명객으로 살면서 암스테르담에서 싹이 났던 근대정신을 누구보다 잘 이해했던 인물이다.

21) 로크는 어린 시절 아버지를 통해 청교도 혁명을 경험했고, 그 자신은 명예혁명의 배후에서 결정적인 역할(권리장전의 작성)을 조용히 주도했던 인물이다. 로크는 공화정과 절대왕정의 절충적 형태인 입헌군주제를 구체적으로 모색했으며, 그의 근대적 정부의 창설계획은 1688년 명예혁명의 성공과 함께 1689년에 승인된 영국의 권리장전을 통해 구체화됐다. 권리장전은 긴급히 소집된 영국의 국민협의회가 윌리엄 3세를 국왕으로 추대하면서 권리선언서를 제출했는데, 그 내용이 윌리엄 3세의 승인을 받음으로써 매우 신속히 제정됐다. 그 주요 내용은 전임 왕 제임스 2세의 불법행위를 적시하면서, 전제적 왕권을 제한하기 위한 (1) 의회 동의 없는 법률 제정의 금지, (2) 세금 징수 등에 대한 의회 동의, (3) 잔혹한 형벌의 금지 등을 규정했다. 17세기 말, 입헌군주제에 입각한 영국 정부의 탄생을 알린 권리장전은 이전의 봉건적 군주제의 종식을 알리는 계기가 됐다. 또한, 명예혁명 이후 일어난 미국의 독립혁명과 프랑스의 시민혁명에도 결정적 영향을 미쳤다. 로크의 정치사상은 근대의 3대 혁명에 큰 영향을 줬으며, 그의 새로운 시민-정부의 관계는 임종 직전에서야 자신이 저자였음을 확인한 『시민정부론』에 구체적으로 기록돼 있다.

본래 로크는 영국의 청교도 상인 가문 출신으로서 프랑스 학자인 데카르트(René Descartes)의 근대 과학주의에 영향을 받은 의사였다. 당대 최고의 물리학자 뉴턴(Isaac Newton), 보일(Robert Boyle)과 교류했으며, 1667년 외과 의사(35세)로 개업하기도 했다. 의사로 활동하던 로크가 화농성 종양으로 목숨이 위태로웠던 새프츠베리(Shaftesbury Anthony Ashley Cooper) 영국 백작을 구해 낸 것도 이즈음이었다. 당시의 새프츠베리는 영국 정치의 중심에 있었는데, 로크는 자신이 구해 낸 정치인의 고문 의사로 영국 정치의 소용돌이 속으로 빨려 들어갔다. 영국의 국왕 찰스 2세와 대척점에 섰던 새프츠베리는 가톨릭교도인 제임스 2세의 왕위 계승을 반대했으나 실패해 반역으로 몰렸고, 목숨의 위협을 받으며 긴급히 네덜란드공화국으로 망명했다. 같은 시기, 로크는 건강상 이유로 조용히 대학에서 학생들을 가르치고 있었는데, 새프츠베리의 망명 소식을 듣자 곧바로 네덜란드의 암스테르담으로 몸을 피했다(1683~1688). 새프츠베리를 따라 정치적 망명객이 된 로크는 영국의 국왕 제임스 2세에게는 최악의 적인 암스테르담의 오렌지공 윌리엄 3세에게 최고의 동지가 됐다.

로크는 자신의 환자이며 친구였던 새프츠베리 백작이 죽자 영국의 근대적 혁명을 대신 수행할 새로운 인물로 암스테르담의 윌리엄 3세를 비밀리에 지원했고, 결국에는 명예혁명을 성공시켰다. 네덜란

---

22) 로크의 『시민정부론』은 원제 『*Two Treaties of Government*』이며, 1689년 익명 또는 가명으로 출간됐으나 죽기 직전에 자신의 저서였음을 밝혔다. 그는 본래 온화하고 조용한 과학자이며 의사였지만, 혁명적 변혁기에 소용히 세상을 바꾸고자 노력했던 학자였기에 자신의 존재를 알리는 것을 조심스러워했다. 명예혁명의 성공 이후, 로크는 많은 공직에 취임할 것을 권유받았으나 대부분 사양하고 조용히 자신의 저술활동을 정리하는 데 노력했다.

드에서 보낸 5년의 망명 기간, 로크는 암스테르담의 서점가에서 라틴어로 출간된 홉스(Thomas Hobbes)의 『리바이어던(*Leviathan*)』을 읽으며 비판적으로 학습했고(국민주권론), 익명으로 출간된 스피노자(Baruch Spinoza)의 공화주의적 정치관에 몰입했다.[23] 17세기, 세계에서 가장 많은 책이 출간되고 가장 많은 책이 팔렸던 암스테르담 서점가에서 로크는 책을 통해 사상적 스승을 만났고, 그들은 근대의 사상을 전달하는 전도사처럼 중요한 역할을 했다. 로크는 왕을 죽이는 급진적 청교도 혁명은 거부했지만, 왕권신수설과 같은 구태(舊態)는 단호히 배격했다. 로크는 결코 전면에 나서지 않았지만, 영국의 지식인과 귀족 그리고 시민들에게 암스테르담의 근대주의에 동참할 수 있도록 글로써 설득했다.[24] 명예롭게 영국의 근대적 혁명을 성공시

23) 로크는 자신의 네덜란드 망명 기간 5년 동안에 만났던 철학자 가운데 스피노자가 가장 인상적이었으며 그의 생각과 자기 생각이 매우 흡사하다고 언급한 내용이 전해지고 있다. 1670년 초에 익명으로 발행된 『신학정치론』에서 스피노자는 종교와 정치를 구분하고 인간의 자유를 강조하면서 민주적 정부를 가장 바람직한 정부 형태로 평가했다. 오늘날의 시각에서는 당연하지만, 당시의 대부분 사람은 스피노자를 죽어 마땅한 인물로 혹독하게 비판했다. 안타깝게도 1677년, 은둔의 철학자 스피노자는 진폐증으로 사망했고, 로크는 그의 망명 기간(1683~1688)에 스피노자를 직접 만날 수는 없었다. 암스테르담의 서점가에서는 논쟁이 분분했던 『신학정치론』의 저자가 이미 죽은 스피노자의 책이라는 소문이 파다했고, 그래서 로크는 자신과 견해가 일치했던 암스테르담의 유대인 스피노자에 친밀감을 사적으로만 표시했다고 볼 수 있다. 물론 공식적으로는 저자를 알 수 없는 『신학정치론』에 대한 논평과 스피노자에 대한 평가를 로크가 공개적으로 하기는 정치적 망명객의 신분에서 매우 어려웠을 것이 분명했다. Rebecca N. Goldstein의 책 『*Betraying Spinoza: The Renegade Jew Who Gave Us Modernity*』을 주로 참조.

24) 로크는 암스테르담에서 싹트고 있었던 근대적 공화주의 관점에서 과거형의 군주제를 수정해 자연법과 대의민주주의에 기초한 미래형 입헌군주제를 설계했다. 윌리엄 3세가 무력으로 영국의 왕조를 교체해 피바람을 일으키는 것이 아니라 헤이그 선언서를 발표하고 홍보물을 뿌려서 영국인에게 근대적 사상과 새로운

킨 윌리엄 3세의 배후에는 암스테르담에서 정치적 망명생활을 했던 로크가 있었고, 그는 암스테르담의 근대적 공화주의자 스피노자에게서 크게 영향받았다.

 암스테르담에서 런던으로

암스테르담의 상인과 은행가들은 엄청난 국부를 창출하는 인재들이었다. 그들은 베네치아(지중해)에서 스페인과 포르투갈을 거쳐 브뤼헤와 안트베르펜에서도 빛나는 역할을 선보였다. 17세기 초, 암스테르담에 집결했던 인재들은 명예혁명(1688)을 계기로 중심지를 바다 건너 영국의 런던으로 옮기기 시작했다.[25)]

근대적 제도를 도입한 영국

명예혁명으로 암스테르담의 인재가 런던에 몰리면서 그 이전과 이후의 영국은 완전히 달라졌다. 과거 그레이트 브리튼(Great Britain: 대영제국)으로 불렸던 큰 섬에는 잉글랜드와 웨일스, 그리고 스코틀랜드가 있었는데, 대부분 유럽의 중심에서 멀리 떨어진 낙후지역이었다. 웨일스(Wales)는 서기 5세기경, 로마인이 철수한 이후 켈트족

입헌군주제의 당위성을 꾸준히 알리는 전략을 (비밀리에) 펼쳤다.

25) 명예혁명에 성공한 빌렘 3세는 윌리엄 3세가 됐으며, 네덜란드공화국의 최고 통치자이면서 잉글랜드왕국, 스코틀랜드왕국, 아일랜드왕국의 국왕을 동시에 맡았다.

이 세운 나라가 있었지만 1536년 헨리 8세에 의해 잉글랜드로 합병된 바 있다. 그러나 잉글랜드와 스코틀랜드의 양국 관계는 그리 간단치 않았고, 분쟁도 끊이지 않고 계속됐다. 특히 스튜어트(Stuart) 가문의 제임스 2세가 암스테르담의 오렌지공 윌리엄 3세에게 쫓겨나자 스코틀랜드를 중심으로 자코바이트(Jacobite)의 난이 빈번히 일어났고, 이런 배경에서 잉글랜드와 스코틀랜드의 관계는 더욱 악화됐다.[26)]

암스테르담 출신의 인재들은 영국 런던에서 잉글랜드의 낡은 체제를 빠르게 개선하고 근대화시키는 한편, 스코틀랜드의 낙후됐던 경제 상황에 대해서도 적극적인 조치들을 취했다. 남부의 잉글랜드에 비교해 경제가 뒤처져 있던 북부의 스코틀랜드는 명예혁명 이후 18세기에 들어서서 확연히 좋아진 경제 상황을 맞이하는데, 그 배경에는 암스테르담에서 온 상인과 은행가들이 대규모 투자를 했기 때문이다. 또한, 암스테르담 출신의 런던 인재들은 영국에서 국왕의 공

26) 스튜어트 가문은 노르만(Norman)왕조의 프랑스계 혈통으로 12세기부터 스코틀랜드에 정착했다. 16세기 중반, 메리 스튜어트가 스코틀랜드의 여왕이 됐을 때 그녀의 숙적인 잉글랜드의 엘리자베스 1세에 밀려 죽임을 당했지만, 그녀는 목숨을 대가로 지킨 아들의 왕위계승권으로 제임스 6세가 스코틀랜드 국왕이 될 수 있는 왕위계승권과 잉글랜드의 왕위계승권을 얻었다. 1603년, 엘리자베스 1세가 죽으면서 스코틀랜드의 제임스 6세는 잉글랜드의 국왕 제임스 1세가 된 것이 이런 배경에서였다. 그러나 제임스 1세와 그의 아들 찰스 1세는 왕권신수설(王權神授說)을 신봉하면서 전제정치를 일삼아 청교도혁명을 촉발해 결국 크롬웰(Oliver Cromwell, 1599~1658)에 의해 찰스 1세는 처형당했다. 1660년, 왕정복고에 의해 찰스 2세가 즉위했으나 그와 아우인 제임스 2세도 윌리엄 3세에 의해 재차 왕위에서 쫓겨났다. 명예혁명 이후, 영국에서는 근대적 제도가 정착해 권리장전(權利章典)과 왕위계승법(王位繼承法)을 통해 스튜어트 가문의 복귀운동(자코바이트의 난)이 안정적으로 제압됐고, 윌리엄 3세에게 자식이 없었음에도 왕권쟁탈전은 일어나지 않았다. 18세기의 영국은 제도화된 왕위계승법으로 앤이 여왕이 됐고 잉글랜드와 스코틀랜드는 평화적으로 통합됐다.

식적 후계자가 없더라도 잉글랜드와 스코틀랜드가 왕위문제로 서로 다투지 않게 왕권계승제도를 법제화하는 한편, 양국의 통합도 평화적으로 추진했다.[27] 런던의 새로운 인재들은 근대적인 법적 제도를 영국에 정착시켰고, 이는 권리장전(1689)에 이어서 개정된 왕위계승법(1701)으로 더욱 무르익었다. 국가의 정치 시스템이 법적·제도적으로 매우 안정화되면서 혁명의 시대였던 18세기와 19세기의 영국은 과격했던 혁명들을 피하면서 세계 최고의 국부를 축적할 수 있었다.

영국의 권리장전(Bill of Rights, 1689) 주요 내용[28]

1. 의회의 동의를 거치지 않고 법률의 적용, 면제, 집행, 정지를 금지한다.
2. 의회의 동의 없는 과세, 평시의 상비군을 금지한다.
3. 선거의 자유, 의회 발언의 자유, 국민 청원권을 보장한다.
4. 의회 의원의 면책 특권, 신체의 자유 등에 관한 제반 규정을 정한다.
5. 왕위계승자에서 로마 가톨릭 교도를 배제한다.

왕위계승법(Act of Settlement, 1701)

권리장전을 보완한 왕위계승법은 윌리엄 3세에게 자식이 없는 관계로 후계자 문제가 등장할 수 있게 되자, 명예혁명으로 쫓겨난 제임스 2세의 아들은 잉글랜드와 스코틀랜드의 국왕 계승권이 없음을 재차 강조하고, 이와 더불어 향후 어떤 왕위계승권 분쟁도 발생하지 않도록 제도화했다.

---

27) 유럽의 왕가에는 '신성한 피'의 논리가 흐르고 있었지만, 명예혁명을 계기로 이러한 피의 논리는 구태의연한 구태로 비춰졌다. 18세기부터 영국에서는 왕위계승법에 따라서 정해진 절차에 따라서 국왕이 취임했기 때문에 빈번했던 왕위계승 전쟁은 발생하지 않았다. 영국은 명예혁명 이후, 다양한 분야에서 근대적인 제도를 정비함으로써 비슷한 시기의 프랑스, 스페인 등에서 벌어졌던 수많은 분쟁을 효과적으로 피했고 안정적으로 국부를 축적할 수 있었다.

28) 영국의 권리장전(English Bill of Rights, 1689)은 크게 두 가지 내용으로 구성돼 있다. 전반부는 이전의 국왕인 제임스 2세가 왜 국왕에서 쫓겨나야 하는가를 조목조목 제시하고 있으며, 후반부에는 새로운 국왕인 오렌지(Orange) 가문의 윌리엄 3세와 그의 부인 메리 공주가 영국의 왕으로서 지켜야 할 항목을 제시하고 있다(http://avalon.law.yale.edu/17th_century/england.asp).

명예혁명 이후 불과 20년 만에 잉글랜드와 스코틀랜드 의회는 연합법(Act of Union, 1707)을 통과시켜 하나의 국가로 통합할 수 있었다. 스코틀랜드의 귀족 16명이 런던의 상원 의석을 차지하는 원칙이 만들어졌으며, 잉글랜드의 경제적 지원은 더욱 적극적이었고, 이에 따라서 스코틀랜드의 경제도 급속히 발전했다. 특히 애덤 스미스의 고향이기도 한 글래스고의 상공업 발전은 스코틀랜드를 더욱 부유하게 만들었다. 스미스는 그의 『국부론』에서 글래스고의 경제 발전 상황을 상세히 소개했는데, 이는 18세기 초의 잉글랜드와 스코틀랜드가 하나로 통합되면서 본격화된 영국의 경제 발전 상황을 실증적으로 설명해 주고 있다. 영국은 하나가 된 그레이트 브리튼(Great Britain)으로서 세계적 해양국가 지위에 등극할 준비를 마쳤다.[29)]

재산권 보장과 영국 동인도회사의 재출범

명예혁명 이후, 영국의 왕이 아닌 '영국의 의회'가 경제제도를 결

29) 스코틀랜드의 계몽주의자(Scottish Enlightenment)이기도 했던 경제학의 시조 애덤 스미스(Adam Smith, 1729~1790)를 통해 잉글랜드와 스코틀랜드의 관계를 이해할 수 있다. 스미스가 젊은 학생이었던 시기, 그는 스코틀랜드인으로 선진화된 잉글랜드로 유학을 했지만 자코바이트 난 등으로 항상 긴장 상태였다. 그러나 그가 스코틀랜드로 돌아와 글래스고 대학의 교수가 돼 학생을 가르쳤던 18세기 중엽, 잉글랜드와 스코틀랜드의 관계는 매우 안정적으로 발전돼 있었다. 특히 1776년에 발간된 그의 『국부론』에서는 스코틀랜드의 경제 중심지 글래스고에서 일어났던 놀라운 상업 및 경제활동이 관찰됐고, 그런 발전 현상을 직접 체험했던 스미스는 자신의 책에서 글래스고 사례를 빈번히 예시했다. 애덤 스미스가 노년의 사회적 원로가 됐던 18세기 후반, 그는 그레이트 브리튼의 대다수 정치가와 경제전문가로부터 가장 존경받는 인물이 됐다. 애덤 스미스의 일생을 통해 18세기 초의 잉글랜드와 스코틀랜드의 통합 갈등은 18세기 말 대부분 사라졌음을 확인할 수 있다.

정하는 새로운 장(場)이 됐고, 국회는 시민의 요구에 민감하게 반응했다. 스튜어트 왕조의 제임스 2세까지 너무도 빈번했던 영국의 개인 재산권 침해 사례들이 윌리엄 3세 이후 빠르게 사라진 것도 분명한 변화였다. 윌리엄 3세와 함께 암스테르담에서 건너온 많은 인재는 영국의 낡은 제도를 근대적인 제도로 바꾸는 시도를 했고, 암스테르담의 의회처럼 런던의 의회도 본격적인 토론의 장이 됐다. 시민청원권이 보장되면서 각기 다른 입장을 주장하는 다양한 청원서가 의회에 제출됐고, 그 결과 화로세(hearth tax) 등이 폐지됐다. 명예혁명 직후, 1689년에 영국 의회가 통과시킨 화로세 폐지는 산업혁명이 일어날 수 있게 만든 중요한 세제 조치 가운데 하나였다. 화로나 아궁이는 외부로 굴뚝이 나와 있기에 상대적으로 세원(稅源) 파악은 쉽지만, 제조업자에게 화로세를 과도하게 부과하는 것은 나쁜 조세이고 제조업 능력을 약하게 만드는 주요 원인이었다.

영국의 의회는 화로세를 폐지하는 대신에 비생산적 토지에 더 많은 세금을 부과함으로써 공업을 장려하는 제도를 만들었다. 물론, 이 과정에서 암스테르담에서 런던으로 몰려온 인재들은 청원권을 활용해 여론에 자신들의 다양한 주장을 반영했고, 의회 의원들을 움직여 발전적인 법과 제도를 만들었다. 제임스 2세를 몰아내고 윌리엄 3세를 지원했던 새로운 세력이 영국의 의회를 움직이면서 유럽의 변방이었던 영국은 세계의 중심이 될 가능성을 열기 시작했다. 낙후됐던 영국공업과 제조업은 극적으로 변모하기 시작했고, 런던의 인재들은 모직물 시장을 확대하면서 동시에 수익성을 높이는 데 필요한 규정과 법률도 만들었다. 그 대표적인 사례가 영국의 동인도회사 사례다. 17세기, 네덜란드공화국의 VOC와 경쟁했던 영국의 동인도회사는 거의 파산 직전이었는데 런던에 모인 암스테르담 출신의 인재들은 그런 동인도회사를 적극적으로 구조 조정해 18세기에 다시금 부활시켰다. 런던의 인재들은 동인도회사에 향료무역 대신에 새롭게 부상할 공업 분야인 면직물 제조업에 역량을 집중시켰다.[30]

당시의 자료는 영국의 극적인 상황 변화를 더욱 분명하게 보여준다. 명예혁명이 일어났던 1670년대 말까지도 네덜란드공화국의 VOC는 150척의 상선, 40척의 군함, 50,000명의 직원과 10,000명 이상의 상비군을 지닌 세계 최대의 회사이며 엄청난 수익률을 자랑했다. 그러나 윌리엄 3세가 영국의 왕이 된 이후, 암스테르담의 인재가 런던으로 옮겨 나가자 VOC의 규모는 축소되고 기업의 수익률도 낮아졌다. 그러나 반대로, 지지부진했던 영국의 동인도회사는 근본부터 달라지기 시작했다.[31] 동인도회사는 1708년을 전후로 회사조직을 대대적으로 개편했고, 새로운 사업 분야인 면화 부문에서 엄청난 수익을 창출하기 시작했다. 영국의 동인도회사는 단순하게 무역회사 역할에만 한정하지 않았으며, 인도의 내륙(벵골 지역)으로 직접 진입

---

30) 암스테르담의 세계 인재가 런던으로 근거지를 옮기면서 VOC는 쇠퇴했지만, 반대로 영국의 동인도회사는 큰 수익을 내기 시작했다. 18세기 중엽, 영국의 동인도회사는 네덜란드 VOC의 역량을 넘어섰고 인도와 중국에서 큰 수익을 냈는데, 이는 런던의 세계 인재 역할들과 밀접한 관련성이 있다.

31) 17세기 초, 영국의 동인도회사(East India Company, 1600~1708)는 동남아시아의 향료를 차지하기 위해 네덜란드의 VOC와 경쟁했지만 암본전투(1623)에서 철저히 패해 쫓겨났고(Amboyna Massacre), 17세기 말까지도 아시아 각 지역에서 VOC에 계속 밀려 영국의 동인도회사는 존폐의 갈림길에 서 있었다. 그런데 암스테르담에서 건너온 신규 세력들에 의해 영국의 동인도회사는 강력한 조직으로 재통합됐다(United Company of Merchants of England Trading to the East Indies, 1708~1873). 혁신적으로 변화된 18세기의 영국 동인도회사는 인도와 함께 미얀마(버마)를 비롯한 아시아의 많은 지역에서 영국 식민지를 확보했고, 19세기에는 중국과 아편전쟁을 벌여 홍콩까지 얻었다.

해 인도의 토지와 주민을 직접 지배하기 시작했다. 18세기의 동인도회사는 플라시(Plassey)전투(인도에서의 7년 전쟁, 1757)에서 경쟁자인 프랑스 세력을 물리치면서 인도를 식민지화할 수 있었다. 이런 적극적이고 공격적인 세력 확장 배경에는 암스테르담 출신의 인재들이 영국의 동인도회사를 구조적으로 완전히 재편해서 강력한 조직으로 만들었기에 가능했다.[32]

금융산업 중심지의 변동

세계무역의 중심이었던 암스테르담의 VOC가 18세기에 들어와 런던의 동인도회사에 주인공 역할을 넘겨준 것처럼 금융산업의 중심도 바뀌었다. 암스테르담의 금융산업이 런던의 금융 중심지 시티(The City of London)로 그 자리를 이동했기 때문이다. 특히 1694년, 영국의 국왕뿐만 아니라 영국의 산업 전반에 엄청난 금융 기회를 제공했던 잉글랜드은행(Bank of England: BOE)의 출범은 런던의 금융 중심지 기반을 더욱 확고하게 만들었다. 암스테르담에서 런던으로 건너온 금융 인재들은 윌리엄 3세를 위해서 만든 민간기업, 잉글랜드은행을 중심으로 18세기와 19세기의 세계 금융산업을 이끌어 나갔고, 20세기 초, 뉴욕의 월스트리트로 그 중심이 옮겨질 때까지 런던의

32) 인도에 대한 식민지화는 대영제국의 시작이었지만, 동시에 인도를 대신해 영국이 세계 면직물산업을 주도하게 됐음을 의미했다. 세계 최고의 면직물 수출국이었던 인도가 수입국이 되고, 반대로 면직물 수입국이었던 영국은 세계 최고의 면직물 수출국이 된 것이다. 방직공업에서 증기기관의 사용이 본격화되면서 서양은 동양을 앞섰고, 이는 산업혁명을 한 서양이 산업혁명을 하지 못한 동양을 지배할 수 있는 상황이 됐음을 의미했다.

시티는 약 200년 동안 세계 금융의 중심지였다.[33]

영국에서 명예혁명이 성공하기 직전까지 런던의 금융은 암스테르담의 금융과 비교할 때, 150년은 뒤처졌다고 할 정도였다. 그러나 암스테르담의 인재, 특히 금융 인재들이 윌리엄 3세를 따라서 런던으로 대거 이주하면서 런던의 금융산업은 비약적인 발전을 시작했다. 제6장에서 간략히 설명된 바 있지만, 윌리엄 3세가 직면했던 재정적 어려움, 즉 영국 의회로부터 재정 지원도 받을 수 없고, 영국 시민들에게 더 많은 세금을 내라고 강요할 수도 없는 상황에서 비롯된 것이었다. 쫓겨난 제임스 2세가 프랑스의 지원을 받아 영국 국왕으로 복귀하려는 긴박한 상황에서 윌리엄 3세를 도왔던 암스테르담 출신의 은행가들은 다시금 다음과 같은 획기적인 제안을 했다.[34]

런던에 모인 금융 인재들은 120만 파운드의 자본금을 모아서 잉글랜드은행(BOE)을 세우는 것에 국왕이 동의해 주면, 이를 담보로 삼아 국왕이 필요로 하는 120만 파운드의 군비를 융자해 주겠다고 했다. 120만 파운드의 융자 조건은 시장 이자율보다 낮은 8%의 저리로 하되 자금의 유동성 확보를 위해 국왕(정부)에게 빌려 준 120

---

33) 제4장에서는 베네치아공화국의 은행업 발전과 관련된 사례를 살펴봤고 제6장에서는 암스테르담 외환은행(Amsterdam Exchange Bank)을 통해 어떻게 암스테르담이 유럽의 금융 중심지가 될 수 있었는가를 이해했다. 약 500여 년에 걸친 베네치아와 암스테르담의 금융 중심 흐름은 17세기 말, 영국해협을 건너 런던의 시티 지역으로 모여들었다.

34) 암스테르담에서 런던으로 몰려온 세계 인재들은 윌리엄 3세에게 120만 파운드의 자본금을 모아서 주식회사 잉글랜드은행을 세우고, 그 은행 자본금을 모두 영국군 군비로 빌려 주겠다고 제안했다. 그런데 막대한 군비를 빌려 주면서도 저리의 이자만 내고 융자금의 원금은 아예 갚지 않아도 된다는 융자 조건을 내걸었다. 명예혁명을 일으키면서 윌리엄 3세가 수아소에게 빌렸던 조건 없는 대출금과 견줄 정도로 융자 조건은 파격적이었다.

만 파운드만큼만 은행권을 발행해 시장에서 유통할 수 있게 해달라고 했다.[35] 더욱이 120만 파운드의 융자금 원금은 매년 이자만 잘 내면 영원히 갚지 않아도 좋다는 제안까지 했다. 윌리엄 3세는 런던의 시티 은행가들이 제안한 사안에 감복했고, 기뻐하면서 동의했다. 1694년, 약간의 우여곡절은 있었지만, 런던의 시티 은행가들은 정식으로 인가된 BOE를 통해 연간 8%의 이자 조건으로 무기한 대출의 120만 파운드(군비)를 영국 국왕(윌리엄 3세)에게 빌려 줬다. BOE는 영국 국왕(정부)에게 빌려 준 채권(국채)만큼을 자신의 은행권(BOE권)으로 발권했고, 이는 점차 영국의 공인 지폐가 됐으며, 그 결과 BOE는 영국 화폐의 독점적 발권력을 지닌 중앙은행으로 발전했다.[36]

---

35) 이와 비슷한 사례는 이미 18세기 중엽부터 암스테르담 외환은행과 암스테르담 시청 사이에서 실행된 경험이 있어서 윌리엄 3세도 그 제안에 흔쾌히 동의할 수 있었다. 껄끄러운 영국 의회의 까다로운 동의 없이도 120만 파운드의 군비를 조달해 주고 저리로 융자해 주니 고마울 따름이었다. 그런데 윌리엄 3세를 놀라게 하는 파격적인 융자 조건은 여기에서 끝나지 않았다. 그것은 120만 파운드라는 원금을 빌려 주고 매년 8%의 낮은 이자만 갚고 120만 파운드의 원금은 영원히 갚지 않는 것이 좋다는 제안이었다. 이렇게 고맙고 훌륭한(?) 제안을 당시 상황에서 상식적으로 쉽게 이해할 수 없었지만, 윌리엄 3세로서는 주저할 이유가 없었고 기쁜 마음으로 동의해 줬다.

36) 1670년부터 1685년까지의 영국의 조세수입과 명예혁명이 발생했던 1685년부터 1700년까지의 조세수입을 비교하면 약 두 배 정도가 증가한 것으로 파악됐다. 그런데 비슷한 기간 동안, 영국 정부가 은행에서 빌린 자금의 규모는 17배 이상 급증했다. 영국은 잉글랜드은행의 출범 이후, 막대한 공공자금을 쉽게 빌릴 수 있는 나라가 된 것이다. 유럽에서 가장 후진적인 금융국가였던 영국이 유럽에서 가장 쉽게 전쟁비용과 산업자금을 조달할 수 있는 국가로 바뀐 것이다. 이로써 영국은 세계에서 가장 저렴하게 군자금을 조달할 수 있었고, 산업자금도 가장 쉽게 투자받을 수 있는 나라가 됐다. 해가 지지 않는 영국, 산업혁명의 발상지 영국의 배후에는 이와 같은 영국의 금융혁명이 있었기에 가능했다.

Small talk 특허권과 산업혁명

15세기 초, 베네치아공화국의 기술자들은 자신들의 발명품이 공개될 경우, 발명에 대한 자신의 권리를 잃을 것을 두려워했다. 이런 이유로 유리 제조와 모직물에 관련된 사항과 관련, 기술적 발명 내용을 암호로 기록하기까지 했다. 문제를 해결하기 위해 1474년, 베네치아공화국 정부는 특허법을 시행해 새로운 창의적 장치(new and inventive device)를 잠재적 침해자로부터 보호하는 제도를 만들었다. 특허를 받기 위해서는 일정 요건을 갖춰서 정부에 신고해야 했는데, 특허의 보호 기간은 통상 10년이었다. 베네치아공화국이 만든 15세기의 특허법의 내용이다. 그런데 영국에서 만들어진 16세기의 특허권은 베네치아의 그것과 매우 달랐다. 영국의 특허권은 왕의 독점권과 관련해 특정인에게 특정 사업과 관련한 독점권을 주는 것이었다. 독점권을 남발했던 영국의 제임스 1세(1566~1625)는 독점 품목을 700개 넘게 설정해서 일반인에게 부담을 줬다. 독점으로 상품의 질도 나빠지고, 서비스도 악화하는 경우가 대부분이었다. 생산자와 소비자 사이에서 왕권이 개입해 엄청난 사회적 비효율을 발생시켰기에 영국의 상공업은 뒤처질 수밖에 없었다. 영국 의회도 17세기에 들어와 그 문제점을 깊이 인식해 독점권을 막고자 했는데, 단 독점을 인정하는 예외적인 경우로 특허권을 인정했다. 베네치아의 특허법과 비슷한 '기술자의 권리 행사를 보호하기 위한 기술 관련 독점권을 일정 기간 인정하는 제도'(독점조례)였다. 1624년에 제정된 '영국의 독점조례(Statute of Monopolies)'로 특허권이 인정되면서 유럽의 기술자들이 영국으로 몰려들었고, 특허권을 얻는 대가로 자신의 기술적 노하우를 문서로 공개했다. 18세기, 런던으로 막대한 금융자본이 유입돼 그 자금이 영국의 신기술에 적극적으로 투자되고, 그 결과로 영국에서는 산업혁명(제1차)이 폭발적으로 일어날 수 있었다. 와트(James Watt)의 증기기관, 스티븐슨(George Stephenson)의 증기기관차도 영국의 특허권 제도가 없었다면, 성공할 수 없었던 것들이었다. 신생 독립국인 미국도 연방헌법에 기술적 특허권 내용을 삽입했는데, 1790년 특허법을 만들어 그 초대 특허청장에 제퍼슨(Tomas Jefferson: 제3대 미국 대통령)이

취임한 바 있다. 남북전쟁 직후인 19세기 말, 미국의 혁신적 산업혁명을 선도했던 에디슨(Thomas A. Edison)이나 포드(Henry Ford)도 미국의 특허권 제도가 없었다면 결코 성공할 수 없었을 것이다.

▎버클로의 오늘 밤 생각▕

애덤 스미스 교수님의 강의를 듣고 책의 제3편을 다시 생각해 봤다. 네덜란드공화국의 17세기 국부론은 대서양에서 인도양 그리고 태평양에 이르는 거대한 해양에서 부(富)를 찾는 것이었다. 세계의 다양한 각 지역에서 사람들이 원하는 것을 찾아서 그것의 가치를 극대화할 수 있는 곳에 재화를 공급, 부를 축적하는 암스테르담의 국부론은 지극히 자연스러운 인간의 욕망에 기초하고 있다는 생각을 했다. 특히, 암스테르담은 사람들의 욕구를 억제하기보다는 자연스럽게 표출할 수 있게 창을 활짝 열어 줬고, 사람들이 빈곤을 벗어나 더 큰 부자가 되는 방법을 알려 줬다. 그 결과, 일찍이 어디에서도 볼 수 없었던 연합 동인도회사(VOC)와 같은 국가벤처형 주식회사 조직이 만들어졌고, 남녀노소 누구나 그 회사의 주주가 될 수 있었다. 어찌 보면 네덜란드공화국은 근대의 어느 왕국보다 자유롭지만 평등했던 것으로 보였다. 값싼 공짜는 결코 없는 나라이지만, 공화국의 공동체 가치는 소중히 여기는 나라라는 생각도 들었다. 그런 암스테르담의 공화주의 사상이 세상을 바꾸는 원동력이 됐겠다는 생각도 들었다. 암스테르담은 국왕의 런던을 의회의 런던으로 만들었고, 식민지의 뉴욕을 공화국의 뉴욕으로 만들었기 때문이다. 암스테르담은 사람들의 본능에서 긍정적인 '근대성'을 추출해 세상의 온갖 바닷가에 '공화국의 씨앗'을 뿌려놓은 주인공이라는 생각도 들었다.

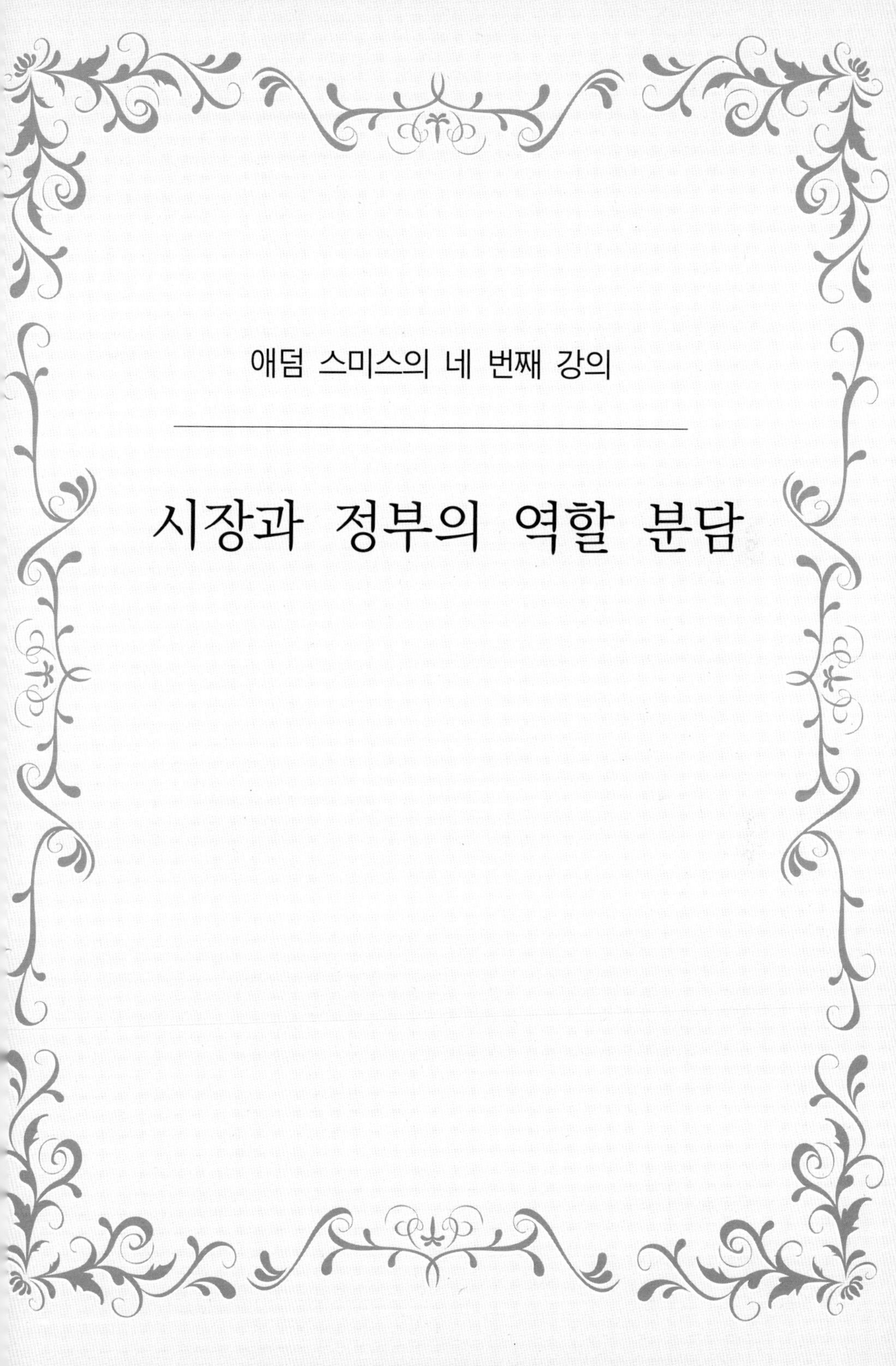

애덤 스미스의 네 번째 강의

시장과 정부의 역할 분담

애덤 스미스

지난 시간에는 분업화된 사회의 복지 체계와 관련, 강제성과 자발성에 대해 논의했습니다. 세금과 같은 강제적 제도와 대비해 볼 때, 사치심과 이기심을 활용하는 기부금은 자발적 제도라고 볼 수 있었죠. 세금으로 복지시설을 운영하는 것과 기부금으로 복지시설을 운영하는 것을 사례로 예시했는데, 그렇다면 세금은 자발성이 강한 시장기구와 상반되는 강제적 성격을 지니고 있다고 봐야 할까요?

버클로

복선이 있는 것 같습니다, 교수님. 세금은 당연히 정부에 의해 행해지는 강제적인 제도이고 자발적으로 세금을 내는 경우는 극히 예외적이니 시장과는 상반될 것 같은데, 그렇게 당연하다면 저에게 질문도 하지 않으셨겠죠. 무엇인가 다른 측면이 있다는 것을 강조하고 싶은 생각이 있으신 교수님의 복선이 느껴집니다.

애덤 스미스

정말 나를 잘 간파하고 있군요, 세상 사람들은 내가 쓴 『국부론』을 가리켜 "세상에서 가장 많이 인용되는 경제서이지만, 실제로는 가장 적게 읽히는 난해한 책"이라고 말하더군요. 내가 쓴 책이 분량도 많고 일반인들이 쉽게 이해하기 조금 어려운 부분이 있어서 그렇겠죠. 그런데 버클로 군은 나의 의도를 아주 잘 꿰뚫어 보고 있습니다. 바로 그렇습니다. 정부의 세금은 강제적 제도인 것이 분명하지만, 그렇다고 자율적인 시장의 작동과 상반되는 것은 아닙니다. 오히려 세금이라는 정부의 제도는 시장의 자율성을 올바른 방향으로 이끌어서 사회가 바람직한 상태로 갈 수 있게 하는 매우 유용한 도구라고 할 수 있습니다.

버클로

기분 좋은데요. 아무래도 교수님과의 심층적 대화와 친절하신 가르침 덕분에 이해력이 생긴 것 같습니다. 그렇지만 사실 정부의 강제적 세금

제도와 자율적 시장이 상반되지 않는다는 교수님 말씀은 솔직히 잘 이해되지 않았습니다. 정부의 강제적 제도와 시장의 자율성은 서로 극단적으로 다른 것 아닐까요?

애덤 스미스

사실 많은 사람이 나의 『국부론』에서 오직 단 한번 사용된 '보이지 않는 손(invisible hand)'으로 『국부론』 전체를 이해하면서 나를 자유방임적 시장주의자로 몰아가는 경향이 있습니다. 물론, 시장의 가치와 그것의 메커니즘을 중요시했지만 그렇다고 나를 시장 만능주의자로 매도한다면 그것은 분명 잘못된 것입니다. 내가 보이지 않는 손을 언급한 배경에는 '인간의 본성'이 있습니다. 사람들의 본성을 잘 이해한다면 그래서 그런 자연스러움에 기초해서 수요와 공급이 결정되고, 그 결과 더욱더 많은 사람이 더 많은 가치를 창출할 수 있도록 선순환한다면, 국가 전체의 부(富)도 증대될 수 있다고 주장한 겁니다.

버클로

교수님, 죄송한 말씀이지만 어쨌든 교수님은 시장의 메커니즘을 중요시하셨고, 그래서 시장의 보이지 않는 손이라는 자율적 기능을 강조하신 것은 분명하지 않습니까? 그러니까 사람들이 교수님을 시장주의자라고 하는 것이 틀린 것은 아닌 것 같은데요.

애덤 스미스

자, 그렇다면 앞서 제3편에서 나왔던 사례를 활용해 생각해 봅시다. 명예혁명 직후였던 1689년에 영국의회는 화로세(hearth tax)를 폐지했습니다. 화로나 아궁이는 외부로 굴뚝이 튀어나와 있어서 정부로서는 세원을 쉽게 파악해 세금을 거두기가 좋았습니다. 그렇지만 화로세를 과도하게 부과하면 사람들은 공업 분야에서 이익을 내도 세금으로 그 이익분이 사라지니 공업에 투자하겠다는 생각을 접을 수밖에 없습니다. 명예혁명 이전까지 영국의 공업 분야가 뒤처져 있을 수밖에 없었던 중요 이유 가운데 화로세라는 좋지 않은 조세가 있었던 거죠. 그런데 영국 정부(의회)가 화로세를 폐지한 이후 영국의 공업은 어떻게 됐을까요?

버클로

정말 획기적으로 영국의 공업 분야가 바뀌었죠. 17세기까지 네덜란드는 물론이고 프랑스보다도 영국은 공업 분야에서 매우 낙후돼 있었습니다. 그런데 18세기에 들어와서 영국에는 유럽의 인재와 자본이 몰려왔고, 결국 산업혁명까지 일으킬 수 있었습니다. 그러고 보니 화로세 폐지 이후 정말 놀랍도록 획기적인 변화가 일어났네요.

애덤 스미스

영국 정부의 화로세 폐지라는 세금제도의 변화는 사람들의 본성에 큰 영향을 준 것입니다. 화로세가 있었던 과거에는 공업 분야에서 이익을 낼 수 없었지만, 화로세가 사라진 미래에는 공업 분야에서 많은 이익을 낼 수 있다고 사람들은 본능적으로 생각한 겁니다. 화로세 폐지라는 조세제도의 변경으로 사람들은 이익을 더 많이 낼 수 있다는 이기심에 따라서 바람직한 방향으로 공업을 발전시킬 수 있었습니다. 물론 이 과정에서 수요와 공급이라는 보이지 않는 손은 분명히 작동했고, 사회적으로 국가적으로 올바른 결과를 가져와 영국은 산업혁명을 이룰 수 있었습니다.

버클로

그러고 보니 교수님이 지원하고 도와 줬던 제임스 와트라는 기술자가 훗날 효율적인 증기기관을 발명했네요. 정치경제학자로 교수님을 이해했는데 과학기술에도 조예가 깊으셨나 봅니다. 어쨌든 화로세 예시를 들으니 좀 이해는 되는 것 같습니다. 교수님은 정부의 조세제도(화로세 폐지)가 사람들의 본성에 순기능적 영향을 주고, 그것이 올바른 방향으로 갈 수 있도록 시장의 보이지 않는 손이 긍정적으로 작동한다면 국부가 창출될 수 있다고 주장하신 거군요.

애덤 스미스

그렇죠. 정부의 역할은 사람들의 본성에 강력한 영향을 줄 수 있고, 이것이 시장에 보이지는 않지만, 시장이라는 분명한 메커니즘을 움직이면서 국부를 창출할 수 있다는 것입니다. 만일 정부가 화로세 폐지와 같은 좋은 제도를 만들지 않고 반대로 정부가 화로세 신설과 같은 나쁜 제도를 만들 수도 있겠죠. 그렇다면 사람들은 화로세 신설이라는 나쁜 조세제도를 통해 본능적으로 공업을 회피하려 하고 다른 쪽으로 관심을 가질 수밖에 없고, 그 결과로 좋지 않은 분야에 영향을 줄 경우, 시장의 보이지 않는 손에 의해 장래의 국부는 축소될 수 있습니다. 따라서 조세제도를 통한 정부의 역할은 사람들의 본성에 매우 중대한 영향을 주기 때문에 정부와 시장은 상반된 관계에 있다고 보지 않는 겁니다.

버클로

저도 교수님을 시장주의자로 평가했던 부분이 있었던 것 같은데 교수님의 설명을 듣고 보니 그것이 아니라는 생각이 드네요. 교수님은 정부의 강제적 제도와 역할이 사람들의 본성에 큰 영향을 줄 수 있고, 그런 사람들의 본성이 시장의 보이지 않는 손을 움직이게 되니 결국 '정부와 시장의 중요한 협력 관계'가 형성된다고 볼 수 있겠습니다. 특히, 정부의 올바른 정책과 제도는 사람의 본성을 올바르게 인도하기 때문에 그 결과로써 시장도 잘 작동하고 국부의 증대와 국민 복지의 향상에도 공헌할 수 있다는 거네요. 교수님의 말씀을 듣고 보니, 정부와 시장의 역학 관계 속에서 '인간의 본성' 부분은 결코 무시되면 안 될 것 같습니다. 만일, 정부의 경제정책에서 인간의 본성을 무시하고 그에 역행한다면 마치 물을 거꾸로 흐르게 하는 것처럼 정책이 성공하는 것은 어렵겠다고 판단됩니다. 좀 어려운 부분들이 많이 있었지만 뭔가 정부와 시장의 관계를 재인식할 수 있는 시간이었던 것 같습니다. 밤 늦게까지 감사합니다. 애덤 스미스 교수님.

제 4 편

암스테르담이 이끌었던 황금시대

암스테르담에 모였던 인재는 최초의 국가벤처형 주식회사 VOC를 만들었고, 최초의 근대적 주식시장을 통해 엄청난 VOC의 자본금을 모았다. 신분제가 사라지고 개인의 능력을 중시했던 네덜란드공화국은 전 세계를 누비며 엄청난 국부를 창출했다. 17세기를 거쳐서 약 100년 동안 누렸던 암스테르담의 황금시대를 세계의 해양도시, 소수자도 존중되는 도시, 자유와 번영의 도시라는 측면에서 주요 특성을 살펴본다.

제 10 장

세계의 해양도시 암스테르담

 암스테르담의 해양도시 건설

유럽의 주요 하천인 라인(Rhein)강과 지역 하천인 암스텔(Amstel)강이 대서양의 북쪽 북해(North Sea)로 향하는 하구에 건설된 암스테르담의 도시 역사는 13세기부터 본격화됐다. 본래 북해의 청어잡이로 유명했던 어업 항구였지만, 동서양의 무역을 연결하는 국제적인 상업도시로 발전하면서 17세기에는 세계 해양물류의 중심이 됐다.[1)]

1) 현대 네덜란드의 중심 항구는 북해와 라인강(독일과 네덜란드의 경계선에서 이름이 바뀌지만)의 본류와 연결된 로테르담 항구가 북유럽 물류의 중심을 맡고 있다.

초기의 암스테르담 도시 역사

암스테르담이 역사 기록물에 등장한 것은 1275년에 암스텔(Amstel) 강 주변에 사람들이 모여서 댐(dam)을 쌓고 그 보상책으로 하천의 통과세를 면제받으면서 시작됐다.[2] 우여곡절을 겪으면서 암스테르담은 14세기 초, 중세의 자유도시로 인정받았는데, 1369년에는 한자(Hansa)동맹에도 가입할 수 있었다. 특별히 암스테르담이 유럽의 기독교도들에게 잘 알려진 것은 성체(聖體)의 기적이 일어난 공인된 성지 순례지가 되면서였다. 기적이 일어난 곳에는 교회가 세워졌지만, 그 교회는 불에 타서 전소됐는데 기적으로 유명했던 성체는 안전했다고 해서 더욱 그 유명세가 높아졌다. 다시 크게 세워진 교회를 암스테르담 사람들은 옛 교회(Oude Kerk, Old Church)라고 부른다. 암스테르담의 옛 교회는 암스테르담의 도시 역사가 출발한 지점이기도 하다.

암스테르담은 낮은 땅(Netherland)의 북부 홀란트(Holland) 주의 중심도시로 발전했는데, 성지 순례지에 이어서 16세기의 청어(herring) 잡이로 더욱 유명한 도시가 됐다. 지금도 암스테르담의 도심에서는 싱싱한 청어회를 맛볼 수 있는 푸드 트럭을 많이 발견할 수 있는데, 한입에 청어를 먹는 묘기를 선보이기도 한다. 그렇지만 암스테르담이 세계적 도시로 발전한 배경에는 역시 스페인(구교)과 관련이 깊

2) 네덜란드의 유명 도시 이름 가운데 상당수가 담으로 끝나는 경우가 많은데, 이는 암스테르담과 비슷한 유래를 갖고 있기 때문이다. 예컨대, 제2차 세계대전 이후 폐허가 됐다가 지금은 가장 큰 항구도시로 발전한 로테르담도 암스테르담과 비슷하게 로테(Rotte)강에 제방(dam)을 쌓아서 만든 도시라는 의미로 로테르담(Rotterdam)이 됐다.

다. 스페인제국의 군사적 공격을 피해 브뤼헤와 안트베르펜에서 인재와 자본이 몰려들면서였다. 암스테르담은 성지 순례지와 청어잡이의 항구도시에서, 상업과 금융의 중심도시로 변모했고, 17세기 초 대항해의 길이 열리면서 새로운 도시 역사를 쓰기 시작했다. 네덜란드 공화국은 우후죽순으로 세워진 무역회사를 하나로 통합한 연합 동인도회사(VOC)를 출범시켰고, 암스테르담은 동양의 향료(후추)무역을 이끄는 중심지가 됐다.

암스테르담의 17세기는 급속하게 발전하는 팽창의 시기였고, 구도심의 외곽으로 새로운 운하를 건설하면서 몰려드는 사람들이 거주할 신주거지를 마련해야 했다. 1662년의 도시 자료에 따르면 구도심 외곽으로 서쪽으로의 팽창은 대부분 완성이 됐고, 그 이후에 동쪽이 완성된 것을 알 수 있다. 암스텔강이 에이(Ij)만에 합류하는 지점에 제방을 쌓았는데, 암스테르담이 도시로 탄생한 지 약 300년 만에 인구 20만 명의 세계적 해양도시가 된 것이다.

17세기의 해양도시 암스테르담

앞서 언급된 바와 같이 암스테르담의 17세기는 팽창의 시기였다. 약 100년 동안에 암스테르담은 100km의 운하망, 100여 개의 인공섬, 1,500여 개의 교량으로 구성된 세계적인 해양도시를 건설했다. 지중해의 수많은 인공섬으로 이뤄진 베네치아공화국이 북대서양의 암스테르담에서 다시금 만들진 것 같은 착각을 일으킬 정도였다. 브뤼헤의 운하와 교통망도 베네치아를 닮았으나 그 규모는 암스테르담의 그것에 비교할 수 없을 정도로 작은 것이었다. 암스테르담은 바다의 갯벌에서 새로운 인공도시를 만들어 냈고, 그 규모는 베네치아의 인공 군도(群島)를 넘어서는 수준이었다. 이러한 암스테르담의 특별한 가치를 인정한 유네스코는 17세기의 암스테르담 운하구역을 세계문화유산으로 등록했다. 베네치아가 중세의 해양도시적 특징을 가장 잘 보존하고 있다면, 암스테르담은 근대적 해양도시의 특징을 가장 잘 유지하고, 동시에 현재에도 활기찬 생활공간으로 이용되고 있기 때문이다.

중세를 대표하는 해양도시 베네치아와 근대를 대표하는 해양도시 암스테르담은 모두 해양공화국의 수도였다는 공통점도 있다. 중세의 프랑크제국에 맞서서 공화국의 독립을 쟁취했던 베네치아공화국의 수도 베네치아와 스페인제국에 맞서서 공화국의 독립을 쟁취하고 근대를 열었던 네덜란드공화국의 수도 암스테르담은 비슷한 닮은꼴을 지니고 있다. 외양상으로도 비슷하지만, 그 역사적 배경 측면에서 보면 더욱 비슷한 공통분모가 너무도 많다. 바다 운하의 도시로서 갯벌 위에 세워진 두 도시는 그래서 토지권을 주장할 귀족이나 영주가 없었고, 보통의 평등한 사람들의 노력과 협력으로 건설된 바다공동체라는 특징이 강했다. 자연의 엄혹한 위협에 공동으로 대응해야 생존할 수 있었던 바다공동체는 외적의 공격에는 그 위협적인 자연의 힘으로 물리치고 방어하는 경우가 많았다.

알프스산맥에서 흘러내린 포(Po) 강의 삼각주 갯벌 위에 수많은 나무 침목을 박아서 세워 올린 인공섬 군도인 베네치아, 라인강과 암스텔강을 흘러나와 싸인 에이만 삼각주에 스칸디나비아산 나무 침목을 박아서 세워 올린 운하의 도시 암스테르담은 빼닮았다. 누군가 두 도시가 아무 상관성이 없다고 해도, 비유컨대 부모를 잃은 자식이 친

부모를 처음 봐도 나의 부모라고 외칠 정도로 두 해양도시는 너무도 닮았다. 세계 해양도시의 부모를 베네치아라고 한다면, 암스테르담을 그 자식이라고 할 수밖에 없는 도시의 혈연적 DNA가 있다는 것이다. 그러나 현대의 베네치아와 암스테르담은 그 관리 수준에서 큰 차이를 보인다. 세계적 해양도시 베네치아는 아드리아의 해수면 밑으로 계속 침강하고 있지만, 암스테르담은 북해의 해수면이 지금보다 더 올라가도 가라앉지 않는다는 차이점이다. 암스테르담의 해양 관개시설을 관리하는 해양도시 전문가들은 과거에도 그랬던 것처럼 지금도 해양도시를 매우 잘 관리하고 있기 때문이다.

암스테르담의 세계 해양조직 VOC

앞서 제3편에서 자세히 소개했지만, 암스테르담의 세계적 해양조직은 연합 동인도회사(VOC) 암스테르담 사무소를 대표적으로 꼽게 된다. 네덜란드공화국의 독점적 무역권(인도양과 태평양)을 공식적으로 부여받은 1602년부터 1799년에 VOC의 문을 닫을 때까지 약 200년 동안 VOC 암스테르담 사무소는 서양과 동양을 연결하는 가장 중요한 교량 역할을 맡았다. 수백만의 서양인을 동양으로 보냈으며, 수백만 톤의 동양 상품을 서양으로 가져왔다. 네덜란드공화국의 각 지역에 설치된 6개 지역 사무소로 구성된 VOC였지만, 그 주도적 역할은 VOC 암스테르담 사무소였음을 누구도 부인하기 어렵다.

VOC 암스테르담 사무소는 전체 자본금의 57% 이상을 차지했고, VOC의 핵심적 역할을 하는 상인과 금융가들도 대부분 암스테르담 출신들이었다. 암스테르담의 VOC 조선소에서는 동양으로 갈 많은 선박이 건조됐고, 이는 전성기의 베네치아공화국의 조선소(아르세날레, Arsenale)를 능가하는 수준이었다. 그러나 정작 네덜란드공화국을 대표했던 VOC 암스테르담 사무소의 흔적을 암스테르담에서는 많이 찾아보기 힘들다. VOC 암스테르담 사무소는 현재 암스테르담 대학의 학교시설로 사용되고 있으며, 자세한 설명도 붙어 있지 않아서 열심히 찾아야 하는 수고로움이 있다. 대학의 안내표시판에 작게나마 동인도하우스(Oost-Indisch Huis)라는 표시만이 있을 뿐이다.

네덜란드공화국이 프랑스의 나폴레옹에게 주권을 빼앗겼던 18세기, 전 세계에서 네덜란드공화국의 깃발이 내려왔을 때, 유일하게 그 깃발이 펄럭였던 곳이 있었다. 그곳은 서양도 아니었고 인도와 동남아시아도 아닌 극동의 나가사키(長崎) 해안에 있던 데시마(出島)라는 작은 인공섬이었다. 앞서 제8장에서 소개된 바 있는 일본 규슈의 서부 해안에 있는 나가사키에는 최근 복원된 일본의 데시마 기념관에서 VOC 암스테르담 사무소의 흔적을 찾아볼 수 있다. 암스테르담의 세계 해양조직인 VOC의 활동이 서양의 네덜란드에서보다 동양의 일본에서 더 잘 기억하고 있는 것도 흥미로운 사실이다.

 동양에 세워진 수많은 암스테르담

VOC가 동양에 건설한 수많은 바다의 암스테르담, 즉 VOC 상관(商館) 가운데 가장 규모가 큰 곳은 향료무역의 중심지였던 바타비아였다. 지금은 인도네시아의 수도가 된 자카르타인데 독립전쟁을 거치면서 VOC의 흔적은 많이 사라졌다. 인도네시아 이외에도 태국, 베트남, 대만, 일본 등지에서도 수없이 많은 크고 작은 암스테르담이 만들어졌다가 사라졌다.

동남아시아의 VOC 상관

네덜란드공화국 VOC의 얀 코엔(Jan Pietersz Coen)은 1609년 인도네시아의 바타비아 지역을 군사적으로 점령하고 이곳에 요새를 세웠다. VOC는 무력으로 동남아시아의 인도네시아에서 포르투갈 상인들을 내쫓았고, 영국 상인들과도 경합했다. 특히 1623년 암본섬에서 발생한 영국인 살해사건(Amboyna Massacre)을 계기로 영국은 인도네시아에서 완전히 축출됐고, 이 지역의 향신료무역은 네덜란드의 VOC가 독점할 수 있었다. 안정기에 들어선 바타비아는 군사적 요새의 성격을 벗어나 동남아시아의 대표적 무역항으로서 확장됐는데 최전성기에는 규모 면에서 암스테르담보다 오히려 더 컸다.

한편, 태국의 옛 국가명인 샴에도 VOC 상관이 있었고, 말레이반도에도 VOC 상관이 있었으며, 인도 남부의 실론에도 큰 상관이 있었다. 인도에서 동남아시아에 이르는 광대한 해양 지역은 예로부터 향료(후추)무역의 원산지였고, 네덜란드의 VOC는 이곳에서 서양의 세력들과 각축전을 벌였다. 특히, 포르투갈이 점령하고 있던 지역에서 VOC는 치열한 전투를 벌였는데, 포르투갈이 스페인에 합병되면서 VOC는 포르투갈 상인들을 쫓아내고 그곳에 자신들의 상관을 세우는 경우가 많았다. 동남아시아에서 포르투갈과 세력을 다투던 VOC는 계속 동진했고, 인도차이나반도를 지나서 동쪽으로 오면서 중국의 대륙에 인접한 대만에 접하게 됐다.

네덜란드 사람들은 대만을 가리켜 포모사(Formosa)라고 불렀는데, 이곳에 세워진 VOC 상관을 포모사의 젤란디아(Zeelandia)라고 칭했다. 앞서 소개된 바와 같이 1624년에 VOC는 대만의 포르투갈 세력을 쫓아낸 뒤 이곳을 동아시아와 중국의 무역 거점으로 삼고, 특히 명나라에서 도자기를 얻는 전초기지로 삼고자 했다. 그렇지만 1662년 패망한 명나라의 잔류 세력이었던 정성공(鄭成功) 군대가 대만에 침공하면서 VOC는 포모사 요새를 잃고 패잔병으로 도망칠 수밖에 없었다. 이른바 '젤란디아의 굴욕'으로 불리는 이 사건을 계기로 VOC 상관은 대만에서 38년밖에 존속할 수 없었다. 동아시아의 중요한 해양 거점을 상실한 VOC는 이후 일본 나가사키의 데시마 상관에 더욱더 공을 들이게 됐다.

동아시아의 변동과 일본(倭)의 무인(武人)

일본의 데시마 상관의 역사적 배경을 이해하기 위해서는 조금 거창하지만 제1편에서 살펴본 몽골의 세계제국 해체 시기로 거슬러 올라갈 필요가 있다. 그 정도로 동아시아에서 데시마 상관이 갖는 중요성은 크다. 어쨌든 14세기 중엽, 동양에서는 몽골의 원나라를 몰아낸 한족의 명나라가 세워졌고, 한반도에는 고려왕조를 대신한 조선왕조가 들어섰다. 그러나 몽골의 영향권 밖에서 혼자 고립돼 있던 바다 밖의 일본에서는 큰 변동이 없었다. 단지 일본열도 안에서는 치열한 내선이 벌어졌고, 전국시대라는 혼란기를 겪고 있었을 뿐이다.

15세기에 들어서서 동양의 명과 조선은 서양과의 교역을 금지하고 폐쇄적인 농경사회와 왕권 중심의 유교적 평화 시기를 보냈지만, 일본은 서양과 교역하면서 치열한 전쟁의 시대를 겪고 있었다. 일본은 서양과 교역하면서 포르투갈에서 사들인 조총이 엄청난 군사적 위력을 갖고 있음을 발견했다. 그 결과, 일본의 전국시대는 조총이 있는 쪽이 없는 쪽을 무력으로 제압하면서 신속히 정리됐다. 일본의 무인(武人) 정부는 일본 내전을 마무리짓자 곧바로 전력을 밖으로 돌려 대륙에서의 전쟁을 시작했다. 1592년의 임진왜란은 이런 배경에서 서양의 무기인 조총과 밀접한 관련이 있고, 동시에 서양이 원하는 상품인 도자기와도 관련성이 깊었다.

먼저 서양의 조총이라는 신무기가 동양에 유입되면서 전통적 군사력의 세력 균형이 깨졌고, 해양 세력이 대륙으로 밀고 들어왔다. 두 번째는 경제적 측면에서 도자기를 둘러싼 동양과 서양의 이해관계 충돌이었다. 아메리카 대륙에서 가져온 막대한 양의 은(銀)을 보유한 서양의 왕과 귀족들은 동양에서 생산되는 값진 사치품에 대한 소유 욕구를 실제로 강하게 표출했다. 그러나 도자기를 생산하는 동양의 명나라와 조선은 모두 해금(海禁)정책을 썼고, 같은 동양권이지만 도자기 생산 능력이 없었던 일본은 대륙의 도자기를 약탈해서라도 국부를 축적하고 싶은 욕구가 극에 달했다. 서양 상인과 일본의 무인(武人) 사이에 도자기라는 경제적 공통분모가 형성된 것이다.

동양의 도자기와 일본의 데시마 상관

포르투갈과의 교역을 통해 도자기의 경제적 가치를 이미 잘 알고 있었던 일본은 중원의 대륙에서 직접 도자기를 얻어 최고의 부자가 되고자 했다. 일본의 대륙으로 향한 전면적 동아시아 경제전쟁의 시작점은 영토의 확장보다는 도자기를 통해 엄청난 경제적 이익을 얻기 위한 일본의 국부론에서 출발했다고 해도 과언이 아니다. 조선인들은 정명가도(征明假道)를 외쳤던 일본인들이 벌인 임진년 왜란이라고 임진왜란이라 하지만 정작 일본의 전쟁 수행자들은 대륙에서 도자기를 얻어 엄청난 돈을 벌 수 있다는 기대를 하고 바다를 건넜다고 볼 수 있다.

그런데 일본이 전쟁 직전에 조선의 사정을 살피고자 풀었던 대부분 첩자가 미처 파악하지 못했던 중요한 군사적 사항이 있었다. 그들은 조선의 경상도 지역 수군과 조선의 내륙을 방어하는 군사력이 너무도 허술해서 순식간에 무력으로 조선을 장악할 수 있다고 판단한 것이다. 일본의 첩자는 군사적 사실 관계만을 파악해서 이를 일본 최고사령부에 전달했다. 그러나 일본의 시각에서 이해하지 못한 조선의 역량 두 가지가 빠져 있었다. 그 첫 번째는 전라도 지역 수군을 맡고 있던 이순신의 해군력을 파악하지 못했던 부분이다. 두 번째는 조선의 백성은 국가 의식이 강해서 왜인들은 이해할 수 없는 부분이 있었다는 것이다. 일본의 경우, 전쟁에서 패주해 도망친 군주를 백성이 대신해서 전쟁을 수행하는 사례는 없었다. 그러나 한반도에서는 고려에서부터 조선에 이르기까지 군주가 없더라도 백성이 외적을 상대로 전쟁을 수행하는 경우가 많았다. 임진왜란 시기에도 도망친 선조를 대신해 백성들이 싸우면서 왜군을 몰아내는 상황을 보면서 일본은 당황할 수밖에 없었다. 조선의 예상치 못했던 강력한 해군(이순신)과 조선 백성들의 의병활동으로 일본의 대륙 침략 전쟁은 사실상 실패하고 말았다.

왜란이 종결된 이후, 1603년에 들어선 에도(江戶)막부는 평화시대를 추구하면서 서양의 총포 유입을 차단하는 해금(海禁)정책을 폈다.[3] 그렇지만 예외적으로 생활필수품의 교역까지 막을 수는 없어서 나가사키 앞바다에 작은 인공섬을 만들었는데, 그 면적이 1만 3천 제곱미터에 불과했다. 포르투갈 상인들이 내륙으로 들어와 정치적·종교적으로 영향을 주는 것은 철저히 차단하고, 필요한 상품만 교역하도록 만들어진 인공섬이었다. 1636년에 완성된 작은 인공섬은 앞으로 툭 튀어나와 있다고 해서 데시마(出島)라고 했다. 그런데 데시마에서 교역이 재개된 직후인 1637년, 대규모 기독교 민란이 일어났다. 에도막부는 민란의 배후에 포르투갈이 있다고 봤고, 모든 포르투갈인을 영구히 추방하거나 처형했다. 이렇게 비워진 데시마 상관에 포르투갈 상인을 대신해서 1641년부터 입주해 들어온 서양인이 바로 네덜란드공화국의 VOC 직원이었다. 동양의 해금정책에 뒤늦게 동참한 일본은 그러나 예외적으로 데시마를 통해서 세상과 소통할 수 있는 정보 창구는 열어놨다.

3) 일본의 에도막부는 가마쿠라(鎌倉)막부(1185~1333), 무로마치(室町)막부(1336~1573)에 이은 군사정권 또는 무사(武士) 정권으로 도쿠가와(德川)막부라고도 한다. 에도 또는 도쿠가와막부는 1603년부터 1868년까지 265년 동안 이어졌다. 한반도에서는 고려의 무신정권이 국가를 통치한 적이 있으나 몽골의 침입으로 무신정권은 사라졌다. 그러나 바다 밖에서 몽골의 침입을 벗어난 일본의 무신정권은 약 700년 동안 일본을 통치하는 정부로 존재했다.

③ 나가사키의 데시마

일본의 데시마는 18세기, 전 세계에서 펄럭이던 네덜란드공화국의 모든 깃발이 내려왔을 당시, 유일하게 공화국의 깃발과 VOC 깃발을 펄럭이던 곳이다. 암스테르담에 모였던 인재가 영국에서 새로운 암스테르담(런던)을 건설했다면, 일본에서는 작은 암스테르담(나가사키의 데시마)을 통해 '일본의 근대화'를 태동시킨 것이다.

일본의 암스테르담 나가사키

일본의 에도막부가 해금정책에 이어서 더 강력한 쇄국정책을 본격화한 것은 1639년, 기독교도 반란을 진압하고 포르투갈과 단교하면서 시작됐다. 일본의 쇄국정책은 200여 년 이상 계속됐지만, 나가사키는 서양에 열려 있었고, 네덜란드공화국의 VOC는 일본의 나가사키에 암스테르담의 근대성을 심어놨다. 훗날, 일본의 쇄국정책은 미국의 흑선(黑船)이 등장하면서 1854년, 일본의 에도막부가 어쩔 수 없이 맺었던 미·일 화친조약(Convention of Kanagawa, 神奈川條約)으로 중단됐다. 그렇지만 일본이 흑선을 두려워하고 화친조약을 맺은 것은 동양에서 일본이 서양의 실체를 가장 정확히 알고 있었기 때문이기도 했다. 일본은 서양의 산업혁명을 이해했기 때문에 서양의 산업화에 무지했던 중국이 영국과 무모한 아편전쟁을 계속 벌였던 것과 반대되는 발 빠른 결정을 할 수 있었다.

따라서 일본의 에도막부가 실행했던 오랜 쇄국정책은 조선 말(대원군)의 쇄국정책과도 분명히 다른 측면이 있었다. 에도막부는 쇄국의 기간(1639~1854)에도 나가사키의 데시마 상관을 통해 서양 문물을 열심히 익혀 왔고, 네덜란드를 통해 서양의 상황을 거의 정확하게 판단할 수 있는 정보력을 지니고 있었다. 특히, VOC는 에도막부의 요청으로 서양의 최고 지식인이었던 서양 의사들을 나가사키에 계속 상주시키면서 서양의 과학문명과 서양 의술을 심도 있게 가르쳤다. VOC의 의사들은 학문적 지식을 일본에 상세히 전달하는 역할을 했으며, 동시에 일본의 현황을 서양에 알리는 '동서양 지식의 교량' 역할도 했다.

VOC 의사들은 서양의 최고 지성인들로서 VOC의 일반 직원들이나 선원들과 지적 수준이 다른 매우 뛰어난 지식 인재들이었다. 그들은 일본인에게 근대적 과학문명과 새로운 기술을 교육하는 선생님의 역할을 담당했을 뿐만 아니라 일본의 산업과 문화를 서양에 정확히 알려 줌으로써 "동양의 일본은 서양의 정복 대상인 미개한 나라가 아니라 서양의 동반자다"라는 인식을 심어 줬다. VOC 의사들은 네덜란드는 물론이고 독일과 스웨덴의 다양한 국적을 지녔지만, 주로 네덜란드어(화란어)를 통해 일본에 서양 학문을 알려 줬다. 이런 배경에서 VOC 의사들을 화란학(和蘭學) 또는 난학(蘭學)의 선구자라고 하는데, 가장 대표적인 세 명의 인물을 가리켜 일본인들은 '데시마의 삼학자'라고 칭송하고 있다.[4]

---

4) 고대시대에 왕인(王仁) 박사를 비롯한 백제의 학자들이 동양의 학문을 일본에 전해 줬다면, 17세기부터 19세기까지의 네덜란드의 VOC 의사들은 서양의 근대 학문을 일본에 전해 줬다고 할 수 있다.

데시마의 삼학자

VOC의 데시마에는 총 150명 이상의 서양 의사가 계속 파견됐는데, 그들은 동양에 대한 지적 호기심이 매우 높았던 서양의 학자들이었다. 특히, 데시마의 삼학자(三學子)로 알려진 세 명의 학자는 일본의 근대적 학문에 초석을 마련해 준 인물이었는데 켐퍼, 툰베리, 지볼트가 대표적이다. 이들 데시마의 삼학자는 모두 네덜란드공화국의 VOC에 고용된 의사로서 데시마 상관에 파견돼 일정 기간 의사로 일했다.

먼저 17세기를 대표하는 데시마 학자로 독일계 VOC 의사였던 켐퍼(Engelbert Keampfer, 1651~1716)는 1690년에 데시마 상관으로 오게 됐다. 켐퍼는 자신의 서양 의술과 과학적 지식을 일본인(화란어) 통역관에게 가르친 화란학의 원조에 속하는 인물이다. 켐퍼는 일본의 에도막부(중앙정부)에도 매년 상경해 쇼군(將軍: 일본의 실질적 통치자)에게 상세히 조언한 바 있다. 켐퍼는 훗날 유럽으로 돌아간 이후 『일본의 역사(*History of Japan*)』를 출간, 유럽인들이 일본의 실상을 정확히 이해할 수 있게 했다.

18세기를 대표하는 데시마 학자는 켐퍼에 이어서 스웨덴 출신의 툰베리(Carl Peter Thunberg, 1743~1828)라고 할 수 있다. 툰베리는 1775년 데시마에 들어와 일본을 떠날 때까지 주로 일본의 여러 식물을 열심히 채집해 분석했는데, 그의 화란어 통역관으로 일했던 요시오 고규(吉雄耕牛)는 훗날 그의 가르침에 힘입어 일본의 근대적 의학 발전에도 큰 역할을 했다. 서양으로 돌아간 툰베리는 1784년, 유럽에서 『일본의 식물(*Flora Japonica*)』을 출간했는데, 이를 계기로 툰베리를 '일본의 린네'라고 부르기도 한다. 일본 식물학의 원조로 추앙받는 툰베리는 의학뿐만 아니라 식물학 분야에서도 일본의 학문에 크게 공헌한 인물이다. 그러나 켐퍼와 툰베리를 뛰어넘는 인물로 단연코 지볼트의 학문적 역할은 두각을 나타내고 있다.

19세기의 학자이며 독일계 네덜란드 의사였던 지볼트(Philipp Franz Balthasar von Siebold, 1796~1866)는 서양에서도 유명한 생물학자였다. 지볼트는 1823년부터 7년 동안 VOC의 데시마 상관에서 근무하면서 동아시아의 자연과 문물에 대한 자료를 폭넓게 수집해 1840년경 『니폰(*Nippon*)』이라는 책을 출간했다. 그의 책 제7부에서는 한국에 대한 기록도 담겨 있는데, 한국어 문법과 음운(音韻)의 특징을 유럽어 문법의 관점에서 파악 서술했다. 지볼트의 책은 1854년 러시아에서도 번역·출간됐는데, 19세기에 발간된 한국 관련 서양의 책 대부분은 지볼트의 책을 우선 참고하면서 저술됐을 만큼 지볼트의 학문적 영향력은 매우 컸다.

화란학과 일본의 번역문화

서양의 네덜란드공화국이 일본의 근대적 학문에 끼친 영향은 절대적이었다. 네덜란드가 전달한 화란학에서, 특히 1774년에 발간된 『해체신서(解體新書)』는 실로 획기적인 것이었다. 이 책은 일본에서 발간된 최초의 서양 서적 완역본으로 소개되고 있는데, 39세의 일본인 의사 스기다 겐파쿠(杉田玄白)가 번역 총책을 맡았다. 프로이센의 쿨무스(Johann A. Kulmus)가 독일어로 작성한 『*Anatomische Tabellen*』를 화란어로 재번역한 『*Ontleedkundige Tafelen*』라는 해부 의학서를 일본어로 재번역해서 『해부도보(解剖圖譜)』로 출간한 것이다. 번역에는 매우 오랜 시간이 소요됐고 많은 사람이 그 과정에 참여했는데, 책의 서문을 쓴 요시오 고규(吉雄耕牛)는 앞서 소개된 데시마의 삼학자 가운데 하나인 툰베리의 통역관이었다. 만일 요시오의 화란어 능력과 의학적 지식이 없었다면 일본의 『해부도보』는 완성되기 어려웠을 것이다.

요시오는 전문의사는 아니었지만, 툰베리를 통해서 전문적 의학 지식을 습득할 수 있었다. 오랜 기간 VOC의 데시마 의사의 통역을 맡았던 요시오의 뛰어난 의학 지식 덕분에 서양의 근대적 의학 전문용어는 적절한 한자어를 찾게 된 것이다. 지금은 일상에서 사용되는 의학용어인 신경(神經), 연골(軟骨), 동맥(動脈)들도 요시오와 같은 화란어 통역관의 공헌으로 만들어진 중국 의서에는 없는 일본식 의학용어다.

그 밖에도 시즈키 다다오(志筑忠雄, 1760~1806)와 같은 화란어 통역관은 서양의 여러 과학책을 번역하고 이를 정리해서 『역상신서(曆象新書)』를 간행했다. 그는 뉴턴(Isaac Newton)의 물리학과 서양의 근대 천문학을 소개함으로써 일본인들이 근대적 과학 지식을 습득할 수 있는 지적 토대를 제공했다. 특히, 데시마의 삼학자 가운데 하나인 켐퍼가 유럽에서 발간한 『일본의 역사(*History of Japan*)』를 일본어로 재출간해서 서양인이 보는 일본에 대한 시각을 객관적으로 이해할 수 있게 했다. 일본의 저명한 과학자들조차 시즈키는 최고의 번역자라고 하면서 칭송했는데, 이런 배경에서 일본의 번역학은 단순한 번역의 수준을 넘어서는 기초 학문의 영역으로 평가받을 수 있다.

Small talk 데시마의 삼학자와 「은하철도 999」

데시마의 삼학자 가운데 하나인 지볼트(P. Siebold, 1796~1866)는 독일계 네덜란드 의사이면서 생물학자였다. 그는 1823년부터 7년 동안 나가사키 데시마에서 VOC 의사로 근무하면서 일본 여인과 결혼해 딸을 낳았다. 지볼트의 딸은 훗날, 일본 최초의 부인과 의사 구스모토 이네(楠本イネ)로 성장했는데, 그녀의 딸도 대를 이어 매우 아름다운 여의사가 됐다고 한다. 지볼트의 외손녀인 여의사의 이름은 구스모토 다카코(楠本高子)였는데, 당대 최고의 아름다운 혼혈미인으로 유명했다. 일본의 대표적 애니메이션 「은하철도 999」에서 나오는 금발의 메텔은 바로 지볼트의 외손녀 구스모토가 모델이었다고 한다.

제 11 장

소수자의 권익도 존중되는 도시 암스테르담

 유럽의 소수민족 사례: 유대인

현재의 암스테르담도 소수자를 존중하는 자신들의 전통에 강한 자부심을 보인다. 그런데 17세기의 암스테르담 황금시대에는 더욱 그러했다. 암스테르담은 종교와 정치적 갈등에서 도망쳐 온 온갖 난민과 망명객으로 붐비는 도시였고, 어떤 금서(禁書)라도 자유롭게 출판될 수 있었던 근대적 도시였다. 유럽의 대표적 소수자였던 유대인의 행적에 초점을 맞춰 암스테르담의 황금시대를 다시금 살펴보면 다음과 같다.[1)]

1) 오늘날의 현대적 시각에서 보면 유대인은 소수자가 결코 아니다. 이스라엘이라는 강력한 독립국이 있고, 미국을 비롯한 국제사회에서 그들의 영향력이 매우

세파르디즘과 아슈케나짐

유대인은 2천여 년 전, 로마제국에 맞서 대규모 반란을 일으켰지만 서기 70년 로마군에게 진압됐고, 살아남은 자는 모두 강제 추방당했다. 이렇게 세상을 떠도는 유대인의 디아스포라(diaspora)는 오래전부터 시작됐고, 유럽과 아프리카 그리고 중동지역에서 방랑객처럼 흘러다니는 국토가 없는 난민이 됐다. 유대인들은 지역 분포와 혈연 등의 관계로 여러 분파를 이루지만, 그 가운데 유럽으로 흩어진 유대인은 크게 두 부류로 나뉜다.

유라시아 대륙의 서쪽에 있는 유럽의 경우 지형적으로 알프스산맥이 기준이 되는데, 산맥의 남쪽은 지중해에 인접한 유럽 남부로 지칭된다. 이에 비교해 알프스산맥의 북부는 라인강과 도나우(Donau)강이 흐르는 지역으로 유럽 북부로 지칭된다. 이탈리아반도와 이베리아(스페인+포르투갈)반도에 거주하며 생활한 유대인은 알프스 남쪽에 거주했던 유럽 남부의 세파르디즘(Sephardism)에 속했다. 상대적으로 알프스 북부의 중부 유럽(독일 등)에 거주한 유대인은 주로 아슈케나짐(Ashkenazim)으로 분류된다. 유럽의 세파르디즘에 속하는 유대인은 지중해를 통해 북아프리카와 중동지역에도 많이 분포돼 있어서 기독교는 물론이고 이슬람교와도 관련성이 깊었다. 특히, 지중해의 세파르디 유대인(Sephardi Jews)은 문자 해득률도 높고 아라비

강력하기 때문이다. 그렇지만 유럽의 중세시대와 근대시대를 거치면서 앞서 살펴본 사례들에서처럼 그들은 베네치아에서 스페인에서 그리고 포르투갈에서 계속 핍박받고 추방당했던 소수민족이었다. 21세기의 시리아와 예멘을 탈출한 많은 전쟁 난민들도 과거의 유대인과 크게 다를 것이 없었던 소수자였고, 한민족도 20세기에 나라를 잃고 그런 소수자의 경험을 했던 적이 있다.

아 숫자에도 밝았으며 상거래와 돈거래에 탁월한 능력을 보인 것으로 유명했다.[2)]

세르파디 유대인들은 이슬람 국가들이 번창하면서 북아프리카(이집트의 알렉산드리아 등)에서 활발히 상거래 활동을 했다. 그런데 앞서 제2편에서 살펴본 것처럼 11세기 말, 서유럽에서 출발했던 많은 십자군이 중동의 예루살렘을 향하면서 베네치아공화국이 지중해의 상업 중심지로 부상하기 시작했다. 베네치아공화국이 지중해의 중심지가 되자 북아프리카와 이베리아에 있던 유대인들도 베네치아로 대거 이주했다. 특히, 베네치아는 중세의 세상에서 거의 유일했던 공화국이어서 민족 차별도 없고, 신분 차별도 거의 없었으며, 법의 적용도 상대적으로 공정해서 유능한 유대계 상인일수록 베네치아를 중심으로 지중해 전역에서 사업을 벌일 수 있었다.

십자군전쟁과 유대인 그리고 상업혁명

초기의 십자군전쟁에서 베네치아의 상인들과 뱃사람들은 유럽의 병사들을 중동 지역으로 수송하면서 엄청난 전쟁 특수를 누렸다. 그렇지만 베네치아공화국에 모여들었던 유대계 상인은 그 정도의 이익에 만족하지 않았다. 그들은 십자군전쟁보다 더 큰 이익을 가져올 블랙 골드(black gold), 이른바 인도를 통해서 들어오는 후추에 주목하기 시작했다. 베네치아의 상인들은 누가 먼저라고 할 것도 없이 후추를 중심으로 동양과 서양의 상거래를 연결했고, 이를 위한 베네치아

2) Daniel J. Elazar의 연구 참고.

공화국 정부의 외교술은 능수능란했다. 유럽과 중동 각국에 최초로 외교공관을 설치한 국가가 베네치아공화국 정부이고, 그 배경은 후추무역의 원활한 관리를 위해서였다.

중동의 팔레스타인에서는 동남아시아에서 인도를 거쳐 가져온 검은색 후추가 새로운 것이 아니었다. 그러나 십자군전쟁으로 중동에 처음 온 낯선 서양인에게 후추는 엄청난 상품이었다. 그런 후추의 상품적 가치를 발견하고, 그것을 국부로 창출하는 능력을 상인들은 갖고 있었다. 탁월한 상인 정신은 교과서에서 지식을 암기하면서 찾는 것이 아니라 많은 경험과 체득을 통해서만 개발됐다. 수많은 사람이 중동에서 후추를 봤지만, 그것을 황금과 같은 가치 있는 상품으로 만들어 낸 것은 상인이었고, 상인은 국부를 만들어 내는 기본적 유전자를 갖고 있다고 할 수 있다. 베네치아공화국의 뱃사람들은 여러 지역을 다니면서 유용한 정보를 습득했고 상인의 역량을 키워 나갔는데, 여기에는 유대계 상인들의 역할도 매우 컸다.

12세기부터 본격화된 동양의 향료(후추)무역은 17세기까지 약 500년 동안 세계의 국부를 움직이는 최고의 상품이 됐다. 작지만 희소하고 운반하기도 좋은 후추의 교역권을 누가 갖는가에 따라서 세계의 금화와 은화가 움직였다. 14세기까지 약 300년 동안, 동양의 향료(후추)를 서양에 독점적으로 공급한 상인들은 베네치아 상인이었고, 베네치아의 세파르디 유대인의 역할은 결정적이었다. 앞서 제4장에서 살펴본 바와 같이 지중해 전역에서 유대인들의 상업적 네트워크는 원활하게 작동됐고, 상인들의 인적 인프라를 기반으로 베네치아공화국의 국제무역과 이를 지원하기 위한 금융제도는 비약적으로 발전했다. 특히, 베네치아의 세파르디 상인은 중동에서 이미 사용되고 있던 아라비아 숫자와 복식부기 등을 이해하면서 베네치아에 전파했고, 이와 같은 상업과 부기의 발전은 자연스럽게 베네치아의 상업혁명으로 이어졌다.

세파르디 유대인의 포르투갈 이동

15세기, 오스만제국이 베네치아공화국의 지중해 해상권을 잠식하면서 향료(후추)무역을 좌지우지했던 베네치아 상인의 독점권은 약해졌다. 베네치아공화국은 후추를 대체할 사업으로 중동의 시리아 등에서 유리공업 기술을 배웠고, 안경알을 만드는 광학(光學)에도 집중적으로 기술 육성 투자를 했다. 베네치아공화국에서는 기술자들에게 기술적 특허권도 공식화해서 인정해 줬는데, 이와 관련해서는 앞서 베네치아의 특허권과 관련해서 살펴본 바 있다. 그런데 손재주가 좋은 유대인들은 베네치아의 유리와 광학기술 육성에 적극적으로 동참하면서 기술을 자손들에게 비밀리에 전수했다. 오늘날까지도 유대인들이 전 세계의 다이아몬드를 가공하고 판매하는 분야에서 독보적 역할을 하는 것은 이와 같은 배경에서 비롯됐다.

한편, 포르투갈의 동양탐험대가 지중해가 아닌 대서양의 희망봉을 지나서 인도양을 통해 후추를 직접 가져올 수 있게 되면서 베네치아공화국의 후추독점권은 순식간에 사라졌다. 후추를 수입해서 서양에 공급했던 세파르디 유대계 상인들은 결코 후추를 포기할 수 없었다. 베네치아공화국이 점차 후추무역에서 손을 떼는 사이에 세파르디 유대계 상인들도 자연스럽게 베네치아를 떠나서 포르투갈로 이주하게 됐다. 이미 이베리아반도에는 오래전부터 유대인들이 정착해서 살고 있었기 때문에 베네치아의 세파르디 유대인들이 포르투갈로 이동하는 것은 어려운 일이 아니었다. 유대인들은 그들의 조상들이 그랬듯이 각 지역의 정치적 문제, 상업적 활동 등과 같은 이유로 쉽게 자신들의 거주지를 옮겼다. 어느새 베네치아의 유대계 상인들의 다수가 지중해를 떠나서 대서양에 인접한 포르투갈로 옮겨갔고, 포르투갈은 15세기부터 동양의 향료(후추)무역에서 가장 중요한 역할을 할 수 있게 됐다.

그런데 이 과정에서 유대인의 이동 속도를 촉진했던 사건들이 연이어 일어났다. 앞서 제5장에서 살펴본 바와 같이 15세기 말, 스페인의 레콘키스타와 함께 단행된 대규모 유대인 추방사건(1492), 16세기 초의 베네치아의 게토법(1516) 제정 등은 세파르디 유대인들을 더 빠르게 이동시켰다. 세파르디 유대인들은 서로 긴밀히 연결된 해양네트워크를 따라서 상당수가 대서양 연안의 포르투갈로 이동한 것이다. 이들은 특히 포르투갈계 세파르디 유대인으로 분류되는데, 장차 17세기의 암스테르담을 황금시대로 이끈 핵심 세력이었다. 지중해의 베네치아공화국에서 12세기부터 약 300년 동안 동양의 향료(후추)무역을 주도했던 세파르디 유대인들은 15세기부터 약 200년에 걸쳐서 대서양의 포르투갈, 프랑스, 플랑드르(벨기에 또는 남부 네덜란드) 지방으로 이동하게 된다. 그리고 브뤼헤와 안트베르펜을 거쳐 17세기에는 네덜란드공화국의 암스테르담에 정착하면서 근대를 여는 주역이 됐다.

 포르투갈계 유대인의 암스테르담 정착

스페인이 포르투갈을 합병하고 유대인에 대한 종교적 탄압이 심해지면서 포르투갈에 모여 있던 세파르디 유대인은 또다시 북쪽 연안으로 대규모 이동을 해야 했는데, 이베리아반도를 벗어나서 프랑스, 영국 그리고 네덜란드로 향했다.

브뤼헤와 안트베르펜의 유대인

북대서양 연안의 브뤼헤(Brugge)는 베네치아와 밀접한 관련성을 갖고 있었다. 제4차 십자군전쟁에서 베네치아와 함께 콘스탄티노플을 정복했던 프랑스 군대의 수장이 브뤼헤의 영주인 보두앵 백작이었기 때문이다. 브뤼헤는 베네치아의 지원을 받으면서 북유럽의 무역항으로 본격 개발됐고, 상인들도 이곳에서 양모산업을 일으켰다. 한편, 이베리아반도(스페인)에서 쫓겨난 유대인들은 스페인에서 가능하면 멀리 떨어진 북쪽으로 방향을 잡아 이동했고, 브뤼헤는 포르투갈계 유대 상인의 좋은 활동 거점이 됐다.

이베리아반도에서 세파르디 유대인들이 떠날수록 남부 네덜란드(플랑드르, 벨기에)의 브뤼헤와 안트베르펜은 번영했다. 처음에는 양모산업을 중심으로 영국의 양털을 가져다가 가공했으나 점차 동양에서 가져온 후추를 중심으로 향료무역의 중심지가 됐다. 더욱이 베네치아 리알토(Rialto) 출신의 유대계 자본가들까지 유입되면서 브뤼헤는 북유럽의 상업과 금융의 중심지가 됐고, 16세기 초에는 지중해의 베네치아가 북유럽으로 옮겨온 것처럼 보일 정도가 됐다.

그러나 앞서 제6장에서 살펴본 바와 같이 브뤼헤 항구에 퇴적물이 쌓여 배가 다니기 어렵게 되자 인근의 안트베르펜이 새로운 대체 도시로 부상했다. 안트베르펜은 매우 짧은 기간 내에 브뤼헤의 상인과 은행가들이 옮겨 오면서 급속히 발전할 수 있었다. 이러한 브뤼헤의 무역 상인과 자본가들 가운데 상당수가 포르투갈계 유대인이었고, 이들은 안트베르펜의 상업과 금융을 주도했다. 마치 일순간에 등장한 신데렐라처럼 안트베르펜은 양모산업, 향료무역, 국제금융의 삼박자를 갖추면서 1576년까지 북유럽 최고의 도시로 주목받으며 번영을 누렸다.

스페인의 광기와 암스테르담 이동

남부 유럽에서 몰려온 인재들 가운데 상당수는 세파르디 유대인들이었고, 그 가운데 특히 포르투갈계 유대인이 많았다. 포르투갈계 유대인들은 프랑스의 대서양 연안과 남부 네덜란드(플랑드르, 벨기에)로 이주하면서 브뤼헤와 안트베르펜의 신교도들과 함께 도시를 발전시켰다. 당시의 신교도들은 유대인과 마찬가지로 심하게 종교적 탄압을 당했기 때문에 신교도와 유대인은 서로의 종교적 신앙을 존중하는 분위기가 강했다. 로마 가톨릭에 저항했던 신교도들은 성경을 직접 읽으면서 가톨릭의 성상 숭배에 반대했고 상업에 종사했다. 신교도들과 비슷하게 유대인들도 대부분 글을 읽었고 상업과 수공업에 종사했다. 그들은 모두 스페인에 대한 적대감이 강했고, 안트베르펜의 신교도와 유대인들은 모두 스페인에 저항하면서 생활했다.

한편, 구질서를 대표하는 합스부르크 가문의 왕들은 로마 가톨릭을 옹호하면서 스페인과 독일(중부 유럽)을 통치했는데, 그 결과 신교도가 몰려 있던 남부 네덜란드(플랑드르, 벨기에)를 점점 더 압박했다. 특히, 합스부르크의 스페인 국왕이었던 펠리페 2세가 프랑스와의 전쟁에서 승리한 이후, 네덜란드에 대한 압박이 본격적으로 시작됐다. 신교도들은 스페인 국왕에게 종교의 자유를 요청했지만 거절당했고, 스페인은 무력으로 신교도들의 집합지였던 안트베르펜을 포위했는데, 이 과정에서 엄청난 사건이 벌어진 것이다. 이른바 '스페인의 광기(Spanish Fury)'로 불리는 사건에서 수천 명의 사람이 도륙당했고, 이를 계기로 안트베르펜의 신교도와 유대인들은 더 북쪽에 있는 암스테르담으로 도주하게 됐다. 스페인제국에 대한 저항과 독립에 주저했던 대상인과 은행가들도 스페인의 광기를 계기로 투쟁을 결심했고, 암스테르담을 근거지로 독립전쟁에 나섰다.

암스테르담의 유대계 인재들

암스테르담에 모인 17세기의 인재들은 자신들의 정체성을 분명히 드러내기 시작했다. 스페인제국의 위세에 눌려 있던 신교도들과 유대인들이 로마 가톨릭의 구교도를 배척하면서 신교도의 나라 네덜란드공화국을 세움으로써 본격화된 것이다. 신교도들이 프로테스탄트로서의 분명한 자기 정체성을 드러내는 것과 비슷한 시기에 포르투갈계 유대인들도 자신들의 신앙을 분명히 밝히기 시작했다. 그들은 유대계 예배당을 암스테르담 시내에 건축했고, 일시적으로 로마 가톨릭으로 개종했던 유대인들도 네덜란드의 암스테르담에 정착하면서 자신들의 본래 종교인 유대교로 복귀했다. 암스테르담에서는 오히려 로마 가톨릭 교도인 것을 숨겨야 했다.

암스테르담의 황금시대를 열었던 17세기의 포르투갈계 유대인들의 활동은 매우 두드러졌다. 먼저, 네덜란드공화국을 대표하는 정치철학자였던 스피노자(Baruch Spinoza, 1632~1677)는 암스테르담의 공화주의자이면서 포르투갈계(세파르디) 유대인이었다. 그는 유대교의 편협함을 비판하면서 오히려 유대인으로부터 박해를 받을 정도로 신앙의 보편성을 강조했던 학자이기도 했다. 스피노자는 가업으로 내려왔던 유리 세공술을 익혔던 광학기술자였고, 유리가루가 일으키는 진폐증으로 사망한 이력을 갖고 있다. 스피노자의 유리 세공술은 지중해의 베네치아공화국이 육성했던 유리 세공술과 밀접한 관련성을 갖고 있는데, 이는 17세기의 스피노자(포르투갈계 유대인)와 15세기의 베네치아(유리 세공술)가 포르투갈계 세파르디 유대인과 어떤 관계를 지니고 있는가를 추적할 수 있게 하는 대목이기도 하다.

스피노자와 비슷한 포르투갈계(세파르디) 유대인이지만 스피노자의 정치철학자 이력과 전혀 다른 인물들이 암스테르담에는 훨씬 더 많았다. 그 대표적인 사례로 유대계 수아소 가문을 빠뜨릴 수 없다. 안토니오 수아소(Antonio Lopes Suaasso)는 스페인제국의 압력에 순응해서 한때 가톨릭으로 개종해 프랑스에서 살던 많은 포르투갈계(세파르디) 유대인들 가운데 하나였다. 안토니오는 성장기를 남부 네덜란드(플랑드르)에서 보냈는데, 무역업으로 크게 성공해서 많은 돈을 벌 수 있었다. 많은 자금을 갖게 된 안토니오는 1654년경에 암스테르담에 완전히 정착하면서 은행가로 활동했다. 그런 아버지를 승계한 큰아들 프란시스코 수아소(Francisco Lopes Suasso)는 아버지의 총자산 가운데 약 절반을 상속받았는데, 그 대부분은 VOC(연합 동인도회사) 주식이었다. 그의 VOC 주식은 막대한 수익을 냈고, 그를 아버지보다 더 큰 자본가로 성공하게 만들었다. 프란시스코 수아소는 암스테르담의 최고 은행가로 자리 잡았고, 훗날 암스테르담의 윌리엄 3세가 영국의 제임스 2세를 내쫓기 위해 일으켰던 명예혁명의 군자금을 빌려 준 인물이 됐다. 그가 윌리엄 3세에 빌려 준 군자금 200만 길더는 현금이었고, 차용증도 없이 빌려 준 것을 보면 당시 그가 얼마나 막강한 현금 동원력을 갖고 있었는가를 설명해 준다.

❸ 소수자의 권익과 유대인 보호

네덜란드공화국은 소수자의 권익이 보호되고 국적과 인종의 차별이 적었다. 그런 공화국의 전통 속에서 윌리엄 3세는 명예혁명을 성공시킬 수 있는 뛰어난 인재들을 얻을 수 있었다. 윌리엄 3세를 따라서 런던으로 이동하는 배에는 많은 세파르디(포르투갈계) 유대인들이 승선했고, 그들이 떠난 자리에 중부 유럽에서 이주해 온 아슈케나지 유대인들이 몰려들어 왔다.

떠나는 세파르디와 들어오는 아슈케나지

암스테르담의 세파르디 유대인 가운데 핵심적인 인재들이 런던으로 자리를 옮기면서 그 빈자리를 메워 준 것은 또 다른 유대인들이었다. 지중해 연안을 중심으로 남부 유럽에서 활동했던 세파르디 유대인과 달리 그들은 알프스산맥의 북쪽 중부 유럽과 독일에서 온 아슈케나지 유대인들이었다. 그들을 대표하는 아슈케나지 인물 가운데 코헨(Benjamin Cohen, 1726~1800)은 주목할 만한 인물이다. 코헨은 아슈케나지 출신으로서는 거의 처음으로 상당한 지위에 오른 유대인이었고, 담배를 사고파는 상인으로 큰 부를 축적했으며, 훗날 은행가로 성공했다고 한다. 아슈케나지 출신인 코헨이 주로 활동했던 시기는 18세기 후반이고, 세파르디 유대인들이 대부분 런던으로 자리를 옮긴 시기였다고 볼 수 있다.

17세기와 18세기 초까지만 해도 암스테르담의 세파르디 유대인들은 근대를 이끄는 주도적 역할을 했다. 그러나 그들이 영국의 런던으로 옮겨가면서 암스테르담의 근대적 분위기는 오히려 악화했고, 발전보다는 퇴보를 겪는 상황에 직면했다. 암스테르담을 떠난 윌리엄 3세는 주로 런던에 있었고, 윌리엄 3세를 중심으로 근대적인 은행이 설립되고 상공업 친화적인 법과 제도로 바뀌면서 영국은 급속히 발전했다. 18세기에 들어와 암스테르담의 경제는 점점 나빠졌지만, 반대로 런던의 경제는 급속히 좋아진 것이다. 경제뿐만 아니라 정치적 측면에서도 명예혁명 이후 영국의 정치제도는 근대적인 입헌군주제로 안정화됐지만, 네덜란드는 오렌지 가문을 둘러싼 정치적 갈등이 계속 증폭되면서 사회적으로 불안정해져 갔다.

아슈케나지 상인을 대표했던 코헨은 오렌지 가문의 편(왕당파)에서 지지했지만, 오렌지 가문이 왕족이 돼 가는 것에 대한 공화파의 반대 목소리는 더욱 커졌다. 이렇게 네덜란드의 국내 사정이 악화했음에도 불구하고, 18세기 중엽까지는 암스테르담의 경제가 런던의 경제에 뒤지지 않았다고 평가된다. 1776년에 발간된 애덤 스미스의 『국부론』에서도 네덜란드의 경제 수준이 영국의 경제 수준을 넘어선다고 주장했고, 이를 뒷받침하는 구체적 경제지표들을 제시하고 있기 때문이다. 따라서 암스테르담의 경제가 급격히 악화한 것은 18세기 말이며, 나폴레옹에게 네덜란드가 공화국의 주권을 잃는 순간(1795년) 직전에 이미 암스테르담의 자본은 바다를 건너 런던으로 이동했다고 볼 수 있다.

세파르디 유대인의 이동

1688년 명예혁명으로 영국에서 스튜어트 왕조가 축출되고, 암스테르담의 윌리엄 3세가 영국과 네덜란드를 모두 통치하면서 암스테르담의 인재들은 더 많은 기회를 얻을 수 있는 런던으로 활동 거점을 옮겼다. 윌리엄 3세가 영국의 런던을 중심으로 통치력을 확장하면서 인재들도 런던에 모여들었고, 그 결과 네덜란드의 경제적 성장속도는 저하됐고, 반대로 영국은 급속한 경제적 성과물을 얻기 시작했다. 특히, 18세기에 들어서면서 동양의 향신료(후추) 가격이 하락하고 반대로 인도산 면직물의 수요가 증가하면서 네덜란드의 VOC(연합 동인도회사)는 영국의 동인도회사에 세계 무역의 선두 자리를 내줘야 했다.

그런데 이 부분에서 암스테르담 출신의 인재들이 영국의 동인도회사를 어떻게 바꿔 구조적으로 혁신했는가는 특별히 주목할 필요가 있다. 17세기까지 네덜란드의 VOC에 밀려서 지지부진했던 영국의 동인도회사는 18세기 초에 회사조직을 대대적으로 개편했고, 새로운 사업 분야인 면화 부문에 대규모 투자를 감행하기 시작했다.[3] 이와 같은 과감한 사업 변화를 모색하면서 이에 맞춰 원활히 자금을 투입할 수 있었던 배경에는 암스테르담 출신의 뛰어난 인재들이 런던에 포진하고 있었기에 가능했다. 특히, 향신료 무역의 시대가 저물고 면직물의 세계적 생산과 공급이라는 새로운 무역 질서의 흐름을 재빨리 간파하고 이에 대응력을 키웠던 자금의 흐름에는 세파르디 유대인의 역할이 결정적이었다. 비슷한 시기에 암스테르담은 새로운 면직물 분야의 변화에 둔감했고, 런던은 민감하게 대응하면서 VOC보다 더 강화된 동인도회사를 만들어 낼 수 있었다.

암스테르담의 포르투갈계(세파르디) 유대인은 런던의 유대인이 됐고, 영국의 동인도회사와 런던의 잉글랜드은행(Bank of England: BOE)을 주도했다. 그들은 영국을 세계적인 해양제국으로 만들어 나가는 데 마치 보이지 않는 배후 세력처럼 활동했다. 그들은 영국의 동인도회사가 프랑스를 물리치고 인도를 식민지로 확보하는 데 직접 나서는 경우는 거의 없었다. 그렇지만 영국의 동인도회사가 필요로 하는 자금을 BOE를 통해 원활히 공급했고, 그 배후적 역할을 했다. 19세기에 들어와 영국은 인도를 완전히 식민지화했고, 그들의 산업혁명은 더욱 엄청난 변화를 일으켜서 서양은 물론이고 전 세계를 바꿀 수 있는 원동력이 됐다. 13세기 몽골의 세계제국이 유라시아 대륙

---

3) 약 500여 년 전, '후추'를 세계적 상품으로 만들었던 베네치아의 상인들은 18세기의 새로운 세계적 상품으로 '면화'를 등장시켰다. 베네치아에서 암스테르담으로 그리고 런던으로 근거지를 옮긴 베네치아 상인의 후예들(상업 분야의 세계 인재)은 영국의 동인도회사를 적극적으로 개조해서 '면화'와 관련된 상업과 산업 전반을 주도할 수 있게 만들었다.

을 통합해서 동양과 서양을 하나로 연결했다면, 19세기는 그런 구조가 역전된 시기였다. 19세기 영국의 세계제국은 유라시아 대륙이 아닌 세계의 바다 해양을 통합해서 동양과 서양을 하나로 연결했기 때문이다. 이미 서양이 동양을 압도하기 시작한 서세동점(西勢東漸)이 본격화되고 있었음이다.

세파르디 유대인과 소수자의 권익

17세기의 암스테르담이 창출했던 네덜란드의 황금시대는 저물고, 18세기와 19세기를 거쳐서 영국은 산업혁명을 탄생시켰다. 해가 지지 않는 세계의 해양제국이 된 영국의 배후에는 강력한 런던의 금융중심지인 시티(City)가 있었다.[4] 지금도 런던의 더 시티에는 세계에서 모인 금융 인재들로 가득 차 있지만 17세기에는 암스테르담에서 온 세파르디 유대인들로 포진돼 있었다.[5] 사실상 어디부터 어디까지

4) City of London 또는 간단히 더 시티(the City)라고 한다. 런던 광역시를 구성하는 작은 행정구역이지만 더 시티는 영국의 중심일 뿐만 아니라 세계 금융의 중심지였다. 지금도 영국의 BOE를 비롯해 5,000개가 넘는 금융기관이 밀집해 있지만, 세계 금융의 중심지는 역시 뉴욕의 월 스트리트가 맡고 있다. 시티는 2.9km^{2}의 좁은 지역이지만 유동 인구는 40만 명을 넘어서고 최고의 금융 인재들이 일하는 사무실로 가득 차 있으며, 한국은행이 보유한 황금도 서울에 있는 것이 아니라 바로 런던의 더 시티에 있다고 한다.

5) 19세기에서 20세기로 바뀌는 시기, 런던의 더 시티가 보유했던 많은 자본은 대서양을 건너 미국 뉴욕의 월스트리트로 이동하고 있었다. 마치 17세기에서 18세기로 넘어가던 시기, 암스테르담에서 런던으로 많은 자본이 이동한 것과 비슷한 현상이 반복된 것이다. 물론 이와 같은 현상은 15세기 말 16세기 초에 있었던 베네치아의 금융자본이 남부 네덜란드의 브뤼헤, 안트베르펜을 거쳐서 북부 네덜란드의 암스테르담으로 이동한 것과도 비슷했다. 그리고 이와 같은 대규모 금융자본의 급격한 이동에는 세파르디 유대인과 세계적 금융 인재들의 이동과 밀접한 상관 관계를 갖고 있었다. 이러한 관계성을 분명하게 인식했던 서양의

가 금융 인재이고 누가 세파르디 유대인인가를 구분하는 것이 쉬운 일은 아니고 구태여 그럴 이유도 없었다. 그렇지만 지중해의 자본과 대서양의 자본을 좌지우지했던 세파르디 유대인이 암스테르담과 런던에서 활약할 수 있었던 데에는 중요한 이유가 있었다.

종교적으로, 정치적으로 핍박받았던 유대인들이 암스테르담에 정착하는 데 소수자의 권익을 옹호하는 사회적 제도와 분위기는 매우 중요했다. 사실, 암스테르담의 수많은 다양한 소수자 가운데에는 유대인만 있었던 것은 아니다. 앞서 언급된 바와 같이 정치적 소수자에는 영국에서 망명해 온 존 로크(John Lock)가 있었고 이탈리아에서 가택연금을 당한 갈릴레오 갈릴레이(Galieo Galiei)의 저서를 몰래 출간해 준 출판사 사장도 있었다. 더욱이 같은 유대인에게조차 종교적 파문을 당했던 스피노자(Baruch Spinoza)도 자신의 신분을 숨기고 근대적 공화주의를 설파할 수 있었던 곳이 바로 암스테르담이었다. 암스테르담에는 온갖 지식인과 반체제 인사들로 가득 차 있었지만 그들의 자유와 권리는 보장됐고 소수자 지위는 보호받았다. 지금도 암스테르담은 소수자의 권리를 옹호했던 자신들의 전통을 자랑스럽게 생각하고 있지만, 17세기의 암스테르담은 14세기까지의 베네치아에 이어서 가장 대표적인 소수자 권익 보호에 앞장섰던 곳이다. 물론 16세기의 베네치아는 게토법을 만들어 유대인을 차별했고 소수자의 권익을 침탈하면서 후퇴한 바 있다.

따라서 소수자의 권익이 보장됐던 암스테르담에서는 사람들이 새로운 사상과 생각을 펼칠 수 있었고 도전할 수 있다. 그 새로운 도전

대표적 학자로 마르크스(Karl Marx)와 좀바르트(Werner Sombart)가 대표적이다.

은 세상을 바꾸는 근대로 나갈 수 있는 길을 열었을 뿐만 아니라 온 세상의 우수 인재를 블랙홀처럼 빨아들이는 동력이 됐다. 암스테르담은 런던에서 왕권신수설을 비판했던 존 로크도 빨아들였지만 수아소와 같은 자본가들도 빨아들였다. 만일 암스테르담의 윌리엄 3세에게 존 로크와 수아소와 같은 인재들이 없었다면 결코 명예혁명은 성공할 수 없었을 것이며, 이는 향후 공화국의 국부론을 위해 시사하는 바가 매우 크다. 암스테르담의 100년 황금시대를 만들어 나갔던 주역에서 소수자의 역할이 중요했고, 그런 소수자를 포용할 수 있는 사회에 가장 우수한 인재들이 모여들 수 있고, 그 결과 국부가 축적될 수 있다는 역사적 교훈을 중시할 필요가 있다.

제 12 장

빈자를 부자로 만드는 도시 암스테르담

 개인의 부유함과 공동체의 번영

17세기의 암스테르담에서 조사된 시민들의 1인당 평균적 경제 소득은 대략 프랑스 파리의 1인당 시민 소득의 4배를 넘었다. 개인들의 부유함으로 유명했던 네덜란드공화국의 황금시대였지만, 그 시대를 이끌었던 암스테르담의 부자들도 세계 최고 수준이었고, 대표적으로 야곱 포펜(Jacob Poppen)이라는 부자가 있었다.

야곱 포펜의 부유함

야곱 포펜은 암스테르담의 상인이자, 암스테르담의 도시를 관리했던 유능한 시장이며, 동시에 유명한 암스테르담의 부자였다. 대부분의 경우, 부자들이 얼마나 재산을 갖고 있는가를 알기는 어렵고 잘 공개하지도 않지만, 포펜의 경우는 그가 죽으면서 남긴 유산 규모가 황금을 기준으로 그 양이 기록돼 있어서 오늘날의 기준으로 그의 부유함을 환산해 볼 수 있다. 황금의 기준도 변동의 폭은 분명 있겠지만 상대적으로 시대와 국경을 초월하는 가장 객관적인 부(富)의 기준이라고 볼 수 있을 것이다. 기록에 따르면, 야곱 포펜이 남긴 유산은 황금 9,000톤 규모였다고 하는데, 이를 현재의 원화 가치로 환산하면 430조 원을 넘는 액수다.

세계적인 투자자이며 미국 최고 수준의 부자로 알려진 워렌 버핏(Warren Buffett)의 재산이 약 90조 원 정도이니 포펜은 버핏보다 약 5배에 가까운 재산을 모았다고 평가할 수 있다. 야곱 포펜의 부유함은 시대를 초월하는 수준이었는데, 그의 부유함보다 더욱 놀랄 일이 있었다. 야곱 포펜은 최고의 부자이며 시장을 역임한 암스테르담의 최고 인물이지만, 그의 아버지도 꽤 알려진 인물이었다. 야곱 포펜의 아버지는 부자라서 유명한 것이 아니라 너무 가난하고 빈곤한 생활을 했던 것으로 유명했다. 앞서 설명된 바 있지만, 암스테르담에는 수많은 이주민이 난민처럼 몰려들었고, 그런 사람들이 부랑자가 돼 범죄를 일으키는 것을 예방하기 위해 부랑자 노역장이 운영되고 있었다. 포펜의 아버지도 온종일 브라질나무(pau-brasil)를 대패질하고 노역장에서 일당을 받았으며, 암스테르담의 선착장에서 허드렛일을 하며 아이들을 키웠다. 그렇게 고생했던 아버지에게서 세계 최고의 부자가 나오고, 그 도시를 이끌어 갈 시장이 될 수 있었던 곳이 바로 암스테르담이었다. 이른바 17세기의 암스테르담에는 누구도 포기할 수 없는 '암스테르담 드림'이 있었고 실제로 실천됐던 곳이다.

불과 한 세대 만에 극빈 계층이 최고의 부유층이 될 수 있다는 것은 암스테르담의 역동성이 지닌 힘이었다. 시골에서 무일푼으로 상경했던 부랑자의 아들이 세계 최고의 부자가 될 수 있다면, 다른 것들은 추가로 부연 설명할 필요가 없을 것이다. 로마의 전쟁 노예 후손이 로마의 집정관이 될 수 있었던 전성기 로마공화국의 사례와 17세기 암스테르담의 사례가 크게 다르지 않다는 것이다. 나는 노예이지만 나의 아들은 로마의 시민이 될 수 있다는 것, 나는 극빈자이지만 나의 아들은 세계 최고의 부자가 될 수 있다는 것, 이것은 공화국의 엄청난 저력이었다.

개인의 부유함과 공동체의 이익

암스테르담에서 부자가 많이 배출될 수 있었던 배경에는 암스테르담 시민들이 지니고 있었던 보편적 가치관과 밀접한 관련성이 있었다. 암스테르담에서는 왕을 거부하고 귀족들의 거들먹거림을 경멸했지만, 부자에 대한 혐오감은 상대적으로 적었다. 자신의 노력으로 목숨 걸고 동양의 먼 바다까지 가서 희귀한 상품을 가져와 값비싼 상품으로 매각해 큰 이익을 얻는 사람들을 부러워하고 존경했다. 권력과 힘으로 상대를 제압하는 것이 아니라 상대가 원하는 것을 정당한 값을 받고 판매하면서 도움을 주는 것을 올바른 행동이라고 본 가치관이 있었다. 동양에서는 명나라 등에서 상인을 천시했지만, 반대로 네덜란드공화국에서는 상인을 존경을 넘어서 그렇게 되고 싶어 했던 부러움의 대상이었다.

그들이 지닌 부러움에는 나도 그런 부자가 될 수 있다는 가능성이 있었기 때문이고, 실제로 야곱 포펜과 같은 사람들이 많았다. 콕(Frans Banninck Cocq)과 같은 암스테르담의 대상인도 아버지는 부랑자들이 일했던 노역장에서 임금을 받았던 사람이다. 그런데 여기서 주의 깊게 이해할 부분이 있다. 네덜란드공화국의 황금시대 이면에는 개인의 부유함과 공동체의 이익을 하나로 일치시킬 수 있도록 설계한 국부 설계도가 있었다. 그것은 암스테르담에 모였던 세계 최고 수준의 인재들이 만들어 낸 국부 설계도였으며, 당시의 세상을 이끌어 갈 수 있는 놀라운 수준의 설계도였다. 그런 국부 설계도 가운데 가장 대표적인 사례로는 이미 살펴본 연합 동인도회사, 바로 VOC를 재해석하면 그 의미를 이해할 수 있다.

스페인제국과 목숨 걸고 투쟁하면서 쟁취한 동양의 향료(후추) 무역에서 우후죽순처럼 생겨난 프리컴퍼니(pre-company)가 지닌 문제점들을 암스테르담의 인재들은 간파하고 있었다. 현재까지 프리컴퍼니들이 이익은 내고 있지만, 곧 재무장해 공격해 올 스페인제국에 대항하기 위한 준비를 해야 한다고 판단했다. 포르투갈을 합병한 스페인제국이 공격력을 회복했을 때, 우후죽순처럼 들어선 프리컴퍼니는 대항력을 갖출 수 없다는 정확한 상황 판단을 한 것이다. 그러나 이해관계가 얽혀 있었던 프리컴퍼니가 하나의 거대한 기업으로 통폐합되는 것은 결코 쉬운 일이 아니었다. 더욱이 이익이 많이 나고 있는 회사들을 위험성에 대비해야 한다고 하면서 합병하는 것은 거의 불가능한 일에 가까웠다. 그렇지만 암스테르담의 인재들은 그 일을 해냈고, 지역적으로도 이해가 충돌되는 프리컴퍼니들을 하나의 VOC로 합병시켰다. 그런데 VOC가 자본금을 모으는 과정은 더욱 주목할 국부의 설계 부분이다. 무역독점권을 부여받은 VOC의 지분을 네덜란드에 사는 사람들이라면 누구라도 살 수 있게 만들었기 때문이다. 주식회사에 대한 정확한 개념도 없었던 1602년이었지만, 모든 시민이 공화국의 부자가 될 수 있도록 기회를 열어 줌으로써 공화국과 공화국의 시민 모두가 같은 국부의 방향으로 갈 수 있게 만든 것이다.

공화국의 국부론과 VOC의 성공

암스테르담에 모인 세계 인재는 네덜란드공화국의 국부론을 VOC를 중심으로 설계했다. VOC는 네덜란드의 귀족인 오렌지 가문을 위한 회사도 아니었고, 특정한 상인집단을 위한 회사도 아니었다. VOC는 공화국의 전체 국익과 공화국의 모든 시민 각각의 이익을 위해서 조직됐다. 스페인제국에 항거하는 힘겨운 독립전쟁에서 공화국의 모든 시민은 하나의 공동체라는 강한 의식을 갖고, 각자 그리고 모두가 부자가 될 수 있는 방식으로 VOC를 함께 조직했다.

국가 기업인 VOC는 공화국의 운명과 같이했고, 공화국의 사람들은 VOC의 직원이 됐으며, 공화국의 시민들은 VOC의 성공으로 부자가 됐다. VOC의 선박이 암스테르담 항구에 무사 귀환했을 때, 환호한 것은 귀족도 부자들도 아니었다. 오히려 선박에서 펼쳐져 나오는 전 세계의 희귀한 물건들을 받아다가 시장에 나가서 팔았던 평범한 암스테르담의 상인들이 VOC의 선박 입항을 환호했다. 암스테르담의 많은 상인이 VOC의 지분 소유주였고, VOC를 상대로 장사를 했으며, VOC를 좋아하면서 자신들의 자녀가 VOC 회사 직원이 되는 것을 기뻐했다. 물론, VOC의 설립 과정에서 동양의 향료(후추)무역에 대한 독점권을 부여받은 회사라는 특수성이 있었고 기대수익도 예상됐지만, 전통적인 귀족 가문이나 소수의 부자 상인만이 VOC의 주인이 아니었음은 주목할 부분이다. VOC와 관련된 자본금의 형성 과정에서 시민들의 적극적 지지와 지분 매입이 없었다면 VOC는 그 엄청난 규모의 자본금을 조달할 수 없었을 것이기 때문이기도 하다.

VOC는 네덜란드공화국의 국민 기업으로서 그 지분은 많은 사람이 다양한 규모로 소유했다. 예컨대, 암스테르담의 VOC 사무소에서만 1,143명이 VOC의 지분을 취득하겠다고 약정했고, 최고 8만 길더부터 최소 50길더까지 투자 액수도 다양했다. 네덜란드 전국에서 모인 VOC의 총자본금은 650만 길더였고, 이는 오늘날의 금전 가치로 약 1억 유로에 해당하는 액수였다. VOC는 막강한 자본력을 바탕으로 원거리 항해를 떠날 대형 선박을 건조했고, 수많은 선원을 뽑았으며, 동양의 각 지역에 VOC 상관을 건설하면서 향료무역을 석권했음은 앞서 이미 살펴본 바 있다. 부자 상인부터 가난한 하녀에 이르기까지 그 주식 투자액은 차이가 있었지만, 네덜란드공화국 대부분의 사람은 VOC의 성공이 곧 자신의 성공이라고 생각했다. 네덜란드공화국의 국민 기업인 VOC가 성공하는 것은 네덜란드 사람들을 부유하게 만들어 네덜란드가 부강한 공화국이 되는 이른바 공화국의 국부론이었다.

② 암스테르담의 자유주의

세상에서 가장 자유로운 도시를 말한다면 암스테르담을 빠뜨릴 수 없다. 현재도 그렇지만 과거의 17세기에는 더욱 그러했다. 종교적 가치관 때문에 얽매어 있던 봉건시대의 사람들을 근대 사상으로 세례를 줬던 도시였다. 왕권을 강화하고자 만들어 낸 특별한 왕권신수설과 귀족들만의 특별한 권리들을 배척하면서 암스테르담은 자유와 번영을 누린 보편적인 사람들의 도시가 됐다.

금기를 거부하는 도시

최근에도 암스테르담의 구도심을 걷다 보면 도심 한복판에서 깜짝깜짝 놀라는 일을 많이 접한다. 대낮에 젊은 친구가 처음 피워 보는 듯한 대마초를 말아서 불을 붙이는 장면, 대마초 카페에서 메케한 냄새를 피우며 잡담하는 사람들, 그런 여러 장면 속에서 어쩌면 당연히 금기(禁忌)로 생각했던 것들이 갑작스럽게 무너지는 경험을 맛본다. 약간만 골목 안쪽으로 들어가면 옛 교회 건너편으로 가슴을 드러낸 여인이 손짓하는 사창가도 쉽게 볼 수 있다.

이른바 암스테르담에는 홍등가 관광 코스가 있을 정도로 낮과 밤을 구분하지 않고, 사람들이 금기하는 것 그 자체를 금기시한다. 중세의 성상 파괴운동이 절정에 달했던 중심지였고, 로마 가톨릭에 저항하는 프로테스탄트가 몰려들었던 곳이며, 그런 신교도들이 모여서

17세기의 황금을 추구하며 "모두가 부자가 되자"고 외쳤던 도시가 바로 암스테르담이었다. 우상을 숭배하지 말라고 했던 성경 말씀과 달리 구교는 우상을 숭배했지만, 이를 거부하는 신교도들은 신성시되는 성당의 성상들을 거침없이 파괴했으며, 스페인제국에 대항해서 독립을 추구했던 공화국의 중심이 암스테르담이었다. 한 송이의 튤립과 집 한 채를 기꺼이 바꾸는 선물환 시장이 있었던 곳이고, 누구라도 VOC(연합 동인도회사)에 투자해 부자가 될 수 있는 곳이었다.

금기의 대상을 파괴하고 구질서에 저항하면서 새로운 가치관과 질서를 세우고자 했던 사람들이 암스테르담에 모인 것이다. 그들은 회사의 사장과 점원이지만 서로 허물없이 대화하며 봉급의 인상을 협상했고, 뒷골목에 세 사람만 모이면 새로운 회사를 차려서 세상 밖으로 돈 벌러 갈 생각으로 가득 차 있었다. 금기를 거부하는 도시 암스테르담을 올바르게 이해할 수 있다면, 17세기의 근대 사상도 조금은 이해할 수 있을 것이고, 그들이 추구했던 가치도 납득할 수 있을 것이다. 21세기를 사는 현대인도 수많은 금기로 알게 모르게 억압받고 있지만, 암스테르담에 모였던 근대인들은 그런 금기에 도전함으로써 더 나은 세계를 만들고자 했던 열정으로 가득 차 있었다.

자유롭지만 안전한 도시

세계의 어느 도시보다 암스테르담은 자유롭지만, 동시에 세계의 어느 도시보다 안전했다. 17세기의 암스테르담도 21세기의 암스테르담도 그런 측면에서는 크게 바뀐 것이 없는 것 같다. 치안이 잘 돼 있는 도시는 부자유롭고, 치안이 잘 돼 있지 않은 도시는 불안하다는 고정관념을 깨는 도시다. 대마초와 홍등가만 보면 이 도시는 범죄의 소굴처럼 인식될 수도 있겠지만, 이 도시를 걷는 수많은 사람과 그 인파 속에서 범죄에 대한 불안감은 거의 느낄 수 없다.

지금도 암스테르담은 세계에서 인구 대비 자전거가 가장 많은 도시다. 암스테르담의 중앙역 앞에는 3층으로 돼 있는 대규모 자전거 광장형 주차장까지 있어 외지인들의 탄성을 자아낸다. 그런데 약간의 기적 같은 암스테르담의 독특한 현상이 있다. 암스테르담의 온갖 사람들이 쌩쌩거리며 자전거를 타고 다니지만, 심지어 아찔할 정도로 묘기들을 보이지만, 전차와 자동차 그리고 사람들의 행렬 속에서 좀처럼 접촉사고도 일어나지 않는다는 것이다. 웬만하면 헬멧도 쓰고 보호장비도 갖춰야 할 것 같지만, 그런 촌스러운(?) 암스테르담 시민은 거의 없다. 처음 온 이방인조차 헬멧 쓰고 자전거를 타라는 권유는 거의 받지 않는다.

대마초와 홍등가 그리고 자전거에서 나타나는 자유로움과 그것의 위험성이 묘하게도 안전함으로 연결되는 것은 무엇 때문일까? 18세기 말에 네덜란드공화국은 이미 사라졌고, 19세기부터는 네덜란드왕국 속의 암스테르담으로 살고 있지만 묘하게도 암스테르담은 17세기 공화국의 황금시대를 그대로 살고 싶은 향수 같은 것이 남아 있다. 왕국에서 대놓고 드러낼 수는 없지만, 그래서 기억상실자처럼 현재를 살고는 있지만, 암스테르담은 여전히 17세기 네덜란드공화국의 중심지와 같은 분위기에 취해 있다.

인간의 본성을 존중하는 도시

암스테르담은 보는 시각과 각도에서 다양한 설명이 붙여질 수 있다. 마치 수많은 얼굴을 가진 것 같은 다양한 암스테르담이다. 그렇지만 암스테르담의 자유주의라는 시각에서 본다면, 암스테르담은 지극히 인간의 본성을 존중하는 도시라고 평가할 수 있다. 하고 싶지만 하지 못했던 인간의 욕망, 종교에 의한 금욕생활, 왕과 귀족에게 억압받는 사람들의 생활 습관들, 그런 온갖 금기를 떨쳐 버리고 암스테르담은 인간의 본성과 욕망을 자연스럽게 드러낼 수 있게 했다.

사람들은 본래 더 많은 돈을 벌어서 더 잘살고 싶지만, 중세시대의 금욕주의는 그런 사람들의 본성을 억압하고 타박했다. 그러나 17세기의 암스테르담에서는 그런 사람들의 본성과 욕망을 자유롭게 드러낼 수 있게 했다. 아니 오히려 드러내도록 부추겼다. "여러분, 부자가 되세요. 귀족이나 평민이나 그런 신분의 차이가 무슨 상관입니까? 세상의 귀한 물건을 가져다가 비싸게 파세요. 큰 부자가 되세요. 여기 암스테르담에서." 사람들은 아름다움에 환호했고, 심지어 작은 튤립꽃에서 돌연변이로 나타난 붉은 선 하나에 집값보다 더 많은 돈을 기꺼이 지급했다. 일본에서 수입한 황금색 도자기에 환호하면서 엄청난 양의 금화와 은화도 냈으며, 자신의 초상화를 잘 그려 줄 화가를 찾아서 아낌없이 돈을 내기도 했다.

인간의 본성을 존중하고 자유롭게 드러내는 것이 위험한가에 대해서 17세기의 암스테르담도 21세기의 암스테르담도 "결코, 그렇지 않다"라고 답하는 것 같다. 몰래 대마초를 피고 은밀하게 거래 유통되는 것보다 공개적인 기준을 정해서 대마초를 판매하는 것이 낫다고 보는 것이다. 대마초를 불법화해서 생겨나는 조직폭력배, 사창가 뒷골목에서 몰래 사람들을 괴롭히는 악당들, 그런 어두운 것들을 밝은 곳으로 내놓는 것이 더 낫다고 본 것이다. 독버섯처럼 피어날 수 있는 인간의 욕망과 본성을 억압하지 말고 환한 세상에 공개적으로 드러내자는 것이다. 그러나 개방적 제도를 안전하게 관리하는 암스테르담의 전통에는 법적 기준의 엄격함도 있었다.

 암스테르담의 공화주의

암스테르담의 자유주의는 공화주의와 밀접한 관련성을 갖는다. 정치철학자 스피노자는 『신학정치론』에서 자유주의와 공화주의의 관계를 이렇게 언급한 바 있다. "모든 사람은 자유로워야 하며, 양심이 명령하는 대로 신을 모실 수 있는 자유도 갖고 있어야 한다. 그리고 자유는 공공의 안녕을 훼손하지 않는다면 허용돼야 한다."

자유주의와 공화주의

스피노자는 유대 교육을 철저히 받았던 포르투갈계 세파르디였다. 동시에 스피노자는 암스테르담에 집결해 있던 최고의 지성으로부터 높은 수준의 교육을 받았다. 유대교인들의 선생님 또는 랍비(rabbi)가 될 수 있었던 스피노자였지만, 그가 내린 결론은 매우 단순하고 분명했다. 하나님은 유대인들이 생각하는 것처럼 유대인만 사랑하고, 그들만 특별히 선택하지 않는다는 것이었다. 하나님이 어떻게 유대인만 편애할 수 있는가에 대한 지극히 상식적인 비판을 가했던 스피노자였다. 그러나 그런 스피노자의 주장에 유대인들은 분노했고, 마치 예수의 처형을 원했던 것처럼 스피노자를 유대교에서 파문했다. 그러나 스피노자의 생각과 사고는 그 시대를 뛰어넘는 것이었고, 근대를 열어 줄 수 있는 디딤돌이었으며, 현대에 들어와서는 암스테르담을 가장 빛냈던 대표적인 유대인으로 칭송받고 있다.

스피노자는 17세기 암스테르담의 공화주의를 칭송했고, 네덜란드 공화국을 향한 그의 애국심을 숨기지 않았다. 스피노자는 중세인들의 우상숭배를 조롱했으며, 왕과 귀족의 통치 체제를 비판하면서 그들의 편협한 가치관을 거부했다. 스피노자의 자유주의는 가장 폭넓은 것이었으며, 가능한 범위에서 최대한 보장돼야 하는 것이었다. 그러나 그런 스피노자도 자유의 한계를 분명히 제한하고 있다. 최대한의 자유를 허용하지만, 공공의 안녕을 훼손한다면 그 자유는 제한되고 규제될 수밖에 없다는 것을 분명히 한 것이다. 자유의 보장을 최대한 확대하지만, 공공의 이익 측면에서 공화주의적 가치를 침범할 수 없다는 점을 분명히 밝히고 있다.

17세기의 암스테르담은 스피노자의 자유주의와 공화주의가 실현되는 곳이었다. 각 개인은 최선을 다해 열심히 돈을 벌고 그 결과, 빈부의 격차는 심했지만, 부자들이 자신의 부를 뽐낼 수는 없었다. 거들먹거리는 부자가 있다면, 그는 가장 격렬하게 경멸받는 대상이 됐고, 그것은 암스테르담의 공화주의적 특성 가운데 하나였다. 신교를 이끌었던 장 칼뱅(Jean Calvin, 1509~1564)의 조언처럼 암스테르담의 부자들은 자신들에게 돋아나 있는 가시를 가리느라 조심했고,

같은 공동체에 사는 다른 사람들이 자신의 가시에 찔리지 않도록 조심해야 했다.[1] 자신의 부유함은 노력의 결과물이지만, 그것은 남들에게 자랑할 거리가 아닌 상대를 아프게 찌를 수 있는 가시라는 것이 공화국의 가치 기준이었다.

공짜는 없지만 배려는 있는 사회

17세기의 암스테르담은 모두가 부자가 될 것 같은 흥분을 안고 있던 도시다. 부자가 되고 싶은 사람들이 몰려든 암스테르담은 거주민의 수가 급증하고, 그 가운데는 할 일 없이 부랑자처럼 떠도는 숫자도 많았다. 세계 최고 수준의 부자가 암스테르담에서 출현했지만,

---

1) 종교개혁을 이끌었던 칼뱅(Jean Calvin, 1509~1564)은 프랑스 출신의 개혁교회 신학자이며 종교지도자였다. 영어식 발음으로 칼빈(John Calvin)이라 하는데, 그의 저서 『기독교 강해(*Institutio Christianae Religionis*)』(1536)는 신교도(프로테스탄트) 사회에 큰 영향을 준 바 있다. 칼뱅은 신교도 신학을 집대성했고, 유럽 전반에 그의 교리가 설파됐다. 예컨대, 칼뱅주의는 암스테르담의 공화주의에도 큰 영향을 줬는데, 근대적 복지사상과도 밀접한 관련성을 갖고 있었다. 칼뱅은 빈곤층 어린이들에게 공부할 수 있는 학교와 병원 그리고 복지시설을 마련해 주는 것은 기독교인의 중요한 사회적 역할이라고 강조한 바 있다. 특히, 사회의 복지문제는 개인의 문제가 아닌 국가의 책임이라고 주장했으며, 공동작업장에서 일하는 공공근로로써 가난한 이들에게 일자리를 제공해야 한다는 주장을 펼쳤다. 칼뱅의 교리는 스코틀랜드의 존 녹스(John Knox, 1513~1572)에게 큰 영향을 미쳐 장로교로 이어졌으며, 영국의 청교도들에게도 막대한 영향력을 끼쳤다. 17세기의 네덜란드연방공화국이 추구한 공화주의와 18세기에 영국에서 독립한 미국연방공화국의 공화주의 모두가 칼뱅이라는 공통분모를 갖고 있음을 이해할 수 있는 대목이다. 칼뱅은 오직 성경(Sola Scriptura)을 주장하면서 신앙의 진정한 권위는 하나님의 말씀인 성경에 있다고 선언했는데, 한국의 많은 신교(프로테스탄트)에도 절대적인 영향을 줬다. 기독교의 신교도 가운데 다수를 이루는 장로교는 칼뱅을 뿌리로 두고 있으며, 목사와 장로, 집사로 구성된 교회 직제 기초도 칼뱅에서 비롯됐다고 할 수 있다.

동시에 도적으로 돌변할 수 있는 거리의 부랑자도 많았다. 돈이 많은 암스테르담이었지만, 몰려드는 부랑자에게 공짜로 밥을 나눠 주지는 않았다. 그 대표적인 사례가 부랑자들의 노역장이었다. 말이 노역장이지 거의 강제로 부랑자를 수용해서 온종일 브라질나무(pau-brasil, brazilwood)를 대패질하도록 했고, 그날 대패질한 염료의 양에 따라서 일당을 줬다. 일당 수준은 낮았고, 겨우 하루 먹을 식량을 살 수 있는 정도였다. 힘들고 고되지만, 밥을 먹기 위해서 힘겨운 노동을 해야만 했던 곳이 바로 암스테르담이었고 그것이 암스테르담의 현실이었다.

그러나 고아와 노인에 대한 시설은 노역장과 사뭇 달랐다. 부랑자들이 일했던 노역장의 수준이 최악의 시설로 악명 높았다면, 고아원과 양로원의 시설은 정반대로 약간은 사치스러울 정도로 최고의 시설을 자랑했다. 독일에서 온 복지 전문가들이 암스테르담 고아원 시설을 방문한 이후 깜짝 놀란 것은 그 시설이 웬만한 사립학교보다 훨씬 나았기 때문이다. 물론 암스테르담 사람들이 세금을 열심히 잘 냈던 것은 아니었다. 세금이라고 하면 집의 면적을 줄이고 쪼개서 절세했던 암스테르담 사람들이었다. 지금도 암스테르담의 오래된 집들은 기형적으로 폭이 좁은데, 막상 집 안으로 들어가면 넓은 것을 보면서 깜짝 놀라는 경우가 많다. 그것은 암스테르담의 재산세의 부과기준이 집의 전체 면적이 아닌 거리에 접해 있는 집의 폭에 비례해서 적용했기 때문이라고 한다. 사실, 스페인제국에서 독립하려고 80년을 독립전쟁을 벌인 그 배경에도 가장 큰 원인은 세금에 있었다. 이처럼 암스테르담 사람들은 지독한 절세(節稅)주의자여서 암스테르담의 복지시설에 필요한 재원을 시민들의 강제적 세금 부과로 충당하기는 쉽지 않았다. 그래서 암스테르담에서는 특별한 모금 방식, 즉 인간의 본성을 충분히 활용한 방식으로 이뤄졌다.

앞서 언급된 바와 같이, 암스테르담의 담 광장에서는 고아원과 양로원을 운영하는 데 필요한 비용을 충당하기 위한 기부금 모집 기간이 있었다. 그런데 그 기간은 암스테르담의 부자들이 가장 기대하는 시기였다. 가장 많은 기부금을 낸 순서대로 담 광장에서 호명됐고, 그 순서에 따라서 암스테르담의 부자 순위가 결정됐기 때문이다. 시민들의 갈채를 받는 최고의 부자로 등극하기 위해서는 은행에 많은 돈을 쌓아 놓는 것은 아무 의미도 없었다. 암스테르담의 복지시설인 고아원과 양로원을 위해서 기부금을 모금할 때 가장 많은 돈을 내야 최고의 부자로 인정받았다. 사람들은 최고의 부자가 되기 위해 경쟁적으로 더 많은 헌금을 고아원과 양로원에 냈고, 그 결과 암스테르담의 복지시설은 다소 사치스러울 정도로 돈이 넘쳐났다.

부자와 빈자가 함께 사는 공동체

네덜란드공화국은 상인의 나라였고, 17세기의 암스테르담은 공화국의 중심에 있었다. 암스테르담에서는 누구라도 부자가 될 수 있었지만, 순식간에 빈자가 될 수도 있었다. 튤립 한 뿌리로 집 한 채 값을 벌 수도 있었지만, 내일은 튤립 한 송이로 집 한 채 값을 모두 날릴 수도 있었다. 어제의 부자가 오늘의 빈자로, 내일의 빈자가 모레의 부자가 될 수 있는 곳이 암스테르담이었다. 암스테르담에는 최고의 부자도 있었지만 최악의 빈자도 넘쳐났고, 기회와 위기는 반복됐다.

도시가 만들어질 때부터 암스텔강 하류 삼각주 뻘밭에 댐을 쌓아서 만든 사람들은 평범한 사람들이었고 여기에 귀족은 없었다. 17세기의 황금시대에도 암스테르담의 부자와 빈자는 서로 엉겨서 살았는데, 주거지역의 구분은 거의 없었다. 도시는 중산층을 중심으로 건설됐지만, 부자들도 자신들의 큰방을 쪼개서 빈자들에게 셋방을 임대해 돈 버는 짭짤한 수입을 포기하지 않았다. 부자가 쩨쩨하게 빈자들에게 셋방으로 돈을 버느냐고 하겠지만 암스테르담의 부자들은 본래 쩨쩨하게 돈을 번 상인이었다. 세계 최고의 부자들이 암스테르담에서 생겨났지만, 그들조차 자신의 집을 기꺼이 창고로 사용하는 데 주저하지 않았다.

그렇지만 암스테르담에는 공동체라는 가치가 매우 중요했다. 암스테르담의 도시 조례 가운데 돈 없는 사람들을 배려해서 그들이 가슴 아프지 않도록 빵집 진열대를 너무 화려하게 치장하지 말고, 비싼 빵도 진열하지 못하도록 했던 사항들이 있었다. 요즘으로 치면 너무 비싼 자동차를 사서 과시하거나 화려한 결혼식과 장례식으로 위화감을 일으키면 안 된다는 건전한 사회의례 준칙 같은 것이 있었던 셈이다. 자유방임적인 암스테르담이었지만, 부자와 빈자가 공존하는 공동체의 중요성을 매우 중요시한 부분이다. 앞서 칼뱅이 조언한 바와 같이 자신의 부유함은 가시와 같은 것이어서 공동체의 다른 사람들을 찌를 수 있으니 조심해야 한다는 것을 조례화한 것이다. 자유가 넘어설 수 없는 공화주의적 가치를 암스테르담 사람들은 분명히 알고 있었던 것으로 평가되는 부분이다.

❙ 버클로의 오늘 밤 생각 ❙

스미스 교수님의 시장과 정부의 역할 분담 강의를 듣고 책의 제4편 내용을 다시 보니 이런 생각이 들었다. 암스테르담의 100년 황금시대는 정부와 시장이 기가 막히게 역할 분담을 잘 했던 시대였다는 생각이었다. 17세기에 암스테르담에 모였던 인재들은 인간의 본성을 정확히 이해했고, 그들은 사람들의 욕망을 올바른 방향으로 작동할 수 있게 뒷받침했다. 암스테르담을 중심으로 네덜란드공화국의 정부는 스페인제국과 독립전쟁을 수행하면서 전 세계에 해양도시를 건설하는 적극적인 임무를 진행했다. 정부는 VOC(연합 동인도회사)와 같은 국가가 주도하는 주식회사를 만들어 군사력을 확장하고 동시에 시장의 범위도 확대했다. 정부는 사람들이 부자가 되고 싶다는 욕망을 충분히 표출하게 했고 기회를 부여하면서 그런 욕망을 활용해 세계의 시장을 개척했다. 정부는 안전한 시장의 확대를 위해 군사력을 확대했지만 동시에 안정된 시장을 기반으로 사람들이 새로운 가치들을 창출해서 부를 축적할 수 있게 도왔다. 100년의 기간 동안, 암스테르담은 정부와 시장의 기막힌 역할 조합을 통해 세계 최고의 부국을 건설할 수 있었다.

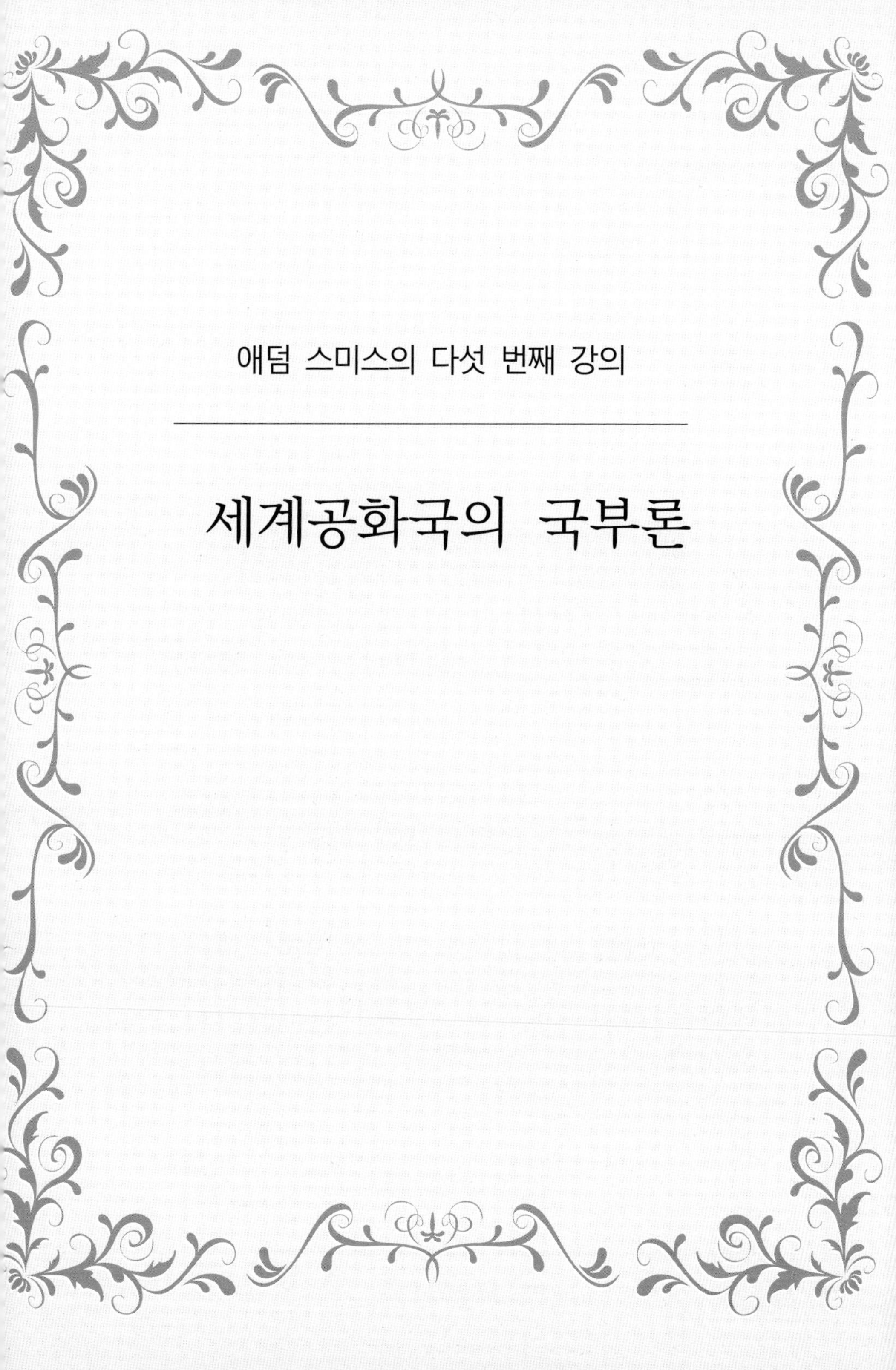

애덤 스미스의 다섯 번째 강의

세계공화국의 국부론

애덤 스미스

우리가 대화를 나눴던 국부론에 대해서 이제는 정리하고 마무리할 시간이 온 것 같습니다. 우리는 첫 번째 대화에서 부유함에 이르는 인간의 본성을 이해하면서 왜 어떤 나라는 잘사는 나라 복지국이 되고, 그렇지 못한 다른 나라는 빈곤국이 되는가에 대해 생각해 봤습니다. 이런 논의를 시작으로 두 번째 대화에서는 빈곤국과 복지국의 차이점, 세 번째 대화에서는 분업화된 사회의 복지 체계, 그리고 네 번째 대화에서는 시장과 정부의 역할 분담에 대해 논의했죠.

버클로

아, 교수님. 벌써 대화를 마무리해야 한다고 하니 아쉽네요. 그런데 죄송한 말씀입니다만 앞서 논의됐던 대화의 주제들과 관련해서 그때는 잘 이해했다고 생각했는데 막상 정리하려 하니 아무것도 생각이 나지 않고 '멍~'한 것 같습니다. 교수님 죄송하지만, 다시 한번 더 핵심적인 사항을 말씀해 주시면 안 될까요?

애덤 스미스

그렇겠네요. 그럼 우리가 나눴던 대화를 간략히 정리하면서 세계 국부론의 역사적 사례들과 관련해서도 함께 생각해 봅시다. 먼저 나는 개인이나 국가도 마찬가지로 부(富)를 추구하는 속성은 다른 사람의 눈을 의식한 허영심(vanity)에 영향받는다고 했습니다. 이를 13세기의 세계국가였던 몽골제국을 통해 이해하면 이렇게 생각해 볼 수 있습니다. 서로 멀리 떨어져 있던 유라시아의 동양과 서양이 서로 다른 상대방을 만나면서 상대는 갖고 있는데 나는 없는 것을 발견하게 됩니다. 몰랐을 땐 없었던 비교의 대상과 새로운 욕구가 강하게 생겨나면서 상대의 것을 소유하고 싶은 욕구가 증대되죠. 비교 대상이 없던 사회에서 비교 대상이 있는 개방된 세계로 나갈 경우, 사람들은 내가 갖지 못한 것을 더 많이 소유하고자 하는 욕구가 강해집니다. 이는 더 열심히 일함으로써 노동의 가치를 높이고 그래서 더 많은 재화와 더 좋은 상품을 만들어 낼 수 있는 강력한 동기부여로 작용할 수 있습니다. 욕망을 줄이기 위한 수도승의 생활이 폐쇄적일 수밖에 없는 것과 비슷한 이유입니다. 어쨌든, 우리가 앞서 제1편에서 살펴본 바와 같이 13세기의 세계제국 몽골에서는 동양과 서양이 융합되는 개방화 속에서 교역이 활성화되고, 화폐 사용량도 증가하면서 다양한 재화와 더 많은 상품이 생산·유통돼 엄청난 국부 창출이 일어났습니다. 폐쇄적이었던 유라시아에서는 볼 수 없었던 많은 양의 재화와 상품이 쏟아지고 상거래가 활성화된 거죠.

버클로

그렇지만 교수님, 몽골제국이 해체되면서 동양과 서양은 다시금 분리되고 동양은 바닷길을 막으면서 서양과의 교역도 금지했습니다. 서양은 동양에 와서 동양의 상품을 사려고 했는데 반대로 동양은 바닷길을 막고 돈을 벌지도 않았는데, 그렇다면 이것은 동양 국가들이 자신의 허영을 버리고 수도승 같은 생활을 한 건가요?

애덤 스미스

나의 국부론 시각에서 본다면, 14세기 동양 국가들이 외국과의 교역을 금지하고 바닷길을 막으면서 폐쇄주의적 국가정책을 펼친 것은 전형적인 반(反)국부론이었습니다. 백성들에게 허영심을 버리고 분수에 맞게 살라고 하면서 부자가 되겠다는 욕구를 버리게 한 거죠. 그렇다면 그런 동양 국가의 폐쇄주의적 국가정책이 진정으로 백성들을 위해서 그랬던 걸까요? 나는 그렇게 보지 않습니다. 백성들을 수도승처럼 만드는 것은 권력 유지를 위해서 백성의 발전적 욕구를 억압한 것이고, 그 결과는 후퇴이며 쇠퇴였습니다. 그런데 앞서 살펴본 바와 같이 동양 국가들이 쇠퇴하는 동안, 15세기의 서양은 반대로 발전하는 방향으로 바뀌었습니다. 중세의 봉건적 사회에서는 오랜 기간 폐쇄적이었지만, 서양이 개방화되면서 밖으로 나가서 좋은 물건을 가져오고, 이를 팔아서 큰 부자가 되고 싶다는 열망이 강해진 겁니다. 그런 서양의 개방화에서 선두 역할을 했던 나라가 바로 지중해의 공화국 베네치아였던 거죠.

버클로

영국의 극작가 셰익스피어가 저술한 『베니스의 상인』의 배경이 됐던 그 베네치아공화국을 말씀하시는군요. 훗날 사람들은 베네치아를 '중세 시대의 뉴욕'이라고 말하기도 했던 것 같습니다. 그러니 셰익스피어조차 런던 상인에 관해 쓴 것이 아니라 잘사는 베네치아 상인을 배경으로 이야기를 썼던 거겠죠. 그런데 교수님, 지중해의 작은 섬에 있었던 베네치아가 어떻게 지중해 최고의 부자나라가 될 수 있었을까요?

애덤 스미스

베네치아는 왕국이 아니라 공화국이었습니다. 말로만의 공화국이 아니라 진정한 의미에서의 공화국이 되고자 노력했습니다. 모두가 안전하고 부유하기 위해 갯벌 위에 인공섬을 함께 만들었으며, 외세의 침입을 격퇴했던 나라였고, 그래서 모두가 잘살 수 있도록 나라를 운영하는 것이 베네치아공화국의 사명이었습니다. 동양의 명나라처럼 백성들은 빈곤해도 왕만 강해지고 권력가들만 권세를 누리는 그런 왕국이 아니었습니다. 또한, 유럽의 봉건 체제에서처럼 왕과 귀족들이 권력 유지를 위해 계속 전쟁만 했던 것과도 달랐습니다. 공화국이었던 베네치아는 분명 국부의 출발점을 모든 구성원의 부와 복지에 뒀습니다. 그래서 왕의 존재를 거부하고 라틴제국의 황제관도 사양했던 겁니다. 베네치아공화국은 자기 나라 사람들이 동양의 후추와 향료를 안정적으로 수입해서 지중해 각 지역에서 좋은 조건으로 팔아 돈을 많이 벌 수 있게 지원했습니다. 장사에 어려움이 발생하면 외교적으로 군사적으로 문제들을 적극적으로 해결했고, 그래서 사람들이 부자가 될 수 있도록 공화국 정부는 최선을 다했습니다. 베네치아의 대통령 격인 도제(Doge)로 선출되는 과정에서 도제는 반드시 훌륭한 무역 상인의 자질을 보여 줘야 했을 정도입니다. 말로만 잘살게 하겠다는 허튼 공약이 아니라 정말 잘산 수 있게 해 줄 능력이 있는가를 검증했던 거죠.

버클로

왕국과는 다른 공화국이라는 차원에서 생각해 볼 필요가 분명 있겠네요. 베네치아공화국은 서기 9세기부터 18세기까지 천 년 동안 존재했지만, 현재는 사라지고 잊힌 나라가 아닌가요? 혹시 베네치아공화국이 사라졌어도 그런 공화국을 승계한 국가들이 있을까요?

애덤 스미스

내가 살아 있던 18세기에도 베네치아공화국은 존재했고, 희미하지만 명맥은 유지했습니다. 그렇지만 이미 오래전에 베네치아의 핵심적 인재들과 자본은 대서양 연안을 거쳐서 17세기에 네덜란드공화국으로 옮겨갔죠. 그 가운데에서도 암스테르담은 북유럽의 베네치아라고 할 정도로 베네치아공화국을 승계한 대표적인 바다 도시였습니다. 암스테르담을 운하의 도시라고 하지만, 그 유래는 바다 도시 베네치아에서 출발했고, 실제로 베네치아의 상인과 자본가들이 북유럽에서 새로운 공화국을 세웠다고 볼 수 있습니다. 오랜 기간 축적됐던 베네치아의 지중해 자본이 북유럽으로 옮겨와 암스테르담을 건설했던 겁니다. 지중해 시대의 베네치아에서 17세기 북유럽의 암스테르담을 중심으로 새로운 황금시대가 열리고 대항해시대를 맞이한 겁니다.

버클로

베네치아공화국의 인재와 자본이 암스테르담을 중심으로 17세기 황금시대를 열었다면, 그들은 무엇으로 돈을 벌어 부유하게 됐을까요? 베네치아는 후추로 돈을 벌었는데 암스테르담도 후추로 돈을 벌었던가요?

애덤 스미스

17세기의 네덜란드공화국은 7개 주로 느슨하게 연결된 연방공화국이었습니다. 스페인제국과 싸우면서 아직 공식적인 독립국 지위도 획득하지 못한 어려운 상황이었습니다. 그렇지만 암스테르담에 집결한 세계적 인재들과 자본력은 매우 획기적인 조직체를 결성했습니다. 그들은 각 지역에 흩어져 동양과 무역했던 회사들을 통폐합해서 강력한 주식회사인 연합 동인도회사(VOC)를 만들었고, 연방공화국에서 부여받은 독점적 특권을 갖고 동양의 후추와 향료를 대량으로 가져와 큰 돈을 벌었습니다. 베네치아가 지중해에서만 활동했다면 암스테르담은 대서양과 인도양 그리고 태평양에서 세계를 상대로 무역을 한 겁니다. 실제로 세계의 각 지역에 진출한 연합 동인도회사(VOC)는 그곳에 뉴암스테르담을 건설했고, 이를 거점으로 본국과 연결했습니다. 그야말로 세계는 연합 동인도회사를 통해 상품과 자원을 운송하고 판매하고 구매했습니다. 처음에는 후추로 돈을 벌었지만, 점차 다양한 상품을 취급했는데, 특히 일본에서는 조선 도공이 만들어 준 도자기를 나가사키의 데시마 상관을 통해 유럽에 가져와 엄청난 돈을 벌기도 했습니다.

버클로

그렇다면 17세기 황금시대의 주역인 암스테르담은 계속 국제적인 무역 활동만으로 돈을 벌었던 건가요?

애덤 스미스

내가 살았던 18세기에도 암스테르담은 영국의 런던보다 더 부유한 도시로 평가됐습니다. 그렇지만 무역과 상업활동만으로 국부를 축적하던 시대가 바뀌고 있다는 것을 나는 매우 정확히 간파했죠. 나는 스코틀랜드의 글래스고 사람입니다만, 이미 18세기의 영국은 공업에서 돈을 벌기 시작했고, 그 뚜렷한 증거들을 볼 수 있었습니다. 예컨대, 명예혁명 이후 암스테르담 사람들이 영국의 런던에 대거 몰려들면서 그들은 세계적 인재들과 함께 막강한 자본력을 투입해서 명맥만 잇던 영국의 동인도회사를 완전히 개편했습니다. 국제 교역만 주로 했던 암스테르담의 VOC와 달리 런던의 동인도회사는 직접 생산을 할 수 있는 산업 현장에 뛰어들기 시작했습니다. 향료무역에서 벗어나 목면산업에 직접 관여하기 시작한 것은 대표적인 사례입니다. 나 역시 글래스고 산업 현장에서 직접 많은 것을 보고 깨달았는데 제임스 와트 같은 기술자의 진가를 알아보고

대학 작업실에서 일하게 주선했죠. 제임스 와트는 내가 『국부론』을 출간하는 1776년 즈음, 실용적인 증기기관을 개발해서 특허를 취득하게 되는데, 훗날 이 시기를 가리켜 산업혁명이 본격화된 시기였다고도 합니다. 내가 『국부론』을 출간한 시기, 미국이 독립선언을 한 시점, 그리고 산업혁명이 본격화된 해가 모두 1776년인 셈입니다.

버클로

교수님의 말씀을 듣고 보니 17세기까지의 상업 중심의 국부론은 어느새 바뀌어 18세기의 산업 중심시대, 즉 대량 생산과 대량 소비에 의한 국부 창출의 시대가 열렸다고 볼 수 있을 것 같습니다. 상업주의에서 벗어나 근대적 산업사회로 변화한 것이네요.

애덤 스미스

그렇습니다. 아주 좋은 지적이에요. 그래서 내가 전에 말했던 인용문을 다시 한번 더 기억해 주면 좋겠습니다. "한 국가의 국민이 해마다 행하는 다양한 '노동'은 그들이 소비하는 생활필수품과 편의품(재화)을 공급하는 원천이며, 그 '재화'는 언제나 노동의 직접 생산물로 구성되거나 그 생산물과 교환해서 국내외에서 구매한 것으로 구성된다. (중략) 바로 이렇게 모여진 재화(생활필수품과 편의품)의 총량을 그 나라의 '국부'라고 할 것이다."

버클로

예, 교수님 지난번에 말씀해 주신 것이 생각납니다.

애덤 스미스

생활필수품과 편의품은 구체적 필요 가치를 지닌 재화입니다. 한 나라의 모든 국민이 경제생활을 해서 생산한 재화의 총량이 국가의 부(國富)이고, 이를 생산하는 것이 국부의 출발점인 시대가 18세기부터 본격적으로 시작된 겁니다. 국부의 원천은 바로 국민의 '노동'에서 시작되고 그 노동에 화석연료를 사용한 기계적 생산 방식을 접목해서 생산성을 극대화한 것이 산업혁명입니다. 농업시대에도 각 나라의 국부는 큰 차이가 있었습니다만, 산업혁명에 접목된 국민의 생산력과 그렇지 못한 국민의 생산력에는 엄청난 차이가 발생할 수밖에 없었고 그 격차는 너무도 컸습니다. 서양이 산업화하면서 서양의 생산력은 동양을 압도적으로 능가했고, 국부의 큰 격차로 인해 서양은 동양을 식민지화하게 됩니다. 13세기와 14세기의 세계제국 몽골 이후에 동양은 서양을 압도했지만, 500년이 지난 19세기 중엽에 와서는 서양이 동양을 완전히 앞서는 역전 상황이 연출된 겁니다.

버클로

그렇지만 20세기에 들어서서 동양 국가들도 개방화되고 산업화하면서 다시금 서양과의 생산력 측면에서 균형을 이뤘고, 21세기로 접어들면서는 동양이 오히려 앞선다고도 하는 것 같습니다. 그렇다면 저는 참으로 궁금한 것이 과연 미래의 세상은 어떻게 전개될 것인가에 관한 겁니다. 과거에는 국제무역과 상업 중심적 국부론이 산업사회로 전환되면서 대량 생산과 대량 소비의 국부론으로 바뀌었습니다. 미래에도 그런 추세가 계속 이어질지, 아니면 다른 변화가 나타날지 궁금합니다. 교수님, 미래에 대해 말씀해 주시면 좋겠습니다.

애덤 스미스

경제학의 아버지라는 칭송을 받았지만, 미래의 국부론까지 예상해야 한다면 그것은 한계가 있을 수밖에 없습니다. 그렇지만 반드시 해야만 한다면, 21세기 초에 이뤄지고 있는 중국의 일대일로(一帶一路)와 같은 중국식 국부론을 사례로 설명할 수 있을 것 같습니다. 중국의 일대일로는 과거 동양의 몽골제국이 세계적 패권을 추구하면서 서양을 위협했던 사례와 서양이 산업화로 동양을 위협했던 식민제국주의 사례와 겹쳐지는 공통점이 있습니다. 그렇지만 앞으로의 미래 세계는 13세기 동양의 패권주의와 19세기 서양의 식민제국주의로 회귀하지는 않으리라고 판단됩니다. 세계의 모든 사람이 함께 잘살 수 있는 공화적 방향으로 가는 것이 타당하기 때문이고, 『국부론』에서 일찌감치 밝힌 바와 같이 그것은 나의 희망이며 오랜 열망이기도 합니다. 합리적 판단과 올바른 가치관을 갖고 서로 존중하면서 상대와 나의 차이를 서로 활용, 서로에게 도움을 줄 수 있는 관계가 21세기 국부론의 새로운 출발점이 돼야 한다는 겁니다.

버클로

그러고 보니 교수님이 1776년에 출간하신 『국부론』에서도 그런 말씀이 나오는 것 같습니다. 분량이 많아서 어디서 봤는지 정확히 기억나지는 않습니다만, 여기저기에서 그런 말씀을 하신 것 같은데 그럼 중국의 일대일로 국부론은 잘못된 것으로 보시는 것인지요?

애덤 스미스

그렇죠. 나는 나의 『국부론』에서 서양 사람들이 아직 미개한 상태에 있는 다른 세계에 진출하면서 그 지역을 착취해 자신들의 이권을 챙겨서는 안 된다고 분명히 언급했습니다. 일종의 서양의 식민제국주의를 우회적으로 비판한 거죠. 그런데 중국의 일대일로는 그런 나의 비판을 받을 수밖에 없는 정책을 펼치고 있습니다. 서양의 식민제국주의 국가들이 약소국에 진출해서 자국의 이익을 위해 상대국의 이익을 해치는 방향으로 국부를 추구한다면 이는 비판받을 일입니다. 그런데 중국의 일대일로가 적용되는 많은 약소국에서 그런 비판이 이미 일어나고 있습니다. 중국의 본래 의도가 그렇지 않았다면 반드시 시정돼야 할 부분입니다.

버클로

그렇다면 교수님, 중국의 일대일로와 같은 방식이 아니라면 어떤 방식이 어느 나라에서 주도돼야 할까요? 중국이 아니라면 일본과 같은 나라를 생각해 볼 수 있겠네요.

애덤 스미스

물론, 중국이 아니라면 태평양시대를 이끌어 갈 주역으로 일본을 생각해 볼 수 있습니다. 그렇지만 일본은 대륙에서 벗어나 있고 과거 제국주의를 주창했던 나라이면서도 여전히 타국에 대한 패권주의적 태도를 벗어버리지 못하는 일부 정치인들의 존재를 무시할 수 없습니다. 그런 의미에서 역사에서 볼 수 있었던 것처럼, 어렵고 힘든 과정을 겪으면서 상대방의 어려움을 이해하고 존중할 수 있는 나라에 새로운 기회가 주어질 가능성이 크다고 할 겁니다.

버클로

태평양시대를 맞으면서 유라시아의 동쪽에 중국과 일본 이외에도 그런 역사적 과제를 수행할 나라가 또 있을까요?

애덤 스미스

이데올로기의 차이로 분단된 민족 역사의 아픈 기억을 벗어던지고, 태평양시대를 맞이하고 있는 한반도에 그런 역사적 과제가 부여될 수도 있을 겁니다. 갯벌 위에 세워진 베네치아, 작지만 강했던 암스테르담처럼 한반도가 유라시아와 태평양의 관문 역할을 제대로만 잘 한다면, 가능성은 충분합니다. 특히, 세계인들이 선호하는 편리한 물류 플랫폼 역할을 한반도가 잘 한다면 분명 성공할 수도 있을 겁니다. 세계를 위해서 좋은 역할을 한다면, 좋은 인재가 몰려올 것이고, 자연스럽게 자본도 유입돼, 한반도와 세계는 모두 상호 긍정적 관계에서 국부를 증대시킬 수 있기 때문입니다.

버클로

아, 교수님. 생각만 해도 기분 좋은 일이네요. 누가 누구를 힘으로 강제하고 약탈하면서 아프게 하는 것이 아니라 함께 번영을 추구하면서 세계인의 편리함과 복지를 더 크게 증대시킬 수 있다니 말입니다. 그런 일이 실현된다면 교수님이 1776년에 꿈꾸셨던 더 좋은 세상이 정말 21세기의 한반도에서 시작될 수도 있을 것 같습니다. 그동안 주셨던 좋은 말씀에 깊이 감사드리며 제가 무엇을 어찌해야 할지 모를 때마다 교수님의 큰 가르치심을 상기하면서 해법을 찾도록 하겠습니다.

제 5 편

세계공화국의 21.5세기 국부론

유라시아에서 치열하게 생존했던 몽골 부족은 13세기에 몽골제국이 됐고 팍스 몽골리카 시대를 열었다. 21세기 중반, 태평양시대가 열리고 새로운 세계제국이 되고 싶은 강대국들의 틈바구니에서 한반도는 어느 쪽을 선택할 것인지 요구받고 있다. 세계제국에 추종하지 않고 세계공화국을 선택한다면, 한반도의 21.5세기의 국부론은 다음과 같은 선택지와 계획안을 받을 수 있다.

제 13 장

한반도 물류 체계의 재구성, 인재와 자본의 플랫폼

세계패권주의와 일대일로의 오류

21.5세기 국부론에 맞춰 한반도의 물류 체계를 재구성하는 데 세계국가인 몽골제국의 교통망은 참고할 부분이 많다. 그렇지만 이와 함께 반드시 간과하면 안 될 최근의 사례가 있다. 21세기의 중국이 시도하고 있는 일대일(一帶一路)로 사업의 오류 부분을 정확히 이해해야만 세계제국과는 다른 세계공화국 차원의 한반도 물류 체계 재구성이 가능할 수 있다.

중국의 일대일로

중국이 제시한 일대일로(One belt, One road)는 21세기 '중국의 세계화 전략 구상'이라고 하지만, 외형상 13세기 몽골제국의 유라시아 교통망을 빼닮은 듯하다. 2014부터 2049에 이르는 시기에 유라시아 대륙과 인근 바다의 실크로드 경제 벨트를 복원해서 동양과 서양의 옛 교통로였던 물류 체계를 재구축, 중국의 국부를 확대하자는 시도다. 그렇지만 몽골제국이 추진했던 교통망 체제와 비교할 때, 겉모습은 비슷해도 그 내용은 오히려 뒤처지는 측면도 많다. 유라시아 대륙의 3개 일대(一帶; ① 중국 → 중앙아시아 → 러시아 → 유럽, ② 중국 → 중앙아시아 → 서아시아 → 페르시아만 → 지중해, ③ 중국 → 동남아시아 → 남아시아 → 인도양)와 바다의 2개 일로(一路; ❹ 중국 연해 → 남중국해 → 인도양 → 유럽, ❺ 중국 → 남중국해 → 남태평양 → 동아프리카)는 800년 전의 세계관을 탈피하지 못한 수준이기 때문이다.

앞서 이미 살펴본 바와 같이 세계는 13세기의 몽골제국의 유라시아 시대를 지나 17세기의 대서양시대를 거쳐 21세기 태평양과 유라시아가 접하는 시기에 와 있다. 그렇지만 안타깝게도 중국의 일대일로는 1206년 몽골제국의 칭기즈칸이 등극한 시기의 세계국가 시각을 넘어서지 못하고 있다. 중국은 2014년부터 본격화된 아시아인프라투자은행(AIIB)의 활동과 중국이 주도적으로 설립한 아시아금융협력협회(AFCA)를 통해 국제적 금융 지원력을 발휘하면서 몽골제국의 국제적 금융 체제를 모색하고 있지만, 현실은 그렇지 못한 평가를 받고 있다. 중국의 경우와 비교할 때, 미국은 제2차 세계대전 이후 대표적 승전국 지위에서 발행하고 있는 기축통화(US dollar)를 갖고 세계은행(IBRD)과 국제통화기금(IMF)을 통해 세계의 금융 체제를 운영하고 있다. 책의 제1편에서 살펴본 13세기 몽골제국이 지니고 있던 기축통화 중통초(中統鈔)와 20세기의 미국이 지닌 기축통화 달러(USD)는 비슷한 공통점이 있지만, 중국의 위안화(RMB)는 아직 그런 수준에 도달하지 못한 상황이다. 따라서 외관상 비슷한 기관만 만들었다고 그것의 실질적 역량까지 비슷해질 수는 없고, 이는 중국의 국제적 금융 체제가 성공하기 어려운 배경적 원인이다.

그럼에도 불구하고, 중국이 무리하게 일대일로와 같은 세계화 전략을 펼치는 데에는 분명한 이유가 있다. 중국은 자신들의 세계적 역량이 충분하지 않다는 것을 알고 있지만 불가피하게 유라시아 패권주의를 추구할 수밖에 없는 상황이다. 국내의 극단적인 빈부 격차와 중국 공산당의 권력 독점주의, 그리고 이를 통제하기 위한 중앙정부의 권력 강화는 중국의 내부 문제를 밖으로 돌려야 하는 상황을 초래했기 때문이다. 중국의 국내적 갈등문제가 중국 공산당 정부에 대한 도전 세력이 되는 것을 사전에 차단하기 위한 중국의 일대일로 전략은 필연적으로 제국주의로 흐를 수밖에 없다.

중국 패권주의에 대한 반발

이미 중국의 '일대일로(一帶一路)'사업에 대해 유라시아 국가들의 비판과 반발은 빠르게 가속화되고 있다. 일대일로의 중국 국가사업이 가장 먼저 발표됐던 유라시아의 카자흐스탄에서는 일대일로 사업에 대한 국민 반발이 폭동으로 이어질 정도로 반대가 격화하고 있다. 중국의 핵심적 협력국으로 불과 몇 년 사이에 400억 달러가 카자흐스탄에 투입됐는데 당사국 국민은 중국에 고마워하는 것이 아니라 분노하고 있다. 카자흐스탄의 반중(反中) 분위기는 일대일로의 중국-카자흐스탄 경제 협력이란 중국 중심의 이익 추구에 불과하기 때문이다. 카자흐스탄은 러시아와 중국 다음으로 유라시아에서 가장 큰 면적을 지닌 국가(세계 9위, 272만 4,900km^2)로 석유 매장량도 약 300억 배럴 이상(세계 12위)이다. 그런 카자흐스탄이 구소련에서 독립한 이후 러시아에 대한 지나친 의존을 회피하고자 중국과의 관계를 중시했는데, 중국이 그런 카자흐스탄을 이용하면서 그들의 국부를 유출한 것이다.

예컨대, 카자흐스탄 유전의 절반 이상이 중국 소유로 넘어갔고, 카스피해에서 신장성(新疆省)까지 송유관이 연결돼 카자흐스탄의 자원은 급속히 고갈되고 있지만, 카자흐스탄의 국부는 오히려 줄고 있기 때문이다. 중국은 유라시아 물류 교통망 측면에서도 카자흐스탄의 경계 지역인 호르고스(Khorgos) 자유경제구역을 일대일로의 중요한 경제회랑 중 하나인 '신유라시아 대륙 교량'의 출발지로 삼고 있지만, 이 역시 카자흐스탄의 국부 증대와는 거리가 멀다. 중국 상품을 국제 철도를 통해 호르고스에 집결시켜 효율적으로 중앙아시아, 러시아, 유럽으로 중국 상품을 수출하지만 모두 전자식으로 처리돼 카자흐스탄 현지인에게는 고용의 기회조차 주지 않고 있다.[1] 결국, 중국의 일대일로사업은 중국 자금으로 유라시아의 카자흐스탄을 이용해 중국의 국부 창출과 패권 확장만을 추구하면서 카자흐스탄의 국부를 피폐화시키는 방향으로 가고 있다.

---

1) 윤성학. '시진핑의 일대일로' 위기일발, 유라시아 국가들 '反中 감정' 확산. 신동아, 2018.10.

유라시아의 대륙에서뿐만 아니라 동남아시아의 해양 지역에서도 중국의 일대일로는 집단적 반발을 불러오고 있다. 그 대표적인 것 가운데 하나가 말레이시아의 건설사업 사례다. 2018년 8월, 말레이시아의 마하티르(Mahathir Mohamad) 총리는 중국을 방문한 자리에서 말레이시아 동해안 철도(ECRL)사업, 송유관사업 등 일대일로의 대규모 프로젝트 3건을 모두 취소하겠다고 발표했다. 마하티르 총리는 약소국을 부채의 함정에 빠뜨리는 중국의 일대일로는 '신(新)식민주의'라고 공격했다. 그 비난의 주요 내용은 이러했다. 말레이시아의 ECRL 철도사업은 중국의 일대일로 사업의 주요 과정으로 말레이반도 북동부 태국 접경 지역을 출발해 주요 도시를 거친 뒤, 서부 말(믈)라카 해협 연안의 클랑(Klang) 항구로 연결되는 총연장 688km의 대공사였다. 그런데 공사비의 85%를 중국이 채무로 말레이시아에 빌려 주고, 공사업체는 중국의 국유기업인 중국교통건설이 맡았다. 70억 달러로 예상됐던 총공사비는 200억 달러까지 증가했고, 이는 말레이시아의 부채로 남았다.[2] 경제적 타당성도 없는 일대일로사업을 위해 말레이시아는 중국에 엄청난 채무를 졌지만, 정작 이익을 얻은 것은 중국의 공기업이고 중국인의 일자리만 늘어나는 상황이었다.

일대일로의 대표적 오류

외형상으로는 비슷해 보이지만, 13세기 몽골제국의 세계적 교통망과 21세기 중국의 일대일로를 세심하게 비교하면 일대일로의 대표

2) 최유식. 중국만 배 불리는 '일대일로'의 민낯. 조선일보. (news.chosun.com/site/data/html_dir/2018/09/05/2018090503969.html)

적 오류가 발견된다. 몽골제국은 광대한 지역을 통치한 것에서 그치지 않았고, 동양과 서양을 융합하는 역할을 적극적으로 했기 때문에 몽골을 세계국가로 평가할 수 있다. 몽골제국은 약 160년 동안 동양과 서양 그리고 중동 지역의 사람들이 안전하게 유라시아를 이동하고 상호 왕래하면서 시장을 활성화할 수 있도록 세계사적인 역할을 한 것이다. 초원길과 비단길을 확장하고 편리한 역참제(驛站制)를 개선했는데, 단기간에 적은 비용으로 유라시아의 각 지역에서 다양한 국부가 창출될 수 있게 만들었다. 유라시아의 다양한 지역에 국부를 확장해서 유라시아 전역에 새로운 도시가 등장할 수 있게 발전시킨 것이다.

이와 같은 맥락에서 중국의 일대일로와 몽골제국의 세계적 교통망은 대조적이다. 중국의 일대일로는 유라시아의 국부를 중국의 중심부로 빨아들이고 유라시아를 피폐하게 만들 수 있는 신(新)제국주의적 특성이 강하다. 말레이시아의 마하티르 총리가 주장하는 것도 이와 같은 맥락에서 이해되는 부분이 있다. 물론 중국은 오해라고 하지만 중국의 내부적 문제, 즉 빈부 격차의 심화와 권력의 독점화는 필연적으로 중국의 대외정책을 제국주의로 몰고 갈 수밖에 없기 때문이다. 그렇지만 문제는 여기에서 멈추지 않는다. 일대일로의 편리한 물류 체계를 통해 더 빠른 속도로 유라시아의 국부가 중국으로 유입되면서 중국은 강해지지만, 주변국은 약해지는 결과를 초래함으로써 세계적 보편성과 개방성은 더욱 왜곡될 수 있음이다.

따라서 중국의 일대일로를 통한 인재와 자본의 유입은 오히려 세계국가를 세계제국으로 만들 가능성만 높이는 결과를 낳을 수 있다. 이와 같은 제국은 동양의 몽골제국보다는 서양의 스페인제국과 비슷한 특성을 가지면서 그들의 식민지정책과 비슷하다. 보편성과 개방성이 아닌 편협성과 폐쇄성으로 인터넷을 차단하고 사람들을 감시하며 자유를 억압하고 공포에 의한 굴종을 강요할 수 있다. 제국의 왕은 절대적 권력을 쥐겠지만 그렇지 못한 사람들은 왕에게 저항하고 극단적인 선택으로 왕을 처단해야 하는 선택에 이를 수 있다. 이와 같은 맥락에서 중국의 일대일로와 같은 중국 중심적 물류 체계를 한반도의 공화국이 도입할 수는 없으며, 오히려 그 반대되는 방향으로 재구성돼야 한다.

 세계적 보편주의와 한반도 물류 체계의 재구성

중국의 일대일로가 마하티르 총리가 언급한 것처럼 중국 중심의 신(新)제국주의라면, 그 반대의 대척점에는 세계적 보편주의가 있다. 세계적 보편주의를 세계적 공화주의로 이해한다면 이는 간략하게 "세계의 모든 사람이 모두 함께 잘살자"는 방향이다. 세계적 보편주의 또는 세계적 공화주의라는 시각에서 21.5세기에 부합되는 한반도의 물류 체계는 중국의 일대일로와는 다른 시각에서 출발한다.

유라시아와 태평양의 건널목

유라시아 대륙의 서쪽 끝에 있던 서양이 대서양시대를 열면서 세계사를 주도했다면, 21세기는 대륙의 동쪽 끝에 있는 동양이 태평양과 만나는 시대라고 할 수 있다. 세계국가 몽골제국이 유라시아의 대륙을 중심으로 물류 체계를 구성했다면, 미래의 세계국가 한반도공화국은 대륙과 해양을 연결하면서 전 세계로 향할 수 있는 출입문 또는 포털(portal)이다. 21세기의 세상은 가장 넓은 바다인 태평양과 유라시아를 기본 축으로 아프리카와 오세아니아, 북극과 남극까지 효율적으로 연결하는 물류 체계를 설계해야 할 이유다. 한반도는 대륙이면서 해양이고 유라시아의 동쪽에 있으면서도 동시에 태평양의 서쪽에 있다. 한반도의 지리적 상황이 매우 고단한 역사를 낳기도 했지만, 이제는 그 역사가 세계공화국의 시대에 가장 적합한 장점으로 변한 것이다.

대륙의 유라시아를 통하면 서양으로 연결되지만, 바다의 태평양을 통하면 남북미 대륙과 오세아니아 그리고 아프리카로 이어진다. 특히, 지구의 기후가 변화되면서 북극 항로가 열리는 과정에서 유라시아와 태평양의 새로운 건널목이 새롭게 생긴다는 것을 간과해서는 안 된다. 막혔던 길이 열리고 건널목이 생기면 물류의 흐름은 높은 곳에서 낮은 곳으로, 고비용에서 저비용의 방향으로 흐르게 된다. 이와 같은 기본적 물류 흐름의 원칙에 따라서 한반도의 물류 체계는 재구성돼야 하며 고비용 저효율의 중국의 물류 체계, 즉 일대일로와는 전혀 다른 접근이 요구된다. 고비용을 투입해서 없는 길을 만들기보다는 기존의 길을 보완해서 편리하게 정비할 필요가 있다. 최소의 비용으로 최대의 효과를 내며 정치적 논리와 이데올로기적 장벽을 넘어 각 지역에 국부의 유성함이 흐를 수 있게 만들어야 한다.

예컨대, 중국의 국수주의적 논리와 제국주의적 역학 관계에 따라 상대방을 이용해서 이익을 추출하는 일대일로 방식의 물류 체계는 안 된다. 한반도의 물류 체계는 시장적 합리성에 기초해서 유라시아와 태평양의 각 지역과 국가 그리고 현지인들에게 도움이 될 수 있음을 첫 번째 원칙으로 삼아야 한다. 경제적 타당성이 낮은 물류망은 최소화하고 반대로 수익성이 높은 물류망 건설에는 온갖 어려움이 있다고 해도 극복해야 한다. 만일 한반도의 서해안에 고속철도를 놓는 것과 동해안에 고속철도를 놓는 것을 비교할 때, 어느 쪽에 우선순위를 둘 것인가와 같은 맥락이다. 러시아가 동해안 고속철도에 적극적이라고 해도 그것의 경제적 타당성이 낮다면, 신중해야 한다. 반대로 서해안의 고속철도를 놓는 것에 중국이 소극적이라고 해도 그것의 경제적 타당성이 높다면 온갖 역량을 발휘해서 적극적으로 건설해야 한다.

기존의 SOC 물류시설 활용

중국의 일대일로는 중국의 국내 문제를 외국으로 돌리는 갈등의 외부화를 초래한 측면이 많다. 국내 실업자 문제를 해소하기 위해 경제적 타당성도 없는 외국의 항만과 도로를 무리하게 건설해 외국의 개발도상국을 부채에 시달리게 했기 때문이다. 이와 비교할 때, 800년 전에 시행된 몽골제국의 세계적 교통망 건설 과정은 큰 대비점을 이룬다. 몽골의 역참제를 살펴보면 매우 신속하게 정비됐지만, 상대적으로 큰 비용도 들지 않았다. 기존에 있던 교통망을 편리하게 재정비하고 현지에 있는 사람들을 관리 인력으로 고용했기 때문이다. 만약, 한반도의 물류 체계를 재구성하는 과정에서 새로운 항만과 도로 그리고 공항을 신규 건설해야 한다면, 이는 반드시 사업성 검토를 충실히 해야 한다. 기존 시설을 최대한 활용해서 재정비하고 현지인들에게 직장을 제공할 수 있도록 운영하는 것이 세계공화국의 함께 잘사는 방식이기 때문이다.

예컨대, 한반도 서해안에 개발 수요가 높아서 새로운 공항 수요가 급증해도, 기존 공항이 있다면 그 시설을 확충해서 효율성을 높이는 것이 더 바람직하다. 남북한의 정치적 경계를 넘어서 인천공항을 편리하게 재정비하는 것이 몽골제국의 방식이라는 것이다. 만일 일대일로 방식으로 경제성이 낮은 공항을 한반도 서해안에 신규 건설한다면, 그리고 그런 비용들이 누적된다면, 한반도의 물류 체계 재구성은 실패할 가능성이 크다. 기존 SOC 시설을 최대한 활용한 건설비의 절감은 재정 한계의 문제를 극복하면서 신속히 한반도 물류 체계를 완성할 수 있다. 중국의 일대일로 방식은 규모도 크고 사업도 상당 기간 계속되겠지만, 결코 완성된 일대일로의 결과물을 만나기는 어려울 것이다. 사업의 출발에서부터 대단히 정치적이며 비경제적이어서 비효율적이기 때문이다.

따라서 한반도의 물류 체계 재구성은 최대한 단기간에, 결코 무리한 재정 투입으로 채무를 증대시키지 않으면서 완성해야 한다. 한반도의 남북한 공화국에 경제적 활력을 주면서 대외 부채의 유입을 최소화하고 시장적 투자 유인을 높여서 경제성을 확보해야 한다. 최단기간의 물류 체계 완성은 한반도의 국부를 창출 여부를 결정하며, 전 세계로 향하는 포털 기능의 확보성 여부를 결정짓게 될 것이다. 정치적 논리를 극복하고 경제적 타당성을 중심으로 기존 시설물을 최대한 개량하고 활용하는 방안을 모색함으로써 세계국가로서의 포털 지위를 확보하는 전략이다. 특히, 상대를 자극하거나 위협하는 접근은 최대한 자제하고 효율적으로 협력하는 방안을 모색하며, 각 지역과 각 국가의 현지인에게 부유함을 확산시켜야 지속 가능한 세계공화국 물류 체계가 이뤄질 수 있다.

바다와 육지 그리고 하늘의 플랫폼

이러한 한반도 물류 체계의 재구성을 한마디로 요약하면 바다와 육지 그리고 하늘을 가장 효율적으로 연결하는 '한반도의 세계 플랫폼화'라고 규정할 수 있다. 이미 육상에서 철도망을 연결하는 작업은 조금씩 진행되고 있지만, 그것이 바다와 어떻게 연결되고 하늘과는 어떤 네트워크로 이뤄질 것인가에 대해서는 더 많은 시도와 연구가 필요하다. 예컨대 토지가격에 비유해 플랫폼화를 이해해 볼 수도 있다. 서울의 토지가격이 국내의 다른 도시와 비교할 때, 상대적으로 더 비싼 이유로 서울은 국내 여타 도시보다 상대적으로 가장 플랫폼화돼 있기에 토지의 가치도 높다. 그렇지만 상대적으로 서울은 뉴욕이나 홍콩보다 그리고 도쿄보다 덜 플랫폼화돼 있다. 도시의 플랫폼화는 원인이면서 동시에 결과를 낳고, 부(富)의 원천이면서 동시에 부의 결과로 귀결된다. 이미 앞서 살펴본 바와 같이 몽골제국에서부터 베네치아공화국 그리고 암스테르담에 이르기까지 물류 체계의 편리성은 인적·물적 자원과 자본의 이동성으로 이어지고, 그 결과 시장이 활성화되면서 부유함이 증가하는 공통된 사례였다.

한반도가 세계공화국으로서 21.5세기의 국부론을 추구한다면, 한반도는 공간적으로 세계에서 가장 편리한 바닷길과 육로 그리고 하늘길의 플랫폼이 돼야 한다. 현재까지는 여기에 가장 부합한 나라가 미국이고, 그 가운데에서도 뉴욕이 대표적이지만 이는 향후 바뀔 가능성이 매우 크다. 미국은 가장 큰 대륙인 유라시아에서 벗어나 있고, 뉴욕은 태평양이 아닌 대서양에 접해 있기 때문이다. 21세기는 유라시아와 태평양이 만나는 시대다. 유라시아에 있으면서 태평양에 접해 있는 한반도가 미국보다 상대적으로 우수한 물류 조건을 갖춘 공화국이 될 수 있고, 세상의 중심지에 가깝다고 할 수 있다. 역시 앞서 살펴본 바와 같이 베네치아에서 브뤼헤 그리고 암스테르담으로 중심지가 바뀐 것도 신항로가 개척되면서 지중해에서 대서양으로 그 중심이 바뀌고, 그 결과 인적・물적 자원과 자본의 이동성이 일어났기 때문이다.

그러나 한반도의 서울이어도 부산이나 인천보다 훨씬 저렴한 토지가 많은 것처럼 지정학적 위치도 시설물의 설치에 따라 편리성에서 큰 차이를 보일 수 있다. 총론에서는 태평양이라는 가장 큰 바다에 연결된 가장 좋은 항구이면서 유라시아라는 가장 넓은 대륙에 연결된 최적의 물류망을 갖춰야 한다는 것은 분명하다. 그렇지만 각론에서 바다 항구와 육상의 교통 네트워크뿐만 아니라 세계의 하늘길과 인터넷을 비롯한 정보통신망도 최적화돼야 한다는 것이다. 이는 단순히 물건만이 이동되는 것이 아니라 사람과 사람이 이동하며, 정보와 지식이 순환될 수 있는 편리성과 안정성이 확보돼야 함을 의미한다. 이러한 총론과 각론의 조건을 동시에 갖춘 한반도 물류 체계의 재구성이 필요하고, 이를 위한 인재와 자본의 최적화를 위해 혁신적인 공적 조직체로서 한반도 연합공기업의 플랫폼부터 선행될 필요가 있다.

③ 한반도 연합공기업(VOC)의 플랫폼화

당위성이라는 차원에서 본다면, 한반도의 물류 체계 재구성을 위해 남북한을 구분하지 않고 최고 인재를 선별해서 남북한의 모든 잉여자본을 동원해 투입해야 한다. 그렇지만 현실적으로 이는 매우 어려운 작업이다. 오랜 기간 분단된 한반도에서 그 실행이 쉽지 않으며 실패한 경험도 많기 때문이다. 이런 이유에서 한반도 인재와 자본을 21.5세기에 적합하게 플랫(plat) + 폼(form)화할 필요가 있다.

인재의 플랫폼화

한반도의 인재는 대부분 매우 우수하지만, 남북한의 인재는 서로 매우 극명하게 다르다. 남북한의 서로 다른 공화국 정부도 이를 인정하고 그 차이에 합당한 정책을 입안하고 집행해야 한다. 몽골제국이 서로 다른 전통과 문화를 지닌 각 지역의 인재들을 적재적소에 배치해서 능력을 극대화했던 것처럼, 베네치아공화국의 인재들이 베네치아의 국부론에서 얼마나 중요한 변수가 됐는가를 상기하면서 충분히 고민할 필요가 있다. 인재는 하루아침에 만들어지지 않고, 단계별 준비 과정도 필요하며, 많은 학습과 경험도 요구된다. 그렇지만 그 시간을 단축하기 위해서 우수한 조직과 제도를 통한 인재 활용의 플랫폼화는 필요하다.

남북한의 인재는 공평하게 대우받아야 하지만, 차이를 두지 않으면 한반도의 공동사업은 초기 단계에서 실패할 수 있다. 예컨대, 조밀한 서울에서 아스팔트 도로를 1km를 건설한다면, 인력도 많이 필요하고 그에 따른 건설 기간과 재정도 많이 투입된다. 민원도 많고 기존의 시설물과 각종 보상 그리고 토지 수용 등이 더 큰 문제이기 때문이다. 그러나 상대적으로 평양에서 도로를 1km 건설한다면 매우 신속히 작업 완수할 수 있다. 남쪽의 한반도는 원활한 물류 체계 건설을 위해 많은 인력과 장비 그리고 재정이 필요하지만, 결국은 투자의 효용성이 낮다. 반대로 북한의 한반도는 물류 체계에 필요한 SOC를 신속히 건설할 수 있지만, 또 다른 이유에서 투자의 효용성이 매우 낮다. 정치적 논리와 관련된 걸림돌이 많기 때문이다. 남북한의 상대적 · 객관적 차이는 물론이고 감정적 · 주관적 비교도 남북한 공동사업의 걸림돌이다. 남한 근로자는 시간당 1만 원을 받는데, 북한 근로자는 시간당 1천 원을 받는다면 차별이라고 생각할 수 있기 때문이다.

이미 남북한의 대표적 공동사업인 개성공단사업 등을 통해서 비슷한 유형의 많은 문제점이 노출됐고, 여러 차례 해결한 경험도 있다. 그럼에도 불구하고 남북한은 서로 다른 이유로 개성공단사업을 중단했고 오랜 기간 공단을 가동하지 못했다. 이러한 맥락에서 한반도의 인재를 효율적으로 관리하고 적재적소에 배치하면서도 각 인재가 만족할 수 있는 문제와 함께 안정적 사업 운영을 위해서 매우 혁신적인 남북한의 공적인 조직체를 구상할 필요가 있다. 이와 관련해 제3편에서 살펴본 17세기 네덜란드공화국의 황금시대를 이끌었던 연합 동인도회사(VOC)의 조직 구성을 기본 배경으로 시대에 맞게 재설계할 수 있다. 남북한의 인재를 가장 효율적으로 관리할 수 있는

21.5세기형 인재를 플랫(plat)하게 폼(form)화할 수 있는 VOC의 특별한 조직구성도를 참고해서 새로운 조직체를 만들어 내는 것이다.

자본의 플랫폼화

인재의 플랫폼화와 마찬가지로 자본의 플랫폼화도 매우 혁신적인 작업을 필요로 한다. 단순하게 한반도의 남쪽에서 과도하게 세금을 부과해 그 자금으로 북쪽의 물류 체계를 재구성하는 SOC사업을 시행한다면, 남북한 모두 본래의 목적을 달성하기 이전에 사업이 중단될 수 있다. 중도에 포기되는 사업이라면 처음부터 하지 않는 것이 더 낫다는 것이다. 이는 통일세를 걷어서 독일식으로 통일자본을 충당하는 방식을 한반도에서 적용하기 곤란하다는 것을 의미한다. 20세기의 독일과 21세기의 한반도 상황은 매우 다르며 경제적 조건도 큰 차이가 있다. 따라서 한반도 물류 체계 재구성을 위한 자본 모집에는 강제적 세금이 아닌 매우 혁신적인 접근이 필요하다.

이와 관련해 제3편에서 살펴본 주식회사 연합 동인도회사(VOC)의 자본 모집 방식을 재조명해 볼 수 있다. 17세기에 들어와서 최초의 주식회사 형태로 자본을 모집하고, 막대한 자금으로 전 세계의 바다로 진출했던 암스테르담의 VOC 관련 사례는 21세기에도 의미하는 바가 크기 때문이다. 네덜란드공화국은 동양의 향신료를 얻기 위한 대항해의 성공에 열광했지만, 우후죽순으로 들어선 무역회사(프리컴퍼니)들은 내부 경쟁력은 물론이고 갈등을 증폭시켜 외부의 적에게 취약한 약점을 보일 수 있었다. 7개 주로 구성된 느슨한 형태의 네덜란드(연방)공화국의 각 지역에 있는 무역회사들을 통폐합해 강력한 공적 조직으로 만들어야 했지만 이를 위해서는 막대한 자금이 필요했다. 그런데 만일 네덜란드공화국이 세금으로 필요 재원을 조달하려고 했다면 엄청난 조세 저항으로 공적인 회사조직체를 만들기도 전에 네덜란드공화국이 해체됐을 수도 있다.

그런데 네덜란드공화국은 각 지역의 이해관계를 뛰어넘는 조직으로 연합 동인도회사(VOC)를 만들면서 공화국 시민들의 자발적 투자를 요청했다. 강제적 세금이 아니라 공화국의 시민들이 모두 함께 잘 살기 위한 투자 방식으로 VOC의 회사 자본금을 모은 것이다. 애덤 스미스뿐만 아니라 대표적인 혁신이론가인 조지프 슘페터도 언급했던 것처럼 혁신은 전혀 새로운 무엇이 아닌 약간의 무엇이 수정되고 첨가되는 데에서 출발한다. VOC의 회사 자본금을 애국심을 동원해서 세금으로 충당하고자 했다면 암스테르담 시민들은 어떻게 해서든 세금을 내지 않으려고 온갖 방법을 동원했을 것이다. 재산세를 적게 내려고 주택이 기형적으로 지어졌을 정도로 지독한 절세(節稅)주의자였기 때문이다. 스페인제국이 세금을 더 많이 내라고 해서 독립전쟁을 벌였던 그들이다. 그렇게 세금 내는 것에 민감했던 사람들이 자발적으로 엄청난 자금을 모아서 VOC를 세운 것이다.

만일, 한반도의 현 상황에서도 정부가 민간 부문을 대상으로 막대한 세금을 징수해서 그 재원으로 북한의 물류 체계를 재구성하기 위한 엄청난 규모의 SOC 사업을 진행한다면 과연 어떤 일이 일어날 것인가. 거의 확실하게 한국의 주식시장에 투자된 외국인 자본은 한국이 국가 부도를 선언하기 전에 재빨리 자본을 인출, 밖으로 탈출해야 한다고 준비할 것이다. 한반도의 물류 체계 재구성을 위한 무지개 같은 대규모 사업이 자칫하면 한국의 몰락을 초래할 수도 있음이다.

이러한 맥락에서 남북한의 공동사업을 위한 자본을 확충하고 모으는 방식에서도 자본을 플랫(plat)하게 폼(form)할 수 있는 방안이 혁신적으로 강구돼야 한다.

한반도 연합공기업(VOC)의 21세기형 플랫폼화

한반도 물류 체계의 재구성을 위한 연합공기업의 플랫폼화는 연합 동인도회사(VOC)에서 영감을 얻어 재설계할 수 있는 공적 조직체다. 17세기 네덜란드공화국의 황금시대를 이끌었던 VOC의 설립 배경과 기본 조직 및 재정 확충 방식을 중심으로 21세기형 플랫폼화된 내용을 제14장에서 소개한다. 각 주(state) 정부의 갈등 문제, 부족한 재정 충당 문제, 기존 무역회사들에 대한 통폐합 문제 등을 비롯해서 수많은 난제를 쾌도난마(快刀亂麻) 방식으로 풀었던 암스테르담의 VOC 사례는 21세기의 한반도 연합공기업 조직체 설계에도 큰 영감을 준다. 이와 같은 이유에서 한반도 물류 체계의 재구성을 위한 공적 조직도 그 명칭을 VOC로 했으면 한다. 17세기의 연합 동인도회사의 약식 명칭인 VOC는 'Verenigde(연합) Oost-Indische(동인도) Compagnie(회사)'이지만, 21세기의 한반도 물류 체계의 재구성을 위한 한반도 연합공기업의 약식 명칭인 VOC는 'Voice of Corea(한국의 목소리)'라고 할 수 있다.

한반도의 물류 체계 재구성을 추진할 공적 조직인 21세기의 VOC는 남한과 북한의 양대 공화국을 중심으로 설립될 연합공기업이지만, 세계의 공동 번영을 목표로 하기에 희망의 목소리를 담고 있다. 한반도의 VOC는 유라시아와 태평양을 연결하는 가장 효율적이고 안전한 공간을 만드는 작업을 이끌어 갈 국제적 공공조직이라고 할 수 있다. 한반도의 VOC는 세계의 인재와 자본이 편리하게 유입되고 나갈 수 있는 공간을 만들어 세계인이 편리하게 생활하고 풍족한 삶을 누릴 수 있는 역할을 담당함으로써 세계 국부 창출의 출발점이 될 수 있음이다. 물론 17세기의 VOC와 21세기의 VOC가 같을 수는 없으며, 새로운 몇 가지 요소가 추가되거나 보완할 부분도 많다. 서양과 동양을 바다를 통해서 연결했던 네덜란드공화국의 VOC의 역할 범위를 한반도의 물류 체계 플랫폼화에 한정하지만, 그 결과는 태평양과 유라시아를 연결하는 세계공화국의 새로운 출발과 함께 지구촌 전역을 획기적으로 편리하게 만들 수 있다는 것이다.

이제 17세기의 VOC가 그러했던 것처럼 21세기의 VOC도 출범 즉시 그 역할을 신속히 진행해 10년 이내에 한반도의 물적 물류 체계를 재구성할 것을 목표로 삼아야 한다. 많은 시간이 소요된다면, 투자의 효용성이 떨어지고 사업의 성과도 줄어들 수밖에 없다. 이를 위해서는 신속한 준비 과정과 함께 VOC를 출범시키고, 기존의 물류 시설들을 최대한 적극적으로 활용해서 최소비용으로 최단 기간에 물류 체계를 개선해야 한다. 앞서 제3편에서 살펴본 17세기 네덜란드공화국의 국부론을 이끌었던 주식회사 연합 동인도회사(VOC)를 참조해서 21세기 한반도의 물류 체계를 재구성할 한국의 목소리(VOC)에 대한 설계도를 다음 장에서 소개한다.

제 14 장

한반도 연합공기업 VOC(Voice Of Corea)의 설립계획

 17세기의 연합 동인도회사(VOC)와 비교되는 3대 포인트

앞서 논의된 네덜란드공화국의 연합 동인도회사(VOC: Verenigde Oost-Indisch Compagnie)를 세 가지 측면에서 재검토하고자 한다. 이는 한반도 연합공기업(VOC: Voice of Corea)이 갑작스럽게 등장하는 것이 아니며, 역사적 흐름에 뿌리를 둔 세계공화국의 연속선 위에서 이해될 부분이기 때문이다. 또한, 17세기의 VOC를 이해함으로써 새로운 세계공화국의 시대를 이끌어 갈 한반도 연합공기업(VOC)의 조직과 기능 그리고 방향성도 함께 찾기 위해서다.

위기와 기득권 문제

네덜란드는 북부의 7개 주가 연합해 구성된 연방공화국이었지만, 동양의 후추(향료)무역을 두고는 각 지역이 첨예하게 대립했다. 그런데 이와 같은 내부적 갈등을 해결해 준 것은 외부의 더 큰 위협이었다. 1580년 포르투갈을 병합하고, 1588년 네덜란드를 공격한 스페인제국의 무적함대를 영국과 함께 간신히 막았던 네덜란드였지만, 스페인제국은 전열을 가다듬고 네덜란드를 다시 공격할 수 있었다. 스페인의 펠리페 2세는 여전히 건재했으며, 1591년 독일계 푸거 가문은 주변 세력(한자동맹)을 다시 규합해서 네덜란드 상인들을 거의 고사 직전까지 몰고 갔다. 이런 위기 상황에서 동양으로 갈 수 있는 항로를 소개한 얀 린스호턴의 책이 1595년에 출간됐고, 그 즉시 암스테르담의 상인과 은행가들은 동양탐험대를 조직해서 대양으로 나섰다. 네덜란드 상선들은 포르투갈 상인 세력을 밀어내고 인도와 인도네시아로 모여들어 후추무역에 나섰다.

16세기 말, 네덜란드의 후추 상인들은 스페인제국의 펠리페 2세와 한자동맹에 꽉 막혀서 파산할 수도 있었지만, 일단은 끝까지 잘 버텼고, 린스호턴의 책이 발간된 이후에는 적극적인 도전을 시작했다. 그것은 포르투갈 상선이 동양에서 가져온 후추를 파는 것이 아니라 네덜란드 상인이 직접 동양으로 가서 후추를 가져와 파는 직접무역 방식이었다. 그렇지만 우후죽순으로 생겨난 네덜란드의 동양탐험대와 무역회사(프리컴퍼니)들은 포르투갈 상인은 물론이고 스페인세국의 군대로 인해 항상 위협받고 있었다. 따라서 네덜란드(연합)공화국 정부는 내부적 갈등을 극복하고 하나의 강력한 공적인 무역회사를 만들어야 하는 당위성에 공감했다. 문제는 각 지역 간 이해관계를 조정해서 하나로 통합하기가 쉽지 않다는 것이었다. 이때 등장한 네덜란드의 정치가 올덴바르네벨트(Jan van Oldenbarneveld, 1547~1616)의 역할은 탁월했다. 앞서 언급된 바와 같이 그는 각지에 세워진 동양탐험대(프리컴퍼니)를 하나로 통합시켰고, 오렌지 가문의 마우리츠(Mauritz van Nassau)의 지원을 받아서 강력한 무역회사인 네덜란드의 연합 동인도회사(VOC)를 탄생시켰다.

힘들게 하나로 통합해서 탄생한 VOC(Verenigde Oost-Indische Compagnie)였지만 암스테르담의 과도한 영향력을 줄이는 조치들도 취해졌다. VOC의 중요 의사결정기구(17인 운영위원회)에서는 반드시 과반수가 안 되는 8인까지만 암스테르담 출신이 기용될 수 있게 제한 규정이 만들어졌다. 그러나 실제로는 네덜란드공화국의 연합 동인도회사 VOC에서 암스테르담의 상인과 은행가는 절대적 영향력을 행사할 수밖에 없었고 그것은 시장의 원칙이기도 했다. 이러한 과정을 거쳐 네덜란드공화국의 VOC는 이전에는 볼 수 없었던 새로운 형태의 회사로 출범할 수 있었다. 민간자금을 투자하고 수익성을 가장 중요시하는 벤처형 기업으로서 현대식 '벤처형 주식회사' 성격이 강했다. 동시에 VOC는 네덜란드(연방)공화국 정부(연방의회)의 관리와 통제를 철저히 받으면서 전쟁 수행 권한과 의무도 지닌 공화국의 중요한 공적 기관이기도 했다. 외국에 나가서 군사 요새를 건설하고 관리할 포괄적 권한을 갖고 있었으며, 외국의 정부 대표에 대해서는 네덜란드공화국의 정부를 대신할 수 있는 외교기관의 자격을 갖고 대외 협상과 군사적 강제력까지도 행사할 수 있었다.

VOC의 특권

네덜란드의 각 지역에 난립했던 무역회사들이 우여곡절을 겪으면서도 결국 VOC 하나로 통폐합할 수 있었던 배경에는 공화국 정부(연방의회)가 VOC에 부여한 독점적 특허장(Charter)이 있었기에 가능했다. 하우트만(Cornelius de Houtman, 1540~1599)의 동양탐험대가 출범한 1595년부터 VOC가 세워진 1602년까지 7년 동안 장거리회사, 오래된 장거리회사, 새 브래반트회사 등 크고 작은 다양한 무역회사(프리컴퍼니)가 많이 설립됐지만, 서로 치열한 경쟁을 벌여 부작용이 심했음은 앞서 설명된 바 있다. 이런 배경에서 1602년 3월 20일, 네덜란드의 7개 주의 연합으로 세워진 공화국의 정부(연방의회)는 각 지역에 난립했던 무역회사들을 하나로 통폐합했다. 그리고 공화국의 정부(연방의회)는 동양 무역권의 모든 독점적 권리를 연방의회가 의결한 특허장에 담아서 VOC에게 전권을 부여하는 특권을 줬다.

특허장에서 VOC는 희망봉(아프리카 남단)의 동쪽에서부터 마젤란해협(남아메리카 남단) 서쪽까지의 모든 지역에서 독점적 항해와 교역을 할 수 있다고 명시했다. 결국, 네덜란드공화국에서는 VOC를 제외한 어떠한 회사도 동양에서 무역할 수 없으며, 서양의 대서양을 제외한 동양의 인도양과 태평양을 비롯한 세계의 모든 바다에서 오직 VOC만이 무역권이 있음을 분명히 했다. 따라서 VOC를 제외한 어떤 회사들도 동양에서 교역할 수 없으므로 기존의 무역회사는 VOC에 편입되지 않으면 안 됐다. 더욱이 VOC의 특허장 제35조에는 네덜란드 연방의회를 대신해서 VOC가 동양의 군주와 조약을 체결할 수 있으며, 전쟁을 선포할 수 있고, 요새와 상관을 건설할 수 있도록 군인을 충원할 권리까지 규정하고 있었다.

이로써 VOC는 대서양을 제외한 세계의 모든 바다에서 네덜란드공화국 정부가 할 수 있는 대부분의 공적 기능을 독점적으로 맡게 됐다. 이런 까닭에 VOC의 조직 형태는 최초의 주식회사 형태는 띠고 있었지만, 어떤 네덜란드공화국의 정부기관보다 강력한 조직이었고, 동시에 강력한 자율권을 갖고 있었다. VOC의 직원 숫자는 급격히 증가했는데, 그 구성원 가운데 군인의 비율도 매우 높았다. 따라서 VOC는 느슨한 형태에 불과했던 네덜란드공화국을 강력하게 만드는 만능 공기업이었다고 설명할 수 있다. 상업적 주식회사이면서 동시에 강력한 국가집행기관이었던 셈이다.

VOC의 자본금 확충

네덜란드공화국의 연방의회가 부여한 VOC의 특허장(Charter)에는 네덜란드에 사는 누구라도 VOC의 주식을 살 수 있다고 규정했다. 17세기 초에는 아직 주식(stock)이라는 용어가 잘 사용되지 않았기 때문에 특허장의 관련 규정에서는 회사의 지분(share)을 네덜란드 사람들이라면 누구라도 제한 없이 살 수 있도록 한 것이다. 신분의 귀천이나 돈이 많거나 적거나 관계없이 누구라도 원한다면 원하는 만큼(너무 큰 지분만 아니라면), VOC 주식을 사서 부자가 될 기회를 모두에게 개방한 것이다. 네덜란드공화국 정부는 VOC 주식의 소유자들이 더 많으면 많을수록 스페인과 벌이고 있는 독립전쟁에서 그들이 주장하는 자유와 공화적 가치를 더 폭넓게 보편화할 수 있다는 정치적 계산도 했을 것이다.

1602년 8월 31일까지 VOC의 지분을 사고 싶은 사람들은 암스테르담 사무소를 비롯한 각 지역 사무소에 VOC 지분 취득 의향서를 제출해야 했다. VOC의 주주가 되려는 투자자는 주주명부에 자신의 이름을 적어 넣고 그 옆에 주식 청약 액수를 함께 기록하는 방식이었다. 공화국의 시민들은 너도나도 VOC 지분을 사고자 했다. 이미 동양으로 가서 많은 돈을 벌어 왔던 동양탐험대들, 각 지역의 무역회사들을 하나로 통폐합해서 만든 독점적 무역 특권을 지닌 VOC였기 때문에 성공에 대한 확신도 있었다. 실제로 VOC는 막대한 이윤을 창출했고, VOC의 주식 소유자들을 큰 부자로 만들어 줬다. 앞서 언급된 바 있지만, 암스테르담의 대표적인 최고 부자 집안이었던 수아소 가문도 VOC 주식을 많이 소유하고 있었고, 아버지 수아소가 아들 수아소에게 유산으로 남긴 것도 바로 VOC 주식이었다. 큰 이익을 낸 VOC 주식은 아들 수아소를 큰 부자로 만들었고, 그 이익금은 오렌지공 윌리엄 3세가 영국의 국왕이 될 수 있도록 지원자금이 되기도 했다.

어쨌든 기록이 잘 보전된 VOC의 암스테르담 사무소의 청약 상황을 살펴보면 VOC의 초대 주주로 등록한 사람은 1,143명이었다. 암스테르담 전체 인구가 몇만 명에 불과했던 시기에 돈을 투자한 주주가 천 명을 넘었다는 것은 매우 높은 참여 비율이었다. 더욱이 암스테르담에서의 지분 취득 의향서로 약정한 총액은 367만 4,945길더였는데, 부자 상인 가운데 8만 길더를 투자한 사람도 있었지만, 가정집 하녀로 어렵게 일하고 있는 사람도 50길더를 투자했다는 기록이 남아 있다. 다양한 공화국의 시민들이 자신의 형편에 맞춰 크고 작은 액수를 투자해서 공화국의 미래와 번영을 모색한 것이다. VOC의 주식 청약을 모두 마감하고 정리한 결과, 암스테르담 사무소에서 투자받은 액수는 전체의 57%로 절대적이었다. 지역 사무소별 차이는 컸지만, 전체적으로 총 650만 길더의 자본금을 불과 수개월 만에 모은 것이다. 이를 현재의 액수로 환산하면 약 1억 유로 또는 1,200억 원 정도가 되는데, 17세기의 인구와 서양의 경제 규모를 고려할 때 엄청난 규모라고 할 수 있다. 시민을 대상으로 공개적으로 주주를 모집해 아직 수익도 나지 않은 회사에 막대한 투자금이 몰리면서 650만 길더의 대규모 자본금을 갖춘 VOC는 17세기 세계 무역의 주역이 될 준비를 마무리했다.

 21세기 한반도 연합공기업(VOC) 설립계획의 3대 핵심 사항

17세기의 VOC가 직면했던 기득권 문제, VOC의 특권, VOC의 자본금 확충을 중심으로 21세기의 한반도 연합공기업(VOC)의 주요 설립계획을 세워볼 수 있다. 새로운 세계공화국의 시대를 이끌어 갈 한반도 연합공기업(VOC)의 비전을 통해서 그 실천적 설립계획은 약간의 혁신적 접근 방식을 취하고 있다.

한반도의 위기와 기득권 문제

16세기 말의 네덜란드는 절대적 위기 상황을 끈질기게 극복하고, 17세기 초에 적극적인 기회를 모색하는 반전을 보여 줬다. 20세기의 한반도는 혼돈의 시대였고, 전 세계에서 가장 극적인 상황을 보여 준 곳이었다. 천년왕국의 역사를 지닌 한반도가 외세에 주권을 빼앗기면서 20세기 초 일본제국에 대한 치열한 독립투쟁을 벌여 민족적 독립은 곧 쟁취했으나 20세기 중반 민족분단과 전쟁을 겪으면서 가장 비참한 국가로 전락했다. 그러나 동시에 20세기 후반부터는 세계적인 모범적 공화국으로 성장한 대한민국과, 소련과 중국의 압제 하에서도 민족적 자긍심을 잃지 않은 조선민주주의인민공화국으로 양립할 수 있었다.

그러나 21세기 초에 터진 일본의 후쿠시마(福島) 원자력발전소 폭발사건, 중국 공산당의 폐쇄적 정부 운영과 제국주의적 패권주의, 그리고 북한의 연이은 핵실험과 ICBM 발사는 한반도에서 대규모 전쟁이 불가피한 상황을 초래했다. 다행스럽게도 2018년 평창동계올림픽을 계기로 전쟁보다는 평화를 향한 관련 국가들의 노력이 주효하게 작용해 평화를 위한 새로운 가능성이 모색되고 있지만, 그 길이 쉽지만은 않은 상황이다. 이와 같은 어려운 국면에서 한반도의 새로운 물류 체계의 재구성을 위한 연합공기업의 플랫폼화는 위기의 한반도 상황을 극복하는 데 결정적인 해결책을 제시해 줄 수 있다. 세계의 중심이 유라시아와 태평양이 만나는 동북아시아의 한반도 주변으로 모이는 상황에서 세계인들이 함께 잘살고 번영할 수 있도록 한반도의 새로운 물류 체계를 재구성하는 것은 한반도뿐만 아니라 세계를 위해서도 매우 필요한 시점이기 때문이다.

따라서 한반도의 연합 공기업(VOC)은 남쪽과 북쪽 어느 공화국으로도 영향력이 쏠리지 않는 17인 위원회를 중심으로 구성될 필요가 있다. 과거의 '헤렌 17(Heren 17)'처럼 남북한은 17인 위원회에서 각기 8인을 넘는 위원을 둘 수 없고, 위원장은 남북한 출신이 아닌 국제연합(UN)이나 UN에서 추천받은 제3국의 출신(미국 등)을 위원장으로 선출해야 권한의 균형을 이룬다고 할 수 있다. 특히, 남북한의 기득권 문제를 해소할 수 있는 방향으로 17인 위원회는 운영돼야 할 것이며, 기존의 기득권을 지닌 공공조직(정부기관)이나 민간회사(현대아산 등)들이 피해를 보지 않도록 그 권한을 위원회 안에서 적극적으로 수용할 수 있어야 한다. 또한, 17인 위원회는 가장 최적화된 인재들로 충원돼 조직을 플랫폼화할 수 있어야 한반도의 연합공기업(VOC)은 올바르게 운영될 수 있다.

한반도 연합 공기업(VOC)의 특권

네덜란드의 각 지역에 난립했던 무역회사들은 지역적 이해관계를 극복하고 우여곡절을 겪으면서 17세기의 VOC로 일원화됐다. 그리고 그런 배경에는 공화국정부(연방의회)가 VOC에 부여한 독점적 특허장은 매우 강력한 것이었다. 비슷한 맥락에서 한반도에서는 개성공단, 금강산관광과 같은 대표적 남북한 합작사업도 있었지만, 지속가능성이 매우 낮고 성공 보장성도 높지 않았다. 한반도의 물류 체계를 재구성할 연합 공기업(VOC)의 성공적인 성과를 끌어내면서 막대한 자본을 모으기 위해서는 과거의 VOC보다 더 확실하게 보장된 특권이 한반도 연합 공기업(VOC)에 부여돼야 한다.

이를 위해 무엇보다도 한반도 연합공기업(VOC)은 남북한의 정치적 이해관계가 충돌해도 안전하게 재산권이 보호될 수 있는 국제적 근거를 마련해야 한다. 종이에 적힌 계약서로 될 수 있는 것이 아니며, 구조적으로 방해할 수 없는 무엇이 돼야 한다. 예컨대, 한반도 연합공기업은 한반도의 중심부를 나누고 있는 비무장지대(DMZ)의 남북 양쪽 모두의 토지(남북 폭 4km, 길이 248km)에 대한 모든 토지 소유권을 남북 모두에게서 동시에 이전받아 최대한 환경 친화적으로 보존하고 생태적으로 관리해야 한다. 토지(DMZ)의 소유권(약 1,000 km^{2})은 배타적으로 VOC 단독 소유이지만, 그 토지(DMZ)의 운영권은 국제연합(UN)과 같은 세계적 공적 기구에 위탁해서 남쪽이나 북쪽의 어떤 공화국도 영향력을 행사할 수 없도록 차단할 필요가 있다. 소유권은 VOC에게 있고, 운영권은 UN에게 있으므로 남북한의 이해가 충돌해도 VOC의 자산적 안정성은 국제사회를 통해서 확보될 수 있는 구조다. 이는 VOC가 안전자산의 소유권을 확보하고 이를 근거로 많은 자본을 모집할 수 있는 근거가 될 수 있다.

한반도의 비무장지대이며 생태보전지역인 약 1,000km^{2}의 토지에 대한 소유권을 보유한 VOC는 남북한 공동사업 대상 지역인 개성 지역과 금강산에 대한 운영권도 이전받아야 한다. 그 기간은 150년 이상이 돼야 하며, 이 또한 남북한의 정치적·군사적 영향권에서 벗어날 수 있도록 UN에 재위탁해야 한다. 그리고 남한은 북한의 조치에 상응해서 미화 기준으로 약 1조 달러(한화 약 1,200조 원)를 외국이 아닌 남한의 국내 자본시장에서 모집해 VOC의 자본금으로 충당해야 한다. 과거 17세기의 VOC가 동양 무역권을 독점적으로 받으면서 이를 근거로 VOC의 지분 취득 의향서(신규 주식 청구권)를 발행해 650만 길더(현재 가치로 약 1억 유로)를 모은 것과 비슷한 방식이다. 따라서 한반도 물류 체계를 재구성할 한반도 연합공기업(VOC)의 5대 특권은 다음과 같은 정리될 수 있다. (1) 한반도 남북한 비무장지대

(DMZ)의 모든 토지소유권, (2) 개성과 금강산의 150년 독점적 운영권, (3) DMZ, 개성, 금강산에 대한 UN 재위탁권, (4) 북한의 모든 물류시설(SOC)에 대한 독점적 개발운영권, (5) 미화 1조 달러(약 1,200조 원)의 자본금을 확충하기 위한 한국증권거래소에서의 주식상장권 등이다.

한반도 연합공기업(VOC)의 자본금

VOC의 엄청난 5대 특권이 부여된다고 해도 한국의 주식시장에서 국내 자본으로 약 1,200조 원을 모집하는 것은 결코 쉬운 일이 아니다. 물론 외국의 자본시장을 통해서 자금을 모집한다고 해도 어렵기는 마찬가지겠지만, 중장기적 관점에서 한반도 물류 체계의 재구성을 위해서는 남북한 연합공기업(VOC)의 자본은 가능한 국내에서 조달되는 것이 바람직하다. 경협사업이 쉽지 않다는 것은 이미 잘 알려져 있고, 해야 한다는 당위성은 있지만 실패의 위험성을 배제하기 어렵다. 그래서 한국의 어떤 시민도 선뜻 자신의 주머니에서 1,200조 원에 달하는 VOC의 신규 주식 청구권을 구매하기는 어렵다.

그러나 17세기의 암스테르담에서 있었던 상황과 당시의 분위기를 살펴본다면 불가능한 일도 아니다. 상세한 기록이 남아 있는 VOC 암스테르담 사무소의 내용을 보면, 공화국의 어떤 사람들도 신분의 귀천이나 남녀노소 그리고 부자와 빈자를 나누지 않고 자신의 경제 여건에 맞춰 VOC 주식을 다양하게 청약했음을 알 수 있다. VOC의 신규 주식 구매와 관련된 정부의 어떤 세금 부과도 없었음은 물론이고, VOC의 주식을 청약하는 것은 네덜란드공화국의 자유시민으로서 자부심을 가질 수 있는 길이었다. 그리고 잘만 된다면 엄청난 동양 무역의 독점권을 가진 17세기 VOC의 주주로서 부자가 될 수도 있다는 꿈도 꿀 수 있었다. 그래서 시민들은 당시로는 상상할 수도 없었던 엄청난 액수의 VOC 자본금을 단시간에 모금해 동양의 바다로 항해할 대규모 선단을 만들 수 있었고, 세계 각 지역에 VOC 해양 네트워크를 건설했다.

이와 같은 사례를 참조해 약간의 혁신적 사고를 첨부한다면 한국의 자본시장에서 21세기의 VOC를 위한 1,200조 원의 자본금을 확충하는 것이 어렵지 않을 수도 있다. 만일 1,200조 원을 국가의 강제적 행위인 조세수입으로 충당한다면 한국의 주식시장은 물론이고 한국의 대부분 기업도 망할 것이다. 그러나 반대로 한국의 자본시장에 VOC의 강력한 특권과 기업적 성공 가능성, 그리고 조세 부과의 조치를 면제하면서 시민적 역할에 호소한다면 VOC의 막대한 자본금을 빠르게 확충할 수 있다. 물론 이 과정에서 상속·증여세의 국세 수입액과 주식거래세 등이 줄어들 수는 있다. 그러나 현실적으로 연간 상속·증여세의 국세 수입액(약 6조 원)을 기준으로 환산할 경우, 1,200조 원의 VOC 자본금은 약 200년 동안 모아야 할 액수다. 따라서 공화국의 시민들이 기쁜 마음으로 한반도의 평화와 번영을 위해 기꺼이 VOC의 주식을 살 수 있도록 그들의 마음을 적극적으로 자극할 필요도 있다고 하겠다.

한반도 연합공기업(VOC)의 3대 목표

21세기의 VOC는 과연 어떤 성과물을 낼 수 있을 것인가? 5대 독점적 특권을 갖고, DMZ의 약 1,000km^2(제주도 면적의 약 54%)의 토지를 소유하며, 1,200조 원의 자본금을 갖고 출범하는 VOC는 분명한 성과물을 산출해야 한다. 그 성과물이 있어야 VOC의 독점적 특권도 부여될 수 있기 때문이다.

남북한 공화국 모든 구성원에게 기본소득 제공

21세기의 한반도 연합공기업(VOC)은 남북한 공화국의 공동자산인 DMZ와 북한 물류시설에 대한 독점적 개발권, 그리고 한국 시민들의 막대한 자산을 통해 출범한다. 따라서 VOC는 남북한 공화국의 모든 국민에게 '기본소득'을 제공할 의무를 지고 있다. 장단기적인 계획에 따라서 공화국의 경제 상황과 물가 수준을 고려한 기본소득이 적정하게 산정돼야 하겠지만, 그 근거는 최소생계비 이상의 수준이 돼야 한다. 앞서 언급된 바와 같이 VOC는 헤렌 17과 같은 플랫폼화돼 있는 '17인 위원회'를 중심으로 운영돼야 하며, 남북한 모든 국민이 자신의 개인소득에 관계하지 않고, 추가적인 기본소득을 VOC에서 받는 것이다. 단지 VOC의 공정한 지급 의무성을 담보하기 위해 기본소득 자금은 국제연합(UN)에 토지와 사업권에 대한 재위탁 부분과 관련, 반대급부로서 VOC가 매년 UN에 반드시 지급해야 하는 구조로 설계될 수 있다.

예컨대, 모든 북한 사람(약 2,500만 명)에 대해서는 남녀노소를 불문하고 모두에게 최소 한화 기준으로 월 3만 원을 지급하는 '기본소득'이 주어진다. 만일 5인 가족 기준으로 환산하면 가구당 월 15만 원을 항상 받는 구조다. 따라서 근로소득으로 어느 가장이 30만 원을 받는 직장에 취업한다면, 5인 가족의 총수입은 기본소득을 합산해 45만 원이 되는 셈이다. 이는 개방화된 베트남의 소득 수준보다 훨씬 높으며, 중국의 평균 소득 수준과 비슷하다. 물론 부부가 함께 취업해서 60만 원의 수입을 받는다면 기본소득 15만 원이 합산돼 75만 원이 되지만 기본소득에 대해서는 어떤 세금도 부과되지 않는다. 또한, 북한 국민은 북한의 토지 개발과 관련해서 중장기적으로 훨씬 더 큰 이익이 될 '주택건설 택지권'을 각 세대 단위별로 받게 된다.[1)]

남북한의 모든 구성원에게 기본소득을 지급하기 위해서는 천문학적인 자금이 필요한데, 어떻게 그런 큰 자금을 수익으로 창출할 수 있을까에 대한 의문이 제기될 수 있다. 이와 관련해서는 앞서 17세기의 VOC(연합 동인도회사)가 창출했던 것과 비슷한 맥락에서 관련된 방법론을 제시할 수 있다. VOC는 동양 무역에 대한 독점권으로 엄청난 수익을 창출했고, VOC 투자자는 물론이고 암스테르담 시민들

1) 대한민국 시민들에게도 남녀노소를 불문하고 약간의 기본소득이 제공되지만, 이는 물가 수준을 고려해야 한다. 북한은 북한의 토지 개발과 관련해 '주택건설 택지권'을 세대별로 받게 되지만 남한에는 그러한 택지공급권을 부여할 수 없다. 대신에 암스테르담의 VOC 주식 투자자들이 큰 이익을 얻고 부자가 됐던 것처럼 21세기의 VOC는 주식의 가치 상승과 배당금으로 주식 투자자들에게 이익을 분배할 수 있다.

의 평균 소득 수준을 파리의 4배 수준으로 끌어올렸다. 이와 비슷한 방식으로 21세기의 VOC(한반도 연합공기업)는 1,200조 원의 자본금으로 북한의 낙후된 SOC시설을 독점적으로 조속히 개선, 건설, 운영할 경우, 남북한의 모든 시민에게 기본소득을 제공할 수 있는 수익을 충분히 창출할 수 있다. 유라시아와 태평양을 연결하는 고속도로와 철도 그리고 항만의 건설과 기능 개선으로 단기간 내에 수익을 낼 수 있으며, 러시아와 북한 그리고 남한을 연결하는 각종 SOC시설과 가스관 등에서도 추가적인 수익을 올릴 수 있다. 이러한 수입으로 남북한 모든 국민에게 기본소득을 안정적으로 제공할 재정적 토대가 만들어지는 것이다.

북한의 모든 세대주에 주택건설 택지권 공급

한반도 연합공기업(VOC)의 역할이 남북한의 모든 구성원에게 기본소득을 제공하는 것에서 그치는 것은 결코 아니다. 21세기의 VOC는 북한의 물류 체계를 획기적으로 개선하고 원활하게 운영하면서 동시에 평양 규모의 도시를 최소한 5~6개 이상 북한에 신규 건설할 수 있는 토대를 조성할 수 있다. 도로, 철도, 항만과 정보망 등이 만들어지면서 편리한 도시시설도 자연스럽게 만들어지는 기반시설이 조성되기 때문이다. 새로운 북한의 도시 건설은 중장기적인 사업이지만, 이는 북한의 모든 세대주에게 주택건설 택지권 공급과 직결되는 사업이기도 하다.

북한의 모든 남녀노소 구성원(약 2,500만 명)에게 기본소득을 제공하고, 북한의 세대주(약 500만 명)에게 주택건설 택지권을 공급하는 것은 북한의 미래를 밝히는 중요한 핵심 사업이다. 북한의 개혁·개방과 함께 북한의 시민들은 일시적으로 북한을 떠나고 싶은 생각을 할 수도 있지만, 이는 북한의 밝은 미래를 잘 보지 못할 때 일어나는 현상일 뿐이다. 개방화 초기에는 북한이 다른 선진국보다 잘살지 못하기 때문에 공화국을 떠나고 싶다는 생각을 가질 수 있다. 또한, 개방화 초기에 단기적으로 근로시간도 많고 급여도 상대적으로 적기 때문에 불만이 증가할 수도 있다. 그렇지만, 중장기적으로 자신의 주택을 지을 수 있는 편리한 도시기반시설에 좋은 조건의 택지권을 공급받는다면, 그리고 그런 권리가 부여된다면 어떤 선진국으로 가는 것보다 더 좋은 혜택과 부유함을 얻는 것이다. 단기적으로 급여가 많아도 장기적으로 보면 좋은 주거 조건의 편리한 도시에서 자신의 집을 소유할 수 있는 택지를 공급받는 것이 훨씬 이익이 되기 때문이다.

이와 같은 주택건설 택지권을 북한의 모든 시민에게 5인 가족 기준으로 제공하려면 약 500만 개의 택지가 있어야 하는데, 21세기의 VOC가 과연 그런 사업도 할 수 있는가에 대한 의문을 가질 수 있다. 이는 17세기의 암스테르담이 17세기의 VOC를 주축으로 전 세계에 건설한 17세기의 뉴암스테르담의 사례를 통해서 이해할 수도 있다. 새로운 항로가 개척되고 좋은 항구가 만들어지면 새로운 암스테르담이라는 도시는 거의 필연적으로 만들어질 수밖에 없다. 인재가 모이고 자본이 유입되는데 도시가 만들어지지 않을 수 없기 때문이다. 21세기의 VOC도 북한의 각 지역에 좋은 SOC, 즉 도로, 철도, 항만, 정보망 등이 건설되고 시설을 개선된다면, 평양 수준의 도시 입지가 최소한 5개 이상 확보될 수 있다. 이와 관련해서는 필자의 『평양과 강남』(2015)에서 서울의 강남 택지 공급 사례를 참고해 볼 수 있다. 현재, 북한의 토지는 대부분 국가의 공유지이기 때문에 토지 수용에 필요한 별도의 재원은 요구되지 않으며, 좋은 도시를 건설하기 위한 인재만 있으면 충분하다. 도시의 건설 계획도를 설계하고 계획선을 정확히 확정하는 순간, 500만 개의 택지를 공급할 수 있는 공간이 생성되고 새로운 자본은 언제든지 유입될 수 있기 때문이다.

세계인에게 가장 편리하고 안전한 플랫폼

인천공항에 가면 세계로 향하는 수많은 비행기를 탈 수 있다. 인천항에 가면 국내외의 여러 항구로 갈 수 있는 배에 오를 수 있다. 그렇지만 서울역에 가면 외국으로 나가는 기차가 없다. 이것이 현재까지의 현실이었다. 그렇지만 한반도의 물류 체계를 재구성해서 인천공항과 인천항 그리고 기차역과 버스터미널을 하나로 통합하고 효율적으로 관리할 수 있게 된다면 어떤 일이 일어날 것인가를 예상해 볼 수 있다. 국내의 어느 지점과 세계의 어느 곳이라도 가장 편리하고 안전하게 연결하는 플랫폼이 만들어지는 것이다.

한국인은 물론이고 중국인이나 일본인도 자국의 공항이나 항구보다 인천의 통합 플랫폼을 이용하는 것이 더 편리하게 된다. 동양의 약 20억 명이 가장 편리하게 이용할 수 있는 인천공항의 통합 플랫폼이라면 서양과 인도 그리고 아프리카를 포함하는 오세아니아 사람들에게도 최적의 플랫폼이 될 수 있다. 세계의 중심지인 미국의 뉴욕보다 상대적으로 더 편리하고 안전한 플랫폼이 될 수 있음이다. 대서양의 시대에 한정돼 있다면 뉴욕은 지리적으로 최적의 조건을 갖고 있었지만, 태평양과 유라시아가 만나는 시대에서는 북아메리카의 뉴욕보다 유라시아와 태평양이 만나는 한반도의 인천이 더 좋은 입지 조건을 갖게 된다.

한반도의 태평양과 만나는 인천공항은 영종도에 있지만, 한반도의 내륙에 있는 서울과 개성까지의 직선거리로 매우 가깝다. 특히 북한의 개성은 태평양에도 연결될 수 있고 동시에 인천의 영종도에도 매우 근접해서 물류 체계의 재구성 차원에서 잠재적 개발 가능성이 가장 큰 지역이라고 평가된다. 특히, 개성공단의 일부 사업은 이미 진행돼 있어서 투자 대비 효용성 부분에서도 높은 평점을 받을 수 있다. 개성 지역을 인천공항이 있는 영종도와 연결하는 고속철도를 건설하고, 이와 함께 고속도로와 고속 정보망을 함께 연계시킨다면 최소 비용으로 한반도의 중서부 지역을 세계적 플랫폼으로 개발할 수 있다. 이와 같은 계획은 이미 앞선 역사적 사례를 통해서 그 실천적 가능성이 매우 크다는 것을 확인할 수 있다. 그렇지만 가능성에도 불구하고 그것을 실천해서 성공시키는 것의 여부는 그곳에 사는 사람들의 생각과 판단 그리고 행동에 좌우될 수 있다는 것 또한 앞선 역사적 사례를 통해서 확인한 바 있다.

❚ 버클로의 오늘 밤 생각 ❚

오늘 교수님의 강의를 들으면서 그동안 살펴본 부분을 다시금 생각해 봤다. 세계제국 몽골이 해체된 이후, 유라시아 대륙을 통한 동양과의 교역이 어려워지자 서양은 바다로 나가서 길을 찾고자 했다. 서양은 지중해가 아닌 대서양에서 출발해 아프리카의 희망봉을 돌아 인도에 이르는 신항로를 개척했다. 그런데 이런 대항해의 시대를 맞이하면서 인재와 자본도 지중해에서 대서양으로 이동했다. 교수님 말씀처럼 국부는 사람의 노동에서 시작되고, 국부를 얻기 위한 인재와 자본의 이동도 국부의 변화된 흐름과 같은 방향에서 필연적으로 일어난다는 것을 이해할 수 있었다. 그렇다면 한반도의 막혔던 길이 뚫리고 태평양과 유라시아가 만나는 세계적 중심 플랫폼으로 한반도가 새롭게 혁신됐을 때, 21세기의 한반도는 자연스럽게 세계를 이끌어 갈 수 있는 공화국이 될 수도 있겠다는 생각이 들었다.

에필로그

『동방견문록』에서 몽골제국의 국부론을 소개했던 마르코 폴로는 베네치아의 상인이었다. 닫혔던 서양이 세상에 문을 열고 개방화되는 과정에서 베네치아공화국은 지중해의 중심지가 됐고, 그 핵심에는 베네치아의 콜레간자(colleganza)가 있었다. 현대판 벤처회사의 형태를 띠고 있던 콜레간자는 자본을 가진 투자자와 열망을 갖춘 젊은 상인들 상호 간에 투자 및 이익 배분 계약으로 시작됐다. 자본가는 젊은 상인에게 큰 자금을 투자하고, 젊은 상인은 투자자금을 받아서 선박과 상품을 구매해 밖으로 나가 열심히 돈을 벌었다. 현대판 벤처투자처럼 투자자에게는 고수익, 고위험의 특성이 있었는데 자본은 없지만, 능력도 있고 열정적인 젊은 상인에게 베네치아의 콜레간자는 큰돈을 벌 기회를 줬다.

이와 비슷한 형태는 17세기의 네덜란드공화국의 황금시대를 이끌었던 암스테르담에서도 쉽사리 발견할 수 있는 사례들이었다. 왜냐하면 황금시대의 암스테르담에서는 세 사람만 모이면 새로운 회사가 만들어진다고 할 정도로 창업이 일상화됐기 때문이다. 첫 번째 사람은 무역회사의 사장, 두 번째 사람은 무역선의 선장, 그리고 세 번째 사람은 무역사업의 투자자가 됐다. 이런 분위기 속에서 암스테르담에 모여든 세계적 인재와 자본은 네덜란드를 순식간에 세상 최고의 부국으로 만들어 냈다. 네덜란드공화국의 국부론을 이끌었던 암스테르담의 연합 동인도회사(VOC) 창고에는 세계 각지의 진귀한 상품이 가득 찼고, 세상에는 크고 작은 뉴암스테르담이 수없이 건설됐다.

17세기의 암스테르담 분위기를 지금 당장 비슷하게 맛보고 싶다면, 그곳은 단연코 미국의 서부 캘리포니아의 실리콘 밸리가 될 것이다. 창업과 폐업이 일상화돼 있지만, 실리콘 밸리에서는 엔젤 투자자(자본가)와 젊은 사업인(창업가)이 쉴새 없이 만나서 현대판 콜레간자 계약을 맺고 있기 때문이다. 그들의 기업은 엄청난 손실을 볼 수도 있지만, 투자금보다 몇만 배 더 많은 수익을 낼 수도 있다. 자본 없이 자본을 벌 수 있는 실리콘 밸리에서 세계의 인재와 자본이 모여 이전에 없던 수많은 기업이 만들어지고 있음이다. 구글과 아마존, 트위터와 페이스북과 같은 새로운 기업들은 포드(Ford)와 지엠(GM)과 같은 전통적인 기업을 능가하면서 세상에 없던 새로운 방식으로 미국의 엄청난 국부를 뿜어내고 있다.

지중해의 콜레간자가 북해의 암스테르담을 거쳐 런던에서 산업혁명을 낳고, 뉴욕의 맨해튼에서 꽃을 피우다가 어느새 서부의 실리콘 밸리에서 정보혁명을 일으키고 있다. 그 거대한 국부의 물결은 이제 태평양을 가로질러 태평양의 서해안, 유라시아의 동쪽으로 옮겨오고 있음을 누구도 부인하기 어려운 상황이다. 이러한 큰 흐름 속에서 동양의 한반도 주변 그 어느 곳에서인가 세계의 국부가 형성되고 새로운 중심지가 모색되고 있음을 느낄 수는 있지만, 과연 그곳이 정확히 어디가 될 것인가는 그 누구도 판단하기 어렵다. 1980년대에는 일본의 도쿄(東京)라고 했던 적도 있고 2000년대에는 중국의 상하이(上海)라고 했던 적도 있지만, 반드시 그렇다고 확신할 수는 없다.

18세기에 살면서 누구보다 먼저 산업사회가 시작되고 있다는 것을 간파하고 산업사회의 올바른 방향성을 제시했던 『국부론』의 저자 애덤 스미스 교수가 지금 우리와 함께 있다면 그의 학생 버클로 공작이 돼서 다시금 그에게 꼭 물어보고 싶은 대목이다. "교수님, 21세기의 태평양시대를 맞이해 세상의 국부를 창출할 중심지는 과연 어느 지역이 될까요?" 애덤 스미스 교수가 살아서 우리에게 대답한다면 이렇게 답하지 않을까. "온 세상의 젊은 인재들이 어떤 장애물도 없이, 가장 높은 성공의 가능성을 갖고, 자본 없이도 자본을 축적할 수 있는 그런 지역에서 새로운 시대를 이끌어 갈 국부의 꽃이 피어나고 만개할 것입니다."

참고 문헌

고든 털럭, 김행범 외(역). 사적 욕망과 공공수단. 대영문화사. 2005.

곽동기. 북한의 경제발전 전략. 도서출판615. 2008.

곽준혁. 키케로의 공화주의. 정치사상연구. 제13집 2호. 2007년 가을.

김경희. 공화주의. 책세상. 2014.

김동명. 독일통일, 그리고 한반도의 선택. 한울. 2010.

김득주. 오스트리아식 중립화 통일과정에 관한 평가. 한국정치외교사논총. 제7권. 1990.

김상용. 북한의 사회주의 토지제도의 형성 및 변천과 통일 후의 처리 방향. 부동산 포커스. vol. 53.2012.

김영웅 외. 베트남 이코노믹스. 한국경제신문사. 2008.

김유향 외. 튀니지의 재스민 혁명과 SNS의 역할. 국회입법조사처. 2011.1.31.

김은영. 통일비용 관련 기존 연구 자료. 나라 경제. 제12권 제8호. 한국개발연구원. 2010.

김이한 · 송인창 외. 화폐 이야기. 부키. 2014.

김정훈. 시민의 정부혁신론. 대영문화사. 1997.

김정훈. 북한의 정부혁신론. 한국학술정보. 2012.

김정훈. 평양과 프라하. 한국학술정보. 2013.

김정훈. 남북한의 경제적 낙차효과를 활용한 '개성자유도시' 건설사업. 한국정책학회 춘계학술대회. 2014.
김정훈. 평양과 강남. 대영문화사. 2015.
김정훈. 북한의 영세중립국화와 UN아시아본부 설립 방안. 한국정책학회 추계 학술대회. 2015.
김정훈. 평양과 비엔나. 법문사. 2016.
김정훈. 평양과 베네치아. 법문사. 2018.
김호동. 몽골제국과 세계사의 탄생. 돌베개. 2016.
김호동. 아틀라스 중앙유라시아사. 사계절. 2016.
김희영. 이야기 중국사 3: 원나라 시대부터 현대까지. 청아출판사. 2006.
대런 애쓰모글루, 최완규(역). 국가는 왜 실패하는가. 시공사. 2012.
데이비드 S. 랜즈, 안진환 외(역). 국가의 부와 빈곤. 한국경제신문. 2009.
데이비드 프리스틀랜드, 이유역(역). 왜 상인들이 지배하는가. 원더박스. 2016.
도메 다쿠오, 우경봉(역). 지금 애덤 스미스를 다시 읽는다. 동아시아. 2010.
동양사학회 편. 개관 동양사. 지식산업사. 1997.
러셀 쇼토, 허형은(역). 암스테르담: 세상에서 가장 자유로운 도시. 책세상. 2016.
로데베니크 페트람, 조진서(역). 세계 최초의 증권거래소. 이콘. 2016.
로저 크롤리, 우태영(역). 부의 도시 베네치아. 다른세상. 2011.
마르크스, 엥겔스, 남상일(역). 공산당 선언. 백산서당. 1989.
마르코 폴로, 채희순(역). 동방견문록. 동서문화사. 2016.
문지영. 홉스와 로크, 국가를 계약하라. 김영사. 2007.
모리치오 비롤리, 김경희 외(역). 공화주의. 인간사랑. 2012.
몽테스키외, 하재홍(역). 법의 정신. 동서문화사. 2016.
미야자키 마사카츠, 이영주(역). 세계사1. 2015.
민족통일연구원. 북한체제의 실상과 변화 전망. 민족통일연구원. 1991.
민족통일연구원. 남북한 국력추세 비교연구. 민족통일연구원. 1992.
민족통일연구원. 1993년도 통일문제 국민여론조사 결과. 민족통일연구원. 1993.
박갑동. 박헌영. 인간사, 1983.

박갑동, 구윤서(역). 한국전쟁과 김일성. 바람과 물결. 1990.
박규식. 김정일 평전. 양문각. 1992.
박순성 · 최진욱. 통일 논의의 변천 과정 1945~1993. 민족통일연구원. 1993.
박명림. 한국전쟁의 발발과 기원. 전2권, 나남. 1996.
박영호 · 박종철. 남북한 정치공동체 형성 방안 연구. 민족통일연구원. 1993.
박재영. 국제기구정치론. 법문사. 2004.
박홍순. 한반도 평화정착을 위한 국제기구 유치, 조성 방안. 남북통일운동국민연합 주관 국회심포지엄 발표자료. 2015.3.2.
방인후. 북한 '조선노동당'의 형성과 발전. 고려대학교 아세아문제연구소. 1967.
배영수 편. 서양사 강의. 한울. 2007.
배원달. 북한권력투쟁론. 학문사. 1990.
백기완. 통일이냐 반통일이냐. 형성사. 1987.
베르너 좀바르트, 이상률(역). 사치와 자본주의. 문예출판사. 2017.
벤 코츠, 임소연(역). 네덜란드 이야기. 미래의 창. 2016.
북한연구소 편. 북한총람. 서울: 북한연구소. 1983.
비슬리, W.G., 정영진(역). 일본제국주의: 1894~1945. 한국외대출판부. 2013.
새뮤엘 헌팅톤, 이희재(역). 문명의 충돌. 김영사. 1997.
서긍, 조동원 외(역). 고려도경. 황소자리. 2013.
서대숙, 서주석(역). 북한의 지도자 김일성. 청계연구소. 1989.
서동만. 북조선사회주의체제성립사 1945~1961. 선인. 2011.
성대석. 한반도UN본부. 한국언론인협회. 2014.
세종연구소 북한연구센타(편). 북한의 당. 국가기구. 군대. 한울. 2011.
손기태. 고요한 폭풍, 스피노자: 자유를 향한 철학적 여정. 글항아리. 2016.
손정목. 서울도시계획이야기: 서울 격동의 50년과 나의 증언. 한울. 2002.
손호철 · 김원(편). 세계화와 한국의 국가-시민사회. 이매진. 2009.
송건호 · 강만길(편). 한국민족주의론Ⅰ. 창작과비평사, 1982.
송남헌. 해방 삼년사Ⅰ · Ⅱ 1945~1948. 도서출판 까치. 1985.
스즈키 마사유키, 유영구(역). 김정일과 수령제 사회주의. 중앙일보사. 1994.

스칼라피노·이정식, 한홍구(역). 한국공산주의 운동사 Ⅰ, Ⅱ, Ⅲ. 돌베개. 1987.
신창민. 통일비용 및 통일편익. 통일연구원 학술회의 총서 10-03. 2010.12.
심지연. 미·소공동위원회 연구. 청계연구소. 1989.
아놀드 J. 토인비, 홍사중(역). 역사의 연구. 동서문화사. 2015.
아시다 미노루, 이하준(역). 동인도회사: 거대 상업제국의 흥망사. 파피에. 2004.
안병만. 한국정부론. 다산출판사. 2014.
안보길. 이승만 다시 보기. 기파랑. 2011.
알레산드로 마르초 마뇨, 김희정(역). 돈의 발명. 책세상. 2015a.
알레산드로 마르초 마뇨, 김정하(역). 책공장 베네치아. 책세상. 2015b.
알렉산더 해밀턴 외, 김동영(역). 페더랄리스트 페이퍼. 한울. 2013.
애덤 스미스, 유인호(역). 국부론 Ⅰ, Ⅱ. 동서문화사. 2016.
오마에 겐이치. 보이지 않는 대륙. 청림출판. 2001.
오무라 오지로, 신정원(역). 돈의 흐름으로 읽는 세계사. 위즈덤하우스. 2018.
오원철. 박정희는 어떻게 경제강국을 만들었나. 동서문화사. 2006.
유시민. 국가란 무엇인가. 돌베개. 2011.
유지호. 예멘의 남북통일. 서문당. 1997.
윤대규·임을출. 북한 경제개혁을 위한 새로운 패러다임. 한울. 2006.
윤명선. 미국 기본권 연구. 경희대출판국. 2004.
윤병수. 북한의 인적자원개발 현황과 향후 과제. 한국개발연구원. 2005.
윤성학. 시진핑의 일대일로' 위기일발, 유라시아 국가들 '反中 감정' 확산. 신동아, 2018.10.
엘리너 오스트롬, 윤홍근(역). 공유의 비극을 넘어. 랜덤하우스. 2010.
위르겐 코카, 나종석 외(역). 자본주의의 역사. 북캠퍼스. 2017.
윌리엄 셰익스피어, 최종철(역). 베니스의 상인. 민음사. 2015.
이계만. 북한국가기관론. 대영문화사, 1992.
이극찬. 정치학, 법문사. 1982.
이병조. 이중범. 국제법 신강. 일조각. 1984.
이상환. 동유럽의 민주화. 한국외대출판부. 2004.

이석용. 국제인권법. 세창출판사. 2005.
이승종・김혜정. 시민참여론. 박영사. 2011.
이승현・김갑식. 통일비용: 논의의 현황과 쟁점. 국회입법조사처. 2010.
이용필 편. 북한정치체계. 교육과학사. 1985.
이애주. 가자! 민중의 시대로. 민족통일. 1988.
이일영(편). 경제특구 선전(深圳)의 복합성. 한신대학교출판부. 2008.
이장훈. 네오콘: 팩스 아메리카나의 전사들. 미래 M&B. 2003.
이종석. 조선로동당연구: 지도사상과 구조 변화를 중심으로. 역사비평사. 1995.
이종석. 현대북한의 이해: 사상・체제・지도자. 역사비평사. 1995.
이종원. 통일에 대비한 경제정책. 해남. 2011.
이종원 외. 통일경제론. 해남. 1997.
이중원. 건축으로 본 뉴욕 이야기. 성균관대학교출판부. 2015.
이한(편). 북한의 통일정책변천사 1948~1985년 주요 문건 상・하. 온누리. 1989.
이항구. 김정일과 그의 참모들. 신태양사. 1995.
이희수. 터키사. 대한교과서주식회사. 2000.
임진석(편). 마르크스 사상사전. 청아출판사. 1988.
정욱식. 2003년 한반도의 전쟁과 평화. 이후. 2003.
정종섭. 대한민국 헌법을 읽자. 일빛. 2002
제프리 D. 삭스, 김현구(역). 빈곤의 종말. 21세기 북스. 2006.
조길태 외. 세계문화사. 학문사. 1981.
조반니 아리기, 백승욱(역). 장기 20세기: 화폐, 권력, 그리고 우리 시대의 기원. 그린비. 2008.
조민 외. 통일비전 개발. 늘품. 2011.
조승래. 공화국을 위하여: 공화주의의 형성과정과 핵심사상. 길. 2010.
조지 오웰, 박지은(역). 1984년/동물농장. 동서문화사. 2009.
조지프 슘페터, 변상진(역). 자본주의. 사회주의. 민주주의. 한길사. 2012.
존 로크, 이극찬(역). 시민정부론. 연세대출판부. 1970.

존 로크, 조현수(편). 통치론. 타임기획. 2005.
정대철. 북한의 통일전략 연구. 백산서당. 1986.
정세현. 남・북한관계와 통일문제: 연구 현황과 방향. 세종연구소. 1988.
정용길. 분단국 통일론. 고려원. 1990.
정인홍. 서구정치사상사. 박영사. 1991.
정흥모. 동유럽 국가연구. 성대출판부. 2012.
조용중. 미군정하의 한국정치현장. 나남. 1990.
조승래. 공화국을 위하여: 공화주의의 형성과정과 핵심사상. 길. 2010.
존 롤즈, 황경식(역). 정의론. 이학사. 2003.
존 스틸 고든, 강남규(역). 월스트리트 제국: 금융자본 권력의 역사 350년. 참솔. 2009.
주경철. 네덜란드: 튤립의 땅, 모든 자유가 당당한 나라. 산처럼. 2003.
주경철. 대항해 시대: 해상 팽창과 근대세계의 형성. 서울대학교출판문화원. 2017.
진승권. 동유럽 탈사회주의 체제개혁의 정치경제학. 서울대출판부. 2003.
짐 로저스, 이건(역). 세계 경제의 메가트렌드에 주목하라. 이레미디어. 2013.
찰스 킨들버거, 주경철(역). 경제강대국 흥망사: 1500~1990. 2014.
천위루 외, 하진이(역). 금융으로 본 세계사. 시그마북스. 2015.
최갑수. 제국에서 근대국가로. 세계정치, 제26집. 2005.
최병삼 외. 플랫폼, 경영을 바꾸다. 삼성경제연구소. 2014.
최영진. 동양과 서양. 지식산업사. 1993.
최원엽. 정대진. 국제법의 이해. 책마루. 2015.
최유식. 중국만 배 불리는 '일대일로'의 민낯. 조선일보. (news.chosun.com/site/data/html_dir/2018/09/05/2018090503969.html)
최윤식. 2030 대담한 미래. 지식노마드. 2014.
최장집・박상훈. 개정. 민주화 이후의 민주주의. 후마니타스. 2016.
최진욱. 김정일 정권과 한반도 장래. 한국외국어대학교출판부. 2005.
최형익. 실질적 민주주의. 한신대출판부. 2009.
폴 케네디, 이왈수 외(역). 강대국의 흥망. 한국경제신문. 1996.

카를 마르크스, 김수행(역). 자본론: 정치경제학비판 Ⅰ, Ⅱ. 비봉출판사. 2017.
하멜, 신복룡(역). 하멜표류기. 집문당. 1999.
하영선(편). 한국전쟁의 새로운 접근: 전통주의와 수정주의를 넘어서. 나남. 1990.
한국역사연구회. 고려의 황도 개경. 창비. 2009.
한국기독교사회문제연구원 편. 한반도 주변 정세와 남북관계의 전망. 민중사. 1985.
한국방송공사 제작팀. 부국의 조건: 국가의 운명과 국민의 행복을 결정하는 제도의 힘. 가나출판사. 2016.
한국수출입은행(편). 북한 개발과 국제협력. 2014.
한국의 역사연구회. 고려의 황도, 개경. 창비. 2009.
한나 아렌트, 김선욱(역). 공화국의 위기. 한길사. 2016.
한나 아렌트, 홍원표(역). 혁명론. 한길사. 2015.
한태연. 헌법과 정치체제. 법문사. 1987.
함규진. 조약의 세계사. 미래의 창. 2014.
허문영 외. 김정일 정권의 등장과 정책 전망. 민족통일연구원. 1994.
헤로도투스, 김봉철(역). 역사. 길. 2016.
홍기빈. 자본주의. 책세상. 2014.
홍익희. 유대인 이야기: 그들은 어떻게 부의 역사를 만들었는가. 행성비. 2015.
히라노 아쓰시 칼 · 안드레이 학주, 천재정(역). 플랫폼 전략. 더숲. 2011.

Acemoglu, Daron. Politics and Economics in Weak and Strong States. *Journal of Monetary Economics*. 52. 2005.
Annemarie, M. B. (ed.). *UNO inside: The United Nations in Austria-Facts, Adventures and Anecdotes*. Omninum. 2014.
Aristotle. *The Complete Works of Aristotle: The Revised Oxford Translation*, edited by Jonathan Barnes. 2 vols. Princeton, NJ: Princeton University Press. 1984.

Arrighi, Giovanni. *The Geometry of Imperialism*. Verso. 1983.

Arrighi, Giovanni, Satoshi Ikeda, & Alex Irwan. The Rise Of East Asia: One Miracle or Many? in Ravi A. Palat (ed.), *Pacific-Asia and the Future of the World-System*. CT: Greenwood Press. 1993.

Ashcraft, Richard. *Revolutionary Politics and Locke's "Two Treatises of Government"*. NJ: Princeton University Press. 1986.

Bailey, Sydney. *The Korean Armistice*, NY: St. Martin's Press. 1992.

Becker, Jasper. *Rogue Regime: Kim Jong Il and the Looming Threat of North Korea*. Oxford University Press. 2005.

Beloff, Max. *Soviet Policy in the Far East, 1944-1951*. Oxford University Press. 1953.

Bennett, Bruce. *Preparing for the Possibility of a North Korean Collapse*. RAND Corporation. 2013.

Boczek, Boleslaw A. *International Law*. Maryland: Scarecrow Press. 2005.

Braudel, F. *The Mediterranean and Mediterranean World in the Age of Philip II*, 2 vols, New York: Harper & Row. 1976.

Braudel, F. *Afterthoughts on Material Civilization and Capitalism*, MD: Johns Hopkins University Press. 1977.

Braudel, F. *The Perspective of the World*. New York: Harper & Row. 1984.

Brood, Paul. *The Dutch East India Company Book*. Wbooks. 2017.

Brown, J. F. *Hopes and Shadows. Eastern Europe After Communism*. Durham, NC: Duke University Press, 1994.

Cicero, Marcus Tullius. *On Duties*, edited by M.T. Griffin & E.M. Atkins. Cambridge: Cambridge University Press. 1991.

Cicero, Marcus Tullius. *'On the Commonwealth' and 'On the Laws'*, edited by James E. G. Zetel. Cambridge: Cambridge University Press. 1999.

Cumings, Bruce. *North Korea: Another Country*. New Press. 2004.

Elazar, Daniel J. *Can Sephardic Judaism be Reconstructed?* Jerusalem Center for Public Affairs. (www.jcpa.org/dje/articles3/sephardic.htm).

Faure, David. *China and Capitalism: A history of Business Enterprise in Modern China*. Hong Kong: Hong Kong University Press. 2006.

Gareis, Sven & J. Varwick. *The United Nations*. Palgrave. 2003.

Giandomenico Romanelli. *The Dose's Palace in Venice*. Milano: SKIRA. 2011.

Goldman Sachs. A United Korea? Reassessing North Korea Risks. *Global Economic Paper*. No. 188. 2009.

Goldstein, Rebecca N. *Betraying Spinoza: The Renegade Jew Who Gave Us Modernity*. New York: Schocken Books. 2006.

Harrold, Michael. *Comrades and Strangers: Behind the Closed Doors of North Korea*. Wiley Publishing. 2004.

Hunt, Tristran. *Marx's General, The Revolutionary Life of Friedrich Engels*. Metropolitan Books. 2009.

Hungtington, Samuel. The U.S.: Decline or Renewal? *Foreign Affairs*, Vol.69, No.1. 1989~1990.

Kagan, Robert. *Of Paradise and Power, American and Europe in the New World Order*. New York: Alfred A. Knopf. 2003.

Kaplan, Robert. "The Geography of Chinese Power: How Far Can Beijing Reach on Land and at Sea? *Foreign Affairs*. May/June 2010.

Keane, John. *The Life and the Death of Democracy*. London: Simon & Schuster. 2009.

Kitchen, Martin. *A History of Modern Germany*. Wiley-Blackwell. 2012.

Kraut, Richard. *Socrates and the State*. NJ: Princeton University Press. 1984.

Lane, Frederic C. *Venice: A Maritime Republic*. Baltimore: The Johns Hopkins University Press. 1973.

Lane, Melisa. Argument and Agreement in Plato's Crito. *History of*

Political Thought. Vol.19. 1998.

Lane, Melisa. *The Birth of Politics.* Princeton University Press. 2014.

Laslett, Peter. Introduction. *Two Treatises of Government.* Cambridge: Cambridge University Press. 1988.

Locke, John. *Two Treatises of Government.* 1680.

Lord, Christopher(ed.). *Questions in Contemporary International Relations.* Praha: Karolinum Press. 1997.

MacPherson, C. B.(ed.). *John Locke, Second Treatise of Government.* Cambridge: Hackett Publishing Company. 1980.

Madden, Thomas F. *Venice, A New History.* London: Viking. 2012.

Madison, James, Alexander Hamilton, & John Jay. *Federalist papers.* Penguin. 1987.

Marx, Karl. *Capital. Vol.* Ⅰ. Moscow: Foreign Language Publishing House. 1959.

Marx, Karl. *Capital. Vol. Ⅲ.* Moscow: Foreign Language Publishing House. 1962.

Marx, Karl & Friedrich Engels. *Manifesto of the Communist Party.* 1848.

Morgenthau, Hans J. *Politics Among Nations,* 5th ed. Alfres A. Knopf, 1973.

Morris, Jan. *The Venetian Empire, A Sea Voyage.* Penguin. 1990.

Norwich, J. Julius. *A History of Venice.* 2003. Penguin.

Nye, Joseph, *Bound to Lead.* Basic Books. 1990.

O'Connell, Monique. *Men of Empire: Power and Negotiation in Venice's Maritime State.* The John Hopkins University Press. 2009.

Paine, Lincoln. *The Sea and Civilization: A Maritime History of the World.* Atlantic Books. 2015.

Pangle, Thomas *The Spirit of Modern Republicanism.* Chicago: University of Chicago Press. 1988.

Rawls, John. *A Theory of Justice.* Harvard University Press. 1971.

Roegholt, Richter. *A Short History of Amsterdam*. Bekking & Blitz Publishers. 2010.

Romanelli, Giandomenico. *The Dose's Palace in Venice*. Milano: SKIRA. 2011

Sebestyen, V. *Revolution 1989, The Fall of the Soviet Empire*. Orion Books. 2010.

Sherman, Gordon E. The Permanent Neutrality Treaties, *Faculty Scholarship Series*, Paper 4731. (http://digitalcommons.law.yale.edu/fss_papers/4731).

Sked, Alan. *The Decline and Fall of the Habsburg Empire 1815~1918*. Routledge. 2001.

Strauss, Leo. *Natural Right and History*. University of Chicago Press. 1953.

United Nations. *The Essential UN*. United Nations Publications. 2018.

Waldron, Jeremy. *God, Locke, and Equality*. Cambridge University Press. 2002.

Walter, C & F. Howie. *Red Capitalism, The Fragile Financial Foundation of China's Extraordinary Rise*. Wiley Publishing. 2012.

Wills, Garry. *Venice: Lion City: The Religion of Empire*. Washington Square Press. 2002.

Winder, Simon. *A Personal History of Habsburg Europe: DANUBIA*. Picador. 2014.

Wolf, Charles. The Cost of Reuniting Korea. *Forbes*. 2010.3.15.

Wolf, Charles & Akramov Kamil. *North Korean Paradoxes: Circumstances, Costs, and Consequences of Korean Unification*. Rand National Defense Research Institute. 2005.

Zuckert, Michael P. *Launching Liberalism*. University Press of Kansas. 2002.

찾아보기

가마(Vasco da Gama) 56, 71
가마쿠라(鎌倉)막부 26, 273
개방경제 92
게토(Ghetto) 137, 139
게토법 137, 140, 143, 285, 295
경술(庚戌)의 변 62
경화(硬貨, hard currency) 120
교초(交鈔) 24, 28, 38, 43
구스모토 다카코(楠本高子) 279
『국부론』 3, 15, 61, 90, 247
국제통화기금(IMF) 331
금(화) 보관증 122
기본소득 359
길드(guild: 수공업조합) 117

나관중(羅貫中) 37
난학(蘭學) 275
낭트칙령(Edict of Nantes) 238
네이메헨(Nijmegen) 조약 237
노동 92
노동의 생산력 93
뉴욕증권거래소(New York Stock Exchange) 235
녹스(John Knox) 309
뉴턴(Isaac Newton) 242

단돌로(Enrico Dandolo) 103, 109
대항해시대 123, 131
데시마(出島) 216, 273
데시마의 삼학자(三學子) 276
데카르트(René Descartes) 153, 242
덴구다니요(天狗谷窯) 221
델프트 블루(Delft blue) 197, 218, 223

『도덕감정론』 14, 15
도요토미 히데요시(豊臣秀吉) 213
도쿠가와 이에야스(德川家康) 214
『동방견문록』 27, 29, 32, 37, 42, 61, 77, 114
동인도하우스(Oost-Indisch Huis) 268
두카토(ducato) 116, 123, 126, 140
디아스(Bartolomeu Dias) 56, 70

라테라노 공의회 118
레콘키스타(Reconquista) 56, 72, 134, 142
레판토 해전(Battle of Lepanto) 84
로(John Law) 166
로크(John Locke) 158, 241, 295
「롤랑의 노래」 73
롬바르디아전쟁 83
루이 14세(Louis XIV) 160, 162, 237, 241
루터(Martin Luther) 81
리알토(Rialto) 86, 115, 128, 143, 286
리알토 은행(Banco della Piazza di Rialto) 121
『리알토 저널』 132
린스호턴(Jan Huyghen van Linschoten) 5, 186, 348

마가복음 103
마누엘 1세(Manuel Ⅰ) 71
마르텔(Carolus Martel) 72
마우리츠(Mauritz van Nassau) 192, 349
마젤란(Ferdinand Magellan) 80
메르센 조약(Treaty of Mersen) 102
메흐메트 2세(Mehmet Ⅱ) 67, 126
모스토(Alvise Ca'da Mosto) 68, 132, 136
못사는 나라(빈곤국) 90, 92
무로마치(室町)막부 273
미누이트(Pierre Minuit) 231
미・일 화친조약(Convention of Kanagawa, 神奈川條約) 274

백련교(白蓮敎) 40
버튼우드 협정(Buttonwood Agreement) 235
버핏(Warren Buffett) 298
베네치아민병대 86
베르덩 조약(Treaty of Verdun) 102
베스트팔렌 조약(Peace of Westfalen)

160, 236
베이컨(Francis Bacon) 153
벨테브레(Jan Jansz Weltevree) 195
보두앵(Baudoin) 109, 126, 142, 286
보름스회의(Diet of Worms) 81
보일(Robert Boyle) 242
복음사가(福音史家) 103
북로남왜(北虜南倭) 61
분업(分業) 체제 95
브레다 조약(Treaty of Breda) 233
비무장지대(DMZ) 356
비트(Johan de Witt) 161
빌렘 1세(Willem Ⅰ) 149, 154

사농공상(士農工商) 87
사치심(奢侈心) 176
산소비노(Francesco Sansovino) 130
산업혁명 50
산타마리아호 54
산타페 협약(Santa Fe Capitulations) 77
서세동점(西勢東漸) 118, 294
서인도회사(West Indische Compagnie: WIC) 228
성 마르코(St. Marco) 102
세계은행(IBRD) 330
세파르디즘(Sephardism) 281
쇄국정책 59
수리남(Suriname) 233
수아소(Antonio Lopes Suaasso) 164, 289, 352
수아소(Francisco Lopes Suasso) 163, 290
술레이만 1세(Suleiman Ⅰ) 81
슈거로드(Sugar Road) 217
슈말칼덴 동맹(Schmalkaldischer Bund) 81
슘페터(Joseph A. Schumpeter) 169, 344
스미스(Adam Smith) 14, 60, 247
스타트하우더(Stadhouder) 149, 159, 162
스토이베산트(Peter Stuyvesant) 232
스페인의 광기(Spanish Fury) 150, 288
스피노자(Baruch Spinoza) 153, 243, 289, 295, 307
시즈키 다다오(志筑忠雄) 278
『신학정치론』 307
십자군전쟁 105

아라스 동맹(Union of Arras) 151

아마쿠사 시로(天草四郞) 214
아마쿠사의 난 216
아슈케나짐(Ashkenazim) 281
알람브라 칙령(Alhambra Decree) 75
알렉산드리아(Alexandria) 103
알바(Fernando Álvarez, 3rd duque de Alba) 공작 149
알폰소 10세(Alfonso Ⅹ) 74
암스테르담 외환은행(Amsterdam Exchange Bank) 121, 165, 251
에디슨(Thomas A. Edison) 254
엔리케(Dom Henrique o Navegador) 69, 71, 132
엔테무르(燕帖木兒) 41
엘리자베스 1세(Elizabeth Ⅰ) 85
역참제(驛站制) 24, 27, 32, 43, 58, 334
연합 동인도회사(Verenigde Oost-Indische Compagnie) 192
연합법(Act of Union) 247
영국의 권리장전(Bill of Rights) 246
영국의 독점조례(Statute of Monopolies) 253
영락제(永樂帝) 52
예니체리(Yeniceri) 군대 66
오다 노부나가(織田信長) 212
오스(Dirck van Os) 188
올덴바르네벨트(Johan van Oldenbarnevelt) 191, 349
와트(James Watt) 50
왕건(王建) 48
왕심(王諶) 26
왕위계승법(Act of Settlement) 246
왕전(王倎) 25
우구데이(오고타이)칸(高潤台汗) 24
워싱턴(George Washington) 158
원거리회사(Compagnie van Verre) 189
원종(元宗) 26
『월스트리트 저널』 132
위그노(Huguenot) 238
윌리엄 3세(William Ⅲ) 155, 159
유대 교회당(synagogue) 139
유트레히트 동맹(Union of Utrecht) 152
이기심(利己心) 176
이삼평(李參平) 220
일대일로(One belt, One road) 330
잉글랜드은행(Bank of England) 28, 121, 164, 250, 293

자비에르(Francisco de Xavier) 211
자유방임주의(laissez-faire) 58

자코바이트의 난(Jacobite risings) 240
잘사는 나라(복지국) 90, 92
정난(靖難)의 변 52
정명가도(征明假道) 272
정화(鄭和) 51
제국대장공주(齊國大長公主: 쿠틀룩 켈미시) 26, 48
제4차 십자군전쟁 126
제임스 2세(James Ⅱ) 161
조선 도자기 225
좀바르트(Werner Sombart) 143, 295
주앙 2세(João Ⅱ) 56, 70
주원장(朱元璋) 40, 45, 51
주택건설 택지권 360
중통초(中統鈔) 28, 331
GDP(Gross Domestic Products) 91
지로(GIRO) 119
지로은행(Banco Giro) 121
지볼트(Philipp Franz Balthasar von Siebold) 277, 279
GNP(Gross National Products) 91

철회령(Act of Abjuration) 157
충렬왕(忠烈王) 26
칭기즈칸(成吉思汗) 23, 31, 40

카롤루스 대제(Carolus Magnus) 73, 102
카를 5세(Karl Ⅴ 또는 Carolus Ⅰ) 79
카브랄(Pedro Alvares Cabral) 71
카사노바(Giacomo Girolamo Casanova) 108
카이사르(caesar) 67
카토캉브레지 조약(Peace of Cateau-Cambrésis) 84
칼리프(caliph) 67
칼뱅(Jean Calvin) 308, 312
캉브레(Cambrai) 동맹 135
케네(François Quesnay) 60
켐퍼(Engelbert Keampfer) 276
코소보 전투(Battle of Kosovo) 66
코엔(Jan Pietersz Coen) 269
코헨(Benjamin Cohen) 291
콕(Frans Banninck Cocq) 300
콜럼버스(Christopher Columbus) 34, 54, 76
콜레간자(colleganza) 111, 367
쿠빌라이(忽必烈) 25, 28, 38, 41
쿨무스(Johann A. Kulmus) 277
크롬웰(Oliver Cromwell) 245
키프트(Willem Kieft) 232

타운센드 법(Townshend Acts) 14
토르데시야스 조약(Treaty of Tordesillas) 70, 184
토목(土木)의 변 62
툰베리(Carl Peter Thunberg) 276
트리엔트 공의회(Council of Trient) 81
특화(特化) 94
티무르(帖木兒) 66

팍스 몽골리카(Pax Mongolica) 23
펠리페 2세(Felipe Ⅱ 또는 Philip Ⅱ) 82, 84, 148, 288, 348
폐쇄경제 92
포드(Henry Ford) 254
포토시(Potosi) 은광 146
포펜(Jacob Poppen) 297
폴로(Marco Polo) 27, 29, 37, 61, 77, 114
푸거(Fugger) 가문 185, 346
플라시(Plassey)전투 250
피핀(Pippin der Jüngere) 73

ㅎ

하멜(Hendrik Hamel) 195, 223
『하멜표류기』 196
하우트만(Cornelius de Houtman) 188, 200, 350
한자(Hansa)동맹 136, 142, 151, 185, 264, 348
합스부르크 왕가(Habsburg Haus) 237
해금정책 49, 57, 59
『해체신서(解體新書)』 277
허드슨(Henry Hudson) 227
홉스(Thomas Hobbes) 158, 243
화란학(和蘭學) 275
화로세(hearth tax) 248
환어음(Bill of Exchange) 120
황금시대(The Golden Age) 155
후추(胡椒, black pepper) 102
후추(향료)무역 101
흄(David Hume) 4
희망봉(Cape of Good Hope) 70

저자 소개

김정훈

김정훈 교수는 서경대학교 사회과학대학 교수로 재직하면서 정부의 혁신, 재무행정 등을 강의하고 있다. 1990년대에는 쓰레기 문제를 둘러싼 지역 갈등을 풀기 위한 쓰레기종량제를 정책화하고, 대규모 소각장 건설계획을 저지하는 노력을 했다. 2000년대에는 전자폐기물의 국가간 이동문제에 대한 대응책으로 생산자책임재활용제도(EPR)의 적극적 도입을 제안한 바 있다. 2010년 부터는 풀리지 않는 한반도의 갈등문제를 연구하면서 『북한의 정부혁신론』(2012), 『평양과 프라하』(2013), 『평양과 강남』(2015), 『평양과 비엔나』(2016), 『평양과 베네치아』(2018) 등을 지속 발표했다. 2019년도 『국가의 부와 복지: 애덤 스미스와의 대화』는 이러한 연구작업들을 토대로 제시된 '한반도의 미래 국부론'이다.

애덤 스미스와의 대화

국가의 부와 복지

펴낸날 제1판 제1쇄 2019년 3월 15일
지은이 김정훈
펴낸이 임춘환
펴낸곳 도서출판 대영문화사
주소 (본사) 사무실: 경기도 고양시 일산서구 주화로 70
우신프라자 307호 (우) 10387)
(본사) 물류센터: 경기도 고양시 일산서구 덕산로
107번길 68-50 (우) 10205)
등록 1975년 12월 26일 제3-16호
전화 (031) 913-3062, (031) 914-3884~5
팩스 (031) 913-3839
홈페이지 http://www.dymbook.co.kr

ISBN 978-89-7644-734-0
값 18,000원